2015 뉴에디션

디지털 사회의 저작권

SMRCI연구소 발행

□ 저자 소개

- 全泳杓/문학박사
- 강원도 정선 출생
- 서울대학교 문리대 언어학과 졸업
- 중앙대, 한양대 대학원 박사과정 졸업
- 일본 동경대학 사회정보연구소 객원연구원
- 신구대학교 인쇄학과 출판학과 교수
- 동양출판사/과학사/동서출판사 편집부장
- 대한공론사/코리어 헤럴드 월간 〈새마을〉 편집부장/부국장
- 〈저널리즘비평〉(한국언론학회) 주간
- 〈개혁시대〉(한국사회발전시민실천협의회) 편집위원장
- 민주평화통일자문회의 제13기/14기/15기 자문위원 역임
- 경희대 · 서강대 · 성균관대 · 연세대 언론정보대학원 강의
- 사/출판문화학회 명예회장
- 사/한국문예학술저작권협회 부회장
- 연/상록문화덩보연구소/SMRCI 대표이사장
- 대통령표창, 한국잡지언론상 수상

□ 주요 저서

- 〈한국출판론〉, 1987
- 〈새 국어 표기법〉,1988
- 〈편집체재와 글의 읽기쉬움〉(공저),1993
- 〈뉴미디어와 저작권〉(공저),1996
- 〈출판문화와 잡지저널리즘〉1997
- 〈출판진흥법(안) 제정을 위한 조사 · 연구〉,1999.
- 〈출판정보미디어론〉, 2005
- 〈근대 유럽의 인쇄 미디어 혁명〉(역서),2008
- 〈국어 표준 규정과 편집 기호 콘텐츠〉, 2008
- 〈현대일본잡지출판발전문화사〉(공역), 2015

□ SMRCI 주요 연구 연혁

- 2002. 상록문화정보연구소/SMRCI 설립
- 2002. 〈잡지유통선진화방안 연구〉,한국잡지협회
- 2005.〈출판인쇄편집문장부호교정기호 및 책크기 표준화연구〉,기술표준원
- 2006.〈인쇄문화산업진흥법안연구〉, 대한인쇄문화협회
- 2006. 〈출판 · 인쇄 표준화연구/편집용어중심〉,기술표준원
- 2015.〈현대 일본잡지/출판산업발전문화사〉(공동번역)

디지털 사회의 저작권

Copyright in the Digital Society

2015 뉴에디션
발행 2015.08.15
인쇄 2015.08.05

발행소 상록문화정보연구소 / 2003.03.24. 제67호 등록
SMRCI / Sangnok Maison de la Recherche Culturelle et Informatique
10099 경기도 김포시 걸포1로 39 오스타 파라곤 302-101 / SMRCI연구소
tel. 070-3255-3168 fax. 031-990-3168 e-mail. jeonyp@hanmail.net
인쇄 (주)E&L 031-905-6580
편집 designMONOPY 02-2268-5396

값 25,000원

ISBN 978-89-959432-1-2

□ 개정판/뉴에디션 머리말

디지털사회의 저작권 보호의 법적 시스템 촉구

1993년 <정보사회와 저작권>의 이름으로 펴내었던 책은 그 당시 우리의 새 저작권법이 전면 개정되어 국내 저작권자들은 물론 해외 저작권자들에게도 보호의 새 규정을 마련하여 우리도 명실상부하게 국제협약을 준수한다는 저작권 의식을 강화하도록 한 새로운 정보사회에 적응할 법으로서 이제 우리나라도 국제적으로 저작권을 보호하게 되어졌다. 마침 저자는 1991년 말 만학의 박사학위논문 <지식의 국제 유통과 저작권에 관한 연구>를 마무리하게 되었다.

이 논문은 주제와 같이 저작권의 국제 보호에 관한 연구였다. 우리나라가 처음으로 저작권법을 마련한 것은 광복 후 정부가 수립된 1957년이었다. 그 이전에는 일본의 구저작권법을 빌려다가 이용하였던 것이다. 이는 한국저작권령의 칙령에 근거했던 것인데, 당시 한말에는 일본에게 주권을 빼앗긴 나라였으므로 1910년 그들은 메이지/明治 칙령으로써 한국저작권령을 폐지시키고 일본 저작권법을 그대로 적용토록 하는 조선총독부 제령/制令을 만들어 자기들의 저작권법만을 존립, 시행하도록 했었다. 따라서 한국인들에게는 독자적인 저작권 사상이 존재할 수 없게끔 못 박았었다.

조국이 광복된 1945년에도 미군정법령(제21호)을 따르도록 하면서, 종전대로 일본 저작권법에 그대로 의존하도록 했었다. 다행히 1957년의 정부수립과 함께 우리의 새 저자권법이 만들어지게 되었다.. 그러나 이 법 또한 일본의 법을 그대로 옮기다시피 한 것이므로 당시의 지식 환경에도 맞지 않은 법이었다. 세계의 지식 사회는 새 정보시대를 맞이할 법규정을 요구하고 있어 1986년 구저작권법을 전면 개정하고 1987년 7월부터 시행하게 되었다.

저자는 마침 그 무렵 국내 저작권 제도는 물론 국제 저작권 보호 등에 관심을 갖고 대학원 박사과정에 적을 두고 연구하면서 현대 사회에서의 지식의 유통과 저작권의 보호 문제를 더 깊이 연구하고자 했다. 그 무렵 국내는 물론 국제적으로 저작권에 대한 인식이 높아지면서 지난날 해외 문학

작품의 무단 번역은 물론, 심지어 대학 교육 현장에서는 외국 원서의 복제 교재가 일반화되었던 것이 사실이다.

따라서 구미/歐美 여러 나라들은 우리 나라를 저작권 해적국이란 불명예스런 대명사를 붙이기도 했었다. 1990년만 해도 시중의 대형서점들은 외국 저작물 복사본 판매 코너를 버젓이 운영하면서 영업을 했던 과거는 불과 2,30년 전의 일이었다.

다행히 정부는 이러한 국제적 범죄 행위를 방치할 수 없어 우선 저작권법부터 정비하도록 하여 1986년 12월 그동안 미비했던 기존의 저작권법을 국제협약에 맞도록 대폭 개정하였다. 그래서 1987년 7월부터 시행하게 된 개정 새 저작권법에 따라서 처음으로 우리나라는 미국이 주도하는세계저작권협약(U.C.C./Universal Copyright Convention)에 가입하게 되었다. 그러나 이 협약만으로는 국제 사회에서의 떳떳한 저작권 보호국이 될 수는 없었다.

일찍이 저작권 사상을 길러온 유럽의 여러 나라들의 저작권 보호에는 아주 미진한 법이었다. 또 다른 국제 협약국과 저작권 보호의 원칙을 지켜야 하는 베른협약(The Berne Convetion for the Protection of Literary and Artistic Works)이 있었다. 이 국제 협약을 준수해야 하는 원칙에 합당한 저작권법의 개정이 요구되고 있었다. 이 협약이 정하고 있는 저작권 보호 기간 등 상호주의 원칙에 입각한 국내 저작권법의 개정이 뒤따라야만 했던 것이다.

이 밖에도 국제 사회에 적응하면서 상호적인 저작권 보호를 이룩해 나아가기 위해서는 우리 저작권법은 너무도 미진한 법이었다. 따라서 정부는 베른협약 가입과 WTO TRIPS의 내용을 반영하기 위한 새 저작권법을 1995년 6월에 대폭 개정하고 그 이듬해인 1996년 7월에 시행하도록 했다(본서 부록 한국 저작권법 개정 연혁 참조). 그 동안 한국 저작권법은 이러한 이유에서 불가피한 개정의 연속이었다. 저자가 <정보사회와 저작권>의 제호로 1993년에 펴내었던 저서는 1998년 단 한번 개정판을 낼 수가 있었다. 그 때까지만 해도 저작권법이 10회나 개정되었지만, 저자는 단 한 번의 개정판을 내보낼 수밖에 없었다. 여기에는 저자가 대학에서 정년을 맞이하여 강단을 떠났기 때문이라고 변명할 수 있겠지만, 출판계의 불황으로 인한 재고 관리가 어려운 처지를 잘 알면서 개정판을 내달라고 할 수가 없었다. 그러나 기존의 책은 계속 유통되고 있어 저자의 양심에서 구법이 그

대로 실려 유통된다는 것은 참을 수가 없었다. 더군다나 중고도서 시장에서 정가의 1/3 값으로 거래되고 있는 사실을 확인하게 되어 저자 스스로가 출판할 것을 결심했다. 먼저 책의 내용은 고사하고 부록에 실려 있는 '저작권법'만은 새 개정법으로 고쳐서 발행, 유통시켜야만 할 것 같았다.

이제 우리나라에도 종합유선방송의 시대가 열리고 있었다. 저자는 한국종합유선방송협회의 의뢰를 받아 1994년 <종합유선방송과 저작권에 관한 연구> 용역을 수행하게 되었다. 일찍이 미국이 앞서 수행했던 유선방송 제도를 알아보기로 하고 당시 미국의 일리노이주립대학 강종근(康種根/방송학 박사) 교수님과 공동으로 이 연구 과제를 수행하게 되었다. 이 뉴에디션의 제4부는 그 때의 연구 내용을 그대로 가져온 것이다. 벌써 20년 전의 미국의 유선방송제도, 즉 FCC, CRT, UCC 등 미국의 방송 제도를 소개해 주신 강종근 교수께 이 자리를 빌려 고마움을 전하고 싶다.

최근 문체부와 한국저작권위원회가 공동으로 펴낸 <2013년 저작권백서>(2014)에 의하면 그 동안 저작권법의 개정 횟수가 거의 20차례나 되었다. 물론 저작권법이 오늘의 정보화사회를 따라잡자면 불가피한 개정이었던 것 같다. 이 개정에는 저작권법 자체의 개정보다 정부조직법이라든지, 도서관법 등의 관련법 개정 등 간접적인 법 개정이 더 많았던 것 같다. 소위 정보사회가 비롯된 20세기를 자나 21세기를 맞이한 오늘의 사회는 급진적으로 발전하고 있으므로 이들에 대한 법적 뒷받침은 어쩔 수 없었다고 판단된다.

날로 달라지는 디지털 뉴미디어의 세계는 미래를 추정할 수 없을 만큼 내닫고 있는 것이다. 이제 법이 과거에 머물러 현실을 도외시한다면, 이는 국가 조직이 마련하는 법제도라고 할 수 없다. 여기에서 연구인들의 기능과 조직에서 풀어야 할 역할이 각각 다르게 구분되는 것이다.

저자는 새 저작권법이 1987년 전면 개정되어 시행될 적에 당시 복사기기의 무제한적인 무단 복사의 현실을 탓하면서 문화공보부가 1989년에 주최한 '저작권 국제 세미나'에서 <복사기기의 발달에 따른 저작권 보호> 문제를 발제하면서 저작권자들의 권리 침해에 대한 법적 대책을 주장한 바 있다. 본서의 제 5부에 그 발표 논문을 원문 그대로 실어 놓았다.

법이 모두 카버 못하는 일을 연구자들이 앞장서 나아감으로써 법 개정은 물론 날로 달라지는 기술적 저작권 침해 문제를 풀어 나갈 수 있다는 것을 이 뉴에디션의 <디지털 사회의 저작권>의 머리말에서 주장하고자 한다.

특히 선진 외국의 나라들이 시행하고 있는 저작인 보호 정책이 우리나라에서도 조속히 마련될 것을 희망하면서 이 책 말미에 영국의 <도서 공공대여권법/Public Lending Right Act>을 부록으로 붙여 두었음을 밝히면서 우리나라의 많은 저작인들도 유럽 나라들처럼 저작물에 대한 적절한 보상을 받을 수 있는 시스템 제정을 촉구하고자 한다..

부록으로 최근 개정된 저작권법 전문을 실어 독자들에게 그 동안 개정 이전의 법을 그대로 지니고 있었음을 밝히면서 이 뉴에디션 편집에 수고해 준 '디자인 모노피'사의 조성윤 대표님의 노고에 감사의 뜻을 전하고자 한다..

2015년 7월 21일

뉴에디션

저자 **전 영 표** 씀

차례

제 I 부
정보이론과 지식·정보의 함수

제 II 부
세계 저작권법제의 발전 과정

제 IV 부
뉴미디어와 유선방송 저작권

제 V 부
전자출판과 클라우드 컴퓨팅

10. The Development of Copying Machines and Protection of Publications

11. 디지털시대의 국제저작권 동향

제 I 부

정보이론과 지식·정보의 함수

1. 정보이론과 저작권

(1) 정보와 저작권
(2) 정보의 소유와 법적 한계
(3) 정보이론의 개척자들
(4) 저작권에 관한 연구들
(5) 정보유통과 법질서의 문제

2. 지식과 정보의 함수

(1) 지식과 인식의 범위
(2) 정보와 지식의 함수
(3) 정보유통과 지식의 격차

1. 정보이론과 저작권

(1) 정보와 저작권

산업사회라 일컬어지고 있는 현대는 생명공학이나 전자공학 등 새로운 기술혁신의 시대를 맞이하고 있다. 생명 없는 컴퓨터를 이용, 전자적인 기억의 조립으로 프로그램을 만들고, 인푸트된 정보를 처리하는 등 종전에는 상상도 할 수 없었던, 즉 인간의 두뇌로만 처리할 수 있었던 일들이 문명이란 기계에 의해 해결, 가능하게끔 되었다.

소위 제3차 산업혁명이라고 일컫는 대변혁의 시대에 돌입한 오늘에는 지식의 집약화를 통해서만 가능한 지적 정보 전쟁이 더욱 치열해지고 있다. 이러한 선진 고도 산업 사회에서는 지적인 정보의 입수와 소유를 위한 경쟁은 불가피한 현실이다. 이지적 정보에 의한 새 지식은 노동, 시간, 자본을 감소시켜 주는 선진 경제의 핵심적 자원이 되어 가고 있다. 이에 따라 지식의 가치도 급상승하게 되었으며, 바로 이 지식의 장악을 위한 정보 전쟁이 세계 도처에서 벌어지고 있다. 때문에 이 연구는 인간의 지식은 하나의 정보에 의해 얻어진다는 관점에서 출발하여 개인과 개인간은 물론, 사회와 사회, 국가와 국가, 즉 국제적으로 지식의 이전 문제를 천착하면서 그 장애 요소를 찾아보기로 했다.

먼저 지식은 철학적으로 인식에서 얻어진 성과라는 데서, 지식과 인식의 범위를 논구해 보았다. 이는 지식이란 사물에 관한 개개의 단편적인 사실적 경험적 인식이며, 객관적 타당성을 요구하는 판단의 체계이기 때문에서였다.

다음으로 지식을 얻는 수단으로서의 정보에 대하여서도 살펴보았다. 정보라는 것은 몇 가지 기본 요건이 충족되어야만 한다. 인간과 인간 사이에는 커뮤니케이션이 존재해야 하며, 아울러 송신자와 수신자가 있어야 하고,

이들은 상호 교류로써 정보를 얻게 되는 것이다. 지식의 인과론으로서의 송신자와 수신자 사이의 정보 전달의 객관으로부터 주관에로의 정보 입수가 이뤄진다는 것이다.

여기서 정보의 전달과 유통에 따른 인간과 사회, 국가간에는 갭이 벌어질 뿐만 아니라, 그 유통 자체가 문학의 고압국에서 저압국으로 흘러가고 있다는 것이다. 더불어 현대의 문화법이라 일컫는 저작권법 등 소위 지적 재산권법의 확대 강화로 지식의 국제 유통이 문제되고 있어 이에 관해서 더 중점적으로 논구했다.

먼저 저작권의 보호 원칙과 발전 과정을 알아보기 위해 국제 저작권에 대해 베른협약(Berne 協約)을 비롯하여 UCC와WIPO 등의 취지와 국제 보호 원칙을 연구하는 한편 중세에서부터 비롯된 저작권의 소유 개념과 저작권법(著作權法)의 발단을 규명해 보았다.

특히 한국 저작권법이 표방하고 있는 입법 취지를 살피면서 이원론적 법체계를 소개, 연구했고 과거 한국에서는 저작권이 일반화되지 않고 있었던 것을 미국의 저작물 보호라는 압력으로 1987년 전면 개정 발효케 된 새 저작권법의 구조를 분석해 보았다. 새 법은 과거 구법이 저작권 보호를 사후 30년에서 50년으로 개정하는 등 미국을 의식하면서 국제저작권협약 가입을 전제로 하였기 때문에 미국 저작권법인 '미국 법전(法典) 제17편'의 체제를 살피면서 베른협약 가입에 이르기까지의 과정도 논구했다. 여기서 미국이 자국의 이익을 위해서 과거에 도외시했던 베른협약에만 가입하고 있는 국가들에게도 자국의 저작권을 주장하려는 의도를 알 수 있었다.

지난날에는 출판 저작물을 통해 주로 지식을 습득했었으나 오늘의 사회는 문명의 발달에 따라 컴퓨터 프로그램, 영상 저작물 등 새로운 지식 습득의 채널이 날 늘어나고 있다. 따라서 이 연구는 프로그램 저작권이나 산업재산권 등에 대해서도 구명하고 있다.

지적 재산권은 크게 저작권과 산업재산권으로 나누고 있는데, 특히 저작권의 경우는 재산권보다 저작인격권(moral rights)을 더 중시하고 있다는 것이다. 이는 저작재산권은 유한하나 저작인격권의 무한성에서도 확인할 수가 있었다.

그것은 이 연구가 특히 문제로 제기한 '저작권은 재산권보다 인격권인 저작자의 메시자나 저작 정신의 확산 등에 더 큰 비중을 두고 있는 것이 아닌가?'라는 물음의 한 답변이기도 한 것이다.

이 밖에도 지적 정보의 유통 질서를 위한 법이나 국제 협약이 보호 기간을 늘리는 등 지나치게 저작권 보호에 치우치고 있어 저작물 등 지적 재산을 소유하지 못하고 있는 개발 도상에 있거나 낙후된 제3세계에서는 신기술은 물론 문화적 지식까지도 유통이 지연되고 있음을 이 연구는 제시하고 있다.

(2) 정보의 소유와 법적 한계

근대 국가의 형성과 함께 경제 거래의 대상이 되는 생산 수단이나 상품 등 유체재산(流體財産)에 대한 절대 불가침의 지배권이라는 근대적 소유권 개념이 확립된 이후 재산권도 인간 정신의 발달과 더불어 다양화되었다. 학문· 예술의 창작물이나 창조적 발명 정신에 의한 신기술이나 저작물 등에 대한 권리도 하나의 소유로서 보호되어야 한다는 사회적 욕구에 부응한 근대적 의미의 지적재산권의 개념이 탄생하게 되었다.

지적재산권은 인간의 정신문화와 물질문명의 기초가 되는 창조적 인간 정신을 바탕으로 이룩되었고, 또 한편 오늘까지도 그 개념은 형성 도중에 있으며 앞으로 인간 정신의 발전과 더불어 더욱 확대되면서 사회적 중대성은 날로 더해 나갈 것이다. 현대의 즉각적인 세계적 커뮤니케이션의 실현은 정보라는 이름으로 시공을 초월하여 지적 활동의 확산이 이뤄지게끔 되었다.

인쇄술의 발달은 물론 녹음 · 녹화의 기술 등의 모든 지적인 산물을 자기만의 것으로 지킬 수는 없게끔 되었다. 이러한 현대의 사회 현상은 저작권법이나 컴퓨터 프로그램 보호법과 물질특허법 등 지적재산권과 관련 있는 법의 탄생을 가져오게 되었다.

15세기 이전만 하더라도 아무런 문제가 제기되 않았던 저작권이 시대의 흐름에 따라 그 가치관과 이에 대한 인식이 달라지게 되어 법적인 제도를 필요케 된 것이다. 지적 산물의 소유 제도는 커뮤니케이션의 발달에 따라 한 나라에서 뿐만 아니라 국제적인 문제로까지 확대되어 가고 있다. 저작권이란, 표현된 어떤 형태로서 인간이 만들어내는 지적 · 정신적 · 문화적 창작물에 주어지는 권리인 것이다.

사회의 발달에 따라 그 의미가 보편화되어 온 저작권은 이미 알려진 것처럼 문화적·예술적 저작물의 저작자에 대하여 불법 이용을 통제하고 창작 활동에 대한 대가로 주어지는 보수를 보장해 주는 하나의 특권이라 정의되고 있다.[1)]

저작자의 권리를 보호하기 위하여서는 법적인 뒷받침이 있어야 하기 때문에 저작권법의 탄생은 필연적인 것이다. 문화적 이익 보호를 위한 저작권법의 근원은 고대 그리스·로마 시대의 노예에 의한 사본과 중세의 수도원에 있어서의 사본에 대한 소유권 문제에서 찾아볼 수 있을지 모르나, 역시 저작권은 1436년 경 서구의 인쇄술 발명에서 비롯된 것이다.[2)]

서구에 앞서 인쇄술은 이미 중국과 한국에 존재했었으며, 독일 인쇄업자인 구텐베르크(Johannes Gensfleisch Gutenberg)가 금속 활판 인쇄술을 발명하기 수세기 전부터 지적 작업의 소산을 소유한다는 개념이다른 방식으로 인식되고 있었던 것이다. 다만, 15세기 인쇄술과 조판술의 발명이 인쇄물의 보급 조건을 변화시켰을 뿐만 아니라 그것은 지적 소윤권의 역사에 결정적 시기를 마련해 주었었다.[3)]

일찍이 토플러(Alvin Toffler)는 오늘의 허물어져 가는 산업문병을 기술체계, 사회체계, 정보체계, 권리체계라는 면에서 분석하고 그 체계들이 모두 현대 세계에서 어떻게 혁명적 변화를 이룩하고 있는가에 대해 기술하면서 지금의 우리들은 제3의 물결 문명에 어울리는 새로운 '정보체계'를 만들어 나가면서 자기 주위에 있는 '생명없는 환경'에게 생명 대신 지적 정보를 부여하게 되었다고 언급하고 있다.[4)]

현대사회는 생명 없는 컴퓨터를 이용해서 전자적인 기억의 조립으로 프로그램을 만들고 인푸트된 정보를 처리하는 등 종전에는 상상도 할 수 없었던, 즉 인간의 두뇌로만 처리할 수 있었던 일들이 문명이란 기계에 의해 해결, 가능하게끔 되어진 것이다.

바로 오늘의 변혁을 맞이한 산업사회는 생명공학(biotechnology)이나 전자공학(electronics) 등 새로운 기술혁신의 시대를 맞고 있는 것이다. 소위

---

1) Salah Abada, 'Copyright as a Factor in Cultural Development', *Copyright Bulletin*, Vol. XVI, No. 4(Paris : Unesco, 1982), p.6.

2) Edward W. Ploman & L. Clark Hamilton, *Copyright : Intellectual Property* in the Information Age (London : Routledge & Kegan Paul, 1980), p.5.

3) UNESCO, ed., *The ABC of Copyright* (Paris : Unesco, 1981), p.12.

4) Alvin Toffler, *The Third Wave* (New York : Bantam Books., 1981), Preface & Ch. 14.

제3차 산업혁명이라 일컬을 대변혁의 시대를 맞이하고 있다. 지식집역화(知識集約化)를 통해서만이 가능한 '제3차 산업혁명의 시대'에는 지적 정보의 전쟁이 점점 치열해지게끔 되었다. 이러한 지적인 선진고도 산업사회를 정보화 사회라고도 한다.

오늘과 전자매체를 주축으로 한 정보사회의 도래에 대한 예견은 1964년 맥루한(Marshall McLuhan)의 저서 《미디어의 이해》[5]에서 시사되고 있거니와 1970년대 이르러 벨(Daniel Bell)은 《후기 공업사회의 도래 The Coming of the Post-Industrial Society》[6]를 통하여 '미국을 비롯한 선진 공업사회가, 이전의 특정적인 산업사회라는 뚜렷이 구별되는 후기 공업사회, 이른바 정보화 사회에 이르렀다고' 주장하였다.

소위 후기산업사회라고도 불러지는 제3차 산업혁명이라는 현대 정보사회에서는 지적 정보의 입수와 소유를 위한 치열한 경쟁이 전개되고 있다. 지적정보에 의한 지식은 원자재 · 노동 · 시간 · 장소 및 자본의 필요를 감소시켜 주기 때문에 지금 선지 경제의 중심적 자원이 되고 있으며, 이에 따른 지식의 가치가 급상승하게 되었다. 이로 인해 지식을 장악하기 위한 투쟁, 즉 정보전쟁(info-war)이 도처에서 벌어지고 있다.[7]

무형의 정보에 소유라는 개념이 부여됨으로써 인간의 지적 산물에도 재산권이 형성케 되어 그 법적 문제가 새로운 사회적 의미에서 거론케 되었다. 더욱이 현대적 첨단산업에 의한 즉각적인 커뮤니케이션의 실현은 국제적 시공을 넘어 정보라는 이름으로 새로운 지식의 확산을 촉구하게끔 되었다. 그러나 지난날 정보매체로 각광받았던 인쇄산업은 새론 미디어들, 특히 전파매체에 그 자리를 서서히 물려주고 있는 것이다.

산업사회의 성숙과 심화는 나이가 더 효율적이고 성공적인 대단위 신속 커뮤니케이션을 요구했고 거기에 즈음한 뉴미디어들, 곧 전신, 전화, 라디오, 녹음기, TV 등의 음성 · 영상 · 그림의 복제 · 전달을 가능케 하는 커뮤니케이션 수단들이 등장한 것이다. 이것을 전파 커뮤니케이션의 시대니, 영상 미디어 시대니, 혹은 '포스트 구테베르크 시대'라 통칭하고 있다.[8]

---

5) M. McLulan, *Understanding Media* (New York : New American Library, 1964).

6) D. Bell, *The Coming of Post-Industrial Society : A Venture in Social Forecasting* (London :Heinemann, 1974).

7) Alvin Toffler, *Powershift.* 李揆行 監譯, 《권력이동》 (한국경제신문사, 1990), p.125.

이미 맥루한(Marshall McLuhan)도 구텐베르크의 인쇄기술의 발명은 인간의 지각, 즉 정신문화에 커다란 변화를 가져오기는 하였으나 전파 · 전자매체의 등장으로 점점 활자문화가 쇠퇴할 것이라고 예언하면서 새로운 기록문화의 창출을 외치기도 했다.[9] 이제 필연이라 할 정보사회의 도래는 우리들에게 또 하나의 문제점을 제시하고 있다.

15세기 이전만 하더라도 학문 · 예술 저작물에 대한 이용은 아무런 장애와 부담이 없었으나 문명의 개화에 따른 전달매체의 발달은 인간의 창조적 발명에 의한 신기술이나 저작물 등에 소유권을 부여, 새로운 권리를 인정하게끔 되었다. 즉 저작권이나 물질특허권 등 어떤 형체가 없는 무형의 지적 재산을 인정, 그 권리를 보호하지 않을 수 없게 되어진 것이다.

과거의 가치관이 달라진 현대의 이러한 사회현상은 저작권법이나 컴퓨터 프로그램 보호법, 산업재산권법 등의 탄생을 가져왔으며 그 지적 재산권은 국경과 같은 지역적 경계에 제한 없이 그 이전과 이용이 쉬워졌기 때문에 오늘에 이르러서는 그 정신적 재산권의 보호를 위한 국제적 규범과 협약이 날로 강화되고 있으며 그 이행을 촉구하고 있다.

정보는 인류가 사회생활을 시작하는 그 순간부터 커뮤니케이션의 본질로서 데놓을 수 없는 중요한 것이었다. 따라서 정보의 필요성은 시대의 구분 없이 지금까지 계속되어 왔다.[10] 그런데 정보혁명이 이뤄지고 있는 현대사회에서 규범이나 법적 제약 때문에 정보의 유통이 정체할 가능성이 높다. 따라서 새정보 가져다 줄 지식의 이전을 가로막는다는 것은 현대의 아이러니라 하지 않을 수가 없다. 여기서 정보, 즉 지식의 소유자와 사용자간에 갈등이 빚어지며 지적 정보의 독점 등으로 국제간의 새로운 쟁점이 야기케 되는 것이다.

따라서 이미 유엔과 유네스코는 창립 초기에 국제사회는 정보의 자유와 자유로운 소통을 보장하고 조장한다는 목적을 스스로 설정하고, 인권과 기본권울 다루고 있는 여러 국제 조약 문서에서 그것을 엄숙히 선언하고 있으며, 정보의 자유롭고 균형된 소통이 보장되어야 한다고 했다.[11] 그렇다

---

8) 方延培, 《한국언론개혁론》 (나남, 1991). p.45.

9) Marshall McLuhan, *The Gutenberg Galaxy : The Making of Typographic Man* (Toronto : University of Toronto Press, 1962).

10) 田錫昊, '정보사회와 뉴미디어 개관', 《정보사회와 언론》 (한국언론연구원, 1987), p.19.

11) UNESCO, ed., *Many Voices, One World : Towards a new more just and*

면 정보의 국제적 이전을 가로막는 법의 한계는 어디까지일 것인가.

한국의 경우 과거 외국인의 저작권이나 컴퓨터 프로그램의 소프트웨어 등은 보호해 주지 않았으나 1987년 10월 세계저작권협약(Universal Copynight Convention)에 가입함으로써 새로운 시대 조류에 발맞춰 나가고 있다. 물론 여기에는 국내적으로 지적재산권 하나의 권리로 보호해야 한다는 주장과 여론의 힘도 있었으나 무엇보다 미국의 지적재산권에 대한 보호 압력과 요청이 컸던 것만은 부인할 수가 없다.

그것은 1986년 미국이 우리의 저적 재산권에 대한 보호 압력과 요청이 컸던 것만은 부인할 수가 없다.

그것은 1986년 미국이 우리의 지적 재산권에 대한 보호가 미흡함을 이유로 일반 특혜 관세의 수혜 연기 문제와 강격한 수입 규제 수단인 미국 상법 301조를 발동한 데서도 확인할 수 있다.[12)]

다행히 우리 한국은 지적 재산권의 관련법이라 할 저작권법을 1986년 12월에 전면 개정하고 이듬해인 1987년 7월부터 시행토록 함으로써 이러한 국제적 통상 마찰을 다소 해소시키기는 하였으나 아직도 국제적으로, 특히 한미간의 조정 · 해결해야 할 법적 문제가 남아 있다고 보아진다.

따라 여기서는 국제적 커뮤니케이션의 입장에서 국가간의 지적 정보라 할 신기술과 지식의 이전 문제를 법적 이로의 바탕 위에서 검토 · 연구 하면서 그 원활한 유통의 길을 모색하고 국내 지식산업의 육성과 발전에 기여할 수 있는 방안을 논구코자 한다. 더불어 현대적 지식 이전과 유통의 방향을 국제 정보질서의 시각에서 구명 하려 했다.

(3) 정보이론의 개척자들

지적재산권(intellectual property night)은 인간의 정신문화와 물질문명의 기초가 되는 창조적 인간정신을 바탕으로 탄생하였으며, 현재가지도 형성 도중에 있는 개념이므로 인간 정신의 무한한 발전과 더불어 그 개념은 날로 확대되어가고 그 중요성도 날로 증대되어 가고 있다.[13)]

---

more efficient world information and communication order (London :Kogan Page Ltd., 1980). pp.35-36.

12) 全泳杓, '美通商法 301조의 意味', 《월간현대》 3월호 (政文硏究會, 1988), p.272.

13) 宋永植 · 李相珵·黃宗煥, 《知的所有權法》 (育法社, 1987), p.43.

지적 재산권이란 먼저 소유 가치가 있는 대상, 즉 새롭게 창조된 '지식'이라는 데서 비롯되는 것이다. 그렇다면 지식이란 무엇인가? 지식은 어떻게 창출되며, 어디로부터 얻어지는 것일까? 곧 지식은 정보라는 메시지를 커뮤니케이션으로 습득되어지는 것이라 할 수 있다. 그렇다면 정보는 무엇이며, 지식과는 어떠한 인과관계가 성립되는 것인지?

인간은 감각적 지각(sense perception)에 의하여 주위 환경에 있는 사물에 관한 지식을 얻게 된다. 이와 같이 사물의 직접적인 경험을 통하여 얻어지는 지식이 '직지(acquaintance)에 의한지식'14)이다. 인간은 외적 감각기관과 내적 감각을 가지고 있다. 외적 감각기관은 오관(五官)을 통하여 개별적 사물의 색, 소리, 냄새, 맛 등의 자극을 받거나 인상을 받게 된다. 이와 같이 감각적 지각은 사물의 원초적 경험이다. 이에 비해서 내적 감각(intemal sensation)15)은 인간의 외적 감각의결과로서 인식 경험 안에 내재하는 이미지(images)에 의하여 자극 받거나 얻어지게 되는 감각인데, 느낌, 기분, 놀라움, 쾌락, 고통 등의 감정과 기억, 사고, 믿음 등의 정작용을 포함한다. 인간은 외적인 세계에서 그의 감각기관을 통하여 개별적 사물의 감각 자료(sense data)에 관한지식, 즉 직지에의 지식을 획득하게 된다. 말하자면 우리는 감각기관을 통하여 외적 세계에 관한 메시지, 혹은 정보를 받아들이고, 정보에 대응한 행위를 하게 된다.16)

그러나 이러한 인간의 직지(直知)에 의한 지식은 극히 낮은 수준의 인식 패턴이라 할 수 있다. 그것은 동물도 냄새를 맡거나 들을 수 있는 능력을 갖고 있어 먹이를 찾고 이성을 구분할 수도 있다. 인간은 직감으로 받아들인 정보를 언어로 표현하여 다시 이를 다른 사람들에게 정보로써 전달할 수 있으나 언어가 없는 동물은 그렇지가 않다. 인간의 인식은 두 가지 패턴으로 나누어 생각할 수 있는데, 하나는 감각적 지각의 패턴이고, 다른 하나는 개념적 인식의 패턴이다. 감각적 경험이 주위 환경에 관한 정보를 제공한다면, 경험의 대상은 외적인 대상이다. 따라서 사건의 인식이 생활에 유용하게 쓰일 수 있을 경우에 사물의 감각 자료가 정보이고, 감각 기관을

14) Bertran Russell, *The Problems of Philosophy* (London : Oxford University, 1954), p.46.

15) John Hospers, *An Introduction to Philosophical Anaysis* (London :Routledge, 1973), p.124.

16) 金光永, 《정보와 인간이해》(명보문화사, 1988), p.224.

통하여 얻어진 정보가 보편성을 가지게 되면 그것이 곧 '직지에 의한 지식'이다. 타라서 직지에 의한 지식은 특수성과 보편성을 공유하고 있다.[17)]

이와 같이 특수성과 보편성을 지닌 정보는 인간의 지식으로 재활용케 되는 것이다. 이제 새 지식은 정보라는 이름으로 옮겨지게 되는 것이며 인간과 사회는 이러한 지식이 축적케 됨으로써 개선 · 발전되어 나간다고 할 수 있다.

이는 오늘날 산업사회가 당면하고 있는 가장 중요한 문제를 다룸으로써 새로운 80년대의 세계관을 제시한 《엔트로피 Entropy》의 저자인 리프킨(Jeremy Rifkin)도 "대부분의 사람들은 끊임없는 지식과 기술의 축적의 결과로써 세계가 보다 나은 상태로 발전하고 있다"[18)]고 말했다.

사물의 '어떻게'를 밝히는 것이 학문이라고 믿었던 베이컨(Francs Bacon)은 "과학의 진실되고 엄연한 목적은 '어떻게'를 밝히는 이외의 그어느 것도 아니다. 인간의 삶은 본래 새로운 발견과 능력을 지니고 있다"[19)]고 했다. 인간의 새로운 발견과 능력은 곧 정보에서 비롯되는 것이다. 이미 1948년에 미국의 벨 통신연구소의 수학연구원이었으며 MIT의 과학초빙 교수였던 섀넌(Claude E.Shannon)은 그의 저서 《커뮤니케이션의 수학적 이론 The Mathe-matical Theory of Communication》[20)]에서 '정보 앤트로피'의 이론을 제시하기도 했다. 즉 자국어의 암호에서 시그널당 메시지의 평균 수치를 정보 엔트로피라 불렀었다.[21)]

정보이론의개척자라 불려지는 섀넌은 정보원으로부터의 통보(message)가 송신기를 통해 수신기(receiver)에 의해 최종 수신 목적지까지 잡음 없이 도달 할 수 있는 기계적인 '정보 송달의 효율'이나 '정보 전송의 신뢰성' 등을 연구했었다.[22)] 이와 같은 섀년의 기계적 정보 전달 이론의 모형은 오늘날 커뮤니케이션 기초 이론의 모델이 되고 있다.

마할루프(Fritz Machlup)의 정보산업론은 '정보를 상품 가치'로 기본삼고

---

17) *Ibid.*, pp.224-226.

18) Jeremy Rifkin, Entropy : *A new world view.* 김건 · 김명자 옮김, 《새로운 세계관 엔트로피》(정음사, 1983), p.15.

19) *Ibid.*, p.29.

20) Claude E. Shannon and Warren Weaver, *The Mathematical Theory of Communication* (Urbana : University of Illinois Press, 1949).

21) *Ibid.*, pp.6-12.

22) *Loc. cit.*

있다. 정보산업을 일컬은 그의 지식산업은 ① 컴퓨터를 중심으로 한여러 가지 정보처리 기기산업(information machines), ② 교육산업(educaton industry), ③ 연구개발산업(research and development industr-y), ④ 커뮤니케이션의 매체(the media of communication), ⑤ 전국을 네트워크로 한 통신 시스템의 정보 서비스 산업(information seervicees industry)의 다섯 가지로 나눠 지적하면서 이 지식산업이 전경제체계에서 차지한는 비율에 따라 차츰 '지식사회'가 형상케 될 것이라고 했다.[23)]

정보사회의 이론적 선도자인 벨(Daniel Bell)은 성숙된 산업사회 다음에 도래할 사회는 후기산업사회라 예고했다.[24)] 실제로 후기산업사회라는 용어는 1962년 보스턴 회의에 서 '기술사회'와 유사 개념으로 종종 인용되어 왔다. 이를 일본의 마스다(마스다)가 번역하며서 후기산업사회보다는 '정보사회(information society)'가 더욱 적절하다고 지적했다.[25)]

'정보화사회'라는 말은 미국보다도 일본에서 먼저, 그리고 더 많이 사용되어 온 것으로 알려져 있지만, 흔히 벨이 말하는 후기산업사회와 같은 뜻으로 이해되고 있다.[26)] 미국에서 이미 실현되고 있는 이 후기산업사회는 기업(business)이 아닌 '지적인 것'(the intellectual)이 지배하는 사회로서 ① 과학의 지수적 증가와 ② 지적기술(intellectual technology)의 증대, ③ 연구·개발 활동의 증대라는 세 가지 요소가 그 사회에 새로운 성격을 부여하는 것이라고 할 수 있는 것이다. 벨은 후기산업사회의 단계로 들어가면서 미국은 과학과 연구·개발을 위한 지식 활동을 중핵으로 하는 다른 범주의 사회로 옮겨가는 것이라고 설명하고 있다. 단적으로 말해서 정보화사회는 산업사회가 일정 수준으로 발전 성숙한 기반에서 정보혁명을 매개로 하여 출현되는 산업사회 다음의 단계라고 할 수 있다.[27)]

---

23) Fritz Machlup, *The Production and Distribution of Knowledge in the United States* (Princeton, New Jersey : Princeton University Press, 1962).

24) 富田信男·岡澤憲芙 編, 《情報とデモクラシー》 (東京 : 學陽書房, 1984), p.18.

25) G. Cleveland Wilhoit, ed., *Mass Communication Review Yearbook*, Vol. II (California : Sage Publication, 1981), p.673.
元佑鉉, '정보사회의 특성과 정보유통 질서에 관한 고찰', 《新聞學報》 제18호 (한국신문학회, 1984), p.8.

26) Daniel Bell, 'The Post-Industrial Society,' in EliGinzberg, ed., *Technology and Social Change* (New York : Columbia University Press, 1964), p.44

27) 彭元順, 《언론법제신론》 (나남, 1989), p.73.

‘정보화’나 ‘정보화사회’라는 용어나 개념이 일본에서 처음 사용된 것은 1967년 ‘과학기술과 경제의 모임’ 이라는 연구회에서였다. ‘정보화사회’의 영역인 ‘information society'라는 용어는 1970년 일본인이 창조한 것이다.[28] 그리고 구미의 학자 중‘information society’라는 용어를 맨처음 쓴 것은 1976년의 파커(E. Parker)의 논문[29]에서였고 또한 1978년에 에델슈타인(A. S. Edel-stein)[30]은 자신의 저서에 표제로 쓰기도 했다.[31]

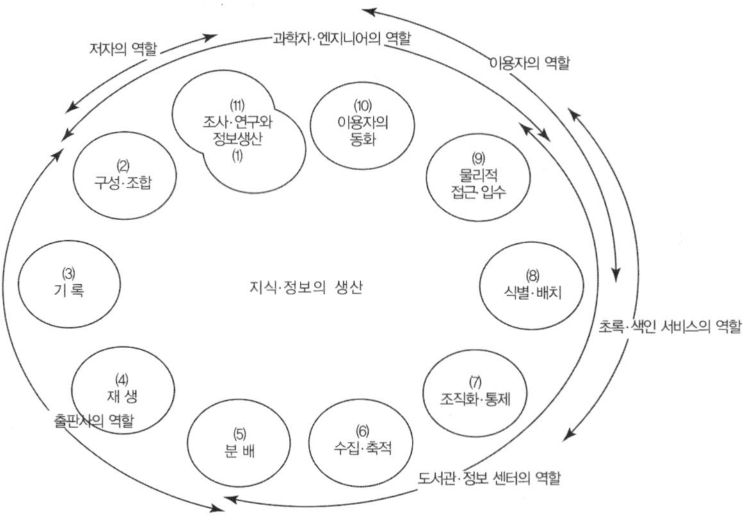

[그림 1] 정보 과정의 모델

개인이나 집단이 정보를 생산 → 수집 → 축적 → 검색 → 이용하는 과정을 ‘정보 과정’ 이라 한다. 이 과정에서 사람들은 정보를 분석 · 분해 ·

---

28) Y. Masuda, *The Information Society* (Tokyo : Institute for the Information Society, also Washington D.C. : World Future Society, 1980).

29) E. Parker, 'Social Implication of Computer-Telecoms System', *Telecommunications Policy*, 1(1), 1976, pp.3-20.

30) A.S. Edelstein, J.E. Bowes, & S.M. Harsel, eds., *Information Societies : The Comparing the Japanese and American Experience* (Seattle : University of Washington Press, 1978).

31) 伊藤陽一, ‘일본에 있어서의 정보사회연구의 현상’, 《언론정보》 제6집 (한양대학교 언론문화연구소, 1985), pp.5-6.

압축(농축)·가공 등의 처리로 생활 자원을 위한 정보로서의 생명력과 부가가치를 지니도록 하는 것이다. 이러한 정보과정을 지배하는 힘인 '정보력(information power)'은 평등하게 분배되어지는 것은 아니다. 한 개인과 집단은 다른 개인이나 집단 이상으로 정보 생산 과정과 정보 유통(전달) 과정에서 많은 영향력을 확보·행사하게 된다. 따라서 보다 많은 정보력을 가진 개인이나 집단을 '정보 엘리트'라고 칭할 수가 있다.[32)]

일련의 정보 과정을 킹(Donald W. King) 등은 [그림 1]과 같은 모텔을 제시, 지식 또는 정보의 생산과정을 제시해 놓고 있다.[33)]

일본에서의 '정보화사회론'은 1960년대 후반에서 70년대 초반에 걸쳐 붐을 이루게 되었다. 이는 미국이나 유럽보다 훨씬 뒤지기는 하였으나 1968년에 《정보사회입문 情報社會入聞》[34)]과 《원전정보사회 原典情報社會》[35)]가 마스다 기사가 나타났고 세미나가 개최도기도 하였다.[36)]

그 후 10년, 1978년에 이르러서는 이토(伊藤陽一)는 '정보화사회'를 영문으로 개념화하는 등 오늘까지도 꾸준히 〈일본의 '정보화정책'과 '정보화사회론'〉 (1980)[37)]과 〈정보화사회론의 신전개〉 (1983)[38)] 등의 논문을 발표하고 있다. 이 밖에도 일본의 미노와(箕輪成男)도 1982년에 《정보로서의 출판 情報としての出版》[39)]의 저서를 통해 과학 정보의 생산과 이용, 그리고 정보의 기능에 대한 논문을 제시하고 있다.

우리 나라의 정보화사회의 연구는 일본보다 더 뒤진 것이 사실인데 80년대 들어 관심이 높아지고 있다. 1985년 10월 '한국전기통신 100년 기념 심포지움'으로 〈정보화사회와 커뮤니케이션〉의 주제를 갖고 한국통신 확회와 한국언론확회 회원들이 참여, 진지한 토의를 갖기도 했다. 이 자리에서 이강수(李康洙)는 〈정보화사회에 있어서 뉴미디어와 문화적 환경〉에 대한 주제를 '사회문화적 임팩트 중심'으로 연구·발표했다.[40)]

---

32) 富田信男 外編, *op. cit.*, p.18.
33) Donald W. King, Dennis D. McDonald and Nancy K. Roderer, *Scientific Journals in the United States* (Stroudsburg, 1981), p.12.
34) 增田米二, 《정보사회입문》(동경 : ぺりカン社, 1968).
35) 增田米二, 《原典情報社會》(동경 : TBS ブリタニカ, 1968).
36) 伊藤陽一, *op. cit.*, p.7.
37) 伊藤陽一, '日本の情報化政策と情報化社會論', 《データ通信》 6월호(1980), pp.50-54.
38) 伊藤陽一, '情報化社會論の新展開', 《慶應大學法學研究》 제56권 제8호(1983), pp.29-51.
39) 箕輪成男, 《情報としての出版》 (동경 : 弓立社, 1982).
40) 李康洙, '정보화시회에 있어서 뉴미디어와 문화적 환경 : 사회문화적 임팩트를 중심으로',

1987년 이강수, 팽원순, 박영상 등 공동연구의 〈정보화사회와 커뮤니케이션 정책〉 이란 논문을 통해 기술혁신과 정보화사회, 정보화사회에 대한 낙관론과 비관론 등의 문제가 제기되기도 했다.41)

또한 이 논문은 "민주주의가 제대로 기능하기 위해서는 광범위에 걸친 다양한 정보가 최대한으로 자유로이 유통되어야 하기 때문에 정보의 유통이 최대한으로 보장되어야 하는 정보사회가 바로 민주주의를 위해서도 가장 적합한 사회가 될 수 있을 것이다"42)라고 논구하고 있다.

특히 팽원순은 《매스코뮤니케이션 법제이론》을 통해 "무엇보다도 개개인에 의한 자유롭고 합리적인 정보의 선택이 가능하도록 보장하는 여러 가지 기본적인 조건을 마련해 주는 것이 사회 내지 국가의 책임이라고 할 수 있을 것이다"라고 언급하고 있다.43)

따라서 정보화사회에서 정보에 대한 공중의 악세스가 보장되기 위해서는 먼저 그 기본적인 조건으로 주로 다음과 같은 것들을 들 수 있다는 것이다.44)

① 정보는 누구나 편하게 접근할 수 있는 장소나 시설에 합리적으로 정리 · 분류 · 저장되어 언제라도 손쉽게 골라내 이용할 수 있게 해야 한다.

② 누구라도 어떠한 정보든지 아무 장애 없이 자유로이 접근해서 자유로이 입수할 수 있게 해야 한다.

③ 모든 분야에 걸친 다양한 정보가 아무 제한 없이, 아무 차별 없이 균등하게 자유로이 유통되도록 해야 한다.

④ 정부의 정보를 포함해서 최대한으로 많은 정보가 국민에게 공개되도록 해야 하며, 정보의 독점을 막아야 한다.

⑤ 정보의 자유로운 유통이나 자유로운 접근을 가로막는 여러 가지 장애를 제거해야 한다.

《정보화사회와 커뮤니케이션》, 한국전기통신 100년기념 심포지엄 (한국통신학회 · 한국언론학회 주최, 1985. 10. 4~5), pp.19-43.

41) 李康洙 · 彭元順 · 朴永祥, '情報社會와 커뮤니케이션 政策', 《言論學報》 Vol. VIII (한양대학교 언론문화연구소, 1987), pp.21-80.

42) Anne W. Branscomb, 'Law and Culture in the Information Society', *The Information Society*, Vol. 4, 1986, p.281, ibid., p.65에서 재인용.

43) 彭元順, 《매스커뮤니케이션 法制理論》, 改訂版(法文社, 1988), p.71.

44) 竹內郁郎, '情報社會への適應', 內川芳美 外編, 《情報社會 : 講座 現代の社會とコミュニケーション》 2 (동경 : 동경대학 출판회, 1974), pp.204-212, *ibid.*, p.71에서 재인용.

이런 조건들을 갖춘다는 것은 다시 말하면 우리가 항상 강조해 온 국민의 알 권리의 보장, 자유로운 정보유통의 확보, 정보공개의 채택, 언론자유의 보장 등을 의미한다고 지적할 수 있을 것이다.[45]

'재물에는 국경이 있으나 정보에는 국경이 없다'는 말대로 최근 정보의 국제화 현상이 현저히 강화되고 있다. 정보는 아무 제한 없이 국경을 넘어 멀리 국제적으로 유통되어야 한다는 것이다. 그것은 정보나 사상을 구하고 받으며 전파하는 자유가 국경과 상관 없이 보장돼야 한다는 세계인권선언의 정신에 합치되는 것으로서, 정보의 유통에는 국경을 두지 말아야 한다는 것이다.[46]

여기서는 정보의 자유로운 유통만을 말하고 있으나, 아무리 정보의 유통이 원활하다 하더라도 그 내용과 질도 문제 삼아야만 하는 것이다. 특히 지나날 서방 선진국들이 일방적으로 신생 저개발 국가인 소위 제 3 세계 국가들에 보내진 국제정보의 내용은 많은 문제점을 제기하고 있다.

그 동안 국제정보의 내용 차원에서 제기도고 있는 문제들을 서정우는 다음과 같이 연구 · 요약해 놓고 있다.[47]

① 국제정보가 인간적인 뉴스보다는 갈등지향적인 뉴스를 강조한다.

② 국제정보가 통합지향적인 뉴스보다는 갈등지향적인 뉴스를 부각한다.

③ 국제정보가 정치적인 뉴스를 너무 강조한다.

④ 국제정보가 한 국가와 사회의 진실된 면보다는 기괴한 면을 강조한다.

⑤ 국제정보는 국가발전에 도움이 되는 뉴스, 예를 들면 과학, 교육, 기술, 의료, 학문 등의 뉴스를 소홀히 취급하고 있다.

⑥ 국제정보가 너무 어렵고, 복잡하고, 읽기가 까다롭다.

이와 같이 지적하면서 정보질서라 말할 때 그 "절서의 개념은 대부분의 경우 균형과 형평을 말하는데 현재 국가간에 유통되고 있는 정보는 우선 균형에 심각한 문제가 있을 뿐 아니라 내용 자체에 복잡한 문제점이 내재하고 있음이 사실이다"[48]라고 지적하고 있다.

이 새로운 국제정보 질서의 개념을 국제사회의 이상으로 파악한 대표적

---

45) 彭元順, *op. cit.* (법문사, 1988), p.72.

46) *Ibid.*, p.78.

47) 徐正宇, '국제정보 질서의 새로운 연구접근', 《사회과학론집》 제12집(연세대 사회과학연구소, 1981), p.143.

48) *Loc. cit.*

학자는 메릴(J. Merrill)이다. 메릴은 새로운 국제정보 질서란 “세계적으로 커뮤니케이션의 불평등을 해소하고 저개발 국가를 정보 소비자가 아니라 정보적 동반자로 받아들이는 국제 사회의 이상”이라고 정의하고 있다.49)

또한 렌트(J.Lent)는 새로운 국제정보 질서의 개념을 제3세계의 노력과 시도로서 파악했으며50) 할리(W. Harley)는 관점을 조금 바꾸어 새로운 국제 정보 질서의 개념을 제3세계의 기본적 요구로 파악, 이를 ‘커뮤니케이션 분야에 있어서 분배적 정의에 대한 제3세계의 기본적 요구’라고 정의했다.51)

이와 같이 정보유통에는 불균형이 존재한다는 것이며, 새 국제정보 질서의 궁극 목적은 제1세계와 제3세계 간에 유통되는 정보의 질과 양이나 그 유통 방향의 균형을 성취시키는 데 있는 것이다.

이미 작고한 풀(Ithiel de Sola Pool)은 그의 한 논문52)을 통해 개발도상국들은 세계 어느 곳에서라도 정보를 자유롭게 최대한 이용할 수 있도록 해야 하며, 정보의 자유로운 유통의 모든 제한에 대해 반대하는 것은 이 때문이라 했다. 또 저작권에 의한 제한, 보안적 제한, 상업적 제한 등으로 기술정보 이전을 가로막는 것은 개발도상국들의 발전을 저해한다는 것이다. 선진국들이 기술이나 실제적인 지식을 보유하고 있는 데도 개발도상국들이 그 지식이나 기술을 습득할 수 없을 때는 결과적으로 선진국에 종속될 수 밖에 없다. 따라서 개발도상국들이 선진국에 종속되지 않기 위해서는 국가 간에 제한 없는 정보유통의 자유화가 이뤄져야 한다고 했다.

---

49) John Merrill, Global Journalism : A Study of the World's Mass Media (New York : Longman, 1983), 徐正宇, 《국제커뮤니케이션론》 (나남, 1987), p.231에서 재인용.

50) John A. Lent et al., 'The Age of Awareness in Global Mass Communications,' in Brenda Dervin et al., eds., *Progress in Communication Sciences,* Vol. III (Norwood, N.J. : Ablex, 1982), 徐正宇, 《국제커뮤니케이션론》 (나남, 1987), p.231에서 재인용.

51) Willian C. Harley, 'The New World Information Order : Confrontation or Cooperation with the Third World-an American View,' *A Paper Present for a U.S.-Japan Symposium on International Communication* (Boston : October 11-14, 1979). 徐正宇, 《국제커뮤니케이션론》 (나남, 1987), p.231에서 재인용.

52) Ithiel de Sola Pool, 'Direct Broadcast Satellites and the Integnity of National Culture', Kaarle Nordenstreng and Herbert I. Schiller, *National Sovereignty and International Communication* (Norwood, New Jersey : Ablex Publishing Corporation, 1979), pp.151-152.

그러므로 풀 박사는 이 연구에서 지적문화산물의 보호주의는 상품 교역 분야의 그것보다 훨씬 더 많은 손상을 입힐 것이라면서 무역보호주의는 자국의 산업을 촉진시킬지는 모르지만 지식의 보호주의는 정신의 이전 자체를 억제하게 된다고 했다.[53)]

플로만(Edward W. Ploman)의 연구에 의하면 정보의 자유와 정보의 자유로운 유통과 같은 개념들의 가치가 어떠하든 현재로서는 그 개념이 분명치 않으며, 즉 어색하지만 '커뮤니케이트할 권리(right to communnicate)'나 '정보의 균형된 교류(balanced flow of information)' 등의 표현 아래 '정보 자유(freedom of information)'의 전통적인 맥락을 쇄신하려는 지속적인 노력이 진행되고 있다는 것이다.[54)]

또 플로만의 연구에서는 정보의 자유는 1940년대와 1950년대에 추상적이고 절대적인 '자연법(natural law)'의 개념에서 출발했으며, 그 예로서 세계인권선언(The Universal Declaration of Human Rights) 제19조를 내세웠다.[55)]

이 제19조에 의하면,[56)]

> "모든 사람은 의견 및 표현의 자유의 권리를 가진다. 이 권리는 간섭 없이 의견을 개진하며, 어느 미디어나 국경의 구애 없이 정보나 사상을 추구, 전달할 수 있는 자유를 포함한다."

고 못박고 있다. 즉 이는 정보의 자유로운 유통을 추상적이고 일반적인 법에 맞춘 연구라 할 수 있다.

'정보의 균형된 교류'에 관해서는 유네스코가 1980년 10월 제21차 총회에서 채택한 이른바 '맥브라이드 보고서'를 들 수 있다. 이 보고서는 전 아일랜드 외상인 맥브라이드(Sean MacBride)를 위원장으로 한 맥브라드 위원회가 1976년에 구성돼 3년에 걸친 연구 끝에 작성한 것이다. 유네스코

---

53) *Ibid.*, p.152.

54) Edward W. Ploman, 'Satellite Broadcasting National Sovereignty, and Free Flow of Information', ibid., p.164.

55) *Ibid.*, p.161.

56) *Loc. cit.*
'Everyone has the right to freedom of opinion and expression; this right includes freedom to hold opinions without interence and to seek, receive and impart information and ideas through any media and regardless of frntiers.'

총회는 맥브라이드 보고서의 새로운 언론정책 추진을 위한 35개국 협의를 창설했다. 이 보고서의 큰 줄거리는 서방 지배의 언론에 의한 문화적 침략에 종지부를 찍기 위해서는 '정보의 균형된 교류(balanced flow of information)'가 이뤄져야 한다는 것이다. 맥브라이드 보고서는 또 언론의 역할을 규정하기 위해 뉴스의 내용과 새로운 언론윤리강령의 기준을 마련해야 하고 언론인 보호의 수단도 강구해야 한다고 제의했다. 이 맥브라이드 보고서가 공식으로 제의한 '새로운 세계 정보 질서(new Information order)'라는 유네스코의 언론 정책은 제3세계의 주도 아래 마련된 것이다. 따라서 정보의 균형된 교류이론은 서방 언론이 신봉하고 있는 '정보의 자유로운 교류(free flow of information)' 이론과 정면으로 맞선다. 또 유네스코가 제의한 언론인 보호 문제도 기자 면허 제도와 같은 것이라고 서방 언론들은 주장하고 있다.57)

이에 대해 한국의 박권상(朴權相)은 여기서 '제3세계라고 하지만, 역사발전의 단계에 있어서 너무 이질적이므로, 제3세계에 일률적으로 적용하는 '제3세계의 커뮤니케이션 모형' 같은 것을 생각한다는 것은 그런 착상 자체가 어리석은 일이 될 것이 아닐까.'라고 반박했다.58)

이미 '새로운 국제 정보 질서'에 앞서 경제적 종속이론을 국제정치 현상에 체계적으로 적용한 스웨덴 학자인 갈퉁(John Galtung)은 그의 '제국주의 이론(소대교 of imperialism)'59)에서 제국주의란 국가와 국가간에 발생하는 필연적인 지배 관계(dominance relation)의 세련된 형태라고 규정하면서 그것을 통해 중심국가의 중심 계층이 주의 국가의 중심 계층과 공동의 이익을 위해 연합하게 된다고 설명하고 있다. 종속이론은 원래 경제적인 차원에서 먼저 형성되었는데 이것이 최근에 와서는 정치 현상, 문화 현상, 그리고 사회 현상을 설명하는 데 할발히 적용되고 있다는 것이다.60)

갈퉁은 국가간에 작용하는 제국주의의 관계를 세 가지 차원에서 설명하고 있다.61)

---

57) 孫柱煥, '정보의 균형된 교류와 정보의 자유로운 교류', 《신문연구》, 1981년 여름 (관훈클럽, 1981), pp.31-32.

58) 朴相權, '새 국제정보 질서를 논한다 : 제3세계와 유네스코 논의를 중심으로,' 《신문연구》 여름호(간훈클럽, 1981), p.30.

59) John Galtung, 'Structural Theory of Imperialis,' *Journal of Peace Research*, Vol. 17, No. 2, 1971, pp.81-117.

60) 徐正宇, *op. cit.* p.146.

① 중심 국가의 중심 계층과 주의 국가의 중심 계층간에는 이익의 조화가 성립된다.
② 이익의 부조화는 중심 국가내의 중심 계층과 주의 계층간에서보다는 두 국가내의 두 계층간에 더욱 크게 발생한다.
③ 중심 국가의 주의 계층과 주의 국가의 주의 계층간에는 이익의 부조화가 발생한다.

따라서 이러한 단계를 다음과 같이 도식화하고 있다.[62)]

강퉁의 이론이 현재 논의되고 있는 국제정보 질서의 형성이란 차원에서 가지는 일차적 함축성은 '정보제국주의'의 등장이 되겠다. 역사적으로 볼 때 제국주의는 군사적 제국주의 정치적 제국주의 문화적 제국주의, 그리고 정보적 제국주의의 진화론적 가정을 밟아 생성·발전되어 온 것 같다. 현재의 제국주의가 정보적 제국주의의 형태를 취하고 있는지 혹은 없는지에 대하여서는 단정하기 어렵지만 정보사회가 커뮤니케이션의 시대의 돌입과 더불어 그러한 방향의 예측은 타당성을 찾을 수가 있다.[63)]

따라서 국제정보 질서의 논의는 좀더 범위를 넓혀 경제질서와 정치질서 전반을 상호작용적으로 고려하는 것이 바람직하다. 바꿔 말하면 정보질서란 정치질서와 경제질서에 의해서 영향을 받을 뿐만 아니라 정치질서와 경제질서 또한 정보질서에 의해 크게 영향받고 있다는 것이다. 앞으로 새로운 국제정보질서의 구축은 정보만의 문제가 아니고 경제, 정치, 문화의 복합적인 상호관계로 그 해결책을 찾아야 한다는 것이다.[64)]

로저스(Everett Rogers)는 정보 확산 모델을 4단계, 즉 정보 취득, 설득의 수용, 결정 또는 채용, 그리고 확인의 단계로 나눠 구성하고 있다. 여기서는 미디어의 역할이 제1단계(정보와 인식)에 집중되어 있고, 그 후에 계속되는 채용 과정에서 개인적 접촉, 조직적인 전문 지식이나 조언, 그리고 현실 체험이 우세해진다는 점에서 차이가 있다고 했다.[65)]

또한 로저스는 지배적 파라다임(dominant paradigm)의 소멸(passing)을

---

61) *Ibid.,* p.147.
62) *Loc. cit.*
63) *Loc. cit.*
64) 徐正宇, '종속이론과 새로운 국제정보 질서', 《신문연구》 1981년 여름 (관훈클럽, 1981), p.62.
65) Everett M. Rogers, *Diffusion of Innovations*, 3rd ed. (New York : The Free Press, 1962).

설명하면서 이 모델의 특징에는 약점이 있으며, 위로부터의 '조작(manipulation)'에 대해 과도하게 의존하고 있다는 점을 지적하면서 개발에 대한 매스 미디어의 영향력은 미디어 사회의 기반이나 그 고유문화와 밀접하게 관련되어 있느냐 아니냐의 의조한다는 것이다.[66)]

특히 지식의 전파(distribution of knowledge)에 의해 관해 연구한 맥퀘일(Denis McQuail)은 토픽과 개념은 인지작용에 대한 관심을 연결되어 있는데, 이들은 관습적 의미에서 정보 또는 지식과 관계가 있다고 했으며, 어떤 것은 미디어의 주활동, 즉 뉴스의 공급과 관계가 있고, 다른 것은 세상의 쟁점과 사물에 대한 서로 다른 관심을 다룬다는 것이다. 즉 의제설정(agenda-setting)인 것이다. 그리고 '미디어의 효과 유형'의 하나로 사회에서의 의견과 정보의 일반적인 전파을 다루고 있는데, 이것은 잠재적으로는 효과의 하나로서 지식격차(knowledge gaps)를 가져온다고 했다. 여러 가지 미디어 효과는 지식의 전파라는 상당히 중심적 개념에 포함된다는 것이다. 정보의 통제나 관리와 같은 여러 가지 용어도 의식적으로 방향지어진 노력을 의미한다고 하면서 '사회통제와 의식형성에 대한 과정 모델'을 다음과 같이 도시하고 있다.[67)]

[표 1] 사회통제와 의식 형성에 관한 과정 모델

정보원 →	내 용 →	제1효과 →	제2효과 →	제3효과
불특정한 복수 정보원 : 미디어 일반	안정된 조직적 구조를 지닌 메시지	이용 가능한 지식, 가치, 의견, 문화의 축적	여러 가지 선택가 반응	사회화, 형식의 정의 부여, 지식의 전파, 사회통제

더불어 치밀스키(Andrzej Ziemilski)는 지식이전(transfer des connaissances)이란 불어의 표기는 여러 형태의 지식을 강조한 것으로서 만일 'la connaissance'가 영어의 '지식', '과학'과 '가능성'의 뜻을 ㅍ함하고 있다면

66) Everett M. Rogers, 'Communication and Development : The passing of a dominant paradigm', *Communication Research*, No. 3, 1976, pp.213-240.

67) Denis McQuail, *Mass Communication Theory* : An Introduction, 2nd, ed. (London : Sage Publicatins Ltd., 1987), 吳鎭煥 역, 《매스 커뮤니케이션 이론》(나남, 1990), pp.330-331.

지식이란 지식들(les connaissances)을 일컫는다는 것이다. 따라서 지식 이전에 관한 연구자들은 이에 영향을 미치는 요인들, 즉 지식 이전에 간련된 주요 분야와 매체를 우선적으로 검토해야 한다는 것이다.[68]

이 지식 이전의 매체는 정보를 전달하고 저장하고 기억할 수 있는 능력에 따라 다양한데, 이에 의해 이전되는 지식의 형태가 달라지게 된다는 것이다. 이 주요 지식 이전의 매체로서 인간의 접촉, 인쇄매체, 시각적 매체, 예술작품, 그리고 잘 꾸며진 장비나 공간 등 다섯 가지를 내세우고 있었고 그 중 인쇄매체를 통한 지식 이전은 문화 차원에서 매우 중요시된다는 것이다. 특히 세계적으로 널리 통용되는 말르 쓰여진 책은 국제적으로 많은 영향을 미쳤으며, 이는 지난 수십년 동안 매우 활발했던 번역만으로도 잘 입증되고 있다는 것이다. 따라서 오래 전부터 세계 각국은 도서를 통한 지식 이전이 갖는 영향력에 대한 두려움 때문에 국제적으로 통용되는 인쇄물을 통제, 제한, 선택하기 위한 각종 방안을 제정해 왔다는 것이다.

골드도프(J. E. Goldthorpe)는 선진국과 후진국간에는 수입의 격차뿐만 아니라 정보의 격차도 현저하게 나타나고 있다 했다.[69]

(4) 저작권에 관한 연구들

앞으로 정보화사회의 실현을 위해 지식 학산을 통한 국가간 정보의 격차를 줄여 나가야만 할 것이다. 따라서 정보의 촉진을 위한 사회적 제도가 마련되어야 한다고 보아지나 오늘의 정보사회가 전개되면서 선진 제국은 정보 촉진을 위한 법보다는 정보의 보호나 규제를 목적으로 한 법이 더 많이 제정되고 있다.

그것은 “과학기술이 발전이 우리 생활을 풍요하게 하는 플러스 면이 있는 반면, 여러 가지로 우리 생활에 마이너스적인 영향을 미치고 있는 것과 마찬가지로 정보화의 진전도 많은 긍정적인 측면과 함께, 정보의 균질화에

---

68) Andrzej Ziemilski, 'The Social Forms of the Transfer of Knowledge,' *Domination or Sharing? : Endogenous development and the transfer of knowledge* (Paris : The Unesco Press, 1981), pp.19-23.

69) J. E. Goldthorpe, *The Sociology of the Third World* (Cambridge : Cambridge University Press, 1975), p.205. 李相喆, 《국제정보론》 (일지사, 1984), p.120에서 재인용.

따른 폐단이라든가 정보 과잉 속에 나타나는 정보 결핍의 현상이라든가, 개인의 프라이버시 침해라든가, 컴퓨터 범죄의 발생이라든가 하는 부정적인 측면도 적지않게 나타나게 될 것으로 예상된다"[70]는 데서 기인된 불가피한 현상이라 할 수 있다.

팽원순은 정보화의 진전에 있어서 정보와 법과의 관계는 더욱 불가피한 것이 될 것이며, 그 뿐만 아니라 그들 사이의 접촉의 면은 더욱 넓어지고 깊어지게 될 것으로 생각된다면서 특히 법과 정보와의 관계를 시버트(Fred S. Siebert)의 연구[71]를 인용, 다음과 같은 세 가지의 다른 역할을 담당하게 될 것이라고 했다.[72]

① 촉진자(facilitator)로서의 법
② 보호자(protector)로서의 법
③ 규제자(regulator)로서의 법

첫째로 촉진자로서의 법은 정보화사회를 이루기 위한 여러 가지 필요한 조건을 갖추도록 도움으로써 정보화 내지는 정보화사회의 도래르 촉진하는 역할을 말하는 것이며, 그러한 종류의 법으로서는 정보산업을 육성하기 위한 여러 가지 지원 방안을 규정하는 법과 자유로운 정보유통을 보장하는 법 등이 포함된다는 것이다. 둘째로 보호자로서의 법은 정보 자체나 정보산업 등을 보호할 것을 목적으로 하는 법을 말하는 것인데, 정보화사회에 있어서 중심적인 가치를 지니게 될 정보는 무체물인 만큼 법체계 속에서의 그의 올바른 위치를 규정하기 위한 노력이 요청된다고 할 것이다. 소프트웨어에 대한 보호, 저작권, 공업소유권 등에 관한 법률들이 이 종류에 속한다는 것이다. 세 번째로, 정보에 대한 규제자로서의 법률은 정보 자체에 대한 규제보다는 정보 관리와 관련된 인권의 침해에 대한 규제 등이 그 중요한 임무가 될 것인데, 컴퓨터의 개인 정보 처리에 의한 프라이버시의 침해와 행정에 의한 개인 데이터의 수집과 컴퓨터화, 데이터 뱅크의 설치와 시민의 권리 등이 그 중요한 관심의 대상이 될 것이라고 했다.[73]

---

70) 彭元順, '정보사회에 있어서의 정보와 법', 《정보화 사회와 커뮤니케이션》 한국전기통신 100년 기념 심포지엄 (한국통신학회 · 한국언론학회 주최, 1985. 10.4~5), p.150.

71) Fred S. Siebert, 'Communications and Government', Wilbur Schramm, ed., Mass Communications, 2nd ed. (Urbana : University of Illinois Press, 1972), pp.219-226.

72) 彭元順, *ibid.*, pp.150-151.

73) *Loc. cit.*

이와 같이 정보화 사회에서는 새로운 법이 필요케 되므로 이에 대하여서는 이미 지식 이전의 주종을 이루고 있는 저작물에 관한 그 권리의 보호라는 정신에서 저작권법을 중심으로 한 지적재산권법이나 산업재산권법 등의 법이론 및 그 적용 범위, 보호 연한 등의 연구가 국외에서는 오래 전부터 활발히 진행되어 오고 있다.[74]

그러나 우리나라의 경우는 1987년 7월 1일부터 발효하기 시작한 새 계정 저작권법 시행 이전에도 이렇다 할 연구가 없었던 것이다.

국제저작권법에 관한 연구는 UCC의 사무를 맡고 있는 UNESCO가 《*Copyright Blletin*》을 계간으로 발행하면서 매호 한두 편의 논문을 실어왔다. 1992년까지 제26권 제4호(Vol.XXVI, No.4)[75]를 펴낸 이 회보는 영어, 불어, 서반어의 3개 언어판을 도시에 발간하고 있는데, 1986년 제20권 제1호(Vol.XX, No.1) 이후에는 편집 내용을 다소 바꾸어 'Articles'의 난 대신 'Doctrine'의 테마로 각국의 저작권 관련법 등을 중심으로 다루고 있다. 뿐만 아니라 최근 호는 지면을 줄여, 1989년 제23권 제1호(Vol. XXIII, No.1)까지 총 60면 내지 80면씩 발간되었는데, 그 이후부터는 절반인 40면 안팎으로 편집되고 있다.

그 동안 《*Copyright Blletin*》에 게재된 논문 중 두드러진 것은 올슨(A. Henry Olsson)[76]이나 아바다(Salah Abada)[77] 등의 연구를 들 수가 있겠다. 이외에도 이 회지에는 UCC 회원국의 지적재산권법(Intellectual Property Law) 등에 관한 소논문도 싣고 있었다.

저작권 연구는 미국 법학계에서 상당히 깊이 있게 연구되어 왔는데, 지난 1939년부터 미국 작곡가·저작자·출판인회(American Society of Composers, Authors and Publishers)의 후원으로 전국 규모의 '저작권법 심포지엄'을 거의 매년 개최하면서 미국내의 저작권은 물론 외국이나 국제적인 저자권법 및 국제협약 등에 관한 연구 논문을 발표, 토론해 오고 있

---

74) 한국정부의 특허청은 1990년부터 종전에 써오던 '공업소유권'이나 '지적소유권'과 같은 용어가 실제적인 업무 취급 범위와 내용에 있어서 현격한 차이가 난다고 판단, '산업재산권', '지적재산권'으로 각각 호칭키로 했다. (《조선일보》, 1990. 1. 30)

75) *Copyright Bulletin*, Quarterly Review, Vol. XXVI, No.4(Paris : Unesco, 1992).

76) A. Henry Olsson, 'Copyright and New Communication Technology', *ibid.*, Vol. XVI, No.3, 1982, pp.8-17.

77) Salah Abada, 'Copyright as a Factor in Cultural Development', *ibid.*, Vol. XVI, No.4. 1982, pp.6-13.

다. 그 내용은 컬럼비아대학 출판부에서 매년 묶어 펴내고 있다.[78)]

이 심포지엄에는 미국의 유명 대학, 특히 하버드, 예일, 컬럼비아, 조지 워싱턴, 위스컨신, 뉴욕 대학의 법대 교수 등이 참여, 심포지엄의 권위를 더하고 있는데 1974년에는 뉴시티(Michael A. Newcity),[79)] 사뮤엘즈(Edward Samuels),[80)] 지네트(Robert J. Jinnett),[81)] 그린우드(Val D. Greenwood),[82)] 시한(Timothy M. Sheehan)[83)] 등이 전국 우수 논문으로 수상되기도 했다.[84)]

미국저작권협회(Copyright Society of the USA)는 매년 연구지를 뉴욕 대학법률연구소(New York Uniersity Law Center)를 통해 계간으로 발간

---

78) *Copyright Law Symposium*, No.24(New York : Columbia University Press, 1980), pp.207-217.
Symposium, Number One (1939), *Sym.*, No.2(1940), *Sym.*, No.3(1.,40), *Sym.*, No.4(1952), *Sym.*, No.5(1954), *Sym.*, No.6(1955), *Sym.*, No.7(1956), *Sym.*, No.8(1957), *Sym.*, No.9(1958), *Sym.*, No.10(1959), *Sym.*, No.11(1962), *Sym.*, No.12(1963), *Sym.*, No.13(1964), *Sym.*, No.14(1966), *Sym.*, No.15(1967), *Sym.*, No.16(1968), *Sym.*, No.17(1969), *Sym.*, No.18(1970), *Sym.*, No.19(1971), *Sym.*, No.20(1972), *Sym.*, No.21(1974), *Sym.*, No.22(1977), *Sym.*, No.23(1977), *Sym.*, No.24(1980).

79) *National First Prize*, 1974.
'The Universal Copyright Convention as an Instrument of Repression : the Soviet Experiment', by Michael A. Newcity, George Washington University Law School

80) *National Second Prize*, 1974.
'Goldstein v. California : Breaking up Federal Copyright Preemption,' by Edward Samuels, Comlumbia University School of Law.

81) *National Third Prize*, 1974.
'Adherence of the USSR to the Universal Copyright Convention : Defenses Under U.S. Law to Possible Soviet Attempts at Achieving International Censorship', by Robert J. Jinnett, Cornell University School of Law.

82) *National Fourth Prize*, 1974.
'Fair Use and Photocopy', by Val. D. Greenwood, University of Idaho College of Law.

83) *National Fifth Prize*, 1974.
'Why Don't Fine Artists Use Statutory Copyright? — An Emprical and Legal Survey,' by Timothy M. Sheehan, University of Michigan Law School.

84) *Copyright Law Symposium*, No.24, Nattan Burkan Memorial Competition Sponsored by The american Society of Composer Authors and Publisher (New York : Columbia University Press, 1980).

하고 있는데 최근호에 의하념 시몬 2세(Joseph T. Simone, Jr.)[85]와 브라운(Ralph S. Brown),[86] 하디(I.T.Hardy)[87] 등의 논문이 게재되어 있다.

미국은 1942년에 레트맨(Alan Latman)[88]에 의한 저작권법 연구서가 발간되어 1986년까지 여섯 번이나 개정판을 발행했으며 1971년에는 저작권 침해사례 여구서가 니머(Melville B. Nimmer)[89]에 의해 출간되었으며 또한 래트맨, 고맨(Robert A. Gorman), 긴스버그(Jane C. Ginsburg) 등[90]에 의한 저작권 사례연구 저서도 1981년에 출간, 1989년까지 세 번의 개정판을 발간하고 있다. 이 밖에 존스턴(Donald F. Johnston)[91]도 1982년에 미국 저작권법을 주심으로 한 저작권론의 저서를 출간했다. 아울러 미국의 지적 재산권에 관한 연구저서로는 킨트너(Earl W. Kintner)와 라르(Jack Lahr)[92]의 업적을 거론할 수가 있겠다.

이 지적 재산권에 관해서는 런던대학의 코니시(W.R. Cornish)[93]와 홍콩대학의 펜들턴(Michael D. Pendleton)[94]의 연구 저서도 들 수가 있겠다.

---

85) Joseph T. Simone, Jr., 'Protection of American Copyrights in Books on Taiwan,' *Journal of the Copyright Societ of USA*, Vol.35, No.2, January (New York : New York University Law Center, 1988), pp.115-157.

86) Ralph S. Brown, 'Adherence to the Berne Copyright Convention : The Moral Rights Issue,' *ibid.*, Vol.35, No.3, April, pp.196-209.

87) I.T. Hardy, 'Copyright Law's Concept of Employment-What Congress Really Intended,' *ibid.*, Vol.35, No.3, April, pp.210-258.

88) William F. Party, *Latman's The Copyright Law*, 6th ed. (Washington D.C. : The Bureau of National Affairs, Inc., 1986), pp.687.

89) Melville B. Nimmer, *Cases and Materials on Copyright and Other Aspects of Entertainment Litigation Including Unfair Competition, Defamation, Privacy*, 3rd ed. (St. Paul, Minnesota : West Publishing Co., 1985), pp.1025.

90) Alan Latman, Robert A. Gorman, and Jane C. Ginsburg, *Copyright for the Nineties : Cases and Materials*, 3rd ed. (Charlottesuille, Virginia : The Michie Co., 1989), pp.857.

91) Donald F. Johnston, *Copyright Handbook*, 2nd ed. (New York : R.R. Bowker Co., 1982), pp.381.

92) Earl W. Kintner and J. Lahr, *An Intellectual Property Law Primer : A Survey of the Law of Patents, Trade Screts, Trademarks, Franchises, Copyrights, and Personality and Entertainment Rights*, 2nd ed. (New York : Clark Boardman Co., Ltd., 1982), pp.556.

93) W.R. Cornish, *Intellectual Property : Patents, Copyright, Trade Marks and Allied Rights* (London : Sweet & Maxwell, 1981).

94) Michael D. Pendleton, *Law of Intellectual and Industrial Property in Hong*

저작권 의식에 일찍이 눈을 돌린 유럽에서는 저작물의 복사에 대한 연구가 활발했었는데, 암스테르담 자유대학의 스포르(J.H. Spoor)의 논문[95)]이 그 중 하나이다.

일본에서의 저작권 및 지적 재산권에 관한 연구는 자국의 권익 보호 차원에서 국제적 동향이나 외국의 저작 제도 등에 많은 업적을 보이고 있었다. 그 대표적인 학자로는 한다(半田正夫)[96)]와 미마사가(美作太郎),[97)] 하리마(播磨良承),[98)] 도이(土正輝生),[99)] 이토(伊藤信男)[100)] 등을 들 수 있으며, 이 밖에도 지적 재산권을 무체재산의 시각에서 연구한 학자는 고사가(小坂志磨夫)[101)]와 모리다(森田 孝)[102)]를 꼽을 수 있으며 구와다(桑田三郎),[103)]

Kong : Copyright, Designs, Patents and Trade Marks (London : Butterworths & Co. Ltd., 1984)

95) J.H. Spoor, 'Copies in Continental Copyright', J.H. Spoor, W.R. Cornish, and P.F. Nolan, *Copies in Copyright*, Monographs on Industrial Property and Copyright Law, 4 (alphen aan den Rijn, The Netherlands : Sijthoff & Noordhoff, 1980), pp.1-164.

96) 文化廳, 《最新版 著作權法ハンドブック》 (東京 : 著作權資料協會, 1987), pp.183-188.
半田正夫, 《著作權法の硏究》 (東京 : 一粒社, 1971).
半田正夫, 《著作權法の現代的課題》 (東京 : 一粒社, 1980).

97) *Loc. cit.*
美作太郎, 《出版と著作權》 (東京 : 日本エディタースクール出版部, 1976).
美作太郎, 《著作權と出版權》 (東京 : 日本エディタースクール出版部, 1981).

98) *Loc. cit.*
播磨良承, 《國際工業所有權法 : バリ條約とその權利保護》, 增補 3版 (東京 : 中央經濟社, 1982).
播磨良承, 《知的所有權法》 (東京 : 中央經濟社, 1981).
播磨良承 編著, 《情報社會における知的所有權》 (東京 : ぎょうせい, 1989), II(1990).
播磨良承, 《ニューメディアと著作權》 (東京 : 世界思想社, 1984)..

99) *Loc. cit.*
土正輝生, 《著作權の保護と管理》 (東經 : 同文館, 1985).
土正輝生, 《工業所有權, 著作權と國際取引》 (東經 : 成文堂, 1967).
土正輝生, 《インテレクチュアル プロパティ》 (東經 : 商事法務硏究會, 1972).

100) *Loc. cit.*
伊藤信男, 《著作權事件100話》, (東京 : 著作權資料協會, 1976).
伊藤信男 編, 《著作權法判例學說總攬》, (東京 : 文部省, 1965).
伊藤信男 編, 《著作權100年史年表》, (東京 : 文化廳, 1968).

101) 小坂志磨夫, '無體財產法の構成', 《無體財產法の諸問題 : 石黑淳平先生追悼論集》 (東京 : 法律文化社, 1980), pp.14-46.

102) 森田 孝, 《新日本無體財產法論》, 改訂增補版 (東京 : 成文堂, 1976).

103) 桑田三郎, 《工業所有權法における比較法》 (東京 : 中央大學 出版部, 1984).

기다나(木棚照藤哲生)[104]은 지적 재산권 관계법을 국제적으로 비교 연구해 놓고 있으며, 안도(安藤哲生)[105]이나 이시구치(石黑一憲)[106] 등 소장학자들의 지적 재산권이 국제문제나 국제 기술 이전에 관한 최근의 연구가 돋보이고 있다.

일본 저작권법학회는 《저작권연구 著作權硏究》 지[107]를 연1회씩 발간, 회원도 월간지인 《카피라이트 コピライト》[108]를 발행하면서 저작권 관계 자료를 싣고 있어 연구자들에게 정보 센터의 구실을 하고 있다. 한편 일본 문화청에서도 《문화청월보 文化廳月報》[109]와 《저작권심의회 보고서 著作權審議會報告書》[110] 등을 발행, 국내외의 연구 동향이나 소논문을 게재 · 소개하고 있다.

한국에서의 저작권 연구는 1987년 새 개정 저자권법이 발효되기 이전에는 이렇다 할 연구가 없었느나 이 버에 따른 저자권 사용에 대한 국내외의 보호가 강화되면서 일반인은 무론 법학계의 관심 고조에 따라 그 연구가 활발해지기 시작했다.

1987년 1월 22일 · 23일 양일간의 '급변하는 환경하에서의 신저작권법의 문제'를 풀기 위한 〈저작권에 관한 국제 심포지엄〉을 개최한 한국지지적 소유권학회는 일본, 홍콩, 영국, 미국의 전문가들을 초청, 제1주제로 '외국의 경우를 주심으로 한 과거의 경험과 현재의 실무'에 대한 연구 토론을 벌인 한편, 제2주제로 '신저작권법 및 만국저작권협약 가입에 따른 제문제'를 놓고 진지하게 국제간의 의견을 교환했었다.[111]

이 자리에서 송상현(宋相現)은 "새로운 정세 변화를 우리는 무엇을 어떻

---

104) 木棚照一, 《國際工業所有權法の硏究》 (東京 : 日本評論社, 1989).
105) 安藤哲生, 《新興工業國と國際技術移轉》 (東京 : 三嚴書房, 1989).
106) 石黑一憲, 《情報通信 · 知的財産權への國際的視點》(東京 : 國際書院, 1990).
107) 文化廳, *op. cit.*, p.186.
《著作權法硏究》 (年1回 發行, 著者權法學會, 有裴閣 發賣).
108) *Loc. cit.*
《ユピライト》 (月刊誌, 著作權資料協會 發行).
109) 《文化廳月報》, No.231, 1987, 12月號 (東京 : 文化廳, 1987).
110) 《著作權審議會第7小委員會(データベース及びニューメディア關係)報告書》, (東京 : 文化廳, 1985. 9). 《著作權審議會 第7小委員會(コンピコータ · ソフトウェア關係) 中間報告》 (東京 : 文化廳, 1984. 1).
111) 한국지적소유권학회 주최, 《저작권에 관한 국제심포지엄 : 급변하는 환경하에서의 신저작권법의 문제》, 1987. 1. 22~23.

게 하여야만 우리에게 유리하게 극복할 수 있는지 연구하는 것이 급선무이다. 정부의 관계 부처는 신저작권법의 운영과 집행을 어떻게 할 것이고 조약에 가입하기 위한 준비 작업은 무엇이며 새로운 법질서가 우리나라에 미치는 경제적 · 문화적 충격은 어느 정도인지 정확한 분석을 해야 한다"고 강조했다.[112)]

이 심포지엄에는 한국 측에서는 송영식(宋永植),[113)] 정진승(鄭鎭勝)[114)]의 연구 · 발표가 있었으며 외국의 초청 연사로는 영구의 드 프레이터스(Denis de Freitas)를 비롯하여 일본의 도이(土正輝生), 홍콩의 임(Jimmy Yim), 영국의 테일러(Ian Taylor), 그리고 미국의 오만(Ralph Oman) 등이 참여하여 자국의 경우를 중심으로 한 주제를 발표, 토의했다.[115)]

이러한 저작권 연구에 관한 국제 세미나는 1989년에도 문화공보부에 의해 〈복제기기의 발전에 따른 저작권 보호〉의 주제 아래 서울의 프레스센터에서 개최되었다. 여기서는 한국 측의 허희성(許熺成), 전영표(全泳杓), 황문평(黃文平)과 핀란드의 리데스(Jukka Liedes)와 오스트리아의 딜렌츠(Walter Dillenz) 등이 주제 논문을 발표했다.[116)]

---

112) *Ibid.*, 송상현 기조연설.

113) 송영식, '법의 적용과 집행', *ibid.*, 제2주제.

114) 정진승, '경제적 파급효과의 분석', *ibid.*, 제2주제.

115) 한국지적소유권학회 주최, *op.cit.*
Denis de Freitas (Chairman, British Copyright Council), 'The U.K. Experience.'
Teruo Doi (President, Japan Copyright Law Association), 'The Japanese Experience.'
Jimmy Yim (CISAC, Asian Regional Delegate, Hong Kong), 'The Asian Experience.'
Ian Taylor (British Pulishers Association), 'How to Prepare for the New Environment.'
Ralph Oman (U.S. Register of Copyrights), 'Internation Copyright in the 1980s.'

116) 문화공보부 주최, 〈국제저작권세미나〉, 'Copyright Protection in the Face of New Techniques of Reproduction', 1989. 9. 8. 프레스센터 국제회의장.
허희성, '복제기기의 현황과 저작권 현황.'
황문평, '녹음 · 녹화기의 발달과 공연물 보호.'
Jukka Liedes, 'Reprography and Recording'.
Walter Dillenz, 'The Remuneration for Home and the Principle of National Treatment.'

또한 〈국제 지적 소유권 보호 세미나〉가 한국상품모조방지위원회와 국제모조방지위원회의 공동 주최로 1988년 11월 9일, 10일 양일간 개최되었다. 이 자리에서 국제지적소유권연맹의 스미스(Eric Smith) 고문은 '미국과 유럽에서의 지적 소유권 보호를 기반으로 하는 통상 정책'의 주제 발표를 통해 "세계의 어떤 나라도 그 나라 경계 안에서 지적 소유권이 도난당하는 것을 참을 수 있는 나라는 없다"고 논구하면서 미국의 입장을 주장했다.[117]

저작권에 관한 한국의 연구가 활성화된 것은 개정 저작권법에 의해 설립된 저작권심의조정위원회의 발족에서였다고 할 수 있다. 특히 기관지로 1988년 봄에 창간된 《계간 저작권》은 1993년 여름까지 통권 22호를 펴냈는데 그 동안 황적인(黃迪仁), 송상현, 박춘호(朴椿浩), 김문환(金文煥), 양승두(梁承斗), 장인숙(張仁淑), 허희성, 윤희창(尹熙昌), 송영식(宋永植) 등의 논문이 소개되고 있다.[118]

그 밖에 한병구(韓炳九),[119] 이광재(李光宰),[120] 이순자(李淳子),[121] 한승헌(韓勝憲),[122] 전영표[123] 등의 연구는 저작권의 보호나 국제저작권 협약에 관해 논술하고 있다. 또한 일찍이 1950년의 저작권에 관해 저술한 김두홍(金斗洪)의 《저작권법개요》[124]를 들 수가 있겠는데 이는 저작권의 법적 그거를 간단히 소개한 우리나라 최초의 저서라 할 수 있겠다. 그 10년 후인 1960년에 장인숙의 《저작권법개론》[125]이 출간되었는데, 이 두 저술은 초기의 저작권 소개서라 볼 수 있다. 장인숙은 이 저서를 바탕으로 1989년에 이르러 《저작권법원론》[126]을 다시 발간했다. 이러한 저작권 및 지적

---

117) 한국상품모조방지위원회 · 국제모조방지위원회 주최, 〈국제지적소유권 보호세미나〉, 제3의제 '지적소유권침해행위에 대한 미국 및 여타국가의 단속정책', 1988. 11. 9~10. pp.3-11.

118) 저작권심의조정위원회, 《계간 저작권》 제1호(1988년 봄호) ~ 제22호 (1993년 여름호).

119) 한병구, '저작권', 《언론법제이론》 (나남, 1987), pp.133-174.

120) 이광재, '저작권', 《언론의 법적 통제 : 일촌한병구교수 화갑기념논문집》 (나남, 1989), pp.156-185.

121) 이순자, 《저작권 보호와 도서관에서의 저작물 공정 사용에 관한 연구》 박사학이논문 (연세대학교 대학원 도서관학과, 1987.12)

122) 한승헌, 《저작권의 국제적 보호와 출판》 출판연구총서 2 (한국출판연구소, 1987).

123) 전영표, '저작권의 국제협약과 한국', 《한국출판론》 (대광문화사, 1987), pp.209-228.

124) 김두홍, 《저작권법개요》 (보문출판사, 1950.)

125) 장인숙, 《저작권법개론》 (교학도서주식회사, 1960).

126) 장인숙, 《저작권법원론》 (보진제출판사, 1989).

재산권에 관한 기초적 연구는 최근 박원순(朴元淳),[127] 하용득(河龍得),[128] 한승헌,[129] 허희성,[130] 황적인,[131] 김문환 · 송상현 · 양창수,[132] 송영식 · 이상정(李相珵) · 황종환(黃宗煥)[133] 등에 의해 비교적 활발히 진행되고 있다. 앞으로도 한국에서의 저작권 등 지적재산권에 관한 연구는 가속화될 것이라 전망되어진다.

이와 같이 저작권은 그 역사가 짧고 또한 각국이 저작권법이 자국의 이익 위주로 한국에 있어서의 저작권 연구는 개념 정립에 머무르고 있어 여기서는 그 논제만을 언급했을 뿐 내용의 소재나 논평은 하지 않았다. 물론 하국의 국제적 입장 등에 관해서는 깊이 있는 연구가 없었던 것은 아니나, 이는 다른 장에서 더 논구키로 하겠다.

(5) 정보유통과 법질서의 문제

19세기 중엽에 대두된 저작권 제도는 지적 저작물들(intellectual works)이 산업적으로 다시 생산되어 새 모습으로 나타남에 따라 현대 사회와 그 경제적, 사회적 그리고 문화적 요건들이 급변한 하나의 결과로서 오늘의 세계에서 널리 발달하고 있는 과정에 있다. 이 저작권 제도는 국내 입법에 의한 국제 협정의 승인이나 새로운 다국간 또는 쌍무간 협약의 체결을 통하여 세계의 대부분 국가들이 채택해 오고 있다.[134]

저작물이나 지적 산물의 소유 개념은 법에 의해 보호됨으로써 통념화되고 있다. 이 개념을 규정하고 있는 저작권법이나 지적재산권법은 하나의 문화보호법인 것이다. 이 문화법은 법학자 하트(H.L.A. Hart)가 옹호하는 법적 보호주의(legal paternalism)[135]의 법영역을 한계짓는 명확한 경계선을

---

127) 박원순 · 방희선, 《저작권법 : 비교법적 측면을 중심으로》 (법경출판사, 1986).

128) 하용득, 《저작권법》 (법령편찬진급회, 1988).

129) 한승헌, 《저작권의 법제와 실무》 (삼민사, 1988).

130) 허희성, 《신저작권법축조개설》 (범우사, 1988).

131) 황적인 · 정순희 · 최현호, 《저작권법》 (법문사, 1988).

132) 송상현 · 김문환 · 양창수, 《컴퓨터프로그램 보호법축조연구》 (서울대학교 출판부, 1989).

133) 송영식 · 이상정 · 황종환, 《지적소유권법》 (육법사, 1987).

134) Salas Abada, 'Copyright asa Factor in Cultural Development', *Copyright Bulletin*, Unesco, Vol.XVI, No.4, 1982.

135) M.P. Golding, *Philosophy of Law* (New Jersey : Prentice-Hall, 1975), 장영매

그어 주지 못하고 있다.

법이란 하나의 문화 현상인 것이다.

독일의 법철학자 라드브뤼흐(G. Radbrüch)는 '법은 진선미를 추구하는 것이라' 정의하고 있다. 이러한 법의 정의추구는 모든 사람들에게 평등하게 규정되고 적용되는 데 있는 것이다. 또한 법은 불변의 것이 아니라 문화의 변천에 따른 가치관의 기준과 더불어 시대의 필요에 의하여 제정 · 개정 · 폐지되면서 발전되어 왔다.136)

날로 발전해 나가는 현대문명은 법질서에도 새로운 기능을 부여하고 있다. 그 중 두드러지게 내세울 수 있는 것은 저작권 등 지적 재산권에 관한 쟁점의 해결을 법이 맡아야 한다는 것이다.

15세기 전에는 아무런 문제가 제기되지 않았던 저작권이 시대의 흐름에 따라 그 가치관이 달라지게 된 것이다. 아울러 현대에 이르러서 저작물뿐만 아니라 지적인 모든 창작물의 소유권을 문제삼게 된 것이다. 또한 이러한 지적 재산권은 한 나라에서만이 아니라 국제적으로도 논쟁과 분쟁을 불러일으키고 있는 실정이다. 이것은 바로 국제 커뮤니케이션의 발달에서 기인한 것으로 정보의 유통이 신속 · 광역화되고 있음을 입증하는 것이라 할 수 있다.

때문에 여기서 저작권법의 발전 과정을 논구하면서 1980년대가 맞이한 제3차 산업혁명의 특징이라 할 지식집약화에서 비롯된 정보산업의 주축인 지적 재산권의 문제를 국제적 시각에서 천착코자 했다.

아울러 현대의 정보사회에 대비한 저작권 등의 지적 재산권의 법리적 한계점을 모색하면서 이러한 법의 지나친 규제가 지적인 정보 유통에 장애가 되고 있는지를 구체적으로 천착하기 위하여 다음의 문제를 중심으로 제기하면서 다음의 장들을 서술하려고자 한다.

① 저작권은 재산권보다 인격적인 저작자의 메시지나 저작 정신의 확산 등에 더 큰 비중을 두고 있지 않은가?

② 저작권 등 지적 재산권의 보호에 관한 법률이나 협약 중에는 국가간 정보의 국제적 유통을 지연시키거나 저해할 수 있는 요인들이 들어 있지는 않은가?

역, 《법철학》 (제1출판사, 1982), pp.101-102.

136) 최이권 · 정연열, 《법학원론》 (법경출판사, 1986), pp.21-22.

③ 지식의 재산권 주장이 결과적으로 국제적인 정보의 유통과 지식의 이전에 장애가 되고 있는 것은 아닌가?

2. 지식과 정보의 함수

(1) 지식과 인식의 범위

지식이란 어떤 사물에 관한 명료한 의식이다. 지식을 철학적으로 정의해 보면 인식에 의해 얻어진 성과라고 할 수 있다. 넓은 뜻으로는 지식은 사물에 관한 개개의 단편적인 사실적·경험적 인식이며, 더 엄밀하게 이야기하면 원리적·통일적으로 조직되어 객관적 타당성을 요구할 수 있는 판단의 체계인 것이다.1)

지식은 인간의 인식을 통해 얻어진 산물이라 할 수 있다. 지식이란 직접적으로 주어진 대상을 넘어 나아가서, 어떤 거리를 두고 그것을 다시 고려, 관찰한 것이다. 주어진 사물을 그냥 감각적으로 받아들이는 것은 숙지는 될지언정 '인식'된 지식이라 할 수 없다.

그래서 일찍이 헤겔(Georg Wilhelm Friedrich Hegel)은 "숙지되어 있는 것(das Bekannte)은 일반적으로 그것이 숙지(bekannt)되어 있다고 해서, 인식(erkannt)되어 있는 것은 아니다. 인식함에 있어서 어떠한 것을 숙지된 것으로 전제하고, 또 그것을 승인한다는 것은, 가장 예사로운 타인기만(他人欺瞞)인 동시에 자기기만(自己欺瞞)이다. 이러한 지(知)는 모든 모든 횡설로도 진보되는 일이 없고, 사태를 밝히지도 못한다. 주관과 객관이라든지, 신, 자연, 오성, 감성 등이 숙지된 것, 타당한 것으로서 기저(基底)가 되어 출발과 귀착의 고정점을 형성하고 있다. 운동은 어디까지라도 움직이지 않는 점 사이를 방황하고, 따라서 그의 표면에 관하여서만 진행된다"고 하였다. 바로 이것은 헤겔이 인식과 일상적인 숙지와의 차이를 주시한 것이라 하겠다.2)

---

1) 이희승 편, 《국어대사전》 (민중서관, 1960).
2) 박종홍, 《인식이론학》 제3판 (백앙사, 1968), pp.1-2.

이에 관하여 하이데거(Martin Heidegger)로 "물건이나 식물, 동물, 인간, 수 등의 특수한 존재 방식은 우리에게 숙지되어 있으나, 이 숙지되어 있는 자체는 인식되어 있는 것이 아니다"라고 하였다. 인식은 일상적인 숙지보다 진리성에 있어서 일층 명료하게 규정되어 파악된 지(知)인 것이다.3)

따라서 지식의 습득에는 정확한 정보와 과학이 뒤따라야만 하는 것이다. 과학이라는 뜻의 라틴어 scientia(sience)는 원래 지식이라는 뜻을 지니고 있었다. 과학은 자연 현상을 정확하게 관찰하여 현상의 배후에서 규칙적으로 이루어지는 원리를 발견하고, 그 원리에 의하여 설명되게 된다.4)

이러한 정확한 관찰과 정보에 의해 발견되어 인지된 것만이 지식으로서의 값을 지닐 수가 있는 것이다.

푸코(Michel Foucault)도 지식의 일반 범주나 지식의 출현 가능성을 '학적인식지(學的認識知 episteme)'라고 불렀다. 이 인식지, 즉 episteme는 아리스토텔레스(Aristoteles)에 의해 제시된 개념으로서 보편성을 지닌 과학적 지식을 가리키며, 기술적 지식이란 의미의 technē, 그리고 실천적 지식이란 의미를 지닌 phronēsis와는 구별하여 사용했다.5)

인생 · 세계의 궁극의 근본 원리를 탐구하는 학문을 철학이라고 한다. 또한 학문으로서의 지(知), 즉 앎의 탐구에서 비롯된 것이 철학인 것이다. 그리스 시대 이래 '지식이란 무엇인가'를 집요하게 추구해 온 과정을 철학의 역사라 하여도 과언이 아닐 것이다. 이 철학은 또한 지식의 궁극적 뿌리를 찾는 인식론(epistemology)이나 지식론(theory of knowledge)을 중심으로 전개되어 왔었다.6)

그렇다면 인식론은 '무엇을 인식하는가', 즉 인식되는 '대상'이 문제인 동시에 그 대상을 '어떻게'인식하는가, 즉 대상의 '인식'이 문제인 것이다. 인식을 대상의 '인식'의 면에서 볼 때 그것은 우선 하나의 심적 과정이라 하겠다. 그러나 인식이 전반적인 직관이나 사유와 다른 점은 그것이 참된 직관이며 사유인 데 있다.7) 따라서 인식론은 첫째, '인간의 지식은 무엇인

---

3) *Ibid.*, P.2.

4) 김광영, 《정보와 인간의 이해》 개정판 (명보문화사, 1988), pp.223-224.

5) Bruno Ribes et al., *Dominiation or Sharing? : Endogenous development and the transfer of knowledge* (Paris : The Unesco Press, 1981). 강명구 역, 《사회변동과 지식이전 : 지식의 독점인가 공유인가》 (나남, 1988), p.195.

6) 野中郁次郎, 《智識創造の經營》 (東京 : 日本經濟新聞社, 1990), p.47.

7) 박종홍, *op.cit.*, p.13.

가'라는 지식의 본질을 밝히는 '지식의 성질', 둘째, '지식의 기원은 어디인가'라는, 즉 지식은 감각적 겨험으로부터 얻어지는 것인가, 아니면 이를 초월한 사유로부터 생기는 것인지의 '지식의 기원', 그리고 셋째, 보편적인 진리를 확실하게 할 수 있는지, 또는 의아한 지식을 정당화할 수 있는 기준은 무엇인가의 '지식의 신뢰성' 등의 문제에 관심을 두고 여러 가지 의논을 전개해 왔다.[8)]

따라서 지식의 성립에는 진리, 신념, 정당화의 3가지 조건을 필요로 하게 된다. 때문에 지식을 정당화된 참된 신념(justified true belief)이라고도 이야기하고 있다. 이와 같이 지식은 기억 정보뿐 아니라 개념, 법칙, 가치관, 세계관에 이르는 추상성과 포괄성을 갖는 다양한 레벨로 사용되어 왔던 것이다.[9)]

현대는 이론의 사회화 시대인 것이다. 인간의 존재 방식의 하나인 인식은 그 역사적·사회적 존재 방식에 의하여 제약되지 않을 수가 없다. 인식도 역사적·사회적으로 제약된다. 인식이 구체적으로 파악되려면 그의 사회적 피제약성에 있어서 문제되어야 한다. 따라서 인식론은 부득이 인식사회학 내지 지식사회학의 형태를 가지게 되는 것도 같다. 그중에서도 인식의 피제약성을 강조한 것은 만하임(Karl Mannheim)의 역사주의(Historismus)에서였다.[10)]

지식이란 단순히 여러 가지의 사실이나 혹은 그들의 인과 관계에 대한 객관적 자료를 축적하는 데에서 끝나는 것이 아니라 생(生)의 과정에서 이 내적 응집성을 이해하는 데에 특히 관심을 두고 있음을 의미한다.[11)]

만하임은 인식에 대해 첫째, 인식은 추상적·이론적이 아니라 집단 행위를 기초로 형성되며, 둘째로 인식은 정적과정이 아니라 동적과정이라고 보고 있다. 곧 인식의 준거는 집단이고 그것이 동적과정 겪는다는 것이 역사주의의 핵심 원리라는 것이다.[12)] 만하임의 지식사회학에 있어서는 사회적 존재에 구속된 사고의 상황 해명을 목표로 하고 있으나 머튼(Robert

---

8) 野中郁次郎. *loc. cit.*

9) *Loc. cit.*

10) 박종홍, *op. cit.*, pp.15-16.

11) Louis & Edward Shils 공역, *Ideology and Utopia* (London : Routledge & Kegan Paul, 1936), pp.44-45. 송호근, 《지식사회학》 (나남, 1990). p.201에서 재인용.

12) *Ibid.*, pp.201-202.

Merton)은 만하임의 지식사회학을 높이 평가하면서도 몇 가지 비판을 시도하고 있다.

머튼은 "존재의 피제약성의 사고가 각각 다른 연구 형태를 가지고 내용을 동일화한다고 한다"면서 현재의 커뮤니케이션 이론이야말로, 유럽식의 지식사회학에 대응하는 새로운 미식 지식사회학이라고 했다.13)

인간의 인식이라는 커다란 문제를 해결하는 방도는 사회학적 고찰법에 의해서만 획득할 수 있다고 보는 것이다. 인간은 개인으로서 자기 독단으로 사유하는 것이 아니라, 바로 그가 그 속에서 살고 있는 사회 자체에 의존하는 것이다. 개인적 사유의 원천은 그 개인 속에 있는 것이 아니라, 도리어 그가 그 속에 살고 있는 사회적 환경, 그 속에서 호흡을 하고 있는 사회적 분위기인 것이다. 결국 인식을 사회의 상부 구조로서의 이데올로기(Ideologie)로 보려는 것이라 하겠다. 칸트의 범주만 하더라도 결코 아프리오리(a priori)한 순수 오성 개념이 아니라, 하나의 인간의 집단적 생활 발전의 소산, 즉 역사적 · 사회적 소산이다. 따라서 자기의 의식만을 들춤으로써 알 수 있는 것이 아니라, 그것을 넘어서 역사적으로 연구하여야 된다고 한다.14)

만하임은 사유 내지 인식 작용은 독립적 개인에 의해서 이루어지는 것이 아니라 '집단이 주체가 되고 있는 개인'에 의한다고 보았다. 그래서 만하임은 '모든 개인이란 원래 공동의 운명과 공동의 행동 영역 속에서 그리고 공동의 난관을 극복하려는 노력을 통해서 자기의 지식을 전개시켜 나가는 협동적인 집단 과정'으로 보자고 했다.15) 만하임은 이와 같이 자율적 개인으로부터 집단으로, 집단을 사회적 존재, 즉 사회적 제관계의 총체로 이전시킴으로써 사회구속성 속에 관한 지식사회학적 연구의 단서를 제시할 수 있었다.16)

또 만하임은 '지식과 존재의 관계를 분석하려 하는 것이 인식사회학'이라고 했다.17)

---

13) 《세계대백과사전》 제13권 (학원사, 1971), pp.276-277.

14) 박종홍, *op. cit.*, p.16.

15) Louis & Edward Shils, *op. cit.*, p.27. 송호근, *op. cit.*, p.200에서 재인용.

16) 송호근, *op. cit.*, p.201.

17) 임영일 역(베르너 슈타크 원저), 《지식사회학》 (*The Sociology of Knowledge*) (한길사, 1987), p.25.

마르크스(Karx Marx)는 인간의 의식이 그 존재를 결정하는 것이 아니라 역으로 인간의 사회적 존재가 그 의식을 결정한다'고 했는데, 만하임은 '개인의 사회적 제관계의 총체'라고 주장하는 이 마르크스의 관점에 따르고 있다. 스프롯(Sprott)에 의하면 '지식사회학은 인지적인 것이드, 평가적인 것이든, 혹은 그 모두이든간에 사유의 모든 체계가 여타의 사회적 사실에 의해 조건지어지는 방식에 관심을 둔다'고 했다.[18]

그러나 인식논리학은 인식사회학이나 지식사회학과는 달리 "지식의 진리성의 문제가 더 중요하지, 사회적 제약은 인식에 있어서 무시할 수 없는 조건일 수는 있으나 진리성의 결정적 근거(Bestimmungs-grund)라 할 수는 없다"고 추궁하려는 데 그 목적을 두고 있었다.[19]

지식은 그 근원을 감각적 지각 이외의 이성(reason)에서도 찾을 수 있다. '이성은 사고하는 능력'[20]으로서 지식의 근원이 되고 있다. 만일 인간에게 이성이 없다면 지식을 획득할 수 없을 것이다. 인간은 사물의 인식 능력을 가져따는 데서 이성적인 동물이라고 하는 것이다.

추리는 연역추리와 귀납추리로 구분되거니와 연역 추리에 있어서는 결온은 이미 전제에 포함되어 있으므로 우리에게 새로운 정보 혹은 지식을 제시할 수 없다. 귀납 추리는 비록 전제가 참일지라도 결론은 확실하지 않으며, 경험적 사실에 관한 정보를 제공하므로 다만 개연적 혹은 확률적이다.[21]

개념을 구성한다고 하는 것은 '책상은 이러이러한 감각 자료를 나타내도록 하는 데 원인이 되는 물리적 대상이다'라는 예의 기술을 할 수 있는데, 이러한 지식이 바로 '기술에 의한 지식(knowledge by description)'이다.[22]

만일 어떤 사람이 '명제 A는 참이라고 하는 사실을 직관에 의해 알게 되었다'고 주장한다면 그러한 기술은 명제로 표현된다. 그러나 '내일 비가 올 것이다'라고 예측할 경우에는 그 사실은 직관에 의해서가 아니라 감각적 경험에 의해 입증되는 것이다.

---

18) *Loc. cit.*

19) 박종홍, *op. cit.*, p.19.

20) John Hospers, *An Introduction to Philosophical Analysis* (London : Routledge, 1973), p.124.

21) 김광영, *op. cit.*, p.226.

22) Bertrand Russell, *The Problems of Philosophy* (London : Oxford University, 1954), p.46.

일예로 신문에 왕의 죽음이 보도되었을 경우 사람들은 그 사실을 믿는다. 도서, 잡지, 신문 등에 게재된 기사를 읽음으로써 습득되는 지식이 곧 확고한 '직관적 지식(intuitive knoweldge)'이다.[23]

이러한 직관적 지식은 뉴스화된 인쇄되어진 문자를 읽음로써 얻어진 감각 자료에 관한 지식이고 믿음을 바탕으로 한 지식이므로 자료의 진실성이 요구되어진다.

(2) 정보와 지식의 함수

리프킨은 "오늘의 인간들은 정보의 홍수 속에 살고 있다. 대중매체들은 매일 엄청난 정보의 양을 사람들에게 선전으로 퍼붓는다. 아침에 눈을 뜬 시간부터 저녁에 눈을 감을 때까지 갖가지 정보가 사람들을 문자 그대로 폭행하고 있다"[24]고 말했다.

미국의 정보산업은 이미 1979년에 소비자를 '교육하는 데' 4백70억 달러를 투입했다[25]는 것이다. 벨과 같은 경제 · 역사학자는 미국 경제가 산업 형태에서 후기산업 형태로 전환하고 있다고 하면서, 이 후기산업 형태는 통신과 정보가 경제 활동을 지배하게 될 것이라고 했다.[26]

이와 같이 정보화사회가 성큼 우리들에게 다가오고 있는 것이다. 정보화사회란 첫째, 정보 기술이 급속히 발전하여 여러 면에서 사회에 커다란 영향을 미치는 것이며, 둘째로는 정보 기술이 크게 진보함에 따라 정보가 사회에 대량으로 유통되어 그 세력이 팽창하고 있다는 것 등으로 풀이할 수가 있다. 이는 마치 근대 사회가 증기 기관에서 시작하여 철도, 전력 등에 의한 산업혁명을 야기시켰다는 것과 같은 맥락에서 이해되어지는 것이다.

오늘날과 같은 인류의 발전을 가능케 한 것은 산업혁명과 커뮤니케이션 혁명의 2대 혁명이라 할 수 있겠다.[27] 전자는 상품(goods)의 대량 생산 시

---

23) *Ibid.*, p.133.

24) 김건 · 김명자 옮김 (제레미 리프킨 지음), 《새로운 세계관 엔트로피》 (정음사, 1983), p.180.

25) Source : U.S. Department of Commerce, Industry and Trade Administration estimate that in 1979 advertising expenditures will reach $47.23 billion (ITA Press release 79-1, January 3, 1979).

26) 김건 · 김명자 옮김, *loc.cit.*

27) 이상철, 《국제정보론》 (일지사, 1984), p.81.

대를 가져왔고, 후자는 심벌(symbols), 즉 정보의 대량 생산 시대를 가능케 했다.[28)]

정보라는 개념은 몇 가지 기본 요건이 충족되어야 한다. 먼저 커뮤니케이션의 수단이 존재해야 하고, 다음으로 송신자와 수신자가 있어야 하며, 마지막으로 양자간에 커뮤니케이션이 이뤄져야만 하는 것이다.

이와 같이 정보의 기본 요소가 충족되었다면 정보의 개념은 통상 생물학적 측면과 인간적 측면으로 살펴볼 수가 있다. 먼저 생물학적인 면에서 보면 정보 개념의 발전은 첫째, 시그널(signal) 정보로부터 이미지 정보로의 전환, 둘째 이미지 정보를 지적 정보, 감각적 정보, 감정적 정보로 분화시키고, 셋째 선택적 행동과 소비적 행동으로의 분화, 넷째 심벌 정보의 자기생산, 다섯째 정보를 제삼의 생활 주체로 전달한다. 즉 정보를 스스로 생각할 수 있을 경우, 이를 다른 사물에 전달하게 되는 것이다.[29)]

드레츠케(Fred I. Dretske)는 정보, 또는 메시지는 송신자와 수신자인 인과적 상호관계에서 일어나는 과정이라면서, 예로서 빛, 소리의 파장 등의 물리적인 과정에서 볼 수 있는 한 장소에서 다른 장소로의 전달과 책, 그림 등의 물리적인 대상에서 볼 수 있는 전달 내지는 과거, 현재, 미래에로의 사상의 전달 등으로 나누고 있다. 지식의 인과론으로서 송신자와 수신자 사이의 정보전달은 객관(object)으로부터 주관(subject)에로의 정보 인수라 할 수 있다. 인간은 오감을 통하여 감각적 경험을 하게 되는데, 외적 대상이나 사물이 존재함으로써 정보를 습득하게 된다는 것이다. 곧 정보의 유통은 인과과정(causal processes)에 의존하지만, 이는 인과관계와 구별되게 되는데, 환언하면 정보에 근거한 지식이론(information based theory of knowledge)과 인과적 지식이론(causal theory of knowledge)은 구별된다는 것니다. 원인 C(cause)는 효과 E(Effect)의 원인이고 E는 C에 관한 어떤 정보도 필연적으로 제공하지 않는다는 것이다. E는 다른 것에 관한 정보가 전달됨으로써 선행의 원인에 관한 인식을 할 수가 있다. 따라서 C와 E의 인과관계는 정보의 흐름에 대하여 필연적 · 결정론적인 것이 아니라 확률적이다. 때문에 오직 지식이 원인을 요구한다는 뜻은 지식이 정보를 요구한

---

28) Mary B. Cassata & Molefi Asante, *Mass Communication : Principles & Practices* (New York : Macmillan, 1979), p.19. 이상철, loc.cit.에서 재인용.

29) 원우현, 〈정보사회의 특성과 유통 질서에 관한 고찰〉, 《신문학보》, 제3회 한 · 미 커뮤니케이션 학술발표회 특집호, Vol.18 〈한국신문학회, 1984), p.15.〉

다는 의미이기도 한 것이다.[30)]

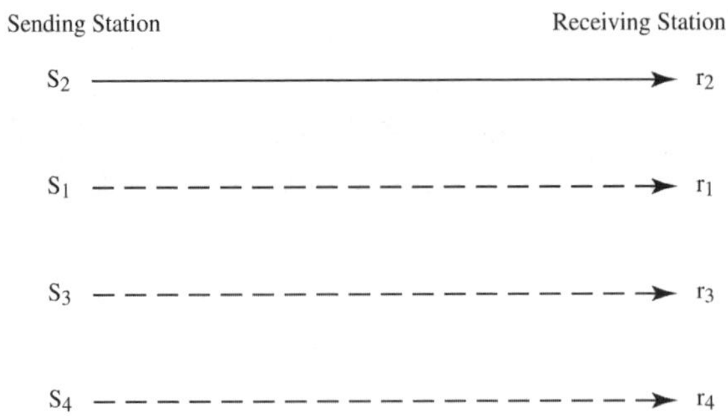

* 출전 : *Fred I. Dreske, Knowledge ad the Flow of Information* (Cambridge, Massachusetts : The MIT Press, 1982), p.28.

[그림 2] 정보의 흐름

지식이 필요로 하는 정보는 곧 상품과 같은 효용가치를 지닌다는 것이 현대 정보사회의 특성이라 보아진다. 따라서 정보를 하나의 상품 내지는 생산품으로 보는 관점이 오늘의 사회를 지배하고 있다.

벨(Daniel Bell)은 정보는 원료(raw material)임과 동시에 완성품(finished product)이라고 주장했다. 또한 정보기계(information machines)는 후기산업사회에 있어서 대량 생산 과정을 위해 필요한 기본 도구라고 보고, 인공위성과 같은 정보 수단과 설비가 개발되면서 원료로서의 정보를 과서 평가할 수 없게 되었고 원유처럼 가공되지 않은 상태의 정보가 구매자의 입장에서는 더 큰 가치를 지니게 되었다고 주장한 바 있다.[31)]

이와 같이 정보를 경제적 차원에서 파악하려는 입장은 오늘날 대부분의 정보 정책이나 커뮤니케이션 정책의 근간을 이루는 기본 전제인 것이다.

---

30) Fred I. Dretske, *Knowledge and the Flow of Information* (Cambridge, Massachusetts : The MIT Press, 1982), pp.33-39.

31) Daniel Bell, *The Coming of Post Industrial Society* (London : Heinemann, 1974). 원우현, *op. cit.*, p.18에서 재인용.

여기서 캔턴(Belinda Canton)과 도딕(Herbert S. Dordick)이 제시한 자원으로서의 정보(information as resource)에 대한 몇 가지 특성을 소개해 본다.[32)]

① 정보자원은 다른 자원의 적절한 기능을 위해 필수불가결한 것이다. 정보자원이란 것은 하나의 지식으로서 언제나 다른 자원들의 응용과 평가에 필요하다. 정보는 석탄이나 기름 등과 같은 의미의 자원은 아니다.

② 정보자원은 분배를 해도 줄어들지 않는다. 오히려 새로운 사용자가 생김으로써 그 평가는 더욱 증대된다. 대규모의 정보 네트워크(information network)의 경우에는 더욱 그러하다.

③ 정보는 하나의 상품이다. 이것은 생산되고 판매된다. 정보가 시장에 내 놓아지지 않으면 그것은 하나의 측정 불가능한 지식에 불과하다.

④ 정보의 능력과 영향은 정책 결정 분야에서 가장 잘 나타난다. 여기에는 정치적 협상에서 개인적인 돈벌이, 혹은 고용자에 대한 경영주의 판단에 이르기까지 모든 것이 포함된다. 이 정보를 통제하고 분산하는 사람들은 사회내에서 세력을 지닌 집단이며 새로운 계급인 정보계급을 탄생시키고 있는 사람들이다.

⑤ 정보에는 새로운 형태의 취약점이 따른다. 정보교환의 필요를 느끼지 않는 생활이란 존재하지 않는다. 또한 이러한 교환을 억제시킬만한 힘을 가진 자원도 존재하지 않는다.

⑥ 정보는 역동적(dynamic)이다. 교환이라는 형식을 지니지 않을 수 없는 유일한 자원이다. 정보에는 어떤 형식의 교환 방식이나 특성도 모두 포함된다.

⑦ 정보는 사회내에서 무한한 성장의 가능성을 제시할 수 있다. 왜냐하면 정보는 소멸되거나 완전히 통제받을 수 없는 것이기 때문이다. 오히려 이는 더 많은 정보와 지식 개발을 가져다 준다.

⑧ 정보는 자기 규제적이고 자체 조직적이다. 정보간의 융합은 쉽게 일어날 수 있다.

---

32) 원우현, *loc. cit.*
Belinda Canton & Herbert S. Dordick, '*Information Strategies and International Trade Policy,*' 1982. Pacific Telecommunication conference : Article.

이와 같이 오늘날과 정보사회에 있어서는 정보는 종래 노동의 분화를 위해 사용되었던 자원과는 다른 의미의 것임에 틀림이 없다. 정보는 이중적 특성을 지니는데, 이는 모든 형태의 교환을 위해 필요한 지식이라는 면과 거래되는 상품으로서의 특성이다. 정보의 힘은 다가올 새 시대의 추진력으로서 아직은 베일에 싸여 있다. 그러나 16세기의 농업, 혹은 산업혁명 당시의 증기(steam)가 가졌던 역할과 비슷한 위치를 정보는 지니게 될 것이다.[33)]

지난날 산업혁명이 공업사회를 가져왔듯이 오늘의 정보사회는 정보기술 혁명에서 비롯되고 있는 것이다. 인류 역사상 원시시대의 수렵사회에서도 수렵을 위한 화살이나 돌도끼 등의 기술적 기구가 있었으며 농업사회를 가능토록한 호미 등의 농기구와 관개 기술이 새로운 개혁을 가져왔음은 주지의 사실이다. 바로 정보사회는 컴퓨터나 통신 등의 정보기술에 의한 정보의 생산과 유통의 비약적 증대에서 이룩되어지고 있다. 현대사회를 변혁시키고 있는 정보기술은 가회적 기술이라고도 일컬어지고 있다.

언제나 지난날의 사회적 기술이 사회변혁을 가져왔었는데 마루야마(丸山昭二郎)는 기술에 의한 사회변혁의 과정을 3단계로 나눠 구분하고 있다.[34)]

제1단계는 대체단계로서 기계가 인간의 노동을 대신해 주는 단계이며, 제2단계는 증폭단계로서 수공업적인 노동으로 생산되었던 모든 제품이 증기 기관이나 산업기계 등에 의한 대량 생산과 철도에 의한 신속한 유통이 불가능했던 것을 가능하게 한 단계이고, 제3단계는 사회변혁단계로서 봉건제가 의회민주주의로 바뀌면서, 전통적인 사회가 새로운 사회로 변혁되는 단계라는 것이다.

수렵사회, 농업사회, 공업사회, 정보사회로 이어지면서 그 사회를 전립시켰던 사회적 기술을 예를 들어 도시하면 [그림 3]과 같다.[35)]

이 3단계 변화의 패턴에 따라 현재 진행 중인 정보기술 혁명을 대입해보면, 사무자동화나 공업자동화는 제1단계(대체단계)라 할 수 있으며, 다음으로 정보통신 기반의 정비 등으로 지적 노동이 증폭케 되는 제2단계(증폭단계)로 옮겨지며, 다시 공업사회의 경제사회 시스템이 정보사회에 대응하는 변혁을 이룩하는 제3단계(사회변혁단계)로 나아가게 되는 것과 같다는

---

33) *Ibid.*, p.19.
34) 丸山昭二郎 外編, 《情報アクセスのすべて》 (東京 : 日本圖書館協會, 1989). p.184.
35) *Loc. cit.*

것이다.[36)]

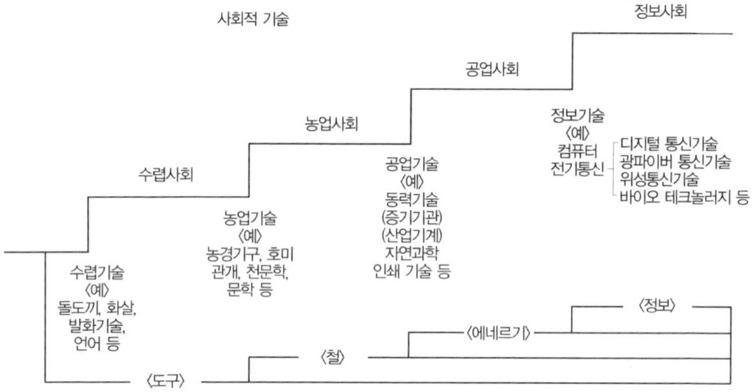

[그림 3] 사회발전과 사회적 기술

공업사회, 즉 산업사회에서는 규격화, 분업화, 동시화, 집중화, 극대화, 중앙집권화를 그 특징으로 내세울 수가 있다.[37)] 이러한 산업사회에서 생산된 상품과 서비스는 상품경제라는 산업사회의 경제적 구조를 통해 식민지 · 구매사 · 신대륙으로 팔려 갔으며, 산업사회의 사회변동의 세력은 주로 노동운동이나 노동쟁의 등의 노동의 영향력을 통해 이루어졌다. 특히 산업사회의 지배적 가치는 육체적 욕구충족을 위한 물질적 가치에 두어 자국의 경제성장을 최우선으로 하였으나, 합리적 가치기준은 르네상스의 기본정신인 인간성이나 인간의 기본적 권리에 두고 있었다. 또 한편 농업사회의 과거중심적 사고에서 벗어나 임기응변의 적응과 다양한 실험을 통해 인공적 미래에 대한 게임도 설계하게 되어 정보사회로의 발판을 만든 것이다.[38)]

벨은 정보와 지식은 탈공업화사회(post-industrial society)의 주요 변수로 보고, 탈공업화사회의 형태적 특성과 공업화사회 및 공업화 이전의 사회를 <표 2>와 같이 비교해 놓고 있다.[39)]

36) *Ibid.*, pp.184-185.
37) Alvin Toffler, *The Third Wave* (New York : Bantam Books, 1981), p.132.
38) *Loc. cit.*
39) Daniel Bell, 'The Social Framework of the Information Society,' in Tom Forester, ed., *The Microelectronics Revolution* (Cambridge, Massachusetts : The MIT Press, 1981). 이동만 역, 《정보사회의 사회적 구조》 (한울, 1987).

여기서 정보라는 개념은 광의로 보아 자료 처리를 의미하고 있으며, 지식이란 개념은 사실이나 아이디어의 조직화된 일련의 진술(statements)로서, 그것은 논리 정연한 판단이나 실험 결과로서 어떤 통신매체를 통하여 체계적인 형태로 다른 사람에게 전달된다는 것이다. 곧 지식은 뉴스나 오락과는 별개의 것으로 구별되며, 새로운 여러 판단(연구와 학문)이나 기존판단의 설명(교과서, 수업, 도서관 · 공문 보관소의 자료)으로 구성되어 있다는 것이다. 한편 지식으로서 생산되는 것은 한 사람의 이름이나 여러 사람의 이름이 쓰여 있고, 저작권(출판의 경우)이나 다른 형태의 사회적 인지에 의하여 인정된 지적 재산인 것이다. 이러한 지식에는 저술이나 연구에 소요되는 시간이라는 형태로, 또는 통신과 교육매체에 의한 금전적 보수라는 형태로 그 다가가 치러진다는 것이다. 상위자 내지 동위자의 행정적 · 정치적 결정에 따른 시장의 반응은 그 결과의 가치를 판단하며 이익을 위하여 만들어지는 사회적 자원에 대한 요구를 판단한다는 것이다. 이러한 의미에서 지식은 사회 간접자본의 일부를 형성하게 되며, 지식이 발명이나 사회설계를 통하여 자원의 변형에 적용되는 어떠한 체계적 형태로 될 때, 지식은 노동과는 달리 가치의 원친이 된다고 했다.[40]

<표 2> 탈공업사회의 비교

구 분	공업화사회 이전	공업화사회	탈공업화사회
생산 방식	자원 채취	제 조	처리 : 반복적
경제 부문	제1차 농업 광업 어업 임업 석유 · 가스	제2차 재화생산 제조업 내구제 비내구제 대규모 건설	서비스 제3차 : 수송, 공익사업 제4차 : 무역, 재무, 보험, 부동산 제5차 : 보건 · 교육, 연구 · 정보, 레크레이션

pp.14-15.
40) *Ibid.*, pp.14-15.

자원의 변형	자연력 바람, 물, 가축, 인력	인공에너지 전기-석유, 가스, 석탄, 원자력	정보 컴퓨터 및 자료전송 시스템
전략적 자원	원재료	금융 자본	지 식
기 술	수공업	기계 기술	지적 기술
기능요소	직공, 수공업 노동자, 농부	기술자, 미숙련 노동자	과학자, 기술적 · 전문적 직업
방법론	상식, 시행착오, 경험	경험주의, 실험	추상적 이론, 모델, 시뮬레이션, 의사 결정이론, 시스템 분석
시간적 전망	과거에의 지향	임기응변의 적응성, 실험	미래 지향 : 예측과 계획
설 계	자연에 대한 게임	인공적 미래에 대한 게임	인간간의 게임
기축원리	전통주의	경제 성장	이론적 지식의 집대성

* 출전 : 다니엘 벨 지음, 이동만 옮김, 《정보화 사회의 사회적 구조》 (한울, 1984), p.15.

이와 같이 벨은 지식을 재산적 측면에서 그 가치에 대한 금전적 보수가 뒤따라야 한다면서, 과거 경제학자들이 토지, 노동, 자본으로 생산과 교환을 설명했던 개요와는 다른 견해를 제시하고 있었다.

다시 말해 경제학자들이 쓰고 있는 '생산함수'라는 분석 방식은 경제 믹스(economic mix)를 오직 자본과 노동, 즉 잉여노동가치를 응결된 자본으로 간주하는 노동가치설을 쉽게 보장하는 시스템으로 설명하고 있으며, 지식의 역할 혹은 조직 혁신이나 경영의 역할에 대해서는 전연 무시하고 있다. 그러나 노동시간이 단축되고 생산 노동자가 감소함으로써 지식과 그것의 응용이 국민 생산에 있어서 '부가가치'의 원천으로서 노동에 대체되는 것은 명백해지고 있다.[41]

마르크스 이론에서는 모든 서비스는 비생산 노동으로 분류하고 있기 때문에 생산 노동자만을 가치의 원친 기준으로 삼고 있다. 따라서 자본과 노

41) *Ibid.*, pp.16-17.

동이 공업화사회의 중심변수로 되어 왔던 것과 같이 탈공업화사회, 즉 정보화사회에서는 정보와 지식이 사회의 주요 결정변수로 등장하게 된 것이다.

(3) 정보 유통과 지식의 격차

예로부터 지식과 정보는 사회적 세력의 주요 기반이 되어 왔으며, 이는 역사적으로 사회 통제의 수단의 초점이 되어 왔던 것이다. 따라서 어떤 사람들에게 어떤 지식과 정보를 전달하는 것은 항상 사회적으로 가장 강력한 일부 사람들의 신분을 유지하고 향상시키는 데 있어서 문제의 관건이었던 것이다.42)

그러나 사회 발전에 따른 커뮤니케이션 기술의 발전과 지적 기반의 기하급수적 증가는 기존의 지적 독점 내지는 지적 통제 양식에 대한 수정이 요청되었다. 과학자, 교육자, 정치가, 종교가 그리고 각 분야에 걸치 지도자들은 전통적으로 일반 사람들에게 지식과 정보를 제공하는 것이 그들 자신들의 발전과 복지를 위하여 기본적인 것으로 인식되어 왔던 것이다.43)

정보 혹은 후기산업사회에서는 정보가 가장 가치 있는 자원이고 생산수단일 뿐 아니라 주요 생산품이 된다. 따라서 대부분의 노동력의 정보 관련 산업과 연결되며, 다른 지표에 의거하더라도 정보는 경제적으로나 사회적으로 중요한 위치를 접하게 될 것이다.44)

이렇게 중요하고 강력한 힘을 지닌 정보에 관해 도너휴(G.A. Donohue)는 그 전통적인 관점을 다음과 같이 말하고 있다.45)

> "인간문제의 해결은 바로 정보의 인력과 관계가 되고 있다는 사실이다. 이와 같은 관점에 의하면 만일 한 체계 내에 있어서 이용될 수 있는 정보가 충분히 채워진다면, 어떤 토픽에 대한 일반적인 이해가 체계 내에서 이뤄질 것이다."

---

42) 이강주, 《매스커뮤니케이션 사회학》 (나남, 1987), p.222.
43) 이강주, *loc. cit.*
44) 오진환 역 (Danis McQuail 원저), 《매스 커뮤니케이션 이론》 (나남, 1990).
45) G.A. Donohue, and P.T. Ticheonor, C.N. Olien, 'Mass Media Flow and Differential Growth of Knowledge', in Public *Opinion Quarterly*, 34, 1970. pp.159-170. 이강주, ibid., 222-223.

이와 같은 전통적 가정을 도너휴 등은 또 두 가지 전제에 입각해서 말하고 있다.[46]

첫째는 정보이용도는 체계 내에 있어서 이해도를 증진시키며, 둘째로는 높은 수준의 정보 입력은 한 체계 내에 있어서 정보의 일반적 균등을 이루게 한다는 것이다. 환언하면 한 체계 내에서 최대한도의 지식과 정보의 전파는 상이한 집단간의 지식을 균등화시킬 수 있을 것이라는 가정이다.

그러나 지식과 정보가 사회적 평등화를 가져다 줄 것이라는 이념형은 사회 철학에 있어서 하나의 희망적인 목표임에도 불구하고 현실적으로는 그것의 실현이란 불가능한 것이며, 또한 경험적 연구의 차원에서도 증명할 수도 없다.[47]

따라서 정보의 유통은 모든 계층간에 균등하고(equal), 공정한(fair) 것이 아니다. 부유하고 교육수준이 높은 계층간에는 활발하게 정보가 유통되지만 소외계층(underprivileged class)간에는 정보 유통이 빈약하다. 뿐만 아니라 부유하고 교육 수준이 높은 계층과 소외계층간의 정보 유통은 일방적 성격(one-way flow)을 띠고 있다. 이러한 정보 유통은 결국 계층간의 정보 격차를 더욱 심화시키는 요인이 된다. 정보사회에서 매스 미디어 또한 계층간에 지식과 정보의 격차를 확대시키는 데 주요한 역할을 한다고 볼 수 있다.[48]

특히 정보격차의 가장 큰 요인은 경제수준보다는 교육수준의 차이라고 티치너(Phillip T. Tichenor)는 말하고 있다. 즉 교육을 많이 받은 사람일수록 어떤 문제에 대해 보다 많은 정보를 얻게 된다는 것이다.[49] 즉 교육을 많이 받은 계층은 교육을 받지 못한 계층과 비교해서 정보나 지식을 보다 많이 취득한다는 것이며, 결과적으로 매스 커뮤니케이션은 상한이 두 집단간에 보다 큰 지식과 정보의 갭(gap)을 초래시킨다는 것이다. 이와 같이 두 계층간에 지식과 정보의 갭이 감소하기보다는 증가하는 이유로, 보다 교육을 많이 받은 사람은 교육 수준이 낮은 사람에 비해 ① 독서 능력과 이해 능력이 앞서고, ② 이미 교육에 축적된 정보와 지식이 많으며, ③ 지식계층

---

46) *Loc. cit.*

47) *Loc. cit.*

48) 이상철, 《문화와 커뮤니케이션》 (일지사, 1988), pp.216-217.

49) Phillip T. Ticheonor et al., *Community Conflict and the Press* (Beverly Hills : Sage Publications, 1980), p.22.

과 접촉할 수 있는 기회가 잦고, ④ 보다 높은 정보와 지적인 기억력이 높기 때문이라고 했다.[50]

맥퀘일(D. McQuail)은 "매스 미디어는 모든 사람들에게 그들 자신의 일상생활과 보다 먼 미래를 위한 지식과 정보를 전달하고 조직화함으로써 개인의식과 집단의식을 구현한다"고 했다.[51]

미디어의 사용에 있어서 교육은 경제변수보다 더 큰 영향을 미치게 되는데, 이는 교육이 보다 폭 넓고 차원 높은 대화법(verbal skills)과 보다 많은 미디어(more media resources)를 사용할 수 있는 힘을 제공해 주기 때문이다. 교육은 단순한 지식과 기술 습득만을 의미하는 것이 아니라 사회화 과정(socialization)을 가르치고 훈련시키는 것이다. 따라서 어떤 문제에 대해 교육을 많이 받은 사람이 적게 받은 사람보다 더 많이 알고 있으므로 대하의 폭을 넓힘은 물론, 문제를 논리적 · 합리적으로 대화를 통해 이끌어 갈 수 있다.[52]

실은 TV나 라디오, 잡지 등과 같은 매스 미디어의 이용은 교육 정도와 관계 없이 누구나 접근할 수 있으나 정보를 얻고 이를 지식으로 수용하는 데는 이용자의 교육에 따라 달라진다는 것이다. '미디어의 이용은 이 밖에도 성(性)과 경제변수와도 관계가 있다'[53]고 한다. 후진국이나 개발도상국의 남성은 여성보다 미디어의 이용도가 높다고 하는데, 이는 다시 말해 여성이 남성보다 교육 정도와 사회참여도가 낮기 때문일 것이다.

그리고 미디어의 사용은 우연한 행위가 아니고 사회생활 정보 내지 다른 필요한 정보의 획득 동기에 의한 경우가 많으므로 구심적 효과(centripetal effect) 현상을 나타내게 된다는 것이다.[54]

노라(Simon Nora)와 맹크(Alain Minc)는 '충분한 정보를 갖춘 현인들(wise men)이 이상적 세계에서 조직은 자발성과 주합되게 된다'고 하면서, 완벽한 시장사회에서는 교육과 정보를 통하여 각 개인들은 전체 사회의 집단적인 규제를 받는다. 완전한 계획 사회에서 중앙은 우선 ㅅㄴ위에 관한

---

50) 이강주, 《한국대중문화론》 (법문사, 1987), pp.62-63.

51) Denis McQuail, *Mass Communication : An Introduction* (Beverly Hills : Sage Publications, 1983), pp.51-52.

52) 이상철, 《국제정보론》 (일지사, 1984), pp.84-85.

53) Ithiel de Sola Pool et. al., eds., *Handbook of Communication* (Chicago : Rand McNally, 1973), p.363.

54) 이상철, *op. cit.*, p.85.

정확한 메시지를 사회 토대의 각 단위로부터 접수하게 되며, 각 단위들과 동일한 구조와 태도를 지니게 될 것이며, 정보와 참여는 함께 발전한다고 했다.55)

사회가 순조롭게 기능을 발휘하기 위해서는 사회집단들이 그들의 열망과 반감을 표현할 수 있어야 하며 동시에 규제와 관련된 정보가 수용되고 채택될 수 있어야 한다. 규제(regulation) 없는 자발성은 존재할 수 없으며, 위계 질서 없는 규제 또한 존재할 수 없다. 자급자족하는 사회에서는 사정이 다르다. 전체 사회의 발전을 위해서 반드시 참여라는 전략을 채택해야만 한다. 그러므로 정보의 사회화는 속박과 자유, 정부 당국의 고유 권한인 종합 계획 수립과 자율적인 사회 집단의 열망이 조정되고 조화될 수 있는 메커니즘의 확립을 의미한다. 또한 그것은 중앙의 전략과 주변부의 욕구들이 기본적으로 일치하여 국가와 사회가 서로 보완적일 뿐만 아니라 생산적 관계를 맺도록 정보의 관리대책을 촉진하는 것을 의미한다. 그러나 그렇게 하기 위해서는 기본적인 모순을 제거하는 것이 필요하다. 만일 정보가 탈집중화된 단위의 수준에서 분산되어 나타난다면, 의사 결정에 도움이 되지 않는다. 정보는 종합(syntheses)을 통해서만 중요성을 갖게 되는데, 그런 과정에서 장기적인 난관에 대처하고 종합적인 대책을 세운다. 그런 다음 정보는 반드시 자발적으로 정확한 반응을 유도할 수 있는 형태로 알려져야 한다. 이를 위하여 정보는 합법적이고 효과적으로 유통되어야 하고, 그 유통구조는 제도화되어야 한다.56)

이는 정보의 사회화를 위해 참여와 대결(confrontation), 규제 등을 제시한 노라와 맹크의 논지인 것이다.

이들 학자는 또한 수용자가 정보의 준비 과정에 참여하는 것이 점차로 필요하다면서 그렇게 함으로써 정보의 수용자 또한 전달자가 될 수 있고, 전달 과정에서 수용 조건을 고려할 수 있게 된다는 것이다. 이러한 참여는 경쟁 집단들이 똑같이 그들 자체의 정보를 생산·처리·전달할 수 있을 때 비로소 가능할 것이다.57)

---

55) Simon Nora and Alain Minc, *The Computerization of Society* (Cambridge, Massachusetts : The MIT Press, 1980). 이민웅·안동근 공역, 《현대자본주의와 정보사회》 (나남, 1988), p.162.

56) *Ibid.*, pp.162-163.

57) *Loc. cit.*

한편 기술적 해결책만을 가르치는 정보나 관점이나 일관성 있는 계획을 구성하지 않고 사실들만을 열거하는 정보, 그리고 사회의 실천적 발전을 고려하지 않고 사실들만을 열거하는 정보, 그리고 사회의 실천적 발전을 고려하지 않고 이념만을 외치는 정보는 점차 의사정보(pseudo-information)로 간주될 것이다. 그러므로 정보를 유용하게 만드는 것은 정보를 일관성있고 용인된 사상으로 전환시키는 구조에 최소한 동의한다는 것을 의미한다.[58)]

정보가 유용하도록 하기 위해서는 하나의 사상, 즉 지식으로 승화시켜야 된다는 윤리로 이를 받아들일 수도 있는 것이다. 이러한 지식은 나가 '지혜'로까지 승화시켜 인간의 삶을 풍부하게 해 주게 되는 것이다.

사카이야(堺屋太一)는 그의 저서 《지가혁명 知價革命》[59)]을 통해 "지혜는 과거의 지식과 경험의 축적을 통해 증대되고, 교육과 정보유통의 발달로 보급되며 사람들의 감각과 사변에 의해 창조된다. 그리고 근래에 이르러서는 컴퓨터와 커뮤니케이션의 비약적 발전으로 '지혜'를 저장·가공하고 유통시키는 수단이 급격히 증가되기에 이르렀다. 특히 근년의 퍼스널 컴퓨터와 오피스 컴퓨터, 그것들을 잇는 커뮤니케이션 기술의 발달·보급은 우리의 생활과 사업의 장에 그때마다 등장하는 '지혜'의 양을 격증히시키고 있다. 따라서 지금부터는 '지혜'가 풍부한 시대가 된다. 앞으로의 사회에서는 '지혜'를 많이 쓰는 라이프 스타일이 존경받고 '지혜의 가치'를 많이 함유한 상품이 잘 팔리게 될 것이다"[60)]고 했다.

이와 같이 지혜의 가치를 높이 평가한 사카이야는 다음의 사회를 '지혜의 가치가 지배적인 것이 되는 사회', 즉 지가사회(知價社會)라고 상정하고 있다.

어찌 보면 이 지가사회는 정보사회와 같은 맥락으로 볼 수도 있다. 그것은 지혜의 가치라는 측면에서 유용한 정보의 수용이 가져다 주는 결과라고 보아진다. 곧 정보사회는 지식 추구를 위한 필연의 사회라고 할 수 있기 때문인 것이다. 따라서 정보사회는 독점 집단들의 핵심적 욕구와 수평적 커뮤니케이션(Lateral communication)의 무한한 확대에 초점을 맞출 것을 요구하고 있다.[61)]

---

58) *Ibid.*, p.164.
59) 김진욱 역 (堺屋太一 원저), 《知價革命》 (文學思想社, 1986).
60) *Ibid.*, p.78

앞으로 정보사회로 도약하기 위해서는 지식을 습득하는 것뿐만 아니라 시간적 여유를 갖는 것이 필요하며, 규율(disciplines)과 열망(aspirations)이 상호 학습하는 과정이 천천히 발생할 것이라고, 노라와 맹크는 주장하면서 이러한 과정은 여러 세대를 통하여 가족, 대학, 미디어 등의 문화적 유형의 변화를 거쳐 진행될 것이라고 했다.[62]

갤로웨이(J.J. Galloway)는 정보의 갭 현상을 단순히 소득이나 교육과 같은 사회 경제적 변수만 가지고는 파악할 수 없다고 지적하면서 여기에 미디어 접촉, 사회 참여, 또는 전문가와의 접촉도와 같은 매개변수를 연관시켜 측정해야 한다고 주장한다. 그는 이 변수를 정보상황적 변수라 부르고 있다.[63] 보다 더 사회의 현대화·정보화는 오히려 인간간의 지식의 격차를 가중시키는 결과를 가져오기도 한다. 그것은 정보의 일방 유통이라든지 정보의 과잉 공급에서도 그 원인을 찾을 수가 있다. 정보사회에서는 여러 가지 커뮤니케이션 테크놀러지의 발전으로 말미암아 정보의 공급이 인간의 정보 소비 능력을 훨씬 앞설 것이라 예상되고 있다.

도이치(Karl Deutsch)는 정보의 과잉 공급에 따른 정보수용과 소비 능력의 한계를 지적하고 이를 극복하기 위하여 정보 처리에 대한 우선적 배려가 필요하다고 주장했다.[64]

이는 정보를 소화하는 인간의 정신적 수용 능력은 한정되어 있는데, 정보의 무분별한 공격은 테크놀러지의 개발로 급속히 증가하고 있다는 것을 의미한다. 정보가 지나치게 많아 인간이 이에 대처할 능력이 따르지 못할 때 '정보 홍수' 내지는 '정보에 의한 인간 소외 현상'이 일어나게 된다. 따라서 인간은 어떤 정보를 어떻게 수용해야 할지를 몰라 방향 감각을 상실하고 가치관의 혼란을 일으키게 된다는 것이다.[65]

이와 같이 정보의 과잉, 즉 정보 홍수가 어찌 하면 인간을 더 정보로부터 멀어지게 할지도 모른다. 인간에게 주어진 시간과 정보를 소화해 낼 수

---

61) 이민웅 외역, *op. cit.*, p.164.
62) *Ibid.*, p.166.
63) J.J. Galloway, 'The Analysis and Significance of Communication Effects Gaps,' *Communication Research*, 4-4(October, 1977), pp.363-386. 이강주, op. cit., p.63에서 재인용.
64) Karl Deutsch, *The Analysis of International Relations*, Englewood Cliffs : Prentice-Hall, 1968, p.58.
65) 이상철, 《문화와 커뮤니케이션》, *op. cit.*, p.215.

있는 정신 능력에 한계가 있다는 것은 오늘날 정보사회가 안고 있는 하나의 딜레마라 할 수 있다. 또한 모든 정보는 저작권 등 지적재산권으로서 그 권리에 대한 사용료를 고려해야 되기 때문에 그 이용자에게는 또 하나의 커다란 장벽에 부딪치게 되는 것이다. 또한 정보가 하나의 지식으로서 국가간에 유통되면서 새로운 국제 마찰을 야기시키고 있어 정보, 즉 지식의 생산·창조자와 수용·이용자 간에 상품의 거래와 똑같은 지식산업의 시장이 형성되고 있어 앞으로 개인은 물론 국가적 발전 측면에서 그 유통 질서와 교류 방안의 논구가 강구되고 있다.

제 II 부

세계 저작권법제의 발전 과정

1. 국제 저작권협약과 보호원칙
2. 세계 저작권법제의 발전과정
3. 한국 저작권법의 유래와 이원론적 법체계

1. 국제 저작권협약과 보호원칙

문화의 보호와 육성, 특히 학문과 예술을 보호·육성하기 위하여는 근원적으로 개인의 창의가 존중되고 그 창작의 과정과 결과가 함께 보호되면서 응당의 이익이 보장되지 않으면 안된다는 요청이 대두되지 않을 수 없었고, 이러한 요청은 18세기 이후의 개인주의 사상에 뒷받침되어 저작권 제도의 탄생으로 발전의 길을 치달게 된 것이다. 이리하여 학문·예술 분야의 문화적 소산인, 즉, 저작물은 그 w작의 과정으로부터 개인적인 시각에서 보호한다는 법제가 나타나기 시작하였으니 그것이 곧 저작권법이었다.[1)]

지적 산물인 저작물이 하나의 재산으로서 그 권리를 부여받기까지에는 많은 시간이 필요했으며, 특히 저작권법이 한 나라에서는 물론 국제적인 협정으로서 합법적인 문화 교류의 근거를 마련해 주기까지에는 상당한 세월을 보내게 된 것이다. 이제 저작권은 각 국내의 입법과 아울러 국제 협정의 승인이나 다국간의 쌍무 협정을 통하여 거의 모든 나라들이 커뮤니케이션의 촉진을 위하여 제도화에 앞장서 나가고 있다. 실은 최근의 급속한 뉴미디어의 발달이 저작권 제도와 문화의 향상을 크게 저해해 왔었던 것이다. 따라서 저작권의 침해를 막고 저작자를 고무해 주는 한편 문화유산의 보호 수단으로서 국내는 물론, 국제적인 노력이 뒤따르게 되었다.

저작권법은 오늘에 이르러 모든 국가의 법체계에 있어서 점차 중요한 역할을 하게끔 되었으며 국가적으로 저작권의 보호는 문화 정책이나 메스 미디어 정책의 요소로 뿐 아니라 경제적 관점에서도 중요시되고 있다. 일찍이 1978년의 계수에 의하면 스웨덴에서의 저작권법 적용 대상 품목이 GNP의 6.6%나 점하고 있었다는 것이다.[2)]

---

1) 장인숙, '저작권법 서론', 〈계간 저작권〉 제6호, 1989년 여름, (저작권심의조정위원회), p.54.

2) A. Henry Olsson, 'Copyright and New Communications Technology', *Copyright Bulletin*, Vol. XVI, No.3, (Unesco 1982), p.8

지적 창조물인 저작물은 한 나라의 국경을 넘어 국제적으로 흘러가고 있기 때문에 그 보호를 위한 국제적 체제가 요구되고 있는 것이다. 오늘의 국제체제에서는 저작권 보호를 위한 두 개의 국제 협약이 존재하고 있는데, 그 하나는 1886년에 체결된 베른협약(Berne Convention for the Protection of Literary and Artistic Works)으로 세계지적소유권기구(WIPO : World Intellectual Property Organization)가 이의 시행을 관장하고 있으며, 또 하나의 협약은 UNESCO의 후원으로 발족된 세계저작권협약(UCC : Universal Copyright Convention)으로 사무국을 유네스코에 두고 있다.[3)]

이 양협약에는 1991년 1월 1일 현재 각각 84개국이 회원국으로 가맹하여[4)] 국가 상호간의 저작권 보호와 정보 교환에 합법적 근거를 마련해 주고 있다. 우리나라도 이미 1987년 새 개정 저작권법의 시행과 더불어 그 해 10월 세계저작권협약에 가입함으로써 모든 UCC회원국의 저작권을 보호해 주고 있다. 그러나 4반세기가 넘는 30년 만에 개정을 본 한국의 저작권법은 미국의 압력이 크게 작용했던 것만은 틀림없다.[5)]

그것은 1984년과 1985년의 한미경제협의회에서 외국인의 저작권 보호요구와 수출시장 개방으로 치달으면서, 드디어 미국은 1985년 10월 16일 무역보복조치로서 미국 통상법 제301조를 적용, 한국에서의 지적재산권의 불공저어래 행위에 관한 조사를 선언하고 그 해 12월 9일부터 12일까지 실무 협상을 통한 세계저작권협약 가입을 강력히 주장했었고, 그 이듬해인 1986년 7월 18일에는 한미간의 일괄 타결 형식으로 저작권법의 개정과 UCC 가입을 각각 1987년 7월 시행과 그 해 하반기에 발효토록 한다는데 합의케 된 것이다.[6)]

이러한 배경하에 개정된 우리의 저작권법에 따라 외국의 저작권이 사상처음 한국에서 법적 보호가 이루어지게 되었으며 상대적으로 UCC가맹국에서는 한국인의 저작권이 보호되어지는 등 새로운 저작환경이 조성케 되었다. 1957년 한국의 저작권법 제정 이래 처음 개정된 이 역사적 사실이 미국의 압력이었음으로 감안할 때, 미국의 저작권 체계와 법적인 체제를 살

---

3) *Loc. cit.*

4) WIPO, *Copyright,* Monthly Review of the world Intellectual Property Organization(Gneva : WIPO, January 1993, pp.3-13.

5) 전영표, '새 저작권법의 탄생 경위', 〈주간 독서신문〉, 제805호, 1987.1.18(독서신문사)

6) *Loc. cit.*

필 필요가 있다고 사료된다.

특히 미국은 1988년의 베른협약 시행법(Berne Implemention Act of 1988)을 제정하여, 1988년 10월 5일에는 상원을, 10월 12일에는 하원을 통과하고, 그 해 10월 31일 미국 대통령이 서명함으로써 협약 발효일인 1989년 3월 1일부터 정식 베른협약 회원국이 되었다.[7)]

미국의 베른협약 가입은 다른 나라에 시사하는 바가 크다. 앞으로 한국은 미국은 물론 베른협약 가맹국(UCC 미가맹국)으로부터의 압력을 배제하기 위해서도 이 협약의 가입은 필연적인 것이라 사료된다. 이미 우리의 저작권 당국에서도 베른협약 가입에 대한 제언을 한 바 있으므로 이에 대비키 위해서는 미국 저작권법이 "미국에서 고유가 된 어떤 저작물에 대해서도 저작권 보호를 제공하지 않는다"는 불소급보호를 선언하고 베른협약에 가입하는 등 미국의 조치를 간과해서는 안 될 것이다.[8)]

더욱이 우리의 저작권법이 개정 후 4년 만에 그 개선점이 많이 지적되고 있어[9)] 새로운 방향 모색을 위해서도, UCC와 베른협약에 모두 가입하고 있는 선진 미국의 저작권법이 좋은 전거가 되리라 보아진다.

커뮤니케이션의 발달과 더불어 저작권은 다른 나라에서도 보호받아야 마땅한데, 커뮤니케이션 수단의 역사적 발달 과정을 보면 어떻게하여 저작권 보호가 국제화되어 왔는가를 살필 수 있다. 최초에 저작권법을 규정한 나라들은 커뮤니케이션 기술과 작품의 상품 시장이 제한되어 있었기 때문에 주로 정신적 작품에 대한 국내 보호만을 고려했었다. 따라서 각 나라는 자국의 창작물만을 보호해 주었다. 그래서 외국 저작물에 대한 배려는 없었고 국내 저작권법은 타국에서는 아무 효력을 갖지 못했다.

그러나 커뮤니케이션의 국제화와 도서의 국제적 유통에 따라 저작권이 있는 저작물은 국가간의 이익 문제로 새운 쟁점을 야기시켰다. 이러한 상화의 변화는 저작권의 국제적 보호를 인식하게 되어 외국에서도 자국의 저작물을 보호하기 위해 적극 나서기 시작했다. 그 결과 저작권을 보호하기

---

7) 윤희창, '미국의 저작권법 개정과 베룬협약 가입 형태', 《출판문화》, 통권 제279호(대한출판문화협회, 1989, 봄), pp.22

8) *Idem*, '베른협약 가입에 대한 제언', 《계간 저작권》, 제5호(저작권심의조정위원회, 1989, 봄), pp.37-41.

9) 저작권심의조정위원회 주최, 〈현행 저작권법 및 제도의 문제점과 개선 방안〉(저작권심의조정위원회, 1991)

위한 국제협약이 이뤄지게 되었다.

앞에서도 서술한 바와 같이 저작권에 관한 국제적인 협약으로서 현재 시행중인 다수국이 참여한 것으로는 베른협약과 세계저작권협약이 있으며 그 밖에 범미협약(汎美協約 Montevideo Convention), 카라카스협약(Caracas Convention) 등이 있다.[10]1 이들 국제협약의 원칙과 취지 등을 논귀로 한다.

(1) 베른협약의 원칙

베른협약의 정식 명칭은 '문학 및 예술적 저작물 보호에 관한 베른협약'으로 저작권에 관한 국제적 협약으로는 가장 오래인 1886년에 제정되었다.[11] 이 협약은 유럽 선진국들이 베른에 모여 서명함으로써 성립된 것이다. 그 후 1896년 파리에서 보충되었으며, 1908년 베를린에서 개정되어, 1914년 베를린에서 다시 보충되었다. 그리고 1928년 로마에서 개정되었고, 1948년 브뤼셀에서, 다시 1967년 스톡홀름에서 개정을 거쳐 1971년 파리에서 개정, 오늘에 이르고 있다. 1989년에 접어들어 미국이 가입한 이 협약은 1993년 1월 현재 95개 국이 참여하고 있다.[12]

이 협약은 제정 당시, 소위 해적출판국이었던 미국은 자기들의 저작권 보호를 위해 이 협약에 가입하지 않고 있다가 최근에야 회원국이 되었다. 베른협약은 주로 저작물 작성의 기술이나 그 복제·반포 수단의 발달을 고려해서 20년마다 규정 개정을 위한 회의를 열도록 하고 있다.

일반적으로 베른협약은 개정할 때마다 그 보호하는 저작물의 내용, 범위를 확대해 왔다고 할 수 있다. 이 협약은 다른 회원국을 그 본국으로 하는 외국인 저작자에 대하여 각각 내국민대우를 갖춰 보호하지 않으면 안된다고 하는 원칙을 위하고 있다.

베른협약의 기본적인 특징의 하나는 1908년 베를린 규정에서 저작물의 보호에 관하여 무방식주의를 취해 오고 있다.[13]

---

10) 허희성, 《신고 저작권법개설》(범우사, 1982), p.231.

11) Edward W. Ploman and L. Clark Hamilton, *Copyright : Intellectual Property in the Information Age* (London : Routledge & Kegan Paul, 1980), p.49.

12) WIPO, *op. cit.*, pp.3-13.

13) 국회도서관 입법조사국, 《저작권의 국제적 보호》, 입법참고자료 제211호, (국회도서관, 1978), pp.17-18.

(2) 세계 저작권협약/UCC의 취지

세계 제2차대전 후에 국제 연합의 한 기관인 UNESCO에서는 베른협약과 그와의 저작권 협약의 효력에 저촉받ㄱ 있는 모든 나라들의 가맹을 가능하게 할 새로운 협약을 작성하려고 시도했다. 1952년 9월 6일 유네스코가 제네바에서 개최한 정부간 저작권 회의는 세계 40개국이 서명함으로써 세계 저작권협약이 성립케 되었다.14)

이 세계저작권협약에는 1993년 1월 현재 89개국이 회원으로 가입하고 있으며 그 중 19개국을 제외한 70개국은 베른협약 가입국으로서, 1952년에 작성한 이 협약은 1971년 7월 24일 파리에서 주로 개발도상국을 위한 예외규정을 마련하기 위한 개정이 이뤄졌었다.15) 93년 현재 베른협약 체결국 95개국 중 25개국을 제외한 70개국은 이 세계저작권협약(UCC)에도 가입하고 있다.

> "체결국은 문학 및 미술적 저작물의 저작권 보호를 모든 나라에 있어서 확보할 것을 희망하여, 세계의 모든 국민에게 있어서 적당하며 또 세계협약에 의해 표현되는 저작권 보호제도가 현행 국제제도를 해침이 없이 여기에 추가되어 개인의 권리존중을 확보하며 또 문학, 학술 및 미술의 발달을 조장하는 것임으로 확신하고, 이와같은 세계저작권베도가 인간 정신의 소산의 보급을 한층 용이하게 하며, 또 국제적 이해를 증진하는 것이라는 것을 양해하여 …"16)

라고 되어 있는 세계저작권협약의 전문에서와 같이 인간의' 정신적 산물인 저작물을 국제적 차원에서 보호와 유통을 원활히 하자는 것이 세계저작권협약의 근본 취지인 것이다.

이 UCC에는 중국이 지난 1992년 10월 30일 가입했으며, 아울러 베른협약에도 이보다 보름 먼저(1992.10.15) 가입하고 있어 국제사회에 적응하려는 그들의 자세를 엿볼 수가 있다.

---

14) Ploman and Hamilton, *op. cit.*, pp.57-58.

15) WIPO, *op.cit.*, pp.6-12.

16) 국회도서관 입법조사국, *op. cit.*, p.46.

(3) WIPO의 기능

저작권과 특허권 등 산업재산권을 일괄하여 소위 무체재산인 지적재산권을 국제적으로 보호하기 위한 기관으로서 세계지적재산권기구(WIPO/World Intellectual Property Orgazation))가 있다.

세계지적재산권기구는 1967년 7월 14일 스웨덴의 스톡홀름에서 결성되어 1974년 12월 7일 국제연합(UN)의 전문 기구로 되었고, 그 사무국은 현재 스위스의 제네바에 있다.. WIPO의 주요 기능은,

① 전 세계의 지적재산권의 효과적인 보호와 국내 입법 조치를 촉구하며,

② 지적재산권의 보호를 증대시키기 위한 국제협정의 체결을 고취하고,

③ 지적재산권의 보호를 위한 국제협정과 관련된 행정적·법률적 및 기술적 지원 사항을 효율적으로 집행하여 모든 회원국과 기구에 저작권과 산업재산권 등 지적재산권에 관한 정보와 자료를 교환 및 발간 제공하는 것이다.[17]

이 세계지적재산권기구는 베른협약 제24조에 WIPO 국제사무국[18]에 관하여 8개항에 걸쳐 규정하고 있듯이 이 기구가 관장·보호하는 국제협약은 다음과 같다.[19]

① 저작권 보호를 위한 베른협약

② 저작인접권 보호를 위한 로마협약(Roma Convention for the Protection of Performers, Producers of Phonograms and Broadcasting Organization) : 1961년 10월 20일 로마에서 결성

③ 음반 제작자의 보호를 위한 음반조약(Convention for the Protection of Producers of Phonograms Against Unauthorized Duplication of Their Phonograms) : 1971년 10월 29일 제네바에서 결성

④ 산업재산권의 보호를 위한 파리협약

⑤ 위성협정 등

WIPO에 가입한 회원국은 133개국(1993년 1월 현재)이다. 이 기구의 국제사무국은 저작권 외에 특허권 등의 산업재산권에 관한 규제·협약도 관

17) 허희성, *op. cit.*, p.240.
18) 허희성 역(WIPO 편), 《베른협약 축조이해》(범우사, 1984), pp.132-133.
19) 허희성, *op. cit.*, p.240.

장한다는데 특색이 있다. 한국은 1993년 현재 베른협약에 아직 가입하지 않고 있으나 1979년 3월 1일 WIPO에 가입하였고, 뒤이어 1980년 5월 4일자로 산업재산권 보호에 관한 파리협약에 가입, 그 전에는 주요 국가들과 쌍무협정에 의하여 처리해 왔던 특허권 등의 사용 문제를 이 기구를 통해 해결하고 있다. 그러나 이jt은 저작권과는 무관한 것이다. 특히 이 WIPO에는 북한이 우리보다 5년이나 앞서 1974년 8월 17일부로 가입하고 있음으로 밝혀둔다.[20]

그러나 저작권 관련 국제 협약에는 1993년 현재 가입하지 않고 있다.

(4) 국제협약의 보호정신

저작권은 무체 또는 지적인 사람의 정신적 창작물을 보호하기 위하여 인정되는 권리이다. 따라서 사람의 정신적 창작 행위에는 국경이 없으며, 커뮤니케이션의 발달과 더불어 국제적인 문화교류가 활발해짐에 따라 국가간의 저작권 보호가 절실해진 것이다. 때문에 베른협약 및 세계저작권협약 등의 국제협약이 성립되어 저작권의 보호 원칙을 제시하고 있다.

저작권에 관한 베른협약은 제5조 제1항에서 보호의 원칙으로 가입국의 내국민대우(National Treatment)의 자동적인 보호를 위한,

> "저작자는 이 협약에 의해서 보호되는 저작물에 관하여 그 저작물의 본국 이외의 동맹국에 있어서 그 국가의 법령이 자국민에게 현재 혹은 장래에 주어지는 권리와 이 협약이 특히 부여하는 권리는 향유한다."

라는 규정을 두고 있다. 이는 저작물의 보호에 관해서 자국민과 같은 대우를 외국인에게도 주어야 한다는 원칙이다.[21]

이 내국민대우의 보호 원칙은 세계저작권협약 제2조 제1항에서도,

> "한 협약국의 국미닝 공표한 저작물 및 그 협약구에서 최초로 발표된 저작물은 다른 모든 협약국에서 그 협약국이 자국의 영역 내에서 최초로 공표된 자국민의 저작물에서 부여하고 있는 것과 동일한 보호를 받는다."

---

20) WIPO, *op. cit.,* p.3-13.
21) 허희성 역, *op.cit.,* p.38.

라고 규정하고 있다.[22)]

이와 같은 내국민대우의 원칙이란 협약국의 국민인 저작자는 모든 협약국에서 보호가 보장되며, 협약이 부여하는 모든 권리를 향유하도록 보증한다는 뜻이다.

이 밖의 원칙으로 베른협약은 저작권 보호를 위해 무방식주의를 채용하고 있으며, 세계저작권협약은,

> "저작권 보호의 조건으로서 자국의 국내 법령에 의한 납본, 등록, 표시, 공증인의 증명수수료의 지불, 또는 자국 내에서의 제조나 발행 등과 같은 방식" (제3조)

을 저작권 보호의 조건으로 요구하고 있다.

이같이 세계저작권협약은 내국민대우의 원칙하에 저작물 및 그 모든 복제물에 저작자의 성명, 최초의 발행 연도와 ⓒ기호를 합리적인 발법으로서 또 적절한 장소에 게재함으로써 방식주의국이 택하는 요건을 충족한 것으로서 취급할 것을 요구하고 있으나 베른협약은 기본적으로 저작자가 어떤 방식을 채택하지 않더라도 저작권의 보호를 향유할 수 있는 무방식주의를 제5조 제2항에 못박고 있다.[23)]

---

22) 국회도서관 입법조사국, 《각국의 저작권법》, 입법참고자료, 제165호(국회도서관, 1972), p.387.

23) 〈베른협약〉, 제5조, 제2항.
1항의 권리 향유(享有) 및 행사(行使)에는 여하한 방식의 이행도 요하지 않는다. 그 향유 및 행사는 저작물이 본국에서 보호되고 있는지의 여부에 하등의 영향을 받지 않는다. 따라서 보호의 범위 및 저작자의 권리를 보전하기 위해 저작자에게 보장되는 구제의 방법은 이 협약의 규정과는 관계없이 오로지 보호가 요구되는 협약국의 법령이 정하는 바에 의한다.

2. 세계 저작권법제의 발전과정

"일정한 저작물에 대하여 그 작성자와 기타 관계자들의 이익을 보호함과 동시에 학문·예술에 관한 문화적 이익을 보호하기 위한 법규의 총체"[1]를 실질적인 저작권법의 의의라 할 수 있다. 이같이 문화적 이익 보호를 위한 저작권법의 근원은 고대 그리스·로마 시대의 노예에 의한 사본과 중세의 수도원에 있어서 의 사본에 대한 소유권 문제에서 찾아볼 수 있을지 모르나, 역시 저작권은 15세기 중엽 서구의 인쇄술 발명에서 비롯되었음이 틀림 없다.[2]

(1) 최초의 인쇄특권

새로운 인쇄술은 전 유럽을 급속히 풍미했으며 인쇄인들은 제본인 및 판매인의 기능까지도 맡아 하면서 독점권의 특권을 부여받았었다.[3]

최초의 인쇄특권은 1495년 이탈리아 베니스시에 의해 출판업자 마누티우스(Aldus Manutius)에게 주어졌으며, 1845년에는 저작자 허락 없는 인쇄를 금지토록 하는 세계 최초의 저작권법이 제정되었다. 그러나 이 법은 인쇄인을 위한 것이었으며 저작자는 간접적으로 보호하는 것이었는데, 이는 다른 나라에서도 적용되었다.

프랑스의 가장 오랜 인쇄특권은 1507년 및 1508년 이후로 기록되어 있는데, 1592년에는 출판권을 규정하는 최초의 법률이 뒤이어 나왔고 이런 유형은 그 후 200년간 유럽에 퍼져 나갔다.[4]

---

1) 허희성, 《신고저작권법개설》(범우사, 1982).
2) Ploman and Hamilton, *Copyright*(London :Routledge & Kegan Paul, 1980).p.5
3) *Ibid.*, p.9.
4) *Loc. cit.*

특히 15세기 말경 인쇄술이 점점 발달 보급되면서 저작물에 대한 해적행위가 나타나기 시작했다. 때문에 유럽 대륙의 세속적인 통치자들이나 성직자들은 이러한 추세의 중요성을 재빨리 인식하고 앞으로 인쇄술이 새롭고 강력한 정치적·사회적 영향력을 갖고 그들의 권력을 위협할지도 모른다고 생각하게 되었다. 따라서 그들은 인쇄물의 분포에 관심을 갖기 시작했다. 그리하여 군주들은 특정 인쇄업자에게만 일정한 출판물을 찍어낼 수 있도록 특권을 부여하게 되었다.

이ghk 같은 인쇄특권제도에서 저작권법적인 사고가 나타나고 있어 더욱 중요한 뜻을 갖는 것이라 할 수 있다. 이 특권제도는 독일, 프랑스, 영국 등에 파급되어 갔으나 인쇄인의 보호가 잘 이행되지 못했으며, 저작자는 인쇄인에 의해서 간접적으로 봏되는 데 그쳤다. 따라서 근대법이 성립할 때까지 저작권법 사상은 갖가지 특권 형태로서 육성되어 변용해 왔었다. 5)

한편 중앙의 권력자는 인쇄특권제도를 이용하여 인쇄업자들의 간행물을 통제·검열하고 출판을 억압하였다. 이러한 검열, 즉 사고 통제 속에서 생성케된 출판소유권은 점차 정신적 소유권론을 양성해 나갔던 것이다. 이처럼 15세기 후반에서 18세기 초에 걸친 인쇄의 역사는 특권을 부여하는 여러 가지 칙령과 법령의 공포로 점철되었다.

(2) 초기 영국의 저작권법

영국에 있어서는 16세기 서적업조합(Stationers' Company)에 대하여 검열을 실시, 인쇄 허가를 등록함으로써 위판 금지가 확보되었다. 그러나 그 후 왕실의 재원을 확보하기 위하여 개별적인 특권이 남발되자 서적업조합에 있어서의 등록제도는 실효가 적어졌으므로 709년 세계 최초의 근대법이라 지목되는 앤조령(the Statute of Queen Anne)의 성립을 보기에 이르렀다. 이 조령은 저작자의 보호를 주안으로 하여 공포된 저작물의 저작자에 대하여 공표로부터 14년간의 배타적인 복제권을 보장하는 것으로서 보호는 서적업조합의 기록부에 등록할 것을 조건으로 했다. 이 법률에 대하여 정신적 소유권론이 대두하여 블랙스톤이나 와블톤에 의해서 저작자의 노동의 과실이며 유체물과는 구분되는 정신 재산의 존재가 학인되어 여기에 대한

5) 국회도서관 입법조사국, 제211호, *op.cit.,* p.5.

보호는 시간적으로 제한되어서는 안된다고 주장하였다.[6]

이러한 주장은 1769년 밀러(Millar) 대 테일러(Taylor) 사건의 판결에서 받아들여졌으나 1774년의 도날드슨(Donaldson) 대 베케트(Beckett) 사건에서는 앤조령이 재학인 되었다.[7]

17세기 영국의 철하자 로크(John Locke)를 비롯한 여러 사상가들에 의한 자유주의 사상의 영향으로 인해 구질서가 허물어져 가는 시대였다. 개인주의 사상이 출현하고 의회제도가 절대 군주제도를 대신하게 되었다. 따라서 인쇄물에 대한 규제는 점차 완화되었고, 그 결과 인쇄독점제도는 문제가 되었다. 이같이 군주가 출판을 독점하던 제도가 붕괴되어 가는 혼란한 상황 속에서 서적업자나 인쇄업자는 지적재산권 이론에 근거하여 그들의 특권을 옹호하게 되었다. 이와 같은 배경에서 재정된 앤조령은 1911년 베른협약에의 가맹으로 정비 통합된 법률을 만들기까지 몇 개의 수정을 가하면서도 그 효력을 갖고 있었다. 1956년 베른협약 브뤼셀규정의 가맹을 위해 개정된 영국의 저작권법은 지난 1988년 11월 상하원의 심의와 국왕의 재가를 받아 전면 개정되어 1989년 8월 1일부터 시행되고 있다.[8]

(3) 프랑스의 저작권법

프랑스에 있어서는 왕권이 비교적 안정되어 있었기 때문에 특권도 세습적으로 확립되었다. 파리의 서적업자와 프로방스의 서적업자와의 대립이 일어나 1725년 파리 서적업자의 대리인인 루이 데리쿠르는 저작자에 기초를 둔 자연권을 주장하여 특권의 연장을 획득케 했다.

프랑스에서는 점차적으로 문학적 소유권 개념이 기존의 특권제도를 대신하게 되었다. 1777년 루이 16세는 새로운 토대에 입각하여 인쇄와 출판을 규정한 여섯 개의 법령을 공포했다. 이들 법령은 저작자가 자신의 저작물을 발행하여 판매할 수 있는 권리를 인정하는 것이었다. 프랑스 혁명 중에 프랑스에서는 저작권법의 발전에 관한 몇 가지 중요한 조치가 취해졌다.[9]

---

6) *Ibid.*, p.6.

7) Ploman and Hamilton, *op. cit.,* p.14.

8) 저작권심의조정위원회 편, 《영국 저작권법》, 저작권관계자료집⑥(저작권심의조정위원회, 1990).

9) UNESCO, ed., *op. cit.,* p.14.

프랑스 혁명에 의해서 일체의 특권은 폐지되었으나 1790년과 1791년의 혁명법은 정신적 소유권론의 확인을 결과했다. 그러나 존속 기간은 저작자의 사망후 10년으로 한정되었다. 그 후 많은 법률에 의해서 보충되어 1866년에는 보호 기간을 저작자의 사후 50년으로 연장했으나 판례에 의해서 수많은 국제적인 선례를 형성하면서도 1957년의 완비된 법률을 성립시킬 때까지 혁명법이 그 효력을 유지했던 것이다. 1791년에 채택된 저작권법은 공연권을, 1793년의 저작권법은 저작자들의 배타적인 복제권을 각각 확정하였다.[10] 그 후 1957년에 전면 개정된 프랑스 저작권법은 1985년에 이르러 일부 개정되어 1986년 1월 1일부터 시행해 오고 있다.[11]

(4) 독일의 저작권법

독일에 현대적인 의미의 문학적 소유권 개념이 언제 출현하였는가에 관해서는 일치된 의견이 없다. 1690년으로 거슬러 올라가면, '각자는 자기의 것이 아닌 것은 별도로 떼어 놓는다'라는 자연의 법리와 요구가 있었다는 사실을 밝히는 기록들이 나타난다. 18세기에는 문학적 소유권에 관한 원칙이 모습을 드러냈다. 1686년 2월 27일 공포된 앵글로 색슨의 법령은 출판인이 저자에게서 받은 해적행위로부터 보호하는 한편, 저작자의 권리를 명백하게 인정하였다. 1794년의 프러시아 민법은 "왕의 신민이 출판인의 권리를 획득하면 아무도 그 책에 대한 침해 행위를 할수 없다"고 규정하고 있다.[12]

1837년의 프로이센의 저작권법은 특권제도를 탈피코자 하는 것이었으며 저작자의 사후 30년의 보호를 부여했으나 그 해의 연방의회는 저작물의 발행으로부터 10년의 보호 기간을 제후 란트에 의무를 지우는 데 지나지 않았다. 그것은 독일의 출판자를 뼈아프게 실망시키는 것이었으며 통일 입법의 요청이 활발해져 독일서적조합(Börsenverein der Deutschen Buchhändler)이 그 운동의 주역이 되었다. 이 조합이 또 베른협약의 원동력이었다는 것은 흥미롭다. 독일 연방에 대하여 독일 제국의 성립은 1901

10) UNESCO, ed., *op. cit.,* pp.14-15.
11) <프랑스저작권법> , 《저작권관계연구자료》, 제1집(한국저작권법학회, 1986).
12) UNESCO, ed. *op. cit.,* p.27.

년 및 1907년의 두 개의 저작권법의 공포를 가져오게 했다.[13]

그 후 서독 저작권법이 1965년 전면 개정되어 1966년 1월부터 시행되면서 3차의 부분 개정을 했으며, 1985년에 다시 대폭 개정, 오늘에 이르고 있다.[14]

(5) 일본 저작권법의 발달[15]

일본의 저작권에 관한 법규 중 최초의 것으로 꼽히는 것은 1869년의 출판조례이다. 이 조례는 그 명칭이 시사하는 바와 같이 출판 관리에 관한 사항을 규정한 출판법이라 할 수 있는데 그 가운데 약간의 저작자(오히려 출판자) 보호의 규정을 두고 있다. 이 조례는 저작권 보호에 관한 규정과 출판 관리에 관한 규정을 함께 포함하고 있었다.

이 1869년의 출판조례는 1872년의 문부성 공시에 의해 개정되어 다시 1875년의 출판조례로 이어지고 있다. 이 조례의 특색은 판권이라는 명칭을 법에 처음으로 명시하고 있다. 곧 이 조례 2조에서 "도서를 저작하거나 외국 도서를 번역하여 출판할 때는 30년간 전매(專賣)의 권리를 부여하며, 이 전매 권리를 판권이라 한다"고 규정하여 판권이라는 것이 도서 전매의 권리, 곧 배타적 출판권을 의미하는 것임을 명확히 함과 더불어 판권의 양도, 상속, 침해에 대한 형벌 등에 관하여 상세한 규정을 설치했다. 한편 사전에 관해서는 1876년에 사진조례(寫眞條例)가 재정되어 사진에도 판권이 인정되었다.

이러한 조례들의 입법 취지는 국가적 견지에서 보아 유익한 도서를 출판한자에 대해 그 출판 비용을 보상받게 하기 위해 일정 기간 전매권을 부여한다는 데 있었다. 그 때문에 전매권의 부여는 관청의 재량에 달려 있었을 뿐만 아니라 그 전매권도 저작자에게 주어지는 것이 아니라 출판자에게 주어지는 것이었으므로 오늘날의 저작권과 본질적인 차이가 있음은 말할 것도 없다. 그렇지만 저작권법사 초기에 있어서의 이 같은 현상은 단지 일본에서만이 아니라 유럽 제국에서도 마찬가지로 보여지는 현상으로 각국이

13) 국회도서관 입법조사국, 제211호, 전게서, p.7.
14) '서독저작권법', 《저작권관계연구자료》, 제3집 (한국저작권법학회, 1986).
15) 半田正夫, 《著作權法概說》第3版 (東京: 一粒社, 1985), p.26-37.

특허제도를 극복하여 저작권제도로발전한 과정과 대비시킬 때 이 시기의 일본 특허제도는 저작권제도에 이르는 이정표로서의 의미를 가지고 있다고 할 수 있다.

출판 관리에 관한 규정과 판권의 보호에 관한 규정이 뒤섞여 있던 출판조례는 1887년에 이르러 나뉘어져 출판 관리에 관한 규정만을 내용으로 하는 출판조례와 판권의 보호에 관한 규정만을 내용으로 하는 판권조례로 개편되기에 이르렀다. 동시에 판권조례는 많은 점에서 특허시대에서의 판권의 내용을 고쳐 현재의 저작권에 근접해 온 것이다.

일본의 저작권 제도는 특허제도 및 등록제도의 두시기를 지나는 가운데 1899년 저작권법(舊法)이 제정된 것에 의해 겨우 구미 선진 제국과 같은 수준의 체제를 정비하기에 이르렀다. 이 법률은 직접적으로는 베른협약 가맹의 준비를 위해 재정되었던 것으로 스이노(水野練太郎)가 기초한 것이다.

일본은 그 후 1970년 5월 6일에 공포되고 1971년 1월 1일부터 시행된 현행 저작권법(1970년 法48)은 전7장 124조, 부칙 31조로 구성되어 잇다. 1899년 제정되 일본 구법이 부칙을 포함하여 전5장 52조인 데 비하면 조문 수에서 배 이상의 대폭적인 증가로 저작자 등의 권리 보호와 저작물의 공정한 이용을 확보하기 위한 조치가 상세하게 규정되어 있다.

일본이 1899년에 가입한 베른협약 로마규정은 유보를 두어 선언에 의해 그 나라 사정에 따라 번역권의 보호를 인정하고 있었다. 따라서 일본은 종래 원저작물의 발행 후 10년 이내에 번역이 나오지 않은 경우는 누구라도 자유로이 번역할 수 있다는 원칙을 채택해 왔다(日本 舊著作權法, 제7조). 그러나 베른협약 ㄱ맹국 중 이 유보 단서를 이용하고 있는 나라는 일본 외에 태국, 터키, 유고슬라비아, 아이슬란드 등 몇 개국에 지나지 않아 지금까지도 몇 번인가 철폐를 재촉당하고 있었다.

일본 현행법은 이 점을 고려하여 번역권의 보호 기간을 일반 원칙에 따른 저작자의 사후 50년으로 하고(著作權法, 제27조), 10년 유보의 규정을 삭제 했다. 다만 현행법의 부칙 8조는 동법 시행 전에 발행된 저작물에 대해서는 아직 일본 구 저작권법 제7조가 효력을 가진다고 규정하고 있기 때문에 일본 저작권법 제27조가 실질적으로 적용되는 것은 동법 시행 후 10년이라는 셈이다.

이러한 일본 전작권 제도의 발달 과정은 다음의 〈표 4〉에 요약해 본다.

〈표 3〉 일본 저작권제도의 발달

明治・大正 시대	1868년	'서적 출판 경고'(풍속을 어지럽히는 것, 무허가인 것이나 해적판을 바행한 것에 대한 제재) 문제 京都府에 조회.
	1869년	출판조례 제정(출판을 위해서는 昌平・開城 양 학교에 신청하여 관허를 받고 이에 따라 저작자의 생존 중 출판자에게 전매권 부여).
	1887년	판권조례 제정 ① 판권(저작권)보호를 출판 행위와 분리(판권의 주체를 저작자로 함). ② 내무성에 판권 등록을 신청하면 등록한 문서・도화에 대해 저작자의 사후 5년까지, 또는 등록으로부터 35년까지 중 어느 쪽이든 긴 기간의 보호 부여.
明治・大正 시대		③ 저작인격권에 관한 규정 설치. 각본악보조례 제정(연극 각본, 악보 출판에 판권 부여). 사진판권조례 제정(1876년)에 의한 사진조례를 다른 조례의 신설로 정비.
	1893년	출판법과 판권법 제정.
	1899년	저작권법(舊法) 제정. ① 등록요구의 방식주의 폐지하고 자연 발생적 무방식주의 채택. ② 보호 범위를 문서, 도화, 사진, 각본, 악보로부터 조각, 모형 등올 확대. ③ 보호 기간을 저작자의 생존 기간 및 사후 30년 원칙으로 연장 개정. ④ 외국 저작자의 권리 내국민대우로 보호. ⑤ 저자인격권 확장. 베른협약 가입.
	1905년	미・일간 저작권보호협약 체결. ① 내국민대우, ② 번역의 자유.
	1910년	저작권법(舊法) 개정 ① 보호 저작물로 건축 추가. ② 영화 이용의 저작물 보호 규정 추가. 베른협약 베를린 개정 조약 가입.

明治・大正 시대	1920년	저작권법(舊法) 개정 ① 보호받는 저작물에 연주, 가창 추가. ② 레코드에 타인 저작물 무단 녹음할 수 없게 레코드 보호 규정 설치.
	1920년	저작권법(舊法) 개정 ① 보호받는 저작물에 연주, 가창 추가. ② 레코드에 타인 저작물 무단 녹음할 수 없게 레코드 보호 규정 설치.
	1920년	저작권법(舊法) 개정 ① 보호받는 저작물에 연주, 가창 추가. ② 레코드에 타인 저작물 무단 녹음할 수 없게 레코드 보호 규정 설치.
昭和시대/제2차 세계대전이전	1931년	저작권법(舊法) 개정 ① 영화에 사용된 원저작물의 보호와 영화저작물의 보호명시. ② 라디오 방송에 대한 저작자 권리 규정. ③ '미술'에 '음악을 포함'하도록 범위 확대. ④ 저작자 인격을 강화(사후 인격권 인정). 베른협약 로마 개정 협약 가입.
	1934년	저작권법(舊法) 개정 ① 녹음물 자체 저작물로 인정. ② 설정출판권 제도 규정.
	1939년	저작권의 중개업무에 관한 규정 제정. ① 일정 범위의 저작자는 중개 단체에 저작권 신탁으로 그 저작권 행사의 위탁. ② 해당 중개 단체는 주무 관청의 허가를 받도록 함.
제2차 세계대전이후	1953년	저작권 보호에 관한 내국민대우의 상호 허가에 관한 잠정 협정 체결. 1956년 4월 28일이후 세계저작권협약 지킴.
	1956년	세계저작권협약 전제로 저작권법 특례에 관한 법률 제정. 세계저작권협약 가입.
	1970년	현행 저작권법 제정 ① 보호 기간 저작자의 사후 50년. ② 저작자 인격권과 재산권 나누어 규정. ③ 저작권의 제한 규정 정비—사적 사용, 인요, 도서관에서의 복제 등 규정. ④ 저작인접권 제도 새로 도입—실연가, 레코드 제작자, 방송사업자의 권리 보호.

제2차 세계대전이후		⑤ 보호 대상 문예 · 학술 · 미술 · 음악 저작물로 정하고 저작물의 예시 규정 설치. ⑥ 저작권을 복제권, 상영권 · 연주권, 방송권 · 유선방송권, 전시권, 번역권 · 번안권 등으로 구분.
	1974년	베른협약 브뤼셀 개정 조약 가입.
	1975년	베른협약 파리 개정 조약 가입.
	1978년	허락되지 않은 레코드 복제의 제작자 보호에 관한 협약가입.
제2차 세계대전이후	1984년	저작권법 개정(대여권 추가).
	1985년	저작권법 개정(컴퓨터 프로그램 보호 규정).
	1986년	저작권법 개정. ① 데이터 베이스의 보호 명시. ② 유선방송 사업자에게 저작인접권 부여.

* 출전 : 일본 經濟企劃廳 總合計劃局 編, 《지적소유권》(동경 : 大藏省인쇄국, 1987).

(6) 미국 저작권법의 체계

미국 저작권법의 역사는 그 헌법의 역사보다 더 길다. 1776년에 미국과 합쳐서 독립케 된 영국의 13개 식민주 가운데 12주가 영국의 모델을 기초로 한 저작권법을 가지고 있었다. 미국은 1789년에 헌법을 채택하고서 그 1년 뒤인 1790년에 연방의회가 전국적인 저작권법을 제정했었다. 오늘의 기준으로 본다면 그것은 서적과 도면, 지도를 14년 동안 보호하는 등 보잘 것 없는 법이었다.

미국의 저작권법은 1709년의 세계 최초의 근대법이라 지목되는 영국의 앤조령을 본땄다고도 하지만 이보다 수십 년 앞서 1672년 매사추세츠 만 식민지의회(the General Cout of the Massachusetts Bay Colony)에서 제정된 것이라고 해밀턴(Ploman Hamilton)은 밝혔었다.[16)]

이 법률은 특히 '가장 신선한 소유권' 보호를 합법화하는 데 사용 되었으며, 그 후 1789년 매사추세츠 주법에서는 "정신적인 노동에 의하여 생산된 재산보다 더 인간에게 특별한 재산은 없다"라고 기술하고 있다. 결국 미국은 연방제에 의한 입법이 필요하게 되어 미국 헌법은 "저작자와 발명

---

16) Ploman and Hamilton, *op. cit.*, p.5.

가에게 일정기간 동안 각각 그들의 저작(writings)과 발명(discoveries)에 대한 독점적 권리를 보장함으로써 학술과 예술의 발달을 촉진할 수 있다"는 권리를 의회에 부여했다.[17]

이는 오늘의 미국 헌법 제1조 제1절 제8항(Article l, Section l, Clause 8)에 그대로 살아 있는 규정으로서 미국의 저작권법도 다른 나라에서와 같이 헌법에 근거를 두고 있는 것이다.[18] 헌법에서 비롯된 미국의 저작권법이 가장 포괄적으로 입법되기는 1909년이었으나 통신과 산업기술의 급격한 발전에 따라 이 법으로써는 저작권으로 야기되는 문제들을 수용할 수 없게 되었다. 더군다나 1950년 초에는 2차대전을 계기로 미국이 저작물 수입국에서 저작물 수출로 전환함에 따라 국제적인 미국의 저작물 보호가 절실하여졌을 뿐만 아니라 미국내에서의 저작권 보호의 강화 요망과 공정 이용 등이 법원 판결을 통해 계속 제기되었기 때문에 저작권법의 개정이 본격적으로 논의케 된 것이다. 그러나 개정을 실현하는 데는 30년이나 걸렸다. 이는 저작권자와 저작이용자의 의견 대립뿐만 아니라 정보산업이나 문화산업의 상호 이해 대립이 극심하여 출판사는 복사기기 산업, 유선방송은 무선방송과 영화·음악 산업, 컴퓨터 산업은 저작자 및 이용자들과 계속적인 논쟁을 벌인 결과였다. 따라서 신저작권법 체제는 우리의 대륙법체계와 같은 법이론적인 측면보다는 관습과 전통, 특히 모든 이해 관계자들의 타협의 산물로써 만들어진 소위 영미법체계를 따르게 했다.[19]

거의 70년 동안 이용해 온 가장 오래된 1909년의 낡은 미국 저작권법은 1976년 10월 포드 대통령이 새 저작권법에 서명함으로써 1978년 1월 1일자로 완전히 폐기되고 만 것이다.[20]

1976년 이래로 미국법전 제17편[21]에 자리한 미국 저작권법(Copyright Law of the Unites of America)은 1977년 '저작권청 수수료 규정'의 개정을 비롯하여 1980년의 '컴퓨터 프로그램 규정'을 신설했고 최근 1988년에는 '베른협약 시행법'에 의한 대폭적인 개정을 하는 등 모두 10차례에 걸

---

17) 半田正夫, 《著作權法の硏究》(東京: 一粒社, 1971), p.5.
18) Donald F. Johnston, 'Preface', *Copyright Handbook*, 2nd ed. (New York: R.R. Bowker Co, 1982), p.202.
19) 윤희창, <미국 저작권법과 한미간의 저작물보호>, 비간행물, 자료집II(문화공보부, 1987. 5), p.5.
20) Ploman and Hamilton, *op. cit.*, p.97.
21) Title 17, United States Code: *17 U.S.C.*

쳐 새로운 미디어의 출현에 대비할 법으로의 면모를 갖춰 왔던 것이다.22) 곧 미국은 1989년의 베른협약 가입을 위하여 저작권법의 충돌이 예상되는 모든 규정은 미리 개정을 해 두었었다, 예로서 '저작권 표시 의무의 원칙적인 폐지'23) 등을 들 수가 있겠다.

이 밖에도 1984년 11월 일 '반도체 칩 보호법(P.L. 98-620)'이 제정되어 저작권법이 속해 있는 미국 법전 제17편을 개정했다. 이반도체 칩 보호법은 제17편 제9장에 새로 편제되었으나 저작권법안에 포함시켜 구성하지는 않았다.24)

〈표 4〉 세계 저작권제도의 발생과 형성과정

이탈리아	1495년	베니스 시에 의해 출판업자 마누티우스에게 인쇄특권 부여.
	1545년	세계 최초의 저작권법 제정(저작자의 허락없는 인쇄금지). - 인쇄인의 보호가 강조되었고, 저작자는 이러한 조처로써 간적접 보호.

22) 저작권심의조정위원회 편, '미국 저작권법 해제', 《미국 저작권법》, 저작권관계자료집④(저작권심의조정위원회, 1989), pp.7-8.

▪1976년 이래 미국 저작권법 개정사 요약

- 1977. 8. 5. (*P.L.*95-94) : 저작권청 수수료 규정 개정.
- 1978. 11. 6. (*P.L.*95-598): 비자발적 이전에 관한 규정 개정.
- 1980. 12. 12. (*P.L.*96-517): 컴퓨터 프로그램 규정 신설.
- 1982. 5. 24. (*P.L.*97-180): 저작권 침해에 대한 형법 적용.
- 1982. 7. 13. (*P.L.*97-215): 제조 요건상의 기간 연장.
- 1982. 10. 25. (*P.L.*97-366): 자선 공연의 저작권 비침해 규정의 신설 및 저작권청 수수료 규정 개정.
- 1984. 10. 4. (*P.L.*98-450): 음반의 대여권 신설.
- 1986. 8. 27. (*P.L.*99-397): 1ck 송신자의 서비스 지역 정이 개정.
- 1988. 10. 31. (*P.L.*100-568): 베른협약 시행법에 의한 개정.
- 1988. 11. 16. (*P.L.*100-667): 위성가정시청법에 의한 개정.

※ *P.L.: Public Law*(공법).

23) *17 U.S.C.*, §405. Notice of copyright: Omission of notice on certain copies and phonorecords.

24) 저작권심의조정위원회 편, *op. cit.*, pp.8-9.

영 국	16세기 1556년 1709년	서적업조합에 대한 검열 부과, 인쇄 허가를 등록제로 바꿔 위판 금지. 앤조령 제정(저작자의 보호 위주 — 서적업 조합의 등록부 기재 조건으로 저작물의 저작자에 대해 공표로부터 14년간 배타적인 복제권 보장). 앤조령에 정신적 소유권론 인정(저작자의 유체물과 구별되는 정신적 재산 인정, 보호시기는 무제한).
영 국	1769년 1774년 1911년 1956년 1988년	정신적 소유권론 인정하는 판결 내려졌음. 앤조령의 효력을 재확인하는 판결 내려졌음. 1911년법 제정(베른협약 가입을 위해 앤조령 정비 통합), 저작권법 제정(베른협약 브뤼셀규정 가맹 위함), 저작권법 전면 개정(1989년 8월 1일부터 시행).
프랑스	1725년 1777년 1789년 1791 · 1793년 1866년 1957년 1985년	파리 서적업자의 대리인인 루이 데리쿠르에게 저작자를 기초로 한 자연권을 주장하는 특권 연장. 왕령에 의해 자비출판한 저작자에게 영구 특권 보장. 프랑스 혁명(일체의 특권 폐지). 혁명법에 의해 정신적 소유권론 확인(보호기간 저작자 사후 10년). 보호기간 저작자의 사후 50년으로 연장. 저작권법 제정. 저작권법 제정(프로그램의 저작권 보호 명시), 프로그램의 저작물 인정 판결 다수.
독 일	1837년 (서독) 1875년	프로이센 저작권법(저작자의 사후 30년 보호). 연방의회에 의해 저작물 발행으로부터 10년의 보장 강조. 독일 제국 성립.
독 일	1901 · 1907년 1934년 1965년 1985년	저작권법 제정. 보호 기간 저작자 사후 30년에서 50년으로 연장. 서독 저작권법 제정(보호 기간 사후 70년으로 연장). 저작권법 개정(프로그램의 저작권 보호 명시).

미 국	1909년 1947년 1976년	독일 저작권법 제정. 1947년법 제정. 저작권법 제정(전면 개정). ① 관습법에 의한 미발행 저작물의 보호 및 연방법에 의한 발행 저작물의 보호라는 종래의 이중 보호 제도를 대신하여 단일 국내 제도 도입.
미 국	 1980년 1984년 1988년 1989년	② 보호 기간의 원칙을 발행보다 사망기산주의로 고쳐 저작자의 생존 기간과 사후 50년으로 바꿈. ③ 공공방송, 유선방송 및 주크 박스에 대한 강제 허락제도 명시. 저작권법개정(컴퓨터프로그램의 정의를 요하는 등 컴퓨터 프로그램 보호 명시). 반도체 칩 보호법 성립. 저작법 개정(베른협약 가입 전제). 베른협약 가입.
국제협약 등	1886년 1980년 1928년 1948년 1952년 1961년	베른협약(문학 및 미술적 저작물의 보호에 관한 베른협약)체결 — ① 내국민대우, ② 무방식주의, ③ 법정지법 원칙, ④ 소급효, ⑤ 조약상 보호해야 할 저작물(협약국 국민 저작물과 협약국에서 최초 발행된 저작물). 베른협약의 베를린 개정 조약(녹음권, 영화권 인정). 베른협약의 로마 개정 조약(방송권, 저작자 인격권 인정). 베른협약의 브뤼셀 개정 조약(방송권 정비, 낭독권 설정, 원칙적 보호 기간 저작자의 생존 기간과 사후 50년 의무). 세계저작권협약 체결 — ① 내국민대우, ② 방식주의, ③ 불소급, ④ 세계저작권협약과 베른협약 양조약의 보호 저작물은 베른협약만 적용. 인접권협약(실연화, 레코드 제작자와 방송사업자의 보호에 관한 조약)체결.
국제협약 등	1970년 1971년 1973년	세계지적재산권기구(WIPO) 설립, 협약 발효. 베른협약 파리 개정(개발도상국의 문화적 ·경제적 조건에 맞는 국제저작권법 보호법제 완화). 레코드 제작자 보호에 관한 음반협약 발효.

* 출전 : 일본 經濟企劃廳 總合計劃局 編, 《지적소유권》(동경 : 大藏省인쇄국, 1987).

이상 각국의 저작권제도의 변천을 위의 〈표 3〉 으로 요약해 본다.

1) 미국법전 제17편의 체제

미국 법전 제17편(17 U.S.C.)에 자리하고 있는 미국 저작권법은 1988년 공법 제100-568호와 제100-667호로 대폭 개정되었다. 그러나 1976년 10월 19일 공법 제94-553호의 전면 개정 외 법 전 8장 체제를 유지하고 있으며, 다만 제1장 저작권이 객체와 범위(Ch. 1. Subject Matter and Scope of Copyright)에서 제116조 A(주화투입식 전축에 의한 공연을 위한 협의 이용 허락)와 제119조(배타적 권리에 대한 제한 : 가정 시청을 위한 슈퍼스테이션과 네트워크 방송국의 2차 통신)의 2개조가 추가된 총 75조로 구성되어 있다.1)

특기할 것은 저작권법에는 포함되지 않았지만 미국 법전 제17편의 제9장으로 반도체 칩 보호법2)이 편제되어 저작권법의 제8장에 뒤이어 14개조의 규정을 두고 있음을 참고해야 할 것이다.

미국은 세계 2차대전을 전후하여 저작물 수입국에서 수출국으로 전환, 현재는 국제적 저작물의 가장 큰 비중을 차지하고 있는 하이테크 산업과 지적재산권 산업의 보호를 위해 그들이 주도했던 UCC 회원국이 아닌 태국 등 당시 베른협약에만 가입하고 있는 25개국들과도 거래를 할 필요에서 베르협약가입의 장애가 되고 있는 저작권법의 개정이 불가피했었다. 물론 1976년 미국은, 저작권법을 전면적으로 개정할 때 베른협약 가입을 고려하여 저작권 보호기간을 종래의 발행 후 28년에서 저작자 생존 및 사후 50년으로 변경하는 등 베른협약과 국내 저작권법을 일치시키려고 노력하였다. 그러나 1976년의 법률에도 베른협약과 상치되는 다음과 같은 규정이 남아 있었다.3)

① 저작권 보호의 형식적 요건인 저작권 고시제도 및 저작권 등록 제도.

② 주크 박스의 법정 허락에 의한 음악 이용 제도.

---

1) 저작권심의조정위원회 편, <미국저작권법 잏>, 《미국 저작권법》, 저작권관계자료집 [4] (저작권심의조정위원회, 1989), pp.17-108.

2) *17 U.S.C., Chapter 9.* Semiconductor Chip Protection Act of 1984.

3) 윤희창, <미국 저작권법과 한미간의 저작권 보호>, 비간행물, 자료집 II (문화공보부, 1987. 5), pp.21-22.

③ 건축저작물에 대한 저작권 불인정.

④ 저작인격권의 불완전한 보호.

이러한 규정의 개정을 전제한 베른협약의 가입에 대하여 미국의 일부 출판·잡지계의 반대가 있었으나 전술한 베른협약 시행법(Berne Convention Implementation Act)의 제정과 아울러 저작권법의 개정이 단행되었다.

2) 저작권의 객체와 범위

미국 저작권법은 '무명저작물'을 비롯한 '최우량판', '집합편집물', '편집물', '복제물', '2차적 저작물', '어문저작물', '발행', '직무상 저작물' 등의 용어들을 정의하고 있다(미 저작권법 : 이하 §표시는 동일, §101).[4)]

짝권 학자 니머(Melville Nimmer)는 '발행'을 정의하여 "저작권자의 허락을 받아 저작물의 원본 또는 유형물이 판매, 임대차, 대부, 양도, 그 밖의 방법으로 일반 대중에게 이용될 수 있게 될 때, 또는 같은 방법으로 그 저작물이 설혹 판매나 또는 그 밖의 처분이 있었더라도, 이상과 같은 방법으로서의 무제한의 처분 신청이 행해질 때" 생기는 것이라고 했다.[5)]

역시 이 법도 발행(publication)을 정의하여 "판매하거나 소유권이 양도 또는 대여에 의하여 저작물의 복제물이나 음반을 공중에 반포하는 행위"라고 규정하고 있다. 또 이 법은 복제물(copies)에 대하여 "음반 이외의 유체물로서 이미 알려졌거나 장래에 개발될 방법에 의하여 저작물을 고정시켜 그로부터 직접 또는 기계나 장치에 이하여 저작물을 감지, 재생 또는 전달할 수 있는 것을 말하며, 음반 이외에 저작물이 최초로 고정된 물질을 포함한다"고 정의하고 있다(§101).[6)]

이 복제물에 따르는 권리가 복제권인데, 스트롱(William S. Strong)은 "저작물을 복사본이나 음반으로 재생시킬 수 있는 권리"도 포함시켜 해석하고 있다.[7)]

---

4) *17 U.S.C., Chapter 1.* Subject Matter and Scope of Copyright.

5) Earl W. Kintner & Jack Lahr. *An Intellectual Property Law Primer,* 2nd ed.(New York : Clark boardman Company, Ltd. 1982), p.343.

6) *17 U.S.C. Chapter 1. op. cit.*

7) William S. Strong. *The Copyright Book : A Practical Guide,* 2nd ed. (Cambridge : The MIT Press, 1984), p.90.

미국 저작권법은 '저작권의 객체'에 대하여 일반적으로 ① 어문저작물, ② 음악저작물, ③ 연극저작물, ④ 무언극 및 무용저작물, ⑤ 회화, 도면 및 조각 저작물, ⑥ 영화 및 기타 시청각 저작물, ⑦ 녹음물 등의 범주를 정하고 있으며(§102), 편집물 및 2차적 저작물(§103)과 저작자의 국적(§104), 그리고 미국 정부저작물(§105)에 대하여서도 규정하고 있다.[8)]

3) 저작권의 귀속과 이전[9)]

저작자라는 말은 저작권법에 있어서 특별한 의미를 가지며, 이는 저작물 종류와는 상관없이 쓰여지고 있다. 미국의 헌법은 '저작자'와 '저작물'을 한정적으로 규정하고 있어 법원은 비문학적 저작물에 대하여도 법적 보호를 위해 확대 해석하고 있다.[10)]

이러한 저작물에 대한 권리는 당해 저작무의 저작자에게 최초로 귀속되도록(§201 a) 저작권법은 규정하고 있으며, 또한 저작권의 소유권은 법률의 규정에 의하여 그 전부 또는 일부를 이전할 수 있고, 상속법의 규정에 따라 동산으로 이전할 수 있도록 (§201 d) 법에 명시되어 있다.[11)]

저작권의 이전 또는 그 밖의 저작권 관계문서는 저작권청에 등록할 수 있게 하여 이전의 경합에 우선하게끔 규정하고 있으며(§2050), 이 밖에 '대상물의 소유권과 별도의 저작물 소유권'(§202) 및 '저작자가 허용한 이전 및 이용허락의 종료'(§203) 등에 관한 규정을 두고 있고 저작자 사망의 경우 그 종료권은 그 잔존 배우자와 자녀 또는 손자녀가 소유・행사할 수 있도록 규정하고 있다.

이 종료권은 재산이라기보다는 특권과 같은 것으로서 매도나 양도가 불가능하며 저작자의 미망인이 사망하게 되면, 그가 갖고 있던 종료권도 함께 소멸되며, 아들이나 손자가 있다면 그 종료권은 모두 이들에게 귀속케 된다는 것이다.[12)]

---

8) *17 U.S.C. Chapter 1. op. cit.*

9) William S. Strong. *The Copyright Book : A Practical Guide,* 2nd ed. (Cambridge : The MIT Press, 1984), p.90.

10) William S. Strong, *op. cit.,* p.24

11) *17 U.S.C., Chapter 2.* Copyright Ownership and Transfer.

12) William S. Strong, *ibid.,* p.54.

4) 저작권의 존속 기간

미국의 저작권법은 저작권의 존속 기간을 1978년 1월 1일 이후에 창작된 저작물에 한정시키고, "저작권은 그 창작된 날로부터 부여되며 저작자의 생존 기간 및 저작자 사망일로부터 50년간 존속한다"라고 규정하고 있다(§302 a). 또 공동저작물인 경우에는 마지막 생존한 저작자의 생존 기간 및 사후 50년간 존속하게 하고 있으며(§302 b), 무명 · 이명의 저작물과 고용 저작물에 대한 저작권은 그 저작물이 최초로 발행된 해로부터 75년간 또는 창작된 날로부터 100년 중에서 먼저 종료되는 기간 동안 존속한다고 규정하고 있다(§302 c).[13]

'생존 기간과 사망 후 50년'의 규정에는 몇 가지 예외가 있는데, 가장 보편적인 것은 고용저작물의 예이다. 고용저작물에 관한 저작권은 최초 출판일로부터 75년간 또는 창작시부터 100년간의 야자 중 짧은 기간 동안 존속한다. 예로서 1978년에 한 동화 출판업자가 어떤 사람에게 고용창작물로서 삽화를 그려 넣은 동화책이 1979년에 출판되었다고 가정한다면, 동화작가이 저작권은 생존 동안과 사후 50녀간 존속되지만 고용저작물인 삽화에 대한 저작권은 향후 75년동안 존속하게 된다(2054. 12. 31까지). 그러나 그 책이 2012년까지 출판되지 않은 경우, 삽화에 대한 저작권이 2087년(출판일로부터 75년)이 아니라 2079년(창작일로부터 100년) 만료되게 된다.[14]

곧 고용저작물의 삽화 저작자는 동화작가의 공동저작자의 한 사람으로 볼 수 없어 불이익을 당할 뿐만 아니라 그 약용자에게도 기회를 제공할 수도 있다는 것이다.

또한 존스턴(Donald F. Johnston)은 저작자의 생존 기간과 사후 50년의 규정(life-plus-50 rule)에 대하여서도 저작자 개인에 따라 저작권읮 hsthr이 다를 수 있다는 가설을 <표5>에서와 같이 제시함으로써 문제를 제기하고 있다.[15]

---

13) *17 U.S.C., Chapter 3.* Duration of Copyright.

14) William S. Strong, *op. cit.,* p.39

15) Donald F. Johnston, *Copyright Handbook,* 2nd ed. (New York : R.R. Bowker Co., 1982), p.31, p.207.

<표 5> 명작의 저작권 존속기간의 가설

저작자	저작물	저작권 존속기간(가설)	저작물 공표 후 사망연수
Poe	*The Raven Sonnets*	54	· 1845년 출판 4년 뒤 사망
Browning	*from the Portuguese*	61	· 1850년 출판 11년 뒤 사망
Da Vinei	*The Last Supper*	71	· 1498년 출판 21년 뒤 사망
Melville	*Moby Dick*	89	· 1851년 출판 39년 뒤 사망
Stowe	*Uncle Tom's Cabin*	94	· 1852년 출판 44년 뒤 사망
Verdi	*La Traviata*	98	· 1853년 편곡 48년 뒤 사망
Michelangelo	*Sistine Chapel Ceilingy*	102	· 1512년 완성 52년 뒤 사망

5) 저작권의 표시, 납본 및 등록

저작권의 표시는 방식주의를 원칙으로 해왔던 미국 저작권법이 지난 1989년 3월 1일부터 발효하게 된 무방식주의의 베른협약에 가입하기 위해 대폭 내용을 완화, 법을 개정해 놓고 있다. 미국 저작권법 401조 a항은 종전의 일반 요건(General Requirment)에서 일반 규정(General Provisions)으로 바뀌었고 그 내용도 개정 전에는 '모든 복제물은 저작권 표시를 부착하여야만 한다'에서 '부착할 수도 있다'라고 표현함으로써 '저작권 표지'를 의무화하지 않고 있다. 따라서 종전과 같이 모든 복제물은 Ⓒ 또는 저작권, 즉 'copyright'라는 단어나 'copr.'의 약자를, 음반인 경우 Ⓟ표 등과 아울러 저작물의 최초 발행 연도와 저작권자의 성명 '표시의 방식'만을 제시했을 뿐, 강제력이 없음을 이 개정 조항은 암시하고 있다(§401, 402).[16]

미국의 이 법은 저작권 표시를 장려하기 위하여 "저작권 표시가 되어 있는 복제물인 경우 법원은 피고가 몰라서 저작권을 침해하였다는 선의에 근거한 항변은 증거 능력을 갖지 못한다"(§401 d, §402 d)는 새 조항을 신설하고 있다.

이 밖에도 1988년 베른협약 시행법에 따라 그 효력 발생일 전의 저작권 표시가 안 된 저작물에 대한 규제 항목을 미국 저작권법 제404조와 제405

16) *17 U.S.C., Chapter 4.* Copyright Notice, Depostit, and Registration.

조 및 제406조 등에 신설 또는 대폭 개정을 해 놓고 있다.

저작권 표시 제도는 저작권 등록 제도와는 전혀 관계가 없으며 모든 저작물은 그 발행이로부터 3월 내에, 복제물은 경우 '최우량판' 2부, 그리고 저작물이 녹음된 경우에는 '완전한 우량판' 2매를 저작권청에 납본토록하여 국회도서관에서 이용하게 하고 있다(§407).[17]

그리고 저작권청장은 납본자의 요구가 있을 경우에는 소정의 수수료를 받고 수령증을 교부해 주도록 규정하고 있으며 납본 이무를 이행하지 않은 경우에는 저작물 1건당 250달러 이하의 벌금에 처하도록 하고 잇다(§407 b, d).

한편 미국 저작권법 제4장은 저작권 등록에 대하여 '등록의 일반'(§408)을 비롯하여 '등록 신청'(§409), '등록증 발급'(§410, '등록과 침해소송'(§411), '권리 침해를 이유로 한 특정 구제에 대한 필요 조건으로의 등록'(§412) 등을 규정하고 있다.[18]

6) 저작권의 침해와 구제

미국에서 저작권을 침해받았을 경우는 저작권 분쟁 간이 조정 제도나 행정적인 심판 제도가 없으므로 직접 연방 법원에 소송을 제기하여야 한다. 소송 제거는 침해가 있은 날로부터 3년 이내에 하여야 하며(§507) 그소송의 대상물이나 소송인은 저작권청에 등록된 저작물과 저작권자이어야 한다는 것이다.

그 외 저작권 침해에 대한 구제로서 침해금지명령, 침해물의 몰수나 처부, 민사상 손해배상, 형사처벌, 수입금지 등을 규정하고 있다.[19]

누구든지 사기나 허위로 저작권 표시나 동일한 이미의 어구를 부착했거나 또한 그러한 것을 배포하거나 수입한 경우에는 2천5백달러 이하의 벌금에 처하며(§506 c), 저작물의 복제물에 부착된 저작권 표시를 제거하거나 변경한 경우와 또한 저작권 등록신청서 등에 허위 사실을 기재한 때에도 2천5백달러 이하의 벌금에 처하게 하고 있다(§506 d, e).[20]

---

17) *Loc. cit.*
18) *Loc. cit.*
19) *17 U.S.C., Chapter 5.* Copyright Infringement and Remedies.
20) *Loc. cit.*

특히 이 법은 제506조 형사범 a에서 "고의로 저작권을 침해한 자는 미국법전 제18편 제2319조에 규정한 바에 따라 처벌된다"라고 명시하고 있는데 이 법전 제18편은 미국 형법(Tule 18 of United States Code)으로 그 개요는 다음과 같다.[21]

□ **미국 형법 제2319조**

· 180일간의 기간을 기준하여 100매 이상 1,000매 이하의 음반 또는 도서나, 7매 이상 65매 이하의 영상저작물을 불법복제 배포한 경우 25만 달러 이하의 벌금이나 2년 이하의 징역 또는 양형(兩刑)을 병과하고,
· 180일간의 기간을 기준하여 1,000매 이상의 음반 또는 도서나 65매 이상의 영상저작물을 불법 복제 베포하거나,
· 음반 또는 도서나 영상저작물에 대한 불법 복제가 재범인 경우에는 25만 달러 이하의 벌금이나 5년 이하의 징역 또는 양형을 병과토록 한다.

미국의 저작권법은 제6장 제작의 요건과 수입,[22] 제7장 저작권청,[23]그리고 제8장 저작권사용료심판소[24]로 구분, 각각 다음과 같은 조문의 규정을 설정, 시행하고 있다.

Ch. 6. §601. 복제물의 제작 · 수입 및 배포, §602. 복제물 및 음반의 부정수입, §603. 수입 금지 : 금지 품목의 강제 집행 및 처분.

Ch. 7. §701. 저작권청 : 일반적 책임 및 기구, §702. 저작권청 규제, 703. 저작권청 조치의 유효일자, §704. 저작권청이 보관 중인 물품의 유치 및 처분, §705. 저작권청의 기록 : 작성 · 유지 · 공람 및 조사, §706. 저작권청의 기록의 사본, §707. 저작권청의 양식 및 간행물, §708. 저작권청의 수수료, §709. 우편 및 기타 서비스 장애로 인한 송달 지연, §710. 맹인과 신체장애자의 사용을 위한 복제 : 임의 승인의 양식 및 절차.

Ch. 8. §801. 저작권사용료심판소 : 설치 및 목적, §802, 심판 위원, §803, 심판 절차, §804. 심판 절차의 기구 및 종결, §805. 심판소 직원, §806. 심판소에 대한 행정 지원, §807. 심판 비용 공제, §808. 보

21) 윤희창, *op. cit.,* p.20.
22) *17 U.S.C., Chapter 6.* Manufacturing Requirment and Importation
23) *17 U.S.C., Chapter 7.* Copyright Office.
24) *17 U.S.C., Chapter 8.* Copyright Royalty Tribunal

고, §809. 최종 결정의 발효 일자, §810. 사법심사.

3. 한국 저작권법의 유래와 이원론적 법체계

(1) 한국 저작권법의 유래

대한민국에 저작권의 개념이 도입된 것은 구한말인 1884년 무렵이라 할 수 있다. 그것은 당시 박문국에서 발행한 《한성구보》 제15호의 '각국근사(各國近事)' 중 '출판권'을 소개한 다음의 기사 속에 잘 나타나 있다. [1)]

> "구미 각국에는 소위 추판권이란 것이 있다. 이는 총명하고 재능이 있는 인사들이 혹 저서를 내거나 외국 서적을 번역하여 출판하면 정부에서 엄격한 규정을 정해 다른 사람들이 모방하여 내지 못하게 하고, 그 사람에게만 인출하여 판매함으로써 저서나 번역에 대한 이익을 얻게 하고, 또 그 사람에게 세상을 개화하는데 힘쓰도록 하기 위해서이다."

이 기사의 '출판권'은 그 내용으로 보아 저작권의 의미와 동일한 것이라 볼 수 있겠다. 그것은 그 다음에 이어진 기사에서,

> "1769년 영국 의회는 출판권에 대해 그 권리가 출판인이나 저자에게 영속시키려했으나 합의를 보지 못하고 42년을 한도로 하고 그 기간이 지나면 누구나 출판할 수 있다."[2)]

고 기술된 데서 더욱 분명해지고 있다.

이와 같이 소개된 해외의 출판·저작권의 의미는 1980년(降熙 2년, 일본

---

1) 《한성순보》, 제15호, 조선개국 493년 갑신2월 21일(박문국, 19884), p.18.
   - 기사 원문

   '歐米各國有 所謂出版權者 蓋聰明才智之士 或自著圖書及繙譯外籍 而爲之出板者 則自政府嚴定規則令 他人不敗摸刻 獨許其人之印出而販賣 以得著譯之利益 亦使人用力於是開進世道之意也'

2) *Loc. cit.*

明治 41년) 8월 12일 한국저작권령(일본 明治 41년 칙령 제200호)이 공포되어[3] 일본의 저작권법[4]을 이용해 오다가 한일합방이 된 1910년 8월 29일 일본은 저작권법의 조선 시행에 관한 건(일본 明治 43년 칙령 제338호)을 공포함으로써 한국저작권령은 폐지되고 말았다.[5] 그 후 한국은 일본의 저작권법을 일본 식민지 동안은 물론 8 · 15광복 이후 미군정기를 거쳐 대한민국 정부 수립 초기까지 그대로 시행해 오다가 1957년 일본 저작권법을 모델로 하여 저작권법(1957년 1월 28일, 법률 제432호)[6]을 제정하게 된다.

이 저작권법은 별로 저작권에 대한 일반의 인식이 희박했던 지난 기간 동안 계속 시행되어 왔다. 그러나 시대의 변화에 따라 뉴 미디어의 출현과 새 지적 창작물의 드장으로 종래의 법으로는 모든 저작권 문제를 해결할 수 없게 되자, 정부 당국과 출협 등의 관련 단체에서 현실에 맞는 법개정을 추진해 모다가 그 동안 미국을 비롯한 외국 저작물에 대한 보호 요구의 목소리가 높아지게 됨으로써 1987년 12월 31일자로 전면 개정된 새 저작권법(법률 제3916호)을 공포, 시행하게 되었다.

미국의 경우와 같이 한국의 저작권법도 그 기본 정신은 헌법에 근거를 두고 있다. 우리 헌법이 1948년 7월 17일 공포된 이래 1987년 10월까지 9차례의 개정을 하였지만 언제나 '저작자 · 발명가 · 과학기술자와 예술가의 권리는 법률로써 보호한다'[7]라고 과학기술자의 권리까지도 새로이 규정하고 있다. 이것은 앞으로 저작권의 개념은 과거와 같은 문학, 미술, 음악 등에 국한하지 않고 컴퓨터 프로그램이나 반도체 칩 등 과학적 영역, 즉 지적산물에 많은 권리가 행사될 수 있다는 것을 말해 주고 있다. ***

1986년 12월 우리 출판계에는 새 저작권법 탄생이라는 역사가 이룩되었다. 과거 30년 동안 적용해 온 저작권법은 이미 구법으로 사라졌다. 이제 새로 개정된 저작권법은 저작권의 국제 협약 가입을 전제로 하고 있다는

---

3) 저작권자료협회 편, <일본근대저작권연표>, 《저작권사전》, 개정판 (東京: 出版ニュース社, 1985), p.515.
4) *Ibid.,* p.512. 일본 明治32년(1899) 3월 4일, 법률 제39호 공포, 전52조 부록으로 구성.
5) *Ibid.,* p.516. 1910년(明治43년)제정, 원법률명은 '著作權法ヲ朝鮮ニ施行スルコトニ關スル件'임.
6) 황적인 · 정순희 · 최현호, 《저작권법》(법문사, 1988), p.22.
7) 편집기획실 편, 《헌정사 중심 개정헌법개강》(화학사, 1988), p.49.

데서 출판계의 반대와 아울러 지대한 관심을 모았었다.

1967년 1월 28일 법률 제432호로 만들어졌던 구 저작권법은 오늘의 시대 상황에는 적합지 않았던 많은 문제점을 지닌 것이었다. 때문에 이미 70년대의 중반부터 이러한 법의 개정이 관계 분야에서 논의되다가 1977년 5월 정부에 의한 저작권법의 전면 개정 시안이 마련되기도 하였으나 결실을 보지 못했던 것이다. 그 후 이 개정 시안은 1982년 3월 17일 공청회를 통해 각계의 의견을 수렴하면서 연년히 그 개정을 시도해 왔다. 여기에는 당시 미비했던 우리 법 자체의 개정이라는 점도 있었으나 그보다는 외국의 압력이 컸었던 것은 부인할 수가 없다.

이미 1975년 5월에 있었던 한미 상공장관회의에서 '한국 내의 국제 저작권존중'을 언급한 공동 성명의 발표라든가, 수차에 걸친 유네스코의 세계저작권협약 가입 교섭은 우리 나라에 대한 하나의 압력이라 해석할 수 있다. 특히 1984년과 1985년의 한미 경제협의회는 의국인의 저작권 보호 압력이, 미국 측의 수출 시장 개방 요구에서 보복 불사로까지 치달으면서, 드디어 미국은 1985년 10월 16일 미국 통상법 제301조를 적용, 한국에서의 지적소유권의 불공정 거래 행위에 관한 조사를 선언하고 그 해 12월 9일부터 12일까지 실무 협상을 통한 국제저작권협약 가입을 강력히 주장했었다. 한편, 1986년 7월 24일에는 한・미간에 일괄 타협 형식으로 저작권법의 개정과 세계저작권협약(UCC) 가입을 각각 1987년 7월 시행과 1987년 하반기 발표토록 한다는데 합의한 것이었다.

이제 종래의 법으로써는 이러한 국제 상황에 대처할 수 없으며, 또한 국내의 저작권자 및 저작물 이용자와 권익 보호에도 미치지 못ㅎ게끔 현실이 바뀌어지고 있다.

1987년 7월 1일부터 시행하게 된 전문 103조, 부칙 8조로 구성된 이 세 개정법은 저작권 관계 국제협약 가입을 전제로, 우리의 문화제 현실에 부합되고, 조약에서 일반적으로 승인하고 있는 제도를 도입하는 등 저작권자의 이익 보호와 신장에 역점을 둔 법률 체계를 갖췄다고 할 수 있다.[8)]

컴퓨터 프로그램 개념까지 정의한 이 세 개정법은 미래의 정보 사회까지도 내다보면서 종래 저작권의 비침해 행위로 보았던 이미 발행된 음반・녹

---

8) 전영표, '신구저작권법의 비교', 《문화예술》, 통권 111호, 5・6월(한국문화예술진흥원, 1987), pp.29-37.

음물의 방송 또는 공연을 저작권 보호 대상으로 수정하는 등 지적재산권 전반에 관하여 보호하는 입장을 취하고 있다. 특히 지적재산권의 보호 기간을 사후 30년에서 50년으로 연장한 것은 베른협약을 따른 것이라 보아진다.

그러나 여기에 전연 문제점이 없는 것은 아니다. 보호해야 할 저작물을 베른협약은 '문자 및 예술 저작물'(제1조)이라 했고 UCC는 '문서, 음악적 · 연극적 · 영화적 저작물, 회화 · 판화 및 조각과 같은 문자적 · 학술적 및 예술적 저작물'(제1조)이라 규정하고 있으며, 또한 저작권의 보호 기간에 대해 UCC는 '저작자의 생존 기간과 사망 후 25년보다 짧아서는 안 되며', 또 '사진 및 응용 미술 작품은 그 시간이 10년보다 짧아서는 안 된다'고 그 협약 제4조에 명시하고 있다. 이와 같은 국제협약은 1971년에 개정된 것이기는 하나 우리의 세 법은 그 적용 범위가 좀 넓고 긴 듯도 싶다.

이 밖에도 이 새 개정법은 외국인 저작물의 보호에 관한 규정의 보완(제3조), 공포된 외국 저작물의 번역 · 발행에 관한 강제 허락 조항의 신설(제49조) 등 저작권의 국제화에 뒤따르는 문제에도 역점을 ㅜ었다. 이 개정법의 시행에 뒤이어 그 해 10월 외국 저작권 개방을 위해 국제협약의 하나인 UCC에 가입하고 회원국들의 저작권을 보호함으로써 국제적으로 신용을 회복해 나가고 있다.

지적 창조성에는 국경이 없는 것이다. 고도로 발달된 오늘의 과학 문명은 세계를 하나의 권내로 묶어가고 있다. 이미 1993년 1월 현재 세계의 여러 나라들은 111개국이 베른협약에, 95개국은 UCC에 가입하고 있다. 그 중 68개국은 양협약에 모두 가입하고 있다(본서 부록 '저작권 관련 국제협약 가입국 현황' 참조).

정부는 1998년의 국민 1인당 GNP는 14,506달러를 목표로 삼고 있다. 외국에서는 이제 우리 나라를 후진국, 아니 개발도상국으로도 보아주지 않고 있다.

앞으로 우리는 지난날 국제적으로 지탄받았던 출판 해적국의 불명예를 씻고 문화선진국의 대열에 떳떳이 서야만 할 때인 것이다. 이 길만이 문화국민으로서 세계 무대에서 어깨를 펴고 활보할 수 있기 때문인 것이다.

(2) 이원론적 저작권법 체계

세계저작권협약 가입을 전제로 개정된 새 저작권법은 종전의 본문 75조

부칙으로 구성되었던 구법의 골격은 거의 찾기 어려운 전면 개편된 새 법인 것이다.

'저작권법이란 일정한 저작물에 대하여 그 작성자와 다른 관계자들의 이익을 보호함과 동시에 학문·예술에 관한 문화적 이익을 보호하기 위한 법규의 총체'라는 플로만(Edward W. Ploman)이 이론[9]처럼 새 한국 저작권법도 그 목적을 다음의 제1조에서와 같이 문화에 초점을 맞추고 있다.[10]

'이 법은 저작자의 권리와 인접하는 권리를 보호하고 저작물의 공정한 이용을 도모함으로써 문화의 향상 발전에 이바지함으로 목적으로 한다.'

다시 이 목적을 부연하면 저작자 등의 경제적, 인격적인 이익을 보장함으로써 그들의 노고에 보답하고, 그 결과로써 보다 우수한 저작물, 즉 문화적 소산이 성취되어 문화의 향상 발전에 이바지하게 한다는 것이다.[11]

이러한 목적 조항은 미국 저작권법에는 표시되어 있지 않은 명문으로서 저작인격권과 저작재산권의 이원론적 체계의 근거를 제시한 것이라 할 수 있다.

저작권법은 그 규정 체계상 크게 두 가지로 분류할 수 있다. 먼저 로마법의 전통을 계승한 독·불 중심의 대률법계의 저작권법 체계가 그것인데, 이는 저작권법 내에 저작인격권에 관한 규정을 두고 있으며 저작재산권은 일반적으로 제한적인 규정을 두고 있다. 이에 반하여 앵글로 색슨법의 전통을 계승한 영미법계의 저작권법 체계는 저작인격권에 관한 규정이 저작권법 내에 없고 인격권 침해의 일반 이론으로 저작자의 인격을 보호하며, 저작재산권을 개개의 저작물에 한정하여 인정하고 있다.[12]

저작물을 최초로 인격권 일원론으로 채택한 사람은 독일의 블룬트슐리(Bluntschli)로서 그는 저작물은 개인의 개성으로부터 생기는 것인데, 저작권은 그 개인 즉 저작자에게 귀속될 수밖에 없다는 인식에서 비롯되었으며, 따라서 저작권과 저작자인격과의 본질적 관련성이 있다고 보아 그는 저작권을 물소유권(物所有權)과 엄밀히 구분하고 있다.[13]

---

9) Ploman and Hamilton, *Copyright* (London : Routlege & Kegan Paul, 1980)

10) 송상현, 《지적소유권법전》(법경출판사, 1989), p.577.

11) 허희성, 《신구저작권법축조해설》(법우사, 1988), p.15.

12) 황적인·정순희·최현호, 《저작권법》(법문사, 1988), pp.24-25.

13) Bluntschli, *Deutsche Privatrecht,* Band I. 1853, §46ff., 半田正夫, 《저작권법の연구》(동경 : 一粒社, 1971), p.26에서 재인용.

정신적 소유권인 인격적 일원론으로 저작권을 파악한 데 대해, 역시 독일의 콜러(Köhler)sms 저작자에게는 무체재산권(Immaterialgüterrecht)과 개인권(Individualrecht)의 두 가지 권리가 주어진다고 주장했는데, 즉 정신적 소유권론을 학문적인 기초로 하여 무체재산권론을 전개시켜 저작권의 재산권적 요소를 가미하여 이원론의 근거를 제시했었다.[14)]

한편 콜러는 저작권을 '인간의 밖에 존재하지만 무형이기 때문에 파악할 수 없는 합법 재산(Rechtgut)에 관한 권리'[15)]라고 무체재산권의 관점에서 인격권과 구분하고 있다.

저작인격권과 저작재산권의 관계를 어떻게 권리 구성할 것인가에 관하여 저작권 일원론과 저작권 이원론으로 나누고 있다. 저작권 일원론은 저작권을 저작인격권과 저작재산권을 불가분적으로 결합된 권리로 보고 저작인격권과 저작재산권을 같은 원리로 규율하고 있는데, 이는 서독 저작권법이 대표적이다. 저작권 이원론은 저작인격권과 저작재산권을 서로 별개의 것으로 보고 있으며, 따라서 서로 다른 원리로 규율하고 있는 나라의 법은 프랑스 저작권법을 대표적은 것으로 꼽고 있는데, 영미법계의 저작권 체계도 이 이원론에 가깝다고 할 수 있다. 또한 일본 저작권법은 저작권 이원론으로 입법된 것이라 보고 있으며, 이를 참고한 우리 현행 저작권법도 이원론으로 구성되어 있다고 볼 수 있다.[16)]

최근 국내의 저작권 학자들 중에는 한국 저작권법의 일원론적 주장을 하고 있어 앞으로 더 논의되어야 할 문제라 보아진다. 그러나 현행의 미국이나 한국의 법적 체계는 저작권 이원론을 따랐다고 하겠다. 이상에서와 같이 한국의 저작권법 개정은 미국의 영향이 절대적이었다. 물론 시대적으로 보아 1957년에 제정된 구법으로는 급속하게 발전해 가는 커뮤니케이션의 정보사회에 대처할 수 없기 때문에 그 개정이 불가피했었던 것이다. 따라서 새 개정 저작권법은 구법보다 저작인접권의 세분은 물론, 영상저작권의 보호 규정 등 새로운 미디어에 대비한 모든 지적인 소유권 보호에 역점을 두고 있다.[17)]

---

14) 半田正夫, 《저작권법해설》, 제3판 (동경 : 一粒社, 1985), p. 34.

15) Kohler, *Urheberrecht an Schriftwerken und Verlagsrecht*, 1907, S.1. 半田正夫, 《저작권の연구》, p.34에서 재이용.

16) 황적인 외, *op.cit.*, p.25.

17) 전영표, <해당 저작물의 보호 실태 및 적용 실제>, 《문화정보》 제2권 제7호, (KBS

한국의 새 저작권법은 제2장의 '저작권의 권리'에서 제1절의 '저작물'을 비롯하여 '저작자'(제2절), '저작인격권'(제3절), '저작인격권의 성질 · 행사 등'(제4절), '저작재산권'(제5절, '저작재산권의 제한'(제6절), '저작재산권의 보호 기간'(제7절), '저작재산권의 양도 · 행사 · 소멸'(제8장), '저작물이용의 법적 허락'(제9절), 그리고 마지막에 '등록'(제10절)으로 나누어 구체적은 규정을 명문화하고 있다.

아울러 제4장의 '저작인접권'에서도 제1절의 '통칙'에서부터 '실연자의 권리'(제2절,), '음반제작자의 권리'(제3절), '방송사업자의 권리'(제4절), '보호 기간'(제5절), '권리의 제한 · 양도 · 행사 등'(제6절)으로 세분화하여 과거 출판물 중심의 법체제에서, 공연 · 방송 · 컴퓨터 프로그램까지 저작물의 범주에 넣어 권리 등을 규정해 놓고 있다.

그 내용은 1986년 7월에 합의를 본 저작권 보호에 관한 한 · 미간의 협정에 따라 저작재산권의 보호 기간을 사후 50년을 원칙으로 했고(법 제36조), 음반중 저작인접권은 그 보호 기간을 50년간 존속하도록 하는 등 미국 저작권법의 규정이 많이 참고되었던 것이다.

다만 미국법이 권리의 소급 보호를 인정하고 있지 않은 탓으로 우리 법에 명문화되지는 않았으나 한 · 미간의 '미국에서 저작권이 있는 저작물에 대하여는 행정 지도(administrative guidance)에서 새 법 발효 10년 전까지 소급, 보호한다'라는 합의 내용에 따라 1977년 7월 1일 이후의 미국의 저작물만을 보호해 주고 있다.[18)]

(3) 신·구 저작권법의 비교[19)]

1) 정보사회에 대비할 새 법

문화법이라 일컬을 우리의 저작권법이 지난해 말 전면 개정된 새 법으로 공포되었다. 1957년에 제정된 구 저작권법은 오늘날의 여건에는 맞지 않기 때문에 그 개정이 불가피했다고 보아진다.

1987년 6월 말까지 효력을 갖고 있는 구법은 19세기 말 일본 메이지 시

한국방송사업단, 1987. 7), pp.95-98.

18) 황적인 외, op. cit., p.101.

19) 전영표, '신구저작권법의 비교', op. cit.

대(明治時代)의 저작권법을 그대로 본떠 만든 것으로서 그동안 단 한번의 개정도 없이 이제까지 이용해 왔었다. 그러나 사회의 발전과 과학 문명의 발달에 따른 새 미디어의 등장, 복제 기술 등의 개발은 과거의 법을 가지고는 저작권의 개념을 수용할 수 없을 뿐만 아니라 법적 해석이나 적용이 용이하지 못했던 것이 사실이다.

특히 현행 구법은 저작권의 국제적 보호가 거의 감안되지 않은 탓으로 나날이 좁아져가는 국제 사회에 대처하기에는 여러 가지 결함이 있었던 것이다.

더욱이 우리의 국민 총생산이(GNP)은 이 법 개정 당시인 1986년 951억 달러로 1인당 2,296억 달러라는 국민 소득으로 세계 17위권의 선진국 수준으로 올라서고 있었던 현실을 감안할 때 세계저작권협약에의 가입은 풀어야 할 당면한 과제였다. 따라서 정부는 1976년부터 저작권법의 개정을 위한 공청회와 세미나 등을 거쳐 1984년에 그 개정안을 11대 국회에 제출하였으나 국회의 폐회로 자동 폐기되고 말았으며, 그 후 1985년부터 진행된 한·미간의 지적재산권 보호에 관한 협상 등을 수용한 2차 개정안을 마련하여 국회를 거쳐 공포케 함으로써 오는 7월 1일부터 새 법의 시행을 보게 된 것이다.

2) 개정 신저작권법의 구성

이 새 법은 30년 만의 개정으로서 그 동안 많은 논란이 있어 왔다. 특히 우리 한국의 출판계는 이 법 시행에 뒤이어 예정되고 있었던 그 해 10월 1일 세계저작권협약(UCC: Universal Copyright Convention) 가입에 따른 새로운 짐 때문에 반대적 입장을 취한 듯싶었으나 오히려 우리 저작권의 국제적 권리 보호라든가, 국내 저작물의 복사 행위를 규정한 개정법의 조항(신법 제27조, 제28조) 등은 출판권의 보호라는 차원에서 받아들여야만 했었다.

플로만(Edward W. Ploman)이 말했듯이 저작권법은 다른 관계자들의 이익, 즉 출판사 자신의 출판권 보호라는 점에도 그 뜻이 있음을 간과해서는 안될 것이다.

본문 75조와 부칙으로 구성된 현행 기존법을 총 9장 103조와 부칙 8조로 고친 저작권법은 개정법이라기보다는 새로운 법이라 불러야 마땅할 것이다.

이것은 구법과 그 해 7월 1일부터 시행케 된 새 개정법의 각 장별 구성만 보아도 알 수 있다. 먼저 다음에서 각 장의 제목만을 나열코자 하는데, 편의상 이미 사라진 저작권법은 '구법'이라 했고 새 개정법은 '신법'이라고 표기 구분했다.

□ 구 법
제1장 총 칙
제2장 저작권
제3장 출판권과 공연권
제4장 저작권 침해
제5장 벌 칙

□ 신 법
제1장 총 칙
제2장 저작자의 권리
제3장 출판권
제4장 저작인접권
제5장 영상저작물에 관한 특례
제6장 저작권위탁관리업
제7장 저작권에 관한 심의 및 분쟁의 조정
제8장 권리의 침해에 대한 구제
제9장 벌 칙
부 칙

이와 같이 신법은 구법의 장에서는 볼 수 없는 '저작인접권'이나 '영상저작물에 관한 특례' 등 그 수용을 광범하게 구성했을 뿐 아니라, 제2장의 '저작권의 권리'는 제1절의 '저작물'을 비롯하여 '저작자'(2절), '저작인격권'(3절), '저작인격권의 성질 · 행사 등'(4절), '저작재산권'(5절), '저작재산권의 제한'(6절), '저작재산권의 보호 기간'(7절), '저자재산권의 양도 · 행사 · 소멸'(8절), '저작물 이용의 법정 허락'(9절), 그리고 끝의 '등록'(10절)의 절로 세분하고 있다. 아울러 제4장의 '저작인접권'도 제1절의 '통칙'으로부터 '실연자의 권리'(2절), '음반제작자의 권리'(3절), '방송사업자의 권리'(4절), '보호기간'(5절), '권리의 제한·양도·행사 등'(6절)으로 절을 구분하여 규정하고 있는데 이 장·절만으로도 개정법이 아닌 새 법의 의미를 부여하고 한다.

이러한 새 개정 저작권법은 과거 출판 인쇄물을 중심으로 했던 규정을 오늘날 새로이 야기되는 컴퓨터 프로그램이나 영상저작물 등의 지적재산권의 차원은 물론 새로이 야기될 저작권의 국제 문제 등을 감안한 많은 조항들을 신설함으로써 구법의 흔적은 거의 찾아볼 수 없는 전연 새로운 법이라 일컬을 수 있다.

따라서 여기서는 새 개정법을 각 장별로 특히 달라진 주요 사항만을 중심으로 과거의 구법과 비교, 설명하고자 한다.

3) 법의 목적과 용어의 정의

새 저작권법은 그 목적을 '저작자의 권리와 이에 인접하는 권리를 보호하고 저작물의 공정한 이용을 도모함으로써 문화의 향상 발전에 이바지한다'(신법제1조)라 밝히고 있다. 바로 이 목적은 저작자와 저작인접권자의 권리를 보호하고 그 권리의 행사를 공공의 이익과 조화시켜 균형되게 하고자 하였으며 구법과 비교할 때 저작인접권의 보호와 저작물의 공정한 이용 도모를 명기했다는 점을 특징으로 들 수 있다.

그리고 신법 제2조는 저작권 관계 용어로서 저작물, 저작자, 공연, 실연, 실연자, 음반, 음반저작자, 방송, 방송사업자, 영상저작물, 영상제작자, 컴퓨터 프로그램, 공동저작물, 복제, 배포, 발행, 공포 등 17가지로 나눠 구분 정의하고 있다.

여기서 '연속적인 영상이 수록된 창작물로서 그 영상을 기계 또는 전자장치에 의하여 재생하여 볼 수 있거나 보고 들을 수 있는 것'을 '영상저작물'(신법 제2조 10호)이라 정의한 것이니 '컴퓨터 프로그램'은 '특정한 결과를 얻기 위하여 컴퓨터 등 정보 처리 능력을 가진 장치 내에서 직접 또는 간접으로 사용되는 일련이 지시·명령으로 표현된 것'(신법 제2조 12호)이라 규정한 점은 구법에서는 찾아볼 수 없는 새로운 용어로서 앞으로의 정보시대에 야기될 새 지적재산권 문제에 대비하기 위한 조항이라 할 수 있다.

이것은 신법 제4조에서도 소설, 시 등의 어문저작물과 음악저작물, 사진

저작물, 도형저작물 등과 더불어 하나의 저작물己 예시학 있다. 그리고 신법 제7조는 보호를 받지 못하는 저작물로서 법령, 국가나 지방자치단체의 고시, 훈령, 법원의 파결, 사실의 전달에 불과한 시사 보도, 공개된 법정·국회 또는 지방의회에서의 연술 등을 규정하고 있는데, 이는 구법 제3조에서 '비저작물'로 표시하고 있으며, 신법은 다만 그러한 비저작물의 편집·번역물도 보호하지 못함을 명시한 점이 좀 다를 뿐이다.

4) 외국인의 저작권 보호

외국인의 저작물에 대하여 신법 제3조는 대한민국이 가입 또는 체결한 조약에 따라 보호하되, 우리나라에 상시 거주하는 외국인의 저작물과 맨처음으로 우리나라에서 발행된 저작물을 포함하여 보호를 받도록 되어 있다. 다만 외국에서 발행된 날로부터 30일 이내에 우리나라에서 발행되었을 경우에는 우리나라에서 최초로 발행된 저작물로 본다는 것이다.

그러나 상호주의 채택하여, 그 상대국이 우리나라 국민의 저작무을 보호하지 않는 경우에는 우리나라도 그 사대국 국민의 저작물을 보호하지 않는다는 원칙을 밝히고 있다. 이 외국인의 저작권에 대하여는 구법도 제46조에서 규정하고 있으나 UCC나 베른조약이 채택하고 있는 30일 이내의 출판이나 상호주의에 의한다는 등의 구체적 명기가 되어 있는 않았다.

이에 따라 앞으로는 외국의 저작자가 그 저작물을 외국에서 출판함과 거의 동시에 우리나라에서도 출판하는 사례가 증가할 것이 예상되어진다. 때문에 이 조항은 외국의 저작권자가 국내 시장에 방법으로 활용될 수 있다고 보아진다.

5) 저작자의 권리

저작자의 권리인 저작권은 인격권과 재산권으로 크게 나눌 수 있는데, 신법은 '저작인격권'을 제2장 제3절에 따로 규정하고 이를 다시 공표권(신법 제11조)과 성명표시권(신법 제12조) 및 동일성유지권(신법 제13조)으로 구분하고 있으며, '저작재산권' 역시 신법 제2장 제5절에 복제권(신법 제16조), 공연권(신법 제17조), 방송권(신법 제18조), 전시권(신법 제19조), 배포권(신법 제20조) 및 2차적 저작물 등의 작성권(신법 제21조)을 구분, 명시하고 있다.

저작인격권에 대하여서는 구법도 제14조에 귀속권, 제15조 공포권 및 제16조 원상유지권 등으로 나눠 규정하고 있다. 그 중 원상유지권에 해당되는 신법의 '동일성유지권'에 있어서는 '학교 교육 목적 등 부득이한 경우, 저작물의 형식이나 내용의 변경이 불가피하다고 인정되는 경우에는 예외로 한다'(신법 제13조 2항)고 규정되어 있다. 그리고 구법은 '저작인격권의 존속기간을 영구하다'라고 명시하고 있으나 신법은 사후의 보호 방법에 있어 예외적인 사항을 두고 있는데, 여러 사람들이 공동으로 제작한 공동저작물의 경우에는 저작자 전원의 합의에 의하여 행사할 수 있고, 공동 저작자 중에서 대표자를 선출할 수 있으며, 대표자에 대한 대표권을 제한할 수도 있으나, 그 대표권의 제한은 선의의 제3자에게는 대항할 수 없도록 되어 있다.

6) 저작재산권의 문제

저작재산권에 관하여서 구법은 제18조부터 27조에 걸쳐 발행권, 출판권, 공연권, 연술권, 방송권, 실시권, 전람권, 번역권, 개작권, 편집권으로 나눠 규정하고 있으나 개정법은 16조의 복제권 속에 발행권과 출판권을 포함시켰고, 공연권 내에 공연권과 연술권을 보함시키는 한편, 배포권을 신설하여 독립된 권리로 인정해 놓았다. 또한 구법의 번역권, 개작권, 편집권을 2차적 저작물 등의 작성권으로 통합 규정하고 있다. 다만, 저작재산권은 저작인격권에 영향을 미칠 수 없다고 보아야 하는 것이다.

특히 저작재산권은 저작자가 가지는 배타적인 권리이기 때문에 공공의 이익 등을 위하여 특정한 경우에는 제한해야 할 필요가 있는데, 여기에는 매우 엄격한 기준이 요구된다.

따라서 구법이 저작재산권의 제한 기준으로서 제64조의 '비침해 행위'로 '교과용 도서의 목적을 위하여 정당한 범위 내에서 발췌 수집하는 것'과 '음반·녹음 필름 등을 공연 또는 방송의 용에 공하는 것' 등 모두 8가지의 경우를 제시하고 있었으나 개정된 새 법은 22조에서 33조에 이르기까지 다음과 같은 제한의 경우를 상세히 명시하고 있다.

제22조 재판 절차 등에서의 복제
제23조 학교 교육 목적 등에의 이용
제24조 시사 보도를 위한 이용
제25조 공포된 저작물의 이용
제26조 영리를 목적으로 하지 아니하는 공연・방송
제27조 사적 이용르 위한 복제
제28조 도서관 등에서의 복제
제29조 시험 문제로서의 복제
제30조 점자에 의한 복제
제31조 방송사업자의 일시적 녹음・녹화
제32조 미술저작물 등의 전시 또는 복제
제33조 번역 등에 의한 이용

여기서 '도서관 등의 복제'는 도서관 이용자의 요구나 자료 보존을 위하여 저작물을 이용할 수 있도록 한 규정으로 조사・연구를 목적으로 하는 이용자는 1인 1부만을 복제할 수 있으며, 도서관 등의 자체 보존의 경우나 다른 도서관의 요구로 희귀 자료의 보존을 위한 경우에도 복제할 수 있게 되어 있다. 따라서 이 조항은 일반 복사물 취급 영업소에서는 저작물을 카피해서는 안된다는 법적인 뒷받침으로 해석할 수 있다.

그리고 33조의 '번역 등에 의한 이용'은 앞으로 제22조, 제23조, 제24조, 제25조, 제26조, 제27조, 제29조, 제30조의 규정에 따른 저작물 이용의 경우를 말하는 것이라 해석할 수 있다.

7) 저작재산권의 보호 기간

저작재산권의 보호 기간에 대하여 구법은 '발행 또는 공연한 저작물의 저작권은 저작자의 생존간 및 사후 30년간 존속한다'(제30조)라고 규정하고 있었는데, 새 개정저작권법은 '저작재산권은 특별한 규정이 있는 경우를 제외하고는 저작자의 생존하는 동안과 사망 후 50년간 존속한다'(신법 제36조 1항)고 명시해 놓았다. 이는 신법이 저작권의 보호를 강화한 것이며 사후의 기산은 저작자가 사망한 다음해 1월 1일부터인 것으로 해석되고 있다.

그러나 저작자 사후에 저작물이 공포되거나 무명의 저작물이나 단체 명의의 저작물, 계속적으로 연재되는 저작물 등의 경우에는 그 보호 기간의 산정이 어렵기 때문에 개정법은 제36조부터 제39조에 걸쳐 이를 상세히 명시하고 있다.

저작자가 사망 후 40년이 지나고 50년이 되기 전에 공포된 저작권의 보호기간은 공포된 때로부터 10년간 존속되며(신법 제36조 항 단서), 고동 저작물인 경우에는 저작자 중 제일 마지막까지 생존한 사람의 사망 후 50년간 저작권이 존속된다(신법 제36조 2항). 이 경우 구법은 단독 저작물과 똑같게 30년으로 규정하고 있다(제30조 2항).

또한 무명이나 일반적으로 알려지지 않은 저작물은 공포된 해로부터 50년간 존속하도록 되어 있지만, 그 ㅣ간 안에 저작자의 실명이 밝혀지거나 실명등록을 하는 경우에는 저작자의 생존 기간과 사후 50년간을 보호하도록 되어있다(신법 제37조). 이 경우 구법은 사후 30년간으로 규정되어 있다(제32조).

단체 명의의 저작물인 경우, 저작권의 존속 기간은 공포한 때로부터 50년간이 되며, 만일 창작한 후 10년내에 공포되지 않은 것은 창작한 때로부터 50년간 존속토록 하고 있다(신법 제38조). 이 경우의 구법의 규정은 관공서, 학교, 회사 또는 기타 사회단체가 저작자일 경우의 저작권은 발행 또는 공연한 날로부터 30년간 존속한다(제33조)고 규정되어 있었다.

그리고 저작인접권의 보호 기간은 실연인 경우에는 그 실연을 한 때, 음반의 경우는 그 음을 맨 처음 그 음반에 고정한 때와 방송은 방송을 한 때로부터 기산하여 20년간 존속한다고 개정법은 명시하고 있다(신법 제70조). 이것은 저작인접권에 관한 국제 조약인 <실연자 · 음반 제작자 및 방송 사업자의 보호에 관한 로마 협약>을 따른 것으로 구 기존법에는 없는 규정인 것이다.

한편 구법은 사진저작권의 존속기간을 10년으로 명시했었는데(제35조), 새 개정법의 제4조 1항 6호는 사진저작물을 일반 저작물의 예시에 포함시키고 있어 그 사진 저작권의 보호 기간은 사후 50년으로 해석할 수가 있겠다.

그리고 이 새 저작권법은 영상저작물의 보호에 대하여서도 언급하고 있는데, 신법 제77조는 '영상저작물의 저작재산권은 공포한 때부터 50년간 존속한다. 다만, 창작한 때부터 10년 이내에 공포되지 아니한 경우에는 창작한 때부터 50년간 존속한다'라고 규정하고 있어 영상저작물도 일반저작물과 동일한 기간 동안 그 저작재산권을 보호받게 된 것이다. 이는 구법에서는 찾아볼 수 없는 새 규정으로서 다만 독창성을 가진 영화저작권에 관해서만 그 존속기간을 30년간 인정, 보호한다고 구법 제38조에 명시하고 있다.

이것은 '영상저작물에 관한 특례'의 장을 별도로 정하고 '저작물의 영상화'(신법 제74조)와 '영상저작물에 관한 권리'(신법 제75조) 및 '영상제작자의 권리'(신법 제76조) 등의 규정을 명시한 새 저작권법의 특징 중의 하나라 할 수 있다.

8) 저작물의 법정 허락과 위탁관리

어떤 저작물을 이용하려 할 때 저작재산권자의 소재를 알 수 없거나, 저작권자와 이용을 위한 협의를 하였으나 그 이용 허락을 받을 수 없는 경우와, 그 리고 교육·연구·조사의 목적으로 외국저작물을 번역·발행하고자 하는 경우에는 문화체육부 장관의 승인을 얻고(신법 제47조), 저작권심의조정위원회가 정한 기준에 의하여 문화체육부 장관이 정한 보상금(신법 제82조 1호)을 공탁하고 저작물을 이요할 수 있도록 하고 있다.

그러나 신법은 아무 조건 없이 법정 허락을 인정하지 않고 있는데, 저작재산권자가 불명인 저작무에 관하여는 이용자가 상당한 노력을 기울여도 거소를 찾을 수 없는 경우(신법 제47조 1항)에 한하고 있으며, 또한 협의가 불성립 되었다 하여도 모든 저작물을 법적으로 허락하는 것이 아니며, 다만 방송사업자가 '공익상 필요'에 의하여 방송하고자 하는 경우(신법 제48조)와 판매용 음반이 최초로 판매된 지 3년이 경과하여 다른 판매용 음반으로 제작하고자 하는 경우(신법 제50조)에 한정된다고 못박고 있다.

그리고 외국저작물의 교육·연구 등을 위한 번역·발행의 경우에도 그 저작물이 외국에서 발행된 지 1년이 경과하고, 국어로 공포되지 않았거나 공포되었더라도 절판된 경우와 번역권자와의 협의가 이뤄지지 않았거나 거소를 알 수 없을 때에만 한정해 두고 있다(신법 제49조). 그러나 그 번역의 목적이 교육·연구·조사가 아닌 경우에는 7년이 경과한 저작물(신법 제49조 1항 1호)에만 허락하고 있다. 이것은 세계저작권협약의 규정에 맞게끔 7년간은 저작자의 배타적 권리를 인정하고 그 이후는 강제 허락을 가능케 한 것이라 본다.

이와 같은 저작물 이용의 법정 허락은 구법의 경우 공연권(제20조)이나 방송권(제22조)에서만 인정하고 있다.

이 밖에도 새 개정법은 구법에는 설정되어 있지 않은 '저작권 위탁관리업'(신법 제6장) 규정을 두고 있음을 특기할 수 있다. 이 규정은 복잡한 현대 사회와 복제 인쇄기술의 발달에 따른 것으로서 저작권자가 그 저작물의 이용자와 직접 접촉할 수도 없고 저작물 이용자도 모든 저작권자와 교섭이 불가능할 뿐만 아니라 저작권 침해에 대한 감시 등이 어렵기 때문에 저작자와 이용자 당사자간의 편의를 위해 저작권을 위탁 관리하는 업종이 필수적으로 존재해야 한다는 것이다.

특히 외국 저작물의 사용시 출판사나 잡지사 등이 직접 이국인 저작자와 교섭을 하는 경우, 그 절차가 번거롭고 많은 비용이 소요되므로 이를 중개할 중개업자의 등장은 불가피한 것이었다. 그러나 이러한 저작권 위탁관리업은 문화체육부장관의 허가를 받도록 규정하고 있다(신법 제78조).

9) 출판권과 저작인접권

출판권이란 저작물의 복제권에 대한 하나의 용익권(用益權)으로서 그 저작물을 인쇄, 또는 이와 유사한 방법으로 문서나 도서 등으로 출판할 수 있는 권리인 것이다.

이 출판권에 대해서 구법은 제47조(설정)에서부터 제58조(침해)에 걸쳐 12개 조항으로 구분하고 있는데 비해 개정법은 제54조의 '출파권 설정'을 비롯하여 '출파권자의 의'(신법 ㅔ55조)와 '출판권의 존속 기간'(신법 제57조), '출판권이 소멸 통고'(신법 제58조) 등 제60조에 이르기까지 17개 조항으로 세분 · 규정하고 있다.

구분과 신법의 두드러진 차이점은 출판권자의 의무(신법 제55조)인데, 출판권자는 특약이 없는 경우에는 원고나 이에 상당하는 물건을 받은 날로부터 9월 이내에 출판해야 하며(신법 제55조 1항), 각 출판물에 대통령령이 정하는 바에 의하여 보제권자의 표지를 하여야 한다(신법 제55조 3항)는 규정을 두고 있다. 이 출판권자의 의무 조항은 신법이 구법의 출판권 설정일로부터 6월 이내에 비해 3개월이 늘어난 듯싶으나 실은 신법의 원고나 이에 상당한 물건을 받은 날과 구법의 '출판권 설정일'과의 차이를 알아야 할 것이다. 여태껏 우리 출판계는 거의 출판권의 설정 없이 저작자와의 관례적 계약만으로 출판했던 까닭에 구법에서의 6월이란 별의미가 없었던 것 같다.

그리고 구법의 '각 출판물에 저작권자의 검인을 첨부하여야 한다'(제48조 2항)는 규정 대신 개정법에는 앞의 55조 3항이 설치되고 있는데, 이는 저작권법 시행령을 통해 복제권자의 성명과 맨처음의 발행 연도를 표시하도록 했으며 아울러 복제권자의 검인을 첨부토록 하고 있고, 복제권 양도의 경우에는 그 취지를 표시하도록 해 놓고 있다(저작권법 시행령 제22조).

당초 이 개정법은 입법 과정에서 국제저작권협약 가입을 전제로, 출판물의 경우는 'Ⓒ부호와 저작재산권자의 성명과 최초 발행 연도'를, 음반의 경우에는 'Ⓟ부호화와 음반제작자 또는 복제권자의 성명 및 최초 발행 연도'를 모든 복제물의 적당한 위치에 표시하도록 하였으나 최종안에서 Ⓒ나 Ⓟ의 부호 대신 종전과 같이 복제권자의 검인 첨부를 시행령을 통해 명시해 두고 있다. 이러한 복제권자의 표지 의무는 UCC 협약의 방식주의를 따른 것으로서 외국인이 아닌 내국인의 저작물일 경우에만 검인 첨부를 의무화하고 있음을 밝혀둔다.

한편 새 저작권법은 종전에 없던 저작인접권을 신설, '실연 · 음반 및 방송'을 저작인접권으로 보호한다는 것이다. 즉 실연자에게는 자신의 실연에 대한 녹음 · 녹화를 승인할 수 있는 권리와 방송을 승인할 수 있는 권리를 주고, 음반 제작자에게는 자신이 제작한 음반의 복제 · 배포권을, 방송사업자에게는 자신의 방송 프로그램의 복제권과 동시 중계권을 부여하고 있다(신법 제63조, 제64조, 제67조, 제69조).

구법에 명시되어 있었던 공연권(제20조), 연술권(제21조), 방송권(제22조)은 다만 저작자가 그 저작물을 공연 · 연술 · 방송할 수 있는 권리만을 규정한 것이라 해석할 수 있다.

10) 저작권심의조정위원회와 벌칙

앞으로 야기될 저작권이나 저작인접권에 관한 분쟁 조정과 저작물 이용에 따른 보상금의 기준 및 저작권 위탁관리업 수수료의 요율 등을 심의하기 위하여 새 개정법은 저작권심의조정위원회를 설치하도록 하고 있다(신법 제81조)..

구법에서도 '저작권심의회'(제11조)를 두고 주무부 장관의 자문에 응하면서 공연과 방송의 경우에 한하여 저자권자의 거소 불명이거나 공익상 필요한 때의 공탁해야 할 보상금액 등을 심의하도록 되어 있었으며, 그 구성이나 조직에 관하여서는 구법의 저작권법 시행령에도 규정해 놓고 있었다.

구법이 1개 조항에만 규정한 심의회를 신법은 82조의 '기능'과 83조의 '조정부' 및 84조의 '조정의 신청', 그 밖에 '조정의 성립', '조정 비용' 등 제90조에 이르기까지 구체적인 규정을 둠으로써 저작권에 관한 제반 심의와 분쟁의 조정에 실제적인 역할을 할 수 있도록 명시하고 있다.

그릭 신법은 구법에서는 벌규정이 없는 '권리의 침해에 대한 구제'의 장을 두고, 권리 침해자에 대하여 침해의 정지 및 침해의 예방 또는 손해 배상의 담보를 청구할 수 있도록 했고 (신법 91조), 아울러 저작인격권 침해의 경우 손해배상과 함께 명예회복을 조치까지 청구할 수 있도록 명문화하고 있다(신법 제95조).

한편 저작권권리침해죄의 경우, 기존법은 6월 이하의 징역 또는 10만원 이하의 벌금에 처하도록 되어 있으나(제69조), 신법은 3년 이하의 징역과 300만원 이하의 벌금으로 처벌을 강화하였다(신법 제98조).

또한 신법은 '부정 발행 등의 죄'에 대하여는 1년 이하의 징역 및 100만원 이하의 벌금에 처하도록 되어 있고(신법 제99조), '출처 명시 위반의 죄 등'(신법 제100조)은 100만원 이하의 벌금만을 명시하고 있다. 구법은 '부정 발행'의 지는 50만원 이하의 벌금으로(제70조), '출처 불명시'의 경우는 10만원 이하의 벌금에(제72조) 처하도록 규정되어 있었는데, 이는 신법이 현실에 맞게끔 중벌 위주로 개정한 것이라 본다.

부정 복제물이 부수 추정은 구법의 3천 부(제63조)를, 신법은 출판물인 경우 5천 부, 음반인 경우 1만 매로(신법 제94조) 규정하고 있다.

그리고 신법 103조는 법인의 경우 피고용자의 침해 행위는 피고용자를 처벌하는 외에 그가 소속된 법인 단체나 개인도 처벌ㄹ 수 있는 '양벌 규정'을 새로 마련, 연대적인 책임을 지도록 하고 있다.

이상에서와 같이 과거의 구법보다 31개 조항이나 많은(부칙 제외) 개정 저작권법은 신·구법을 대비하기 어려울 만큼 새로운 법임을 다시 첨언해 둔다. 오히려 새 개정법은 구법을 관련시키지 않고 그 의미를 찾는 것이 더 이해가 빠를지도 모른다.

11) 개정 신저작권법의 구조[20]

① 모든 지적재산권의 보호

오늘 우리는 정보의 홍수 속에서 살고 있다. 정보는 그 전달의 기술과 더불어 비례적으로 확산·전달되는 것이다. 최근 급소도로 발전해 온 문서의 복제 기술이나 소리의 녹음, 영상의 녹화 등 새로운 기술은 인간의 지식을 보급·전달하는 데 혁명을 가져왔으며, 더욱이 현대 문명의 총아라 일컫는 컴퓨터의 등장은 그 놀라운 성능으로 커뮤니케이션과 정보 과학 분야의 신기원을 이룩해 나가고 있다.

그러나 이러한 고도의 과학 기술은 한편으로는 인간이 창작한 모든 저작물을 이용해야 하므로 자칫하면 지적재산권의 침해라는 해적 행위를 유발하게 되는 것이다. 따라서 이러한 침해 행위를 막고 지적인 무체재산권을 보호하기 위한 법적인 모색이 요구되고 있다.

바로 복잡 다단한 현대적 커뮤니케이션의 세계에서 각 개인의 지적재산권을 보호하기 위해 저작권법은 존재해야 하는 것이며, 커뮤니케이션 매체의 발전과 더불어 개정·변모되어야만 하는 것이다. 항상 저작권은 기술의 발달과 불가분의 관계를 맺어 왔으며, 새로운 과학 기술은 저작권법 등 그 관계법의 변화를 초래해야만 했다. 과학·정보 문하의 발전과 더불어 저작물의 전달 매체의 종류는 나날이 증가하여 오늘의 저작권은 책과 잡지 등으로부터 전축, 녹음기, 사진 복제, 영화, 라디오, 텔레비전, 비디오, 컴퓨터 등 광범한 커뮤니케이션 매체를 포함하게끔 되었다.

그러나 우리 나라는 지난 1987년 이전까지는 과거 19세기 말 일본 명치시대의 저작권법을 본떠 만든 전근대적 저작권법에 의존해 왔었다. 1957년의 구법 제정 이래 30년 만에 개정을 본 이 새 저작권법은 해외 저작권의 보호라는 과제를 안고 있기는 하나 첨단적인 현대 정보 사회에 부응하기 위한 탄생인것이었다.

바로 1987년 7월 1일부터 시행되었던 새 개정 저작권법은 과거보다 저작인접권의 세분은 물론, 여상저작권의 보호 규정 등 새로운 커뮤니케이션 매체에 대비한 모든 지적재산권의 보호에 역점을 두고 있다는 것이다.

---

20) 전영표, <해당 저작물의 보호 실태 및 적용 실제>, op. cit.

여기서는 이 새 개정법에 관하여 출판 등의 보제와 공연 · 방송 등에서의 저작물 이용에만 초점을 맞춰 살피기로 한다.

② 출판 등의 복제와 저작권 행사

출판에 관하여서는 개정 전의 구법은 제9조에서 '출판이라 함은 문서 · 회화 등의 저작물을 인쇄술 기타의 기계적 · 화학적 방법에 의하여 복제하여 발매 또는 배포함을 말한다'라고 그 용어를 정의하고 있었으나, 새 개정법은 제2조에서 저작물, 저작권, 공연 등 17가지의 저작권 용어를 열거하면서 '복제'의 정의에서 '인쇄 · 사진 · 복사 · 녹음 · 녹화 그 밖의 방법에 의하여 유형물로 다시 제작하는 것을 말한다'고 함으로써 출판이란 말을 포괄적으로 정의하고 있다.

이것은 과거 저작물이라면 거이 출판물에 국한할 정도였으나 오늘날의 저작물은 '어문저작물' 외에 '음악저작물', '연극저작물', '미술저작물', '건축저작물', '사진저작물', '영상저작물', '도형저작물', '컴퓨터 프로그램 저작물' 등으로 다양화되었기 때문일 것이다.

하나의 저작물이 출판 · 복제되기 위해서는 저작자가 있어야 가능한 것인데, 이 저작자의 권리는 인격권과 재산권으로 나눠 이야기할 수가 있다. 저작자의 귀리는 저작물을 창작함과 동시에 발생하는데, 특허와 같은 산업재산권은 등록 등의 절차를 거쳐야만 하나 저작권의 경우는 별다른 절차를 요구하지 않는 소위 '무방식주의'를 채택하고 있는 것이 우리 나라의 법이다.

미국 등의 미주 여러 나라들은 저작권 보호의 조건으로 저작권의 표시, 등록이나 납입 등의 절차의 요구, 즉 '방식주의'를 따르고 있는데, 우리 저작권법에도 '저작권의 등록' 제도가 있으나 이는 저작권의 '이전' 등에 관한 것으로 저작권 발생과는 다른 것이다.

저작인격권인 공표권, 성명표시권, 동일성유지권은 저작자에게만 부여되는 권리로서 저작물의 매매나 저작자의 사망 후라도 그 권리는 이전되거나 소멸되지 않으며, 만일 저작자가 생존하였다면 저작인격권의 침해가 될 행위는 용납되지 않으나 사회 통념상 저작자의 명예를 훼손하는 것이 아닌 경우에는 예외로 하고 있다. 구법에서는 저작인격권은 영구히 존속토록 되어 있었으나 새 개정법은 사후의 보호 방법에 있어 예외적인 사항을 명시해 두고 있다.

저작재산권에는 복제권, 공연권, 방송권, 전시권, 배포권, 2차적 저작물 작성권, 편집저작물 작성권이 포함되는데, 복제권 속에 발행권과 출판권을 포함시키고, 공연권 속에도 방송권과 복제권을 부여하는 한편 배포권을 신설, 이를 독립된 권리로서 새 법은 인정하고 있다.

저작자의 가장 기본적인 권리라 할 수 있는 보제권은 인쇄, 사진, 복사, 녹음 등의 방법에 의해 어떤 유형물을 다시 제작할 수 있는 권리인 것이다. 즉 소설 등을 인쇄하거나 그림을 사진으로 찍어낸다거나 강연 내용을 테이프에 수록하거나 음악을 레코드에 취입하는 것 등은 하나의 복제 행위라는 것이다. 예로서 만화의 주인공을 상표화시킨다거나 상품에 부착시킬 때 원 만화 제작자의 동의 없이 행해졌다면 복제권을 침해한 것이 된다.

저작재산권은 저작자가 가지는 배타적인 권리이기 때문에 공공의 이익 등을 위하여 특정한 경우에는 재산권의 행사를 제한할 수 있도록 또한 새 법은 규정하고 있다.

새 개정 저작권법은 제22조에서부터 제33조에 이르기까지 다음과 같은 공공의 이익을 위한 경우에는 그 이용을 허락하고 있다.

그러나 이러한 법적 이용의 경우에는 그 저작물의 출처는 물론, 그 저작자가 누구임을 밝히도록 하고 있다. 또한 학교 교육의 목적 등에 이용할 때에도 국정, 검인정을 받은 교과용 도서와 고등학교 이하의 학교에서 이루어지는 방송·복제를 제외하고는 저작권심의조정위원회가 정한 보상금의 기준에 따라 문화체육부장관이 도시한 금액을 지급하거나 법 절차에 따른 공탁을 하도록 규정하고 있다.

특히 공포된 저작물의 인용의 경우에도 '정당한 범위' 안에서 '공정한 관해에 합치되게' 인용되어야 한다고 한정하고 있으며, 그 인용은 문학에서뿐만 아니라 영화 필름, 라디오, TV 프로그램에서도 가능하도록 하고 있다. 여기서 공정한 관행에 합치되게 해야 한다는 것은 적절한 비율의 인용을 함으로써 원저작물의 유통에 영향을 미치지 않도록 해야 하며, 인용 부분이 자신의 저작 부분보다 내용상 더 중요해서는 안 됨을 뜻하는 것으로서, 이는 법적인 침해 문제가 제기될 소지가 많은 것이다.

그리고 복제의 경우에는 가정이나 이에 준하는 한정된 개인적인 이용의 범위로 국한하고 있으나 오늘의 복제기기의 범람은 저작자의 경제적 이익을 침해할 우려가 많기 때문에 이 복제 문제는 앞으로 법원의 판례에 따라야만 할 것이다. 아울러 도서관이 복제는 조사·연구를 목적으로 하는 이용자에게 1인 1부를 허용하는 등 그 범위를 한정하고 있다.

새 저작궈법은 저작물을 복제·배포할 권리를 가진 사람은 출판권의 설정을 할 수 있도록 하고 있는데, 이 제도는 출판권을 배타적인 권리로 보호하기 위한 것이다. 즉 출판권자는 저작권자와의 계약으로 책을 출판할 수 있지만 이것은 하나의 채권 계약으로서 제삼자에 의해 무단 복제 등 저작재산권을 침해당했을 경우 직접 대항할 수 없기 때문에 출판권을 설정하도록 하고 있는 것이다. 실은 구법에도 출판권 조항을 두고 있었으나 별로 인식, 활용되지 않았었다. 따라서 앞으로 출판사는 저작물을 출판할 경우 단순한 출판 계약이 아니 출판권설정 계약을 함으로써 직접 권리 침해에 대항할 뿐만 아니라 저작인접권의 주장과 혜택을 받을 수가 있는 것이다. 한편 출판권자는 설정 행위에 따라 원작 그대로 출판해야 하며, 또한 원고를 받은 날로부터 9월 이내에 출판해야 하고, 법령이 정하고 있는 복제권자의 표지를 해야 하며, 재판, 중판 등의 경우에는 저작자에게 알리도록 의무화하고 있다. 그리고 추판권이 소멸되었을 경우에는 출판권의 존속 기간 중에 제작된 출판물의 재고는 출판권 설정 당시 특약을 맺어 두지 않으면 배포할 수 없도록 되어 있는데, 출판권은 맨처음 출판한 날로부터 3년간 존속케 되어 있다.

③ 공연 등에서의 저작물 이용

공연이라 함은 '저작물을 상연·연구·가창·연술·상영 그 밖의 방법으로 일반 공중에서 공개하는 것을 말하며, 공연·방송·실연의 녹음물 또는 녹화물을 재생하여 일반 공중에게 공개하는 것을 포함한다'라고 새 저작권법은 정의하고 있다. 또 저작자가 그 저작물을 공연할 권리를 공연권이라 하여 저작재산권으로 인정하고 있다.

지난 구법에서는 녹음물 또는 녹화물의 재생, 공연은 출소 등만을 명시하여 두면 비침해 행위로 ㄲ정하였으나, 오늘의 개정법은 그 공연에 대한 직접적인 반대 급불ㄹ 받지 않도라도 공연이 중요한 영업 목적의 일부가 될 때에는 저작권자의 공연권이 미칠 수 있다는 것이다.

새 법 26조는 제1항에서 '영리를 목적으로 하지 아니하고 또한 청중이나 관중 또는 제3자로부터 어떤 명목으로든지 반대 급부를 받지 아니하는 경우에는 공표된 저작물을 공연 또는 방송할 수 있다. 다만, 실연자에게 통상의 보수를 지급하는 경우에는 그러하지 아니하다'라 하고, 제2항에서는 '청중이나 관중으로부터 당해 공연에 대한 반대 급부를 받지 아니하는 경우에는 판매용 음반 또는 판매용 영상저작물을 재생하여 일반 공중에서 공연할 수 있다. 다만, '대통령령이 정하는 경우에는 그러하지 아니하다'라고 규정하여 영리가 목적이 아닌 공연과 방송에는 저작재산권을 제한하고 있다.

그러나 카바레, 무도장 등에서 이용되는 음악이 영업 목적의 중요한 일부가 되는 경우에는 직접적인 반대 급부를 받지 않았다 하더라도 비영리 목적의 공연이나 방송이라고는 볼 수 없을 것이다.

또한 새 저작권법은 방송사업자 스스로의 방송을 위한 저작물의 일시적 녹음·녹화는 허용하고 있다. 다만 이 때 방송사업자는 자체 수단에 의하여야 하며 그 저작물 방송권자의 의사에 반해서는 안 된다고 했으며, 이렇게 만들어진 녹음물 또는 녹화들은 그 녹음·녹화일로부터 1년을 초과하여 보존할 수 없도록 규정하고 있다. 그러나 그 녹음물 또는 녹화물이 기록의 자료로서 법령이 정하는 장소에 보존되는 경우에는 예외로 하고 있으며, 일시적 늑음·녹화도 자체의 방송만을 위하여 이뤄져야 하며, 이를 다른 방송사업자에게 빌려주거나 판매 또는 교환해서는 안 되게 되어 있다.

그리고 미술저작물 등의 전시나 복제의 경우 미술저작권자 등의 동의를 얻은 사람은 그 저작물을 전시할 수 있으나 가로, 공원 등과 같이 개바된 장소에 늘 전시할 때는 저작무로서의 가치가 제한되므로 미술저작물 등을 창작한 저작자의 허락을 받도록 하고 있다. 이같이 개방된 장소에 전시되는 미술저작물은 어떤 방법으로든 복제가 가능하지만, 건축물을 건축물로 복제하거나 또는 조각, 회화를 똑같은 조각이나 회화로 복제하거나 판매를 목적으로 복제할 수는 없도록 되어 있다.

그러나 원저작자의 허락을 받아 미술제작물 등을 전시하거나 판매하고자 하는 자는 그 저작물의 해설이나 소개를 모적으로 한 목록 형태의 소책자에는 이를 복제하여 배포할 수 있다는 것이다.

특히 촉탁에 의한 초상화나 이와 유사한 사진저작물의 경우에는 촉탁자의 동의 없이는 이를 전시하거나 복제할 수 없게 되어 있따. 때문에 사진관에서 손님의 사진을 찾아가지는 않는다고 하여 그것을 마음대로 전시하게 되면 법의 저촉을 받게 되어 있다.

그리고 새 저작권법에는 전에 없었던 컴퓨터 프로그램의 정의를 하는 한편 '영상저작물에 관한 특례' 규정을 두는 등 오늘의 정보 시대에 야기될 새 저작물에 대한 대비를 하고 있는 점은 특기할 수 있겠다. 영상저작물은 일반저작물과는 다르게 합작저작물이다. 따라서 그 저작물의 저작자가 누구이며 그 권한 행사의 주체가 누구인가가 분명치 않아 문제가 되어 왔다. 종래에는 영화제작자는 영화의 대본이나 영화 음악 등에 대하여는 개별 계약으로써 저작권을 획득해야 한다는 주장과 계약상에 반대 규정이 없는 한 영화 제작자가 임의로 이용할 수 있다는 주장 등이 엇갈리고 있었다.

그러나 새 법은 법적 양도로써 소설, 음악 등의 저작재산권자가 그 저작물의 영화화를 허락한 경우, 저작물의 각색, 영상저작물의 복제 · 배포 · 공개 · 상연 · 방송 등을 함께 허락한 것이라 간주하고 있다. 따라서 영상저작물의 제작자는 그 저작물에 수록된 녹화물을 복제 · 배포 공개 상영 및 방송에 이용할 권리를 가지며, 이는 양도할 수 있고 질권(質權)의 모적으로도 이용할 수 있도록 새 법은 규정하고 있다.

④ 저작물 법정 이용과 저작권 위탁업

새 법은 저작물 이용의 법정 허락을 규정하고 있는데, ① 저작재산권자가 불명인 경우, ② 공포된 저작물의 공익상 필요에 의한 방송을 위하여 협의하였으나 불성립의 경우, ③ 우리 나라에서 처음 판매되어 3년이 경과한 음반의 녹음 제작물을 다른 음반에 수록코자 저작권자와 협의하였으나 이뤄지지 않은 경우와, ④ 다음 요건에 해당되는 공포된 저작물의 번역 · 발행의 경우에 한하여는 법적으로 이용할 수 있게 되어 있다.

이 번역 · 발행의 경우는 세계저작권협약의 규정을 감안했기 때문에 다른 경우보다 좀 까다롭게 제한하고 있다. 즉 당해 저작물이 발행되어 7년이 경과 해야 하며 그 번역물이 공표되지 않았거나 공포되었더라도 절판된 경우와 협의가 성립되지 않았거나 저작재산권자의 소재를 알 수 없는 경우에만 번역 · 발행이 가능토록 하고 있다. 그러나 교육 · 연구 · 조사를 위한 경우에는 문화체육부장관의 승인을 얻고 저작권심의조정위원회가 정한 보상금을 공탁하면 저작물을 이용하도록 되어 있다. 이는 UCC가 외국인의 저작물의 번역과 복제에 관해서는 소위 7년의 강제 허락 규정(협약 제5조)을 두고 있어 여기에 따른 것이라 보아진다.

특히 새 저작권법은 전에 없었던 '저작권위탁관리업' 제도를 설정하고 있다. 이는 복잡한 현대 사회 문화와 복제 기술의 발달로 저작권의 이용에 있어 한 저작자가 모든 저작물의 이용자와 접촉할 수 없고, 이용자 또한 각 저작자와 직접 교섭할 수 없기 때문인 것이다. 즉 하루에도 수백 곡의 음악을 이용하는 방송국이나 유흥장 등에서 개별 저작자와 바로 만날 수는 없을 것이다.

또한 외국 저작물의 이용의 경우도 외국인 저작자와 직접 교섭하게 되면 그 절차가 번거롭고 비용이 많이 소요되므로 이를 중개할 저작권 위탁관리업의 운용이 필요케 된 것이다. 이와 같은 업종은 수많은 저작자의 권리 보호와 저작권료의 징수, 그리고 국제간의 송금 문제 등이 뒤따르게 되므로 주무 장관의 허가를 받도록 되어 있으며, 그 수수료의 요율과 금액은 문화체육부장관의 승인을 받게끔 되어 있다.

이 밖에도 문화체육부장관은 업무의 감독과 필요한 명령을 내릴 수 있고 허위 보고나 부정하게 허가된 경우 등은 이를 취소하도록 되어 있다. 아울러 저작궈이나 저작인접권에 관한 분쟁 조정과 저작물 이용에 따른 보상금의 기준, 저작권위탁관리업의 수수료의 요율 등을 심의하기 위하여 새 법은 15인 이상 20인 이내의 위원으로 구성된 저작권심의조정위원회를 운영하도록 되어 있다. 따라서 이 법이 시행케 되었던 1987년 7월 1일부로 저작권심의조정위원회가 새로이 발족되어 저작권 분쟁의 심의 조정 업무를 맡고 있다.

한편 새 법은 저작재산권의 존속 기간을 저작자 사망 후, 종전의 30년까지를 50년까지로 여장했으며 실연자, 음반제작자, 방송사업자의 권리를 20년간 인정하는 저작인접권을 신설하는 등 저작권자의 권익 보호를 강화하면서, 복제·공연·방송ㅍ전시 등에서 불법적으로 저작물을 이용한 경우에는 3년 이하의 징역 또는 300만원 이하의 벌금에 처하도록 하고 있다.

무엇보다 이 새 법은 국ㅈ협약 가입을 전제하고 있었던 것인. 1986년 한·미간에 합의된 양해 각서(Record of Understanding)에 의해 새 저작권법이 발효된 1987년 7월 1일부터 90일 안에 UCC가 국내에서 발효될 수 있도록 약속되어 있기 때문에 1987년 10얼 1일까지 우리는 이 국제 협약에 따른 외국저작권의 보호의무라는 무거운 짐을 져야만 했었다.

이 협약은 소급 효과를 인정하지 않고 있으나 한·미간의 협상 합의문제에 의하여 새 저작권법 발효 연도부터 10년 전 사이에 발행된 미국의 저작물, 즉 1977년 1월 1일 이후에 출판된 인쇄물과 1982년 7월 1일 이후에 최초로 발행된 컴퓨터 프로그램에 대해서는 무단 복제 배포 행위를 행정 지도를 통해 금지하게끔 되어 있으며 음반·비디오·영화의 경우 라이센스나 계약이 없으면 수입이나 복제·발행 또는 배포를 허가해 주지 않기로 되어 있다. 이와 같은 조치는 국제적으로 저작권을 보호할 뿐만 아니라 내일의 외국 저작물 유입을 촉진한다는 점에서 의의를 찾을 수가 있다고 보아지나 앞으로 다른 나라의 요구에 따른 시장개방이라는 새로운 문제가 뒤따르고 있다.

새 법이 저작권의 소급 인정을 명문화한 '베른협약'과는 다른 불소급 보호원칙에 의한 '세계저작권협약'을 따르고 있기 때문에 이 협약 가입 날짜 이전의 미국 아닌 다른 나라의 저작물은 그 이용은 초기에는 별 문제가 없었으나 점점 시일이 경과할수록 최신 정보의 이용 폭이 좁아지고 어려워지고 있음으로 우리는 피부로 느끼고 있다.

오늘의 새 저작권법이 현대 정보사회의 복잡성을 풀어 나가야 하는 것인데, 법조문의 제약 때문에 정보 커뮤니케이션이 늦어질 소지가 있음은 하나의 아이러니가 아닐 수 없다. 모쪼록 모든 지적인 정보가 정체되지 않도록 바람직하게 유통되게끔 모든 관련법이 운용되었으며 싶다.

⑤ 프로그램 저작권[21)]

저작권법에서는 컴퓨터 프로그램을 저작물로서 예시만 하였을 뿐, 구체적인 사항에 대한 다른 조항은 두지 않았는데, 이는 '컴퓨터 프로그램 보호법'을 따로 만들었기 때문인 것이다.

컴퓨터 프로그램 저작권의 공정한 이용과 프로그램 관련 산업 및 기술을 진흥시켜 국민 경제의 건전한 발전에 목적을 둔 이 법은 전문 37조 부칙으로 구성되어 있다.

이 보호법은 컴퓨터 등 정보 처리 능력을 가진 장치에 사용되는 프로그램을 저작물로 인정하여 이를 창작한 자의 권리를 보호하고, 창작된 프로그램의 유통·활용을 촉진함으로써 새로운 프로그램의 창작을 유도하는 한편, 국내외 프로그램의 적절한 활용을 통하여 산업의 발전과 기술의 향상

---

21) 전영표, <개정 저작권법과 컴퓨터 프로그램 보호법>, 《하이테크》, 창간호(2월), (월간 하이테크사, 1987).

에 이바지하려는 데 그 입법의 뜻이 있다는 것이다.

프로그램을 창작한 자를 '프로그램 저작자'로 정의한 법 제2조의 '프로그램이라 함은 특정한 결과를 얻기 위하여 컴퓨터 등 정보 처리 능력을 가진 장치내에서 직접 또는 간접으로 사용되는 일련의 지시·명령으로 표현된 것을 말한다'는 등 일반 인쇄물의 저작권과는 다른 컴퓨터의 '2차적 프로그램', '복제', '개작', '발행', '배포' 등에 관한 용어도 풀이하고 있다.

그리고 이 법은 프로그램을 작성하기 위하여 사용하고 있는 프로그램 언어·규약 및 해법에는 적용되지 않으며 2차적 프로그램도 독자적인 프로그램으로 보호하고 있다.

저작권법과 마찬가지로 이 보호법도 외국인의 프로그램은 우리 가입 또는 체결한 조약에 따라 보호하되, 상호주의 원칙에 따라 우리 나라의 프로그램을 보호하지 않는 국가의 것에 대하여는 이에 상응하게 보호를 제한할 수 있도록 제3조에 명시하고 있다.

한편 법인이나 단체, 그 밖의 사용자의 기획하에 그 업무에 종사하는 자가 업무상 창작한 프로그램은 계약이나 근무 규칙 등에 달리 정함이 없는 때는 그 저작권은 법인이나 단체 등이 갖도록 규정하고 있으며, 프로그램 저작자는 공표권, 성명표시권, 동일성유지권과 프로그램의 복제, 개작, 번역, 배포 및 발행권을 가지도록 하며, 저작자의 권리는 프로그램이 창작된 때로부터 50년간 존속하도록 보호하고 있다.

또한 일반 저작권법과 마찬가지로 재판을 위한 경우나 고등학교 이하의 교과용 도서에 게재하는 경우 등에는 공포된 프로그램을 사용 또는 복제할 수 있도록 허용하고 있으며, 프로그램을 사용하고자 하는 자가 프로그램 저작권자나 그의 거소를 알 수 없어 그 사용을 협의할 수 없을 때는 과학기술처장관의 스인을 얻고, 고시한 보상금을 공탁한 후에 사용할 수 있도록 규정하고 있다.

프로그램 저작권은 그 전부나 일부를 양도할 수 있으며, 두 사람 이상이 공동으로 창작하고 각자 이바지한 부분을 나눠 이용할 수 없는 프로그램의 저작권은 공동으로 창작한 자가 공유토록 되어 있다. 또한 특약이 없는 한 그 권리는 균등하게 주어지는데, 이 공동저작 프로그램은 공동 저작권자의 전원 합의가 없이는 그 저작권을 행사할 수 없고, 그 지분도 양도하거나 질권의 목적으로 이용할 수 없도록 되어 있다.

특히 프로그램을 수입할 경우 우리나라에서 만들어졌더라면 저작권의 침해가 되는 것을 국내에서 배포할 목적으로 수입하는 행위는 당해 프로그램 저작권을 침해한 것으로 보고 있으며 프로그램 저작권자는 자신의 권리를 침해하거나 침해할 우려가 있는 자에 대하여 침해의 정지 또는 예방을 청구할 수 있도록 이 법은 규정하고 있다.

그리고 프로그램 저작권을 공포, 복제, 개작, 번역, 배포 또는 발행의 방법으로 침해한 자는 3년 이하의 징역이나 3백만원 이하의 벌금에 처하는 등 벌칙을 정하고 있다.

이 컴퓨터 프로그램 보호법도 저작권법과 같이 1986년 말에 제정되어이듬해 7월 1일부터 행행된 지적재산권의 보호법 중 하나인 것이다.

아직도 우리들에게는 지적재산권이란 생소할뿐더러 이것을 이용하는 사람들에게는 부담스러운 것이기는 하나 프로그램을 개발하고 책을 저술하는 저작자의 입장에서는 가장 소중한 무체재산인 것이다. 이 무형의 정신적 자산이 보호되는 것은 당연한 일일 것이다. 그러나 이 법에 얽매여 정보의 유통이 늦어지거나 막혀서도 안 될 것이다.

제 III 부
미국의 저작권법 체제와 베른협약

1. 미국 저작권법의 체계와 구조
2. 미국의 베른협약 가맹과 통상 압력
3. 저작권이 주어지는 사람
4. 권리가 부여되지 않는 저작권
5. 디지털 저작권과 산업재산권
6. 한국의 시장개방 문제와 저작권
7. 지적 메시지와 정보의 자유화
8. 저작물의 복사와 대여권·부과금제도

1. 미국 저작권법 체계와 구조

(1) 미국법전 제17편의 체제

미국 법전 제17편(17 U.S.C.)에 자리하고 있는 미국 저작권법은 1988년 공법 제100-568호와 제100-667호로 대폭 개정되었다. 그러나 1976년 10월 19일 공법 제94-553호의 전면 개정 외 법 전 8장 체제를 유지하고 있으며, 다만 제1장 저작권이 객체와 범위(Ch. 1. Subject Matter and Scope of Copyright)에서 제116조 A(주화투입식 전축에 의한 공연을 위한 협의 이용 허락)와 제119조(배타적 권리에 대한 제한 : 가정 시청을 위한 슈퍼스테이션과 네트워크 방송국의 2차 통신)의 2개조가 추가된 총 75조로 구성되어 있다.[1)]

특기할 것은 저작권법에는 포함되지 않았지만 미국 법전 제17편의 제9장으로 반도체 칩 보호법[2)]이 편제되어 저작권법의 제8장에 뒤이어 14개조의 규정을 두고 있음을 참고해야 할 것이다.

미국은 세계 2차대전을 전후하여 저작물 수입국에서 수출국으로 전환, 현재는 국제적 저작물의 가장 큰 비중을 차지하고 있는 하이테크 산업과 지적재산권 산업의 보호를 위해 그들이 주도했던 UCC 회원국이 아닌 태국 등 당시 베른협약에만 가입하고 있는 25개국들과도 거래를 할 필요에서 베르협약가입의 장애가 되고 있는 저작권법의 개정이 불가피했었다. 물론 1976년 미국은, 저작권법을 전면적으로 개정할 때 베른협약 가입을 고려하여 저작권 보호기간을 종래의 발행 후 28년에서 저작자 생존 및 사후 50년으로 변경하는 등 베른협약과 국내 저작권법을 일치시키려고 노력하였다.

---

1) 저작권심의조정위원회 편, <미국저작권법 잏>, 《미국 저작권법》, 저작권관계자료집 [4] (저작권심의조정위원회, 1989), pp.17-108.
2) *17 U.S.C., Chapter 9.* Semiconductor Chip Protection Act of 1984.

그러나 1976년의 법률에도 베른협약과 상치되는 다음과 같은 규정이 남아 있었다.[3)]

① 저작권 보호의 형식적 요건인 저작권 고시제도 및 저작권 등록 제도.

② 주크 박스의 법정 허락에 의한 음악 이용 제도.

③ 건축저작물에 대한 저작권 불인정.

④ 저작인격권의 불완전한 보호.

이러한 규정의 개정을 전제한 베른협약의 가입에 대하여 미국의 일부 출판 · 잡지계의 반대가 있었으나 전술한 베른협약 시행법(Berne Convention Implementation Act)의 제정과 아울러 저작권법의 개정이 단행되었다.

(2) 저작권의 객체와 범위

미국 저작권법은 '무명저작물'을 비롯한 '최우량판', '집합편집물', '편집물', '복제물', '2차적 저작물', '어문저작물', '발행', '직무상 저작물' 등의 용어들을 정의하고 있다(미 저작권법 : 이하 §표시는 동일, §101).[4)]

짝권 학자 니머(Melville Nimmer)는 '발행'을 정의하여 "저작권자의 허락을 받아 저작물의 원본 또는 유형물이 판매, 임대차, 대부, 양도, 그 밖의 방법으로 일반 대중에게 이용될 수 있게 될 때, 또는 같은 방법으로 그 저작물이 설혹 판매나 또는 그 밖의 처분이 있었더라도, 이상과 같은 방법으로서의 무제한의 처분 신청이 행해질 때" 생기는 것이라고 했다.[5)]

역시 이 법도 발행(publication)을 정의하여 "판매하거나 소유권이 양도 또는 대여에 의하여 저작물의 복제물이나 음반을 공중에 반포하는 행위"라고 규정하고 있다. 또 이 법은 복제물(copies)에 대하여 "음반 이외의 유체물로서 이미 알려졌거나 장래에 개발될 방법에 의하여 저작물을 고정시켜 그로부터 직접 또는 기계나 장치에 이하여 저작물을 감지, 재생 또는 절달할 수 있는 것을 말하며, 음반 이외에 저작물이 최초로 고정된 물질을 포함한다"고 정의하고 있다(§101).[6)]

---

3) 윤희창, <미국 저작권법과 한미간의 저작권 보호>, 비간행물, 자료집 II (문화공보부, 1987. 5), pp.21-22.

4) *17 U.S.C., Chapter 1.* Subject Matter and Scope of Copyright.

5) Earl W. Kintner & Jack Lahr. An Intellectual Property Law Primer, 2nd ed.(New York : Clark boardman Company, Ltd. 1982), p.343.

이 복제물에 따르는 권리가 복제권인데, 스트롱(William S. Strong)은 "저작물을 복사본이나 음반으로 재생시킬 수 있는 권리"도 포함시켜 해석하고 있다.[7]

미국 저작권법은 '저작권의 객체'에 대하여 일반적으로 ① 어문저작물, ② 음악저작물, ③ 연극저작물, ④ 무언극 및 무용저작물, ⑤ 회화, 도면 및 조각 저작물, ⑥ 영화 및 기타 시청각 저작물, ⑦ 녹음물 등의 범주를 정하고 있으며(§102), 편집물 및 2차적 저작물(§103)과 저작자의 국적(§104), 그리고 미국 정부저작물(§105)에 대하여서도 규정하고 있다.[8]

(3) 저작권의 귀속과 이전[9]

저작자라는 말은 저작권법에 있어서 특별한 의미를 가지며, 이는 저작물 종류와는 상관없이 쓰여지고 있다. 미국의 헌법은 '저작자'와 '저작물'을 한정적으로 규정하고 있어 법원은 비문학적 저작물에 대하여도 법적 보호를 위해 확대 해석하고 있다.[10]

이러한 저작물에 대한 권리는 당해 저작무의 저작자에게 최초로 귀속되도록(§201 a) 저작권법은 규정하고 있으며, 또한 저작권의 소유권은 법률의 규정에 의하여 그 전부 또는 일부를 이전할 수 있고, 상속법의 규정에 따라 동산으로 이전할 수 있도록 (§201 d) 법에 명시되어 있다.[11]

저작권의 이전 또는 그 밖의 저작권 관계문서는 저작권청에 등록할 수 있게 하여 이전의 경합에 우선하게끔 규정하고 있으며(§2050), 이 밖에 '대상물의 소유권과 별도의 저작물 소유권'(§202) 및 '저작자가 허용한 이전 및 이용허락의 종료'(§203) 등에 관한 규정을 두고 있고 저작자 사망의 경우 그 종료권은 그 잔존 배우자와 자녀 또는 손자녀가 소유·행사할 수 있도록 규정하고 있다.

---

6) *17 U.S.C. Chapter 1. op. cit.*

7) William S. Strong. *The Copyright Book : A Practical Guide,* 2nd ed. (Cambridge : The MIT Press, 1984), p.90.

8) *17 U.S.C. Chapter 1. op. cit.*

9) William S. Strong. *The Copyright Book : A Practical Guide,* 2nd ed. (Cambridge : The MIT Press, 1984), p.90.

10) William S. Strong, *op. cit.,* p.24

11) *17 U.S.C., Chapter 2.* Copyright Ownership and Transfer.

이 종료권은 재산이라기보다는 특권과 같은 것으로서 매도나 양도가 불가능하며 저작자의 미망인이 사망하게 되면, 그가 갖고 있던 종료권도 함께 소멸되며, 아들이나 손자가 있다면 그 종료권은 모두 이들에게 귀속케 된다는 것이다.[12)]

(4) 저작권의 존속 기간

미국의 저작권법은 저작권의 존속 기간을 1978년 1월 1일 이후에 창작된 저작물에 한정시키고, "저작권은 그 창작된 날로부터 부여되며 저작자의 생존 기간 및 저작자 사망일로부터 50년간 존속한다"라고 규정하고 있다(§302 a). 또 공동저작물인 경우에는 마지막 생존한 저작자의 생존 기간 및 사후 50년간 존속하게 하고 있으며(§302 b), 무명 · 이명의 저작물과 고용 저작물에 대한 저작권은 그 저작물이 최초로 발행된 해로부터 75년간 또는 창작된 날로부터 100년 중에서 먼저 종료되는 기간 동안 존속한다고 규정하고 있다(§302 c).[13)]

'생존 기간과 사망 후 50년'의 규정에는 몇 가지 예외가 있는데, 가장 보편적인 것은 고용저작물의 예이다. 고용저작물에 관한 저작권은 최초 출판일로부터 75년간 또는 창작시부터 100년간의 야자 중 짧은 기간 동안 존속한다. 예로서 1978년에 한 동화 출판업자가 어떤 사람에게 고용창작물로서 삽화를 그려 넣은 동화책이 1979년에 출판되었다고 가정한다면, 동화작가이 저작권은 생존 동안과 사후 50녀간 존속되지만 고용저작물인 삽화에 대한 저작권은 향후 75년동안 존속하게 된다(2054. 12. 31까지). 그러나 그 책이 2012년까지 출판되지 않은 경우, 삽화에 대한 저작권이 2087년(출판일로부터 75년)이 아니라 2079년(창작일로부터 100년) 만료되게 된다.[14)]

곧 고용저작물의 삽화 저작자는 동화작가의 공동저작자의 한 사람으로 볼 수 없어 불이익을 당할 뿐만 아니라 그 약용자에게도 기회를 제공할 수도 있다는 것이다.

또한 존스턴(Donald F. Johnston)은 저작자의 생존 기간과 사후 50년의 규정(life-plus-50 rule)에 대하여서도 저작자 개인에 따라 저작권윚 hsthr이

---

12) William S. Strong, *ibid.,* p.54.

13) *17 U.S.C., Chapter 3.* Duration of Copyright.

14) William S. Strong, *op. cit.,* p.39

다를 수 있다는 가설을 <표6>에서와 같이 제시함으로써 문제를 제기하고 있다.15)

<표 6> 명작의 저작권 존속기간의 가설

저작자	저작물	저작권 존속기간(가설)	저작물 공표 후 사망연수
Poe	*The Raven Sonnets*	54	· 1845년 출판 4년 뒤 사망
Browning	*from the Portuguese*	61	· 1850년 출판 11년 뒤 사망
Da Vinei	*The Last Supper*	71	· 1498년 출판 21년 뒤 사망
Melville	*Moby Dick*	89	· 1851년 출판 39년 뒤 사망
Stowe	*Uncle Tom's Cabin*	94	· 1852년 출판 44년 뒤 사망
Verdi	*La Traviata*	98	· 1853년 편곡 48년 뒤 사망
Michelangelo	*Sistine Chapel Ceilingy*	102	· 1512년 완성 52년 뒤 사망

(5) 저작권의 표시, 납본 및 등록

저작권의 표시는 방식주의를 원칙으로 해왔던 미국 저작권법이 지난 1989년 3월 1일부터 발효하게 된 무방식주의의 베른협약에 가입하기 위해 대폭 내용을 완화, 법을 개정해 놓고 있다. 미국 저작권법 401조 a항은 종전의 일반 요건(General Requirment)에서 일반 규정(General Provisions)으로 바뀌었고 그 내용도 개정 전에는 '모든 복제물은 저작권 표시를 부착하여야만 한다'에서 '부착할 수도 있다'라고 표현함으로써 '저작권 표지'를 의무화하지 않고 있다. 따라서 종전과 같이 모든 복제물은 Ⓒ 또는 저작권, 즉 'copyright'라는 단어나 'copr.'의 약자를, 음반인 경우 Ⓟ표 등과 아울러 저작물의 최초 발행 연도와 저작권자의 성명 '표시의 방식'만을 제시했을 뿐, 강제력이 없음을 이 개정 조항은 암시하고 있다(§401, 402).16)

미국의 이 법은 저작권 표시를 장려하기 위하여 "저작권 표시가 되어 있는 복제물인 경우 법원은 피고가 몰라서 저작권을 침해하였다는 선의에 근

15) Donald F. Johnston, *Copyright Handbook,* 2nd ed. (New York : R.R. Bowker Co., 1982), p.31, p.207.

16) *17 U.S.C., Chapter 4.* Copyright Notice, Depostit, and Registration.

거한 항변은 증거 능력을 갖지 못한다"(§401 d, §402 d)는 새 조항을 신설하고 있다.

이 밖에도 1988년 베른협약 시행법에 따라 그 효력 발생일 전의 저작권 표시가 안 된 저작물에 대한 규제 항목을 미국 저작권법 제404조와 제405조 및 제406조 등에 신설 또는 대폭 개정을 해 놓고 있다.

저작권 표시 제도는 저작권 등록 제도와는 전혀 관계가 없으며 모든 저작물은 그 발행이로부터 3월 내에, 복제물은 경우 '최우량판' 2부, 그리고 저작물이 녹음된 경우에는 '완전한 우량판' 2매를 저작권청에 납본토록하여 국회도서관에서 이용하게 하고 있다(§407).[17]

그리고 저작권청장은 납본자의 요구가 있을 경우에는 소정의 수수료를 받고 수령증을 교부해 주도록 규정하고 있으며 납본 이무를 이행하지 않은 경우에는 저작물 1건당 250달러 이하의 벌금에 처하도록 하고 잇다(§407 b, d).

한편 미국 저작권법 제4장은 저작권 등록에 대하여 '등록의 일반'(§408)을 비롯하여 '등록 신청'(§409), '등록증 발급'(§410, '등록과 침해소송'(§411), '권리 침해를 이유로 한 특정 구제에 대한 필요 조건으로의 등록'(§412) 등을 규정하고 있다.[18]

(6) 저작권의 침해와 구제

미국에서 저작권을 침해받았을 경우는 저작권 분쟁 간이 조정 제도나 행정적인 심판 제도가 없으므로 직접 연방 법원에 소송을 제기하여야 한다. 소송 제거는 침해가 있은 날로부터 3년 이내에 하여야 하며(§507) 그소송의 대상물이나 소송인은 저작권청에 등록된 저작물과 저작권자이어야 한다는 것이다.

그 외 저작권 침해에 대한 구제로서 침해금지명령, 침해물의 몰수나 처부, 민사상 손해배상, 형사처벌, 수입금지 등을 규정하고 있다.[19]

누구든지 사기나 허위로 저작권 표시나 동일한 이미의 어구를 부착했거나 또한 그러한 것을 배포하거나 수입한 경우에는 2천5백달러 이하의 벌금

---

17) *Loc. cit.*
18) *Loc. cit.*
19) *17 U.S.C., Chapter 5.* Copyright Infringement and Remedies.

에 처하며(§506 c), 저작물의 복제물에 부착된 저작권 표시를 제거하거나 변경한 경우와 또한 저작권 등록신청서 등에 허위 사실을 기재한 때에도 2천5백달러 이하의 벌금에 처하게 하고 있다(§506 d, e).[20]

특히 이 법은 제506조 형사범 a에서 "고의로 저작권을 침해한 자는 미국법전 제18편 제2319조에 규정한 바에 따라 처벌된다"라고 명시하고 있는데 이 법전 제18편은 미국 형법(Tule 18 of United States Code)으로 그 개요는 다음과 같다.[21]

□ **미국 형법 제2319조**

· 180일간의 기간을 기준하여 100매 이상 1,000매 이하의 음반 또는 도서나, 7매 이상 65매 이하의 영상저작물을 불법복제 배포한 경우 25만 달러 이하의 벌금이나 2년 이하의 징역 또는 양형(兩刑)을 병과하고,
· 180일간의 기간을 기준하여 1,000매 이상의 음반 또는 도서나 65매 이상의 영상저작물을 불법 복제 베포하거나,
· 음반 또는 도서나 영상저작물에 대한 불법 복제가 재범인 경우에는 25만 달러 이하의 벌금이나 5년 이하의 징역 또는 양형을 병과토록 한다.

미국의 저작권법은 제6장 제작의 요건과 수입,[22] 제7장 저작권청,[23]그리고 제8장 저작권사용료심판소[24]로 구분, 각각 다음과 같은 조문의 규정을 설정, 시행하고 있다.

Ch. 6. §601. 복제물의 제작・수입 및 배포, §602. 복제물 및 음반의 부정수입, §603. 수입 금지 : 금지 품목의 강제 집행 및 처분.

Ch. 7. §701. 저작권청 : 일반적 책임 및 기구, §702. 저작권청 규제, 703. 저작권청 조치의 유효일자, §704. 저작권청이 보관 중인 물품의 유치 및 처분, §705. 저작권청의 기록 : 작성・유지・공람 및 조사, §706. 저작권청의 기록의 사본, §707. 저작권청의 양식 및 간행물, §708. 저작권청의 수수료, §709. 우편 및 기타 서비스 장애로 인한 송달 지연, §710. 맹인과 신체장애자의 사용을 위한 복제 : 임의 승인의 양식 및 절차.

20) *Loc. cit.*
21) 윤희창, *op. cit.,* p.20.
22) *17 U.S.C., Chapter 6.* Manufacturing Requirment and Importation
23) *17 U.S.C., Chapter 7.* Copyright Office.
24) *17 U.S.C., Chapter 8.* Copyright Royalty Tribunal

Ch. 8. §801. 저작권사용료심판소 : 설치 및 목적, §802, 심판 위원, §803, 심판 절차, §804. 심판 절차의 기구 및 종결, §805. 심판소 직원, §806. 심판소에 대한 행정 지원, §807. 심판 비용 공제, §808. 보고, §809. 최종 결정의 발효 일자, §810. 사법심사.

2. 미국의 베른협약 가맹과 통상 압력

(1) 베른협약 이후의 미국 저작권[1]

미국은 1988년 10월 31일자에 베른협약 가입에 필요한 법률로서 베른협약 시행법(Berne Convention Implementation Act of 1988)을 1989년 3월 1일 베른협약 정식 가입과 동시에 발효시켰다.미국은 현재 저작권법으로 보호받는 컴퓨터 프로그램을 필두로 하는 저작권 비즈니스에 있어 세계적으로 비교적 우세한 지위에 있다. 미국은 저작권에 관해 저작자 인격권이나 방식주의(저작권 표시나 저작권 등록) 등의 문제에서 특이한 법제도를 채택하고 있었기 때문에 잇까지 베른협약에 가맹하고 있지 않았다. 그런데 저작권의 보호를 강화하는 일이 미국의 이익에 합치되는 것이기에 산업계의 요구를 받아들여 1980년대부터 베른협약 가맹의 움직임이 진행되어 왔던 것이다.

미 국무성은 '베른협약 가입문제임시검토부'를 설치하고 협약 가입상의 문제점을 논의했다. 베른협약 가입 조건은 현행 1976년 저작권법을 약간 수정하는 것으로 만족할 수 있다는 결론에 기초하여 법률 개정이 행해진 것이다. 주요한 개정은 다음의 네 가지였다.

① 베른협약 가입국의 저작물에 대해서 보호를 부여한다.
② 주크 박스에 관한 강제 허락 제도를 변경한다.
③ 저작권 표시를 임의의 제도로 한다.
④ 등록 및 계출(屆出)을 소송요건으로 하지 않는다.

미국 저작권법은 ① 국적을 불문한 모든 미발행 저작물, ② 미국 또는

---

1) David A. Weinstein, *How to Protect Your Creative Work : All You Need to Know About Copyright*(John Wiley & Sons, Inc., 1987). 出本隆司 譯, 《アメリカ著作權法》(東京 : 商社法務研究會, 1990), pp.356-362.

양국간 조약이 체결된 나라의 국적 또는 주소를 가진 자의 발행 저작물, ③ 세계저작권협약의 가맹국에서 발행된 저작물, ④ 유엔 혹은 그 전문기관 및 유럽기구가 발행한 저작물, ⑤ 대통령 포고의 범위 내의 저작물에 저작권의 보호를 부여하도록 규정하고 있다(§104).

개정법은 베른협약의 규정(3조)에 대응하여 나아가 ⑥ 베른협약 가입국 국적이나 주소를 가진 자의 저작물 및 베른협약 가입국에서 최초로 발행된 저작물에도 보호 범위를 확대하고 있다.

베른협약은 고정(fixation)의 유무에 관계 없이 저작권의 서립을 인정하고 있다. 한편 미 저작권법은 저작물이 유형의 표현매체에 고정되는 것을 저작권의 서립요건으로 한다(§102(a)). 따라서 고정되어 있지 않은 저작물은 미국 저작권법에 의해 보호받지 못한다. 그러나 고정되어 있지 않은 저작물이 전적으로 보호받지 못한다는 의미는 아니며 관습법에 의한 보호를 받을 수가 있다. 관습법상 저작물은 무기한으로 보호받는다.

베른협약은 건물도 저작물로서 보호한다(베른협약 제2조 제1항).

미국의 저작권법에서는 건축물의 설계도나 설계모형(architectural plans and models)은 저작물로 인정하지만(§101) 건축물 자체에는 저작물성을 인정하지 않는다. 건축물처럼 실용품에 관해서는 그 형체에 저작물성을 인정하나 그 기능과 형체가 불가분인 경우에는 저작물성을 거부하기 때문이다. 따라서 예를 들어 타인의 건물을 관찰하고 그것과 동일한 건물을 세워도 저작권 침해가 되지 않는다(Robert R. Jones Assic., v. Nino Homes, 858 E. 2d 274).

베른협약은 저작자에게 재산권으로서의 저작권과는 별도로 저작인격권으로서 성명표시권(right of attribution)과 동일성 유지권을 인정하고 있다.

미국 저작권법은 저작인격권에 관하여 어떤 규정도 두지 않고 있다. 저작인격권의 규정을 특별히 정하지 않더라도 이미 실질적으로 이에 상응하는 보호를 하고 있다고 판단되기 때문이다. 즉 성명표시의 권리에 관해서는 부정경쟁방지법(不正競爭防止法, unfarir competition law)의 부정표시 금지 및 상표법의 규정 등에 의해, 또한 동일성유지권에 관해서는 §106(2)호의 '2차적 저작물 작성권' 및 부정경쟁방지법의 부정 표시 금지 등에 의해 저작인격권과 동일한 보호를 하고 있기 때문이다.

베른협약은 원칙적으로 최단의 보호 기간을 저작자의 사후 50년으로 하고 있다.

현행 1976년 저작권법은 보호 기간을 원칙적으로 저작자의 사후 50년으로 하고 있다. 다만 직무저작물 및 무명·가명의 저작물은 발행 후 75년, 미발행 저작물은 창작 후 100년으로 하고 있다.

미국 저작권법은 ① 유선방송국에 의한 2차 방송에서의 저작물 사용(§111(b)항), ② 비상업적 교육방송에서의 저작물 이용(§118), ③ 레코드 작성에서의 비연극적 음악저작물의 이용(§115), ④ 주크 박스에서의 비연극적 음악저작물의 이용(§116)에 관해서 강제허용제도를 인정해 왔다.

베른협약에는 주크 박스에서의 비연극적 음악저작물의 이용에 관해서 강제 허용제도를 인정하는 근거 규정이 없다. 그래서 개정법은 이에 대응하여 주크 박스에서의 비연극적 음악저작물의 이용(§116)에 관해서는 임의허락을 원칙으로 하고(§116A), 당사자간에 합의가 성립되지 않는 경우, 강제허락토록 하고 있다.

한편 미국은 인접권 협약에 가입하지 않고 저작권법에 있어서 실연가 및 레코드 제작자에 관해서는 그 실연을 저작인접권이 아닌 저작권에 의해 보호하고 있다. 그러나 저작권 가운데 복제권, 2차적 저작물 작성권 및 반포권은 인정하나 그 레코드의 2차 사용에 대한 권리는 인정하지 않는다(§114(a)).

베른협약은 저작권의 향유 및 행사에 어떠한 방식도 요하지 않는다고 규정하여 저작권의 보호에 관해 무방식주의를 채택하고 있다)베른협약 제5조 제2항).

미국 저작권법은 저작권 표시(copyright notice)를 저작권의 보호 요건으로 규정해 왔다. 곧 모든 발행저작물에는 저작권 표시(ⓒ 등)를 부착하지 않으면 안 되도록 하고(§401, §402), 저작권 표시를 뺐을 때는 저작권을 잃는 것으로 규정(§405)해왔다.

개정법은 저작권 표시를 임의로 하고 저작권 표시를 하지 않아도 저작권을 잃는 것은 아니도록 했다. 따라서 개정법은 방식주의를 방기한 셈은 아니나 베른협약의 무방식주의를 허용했던 것은 앞에서 언급한 바와 같다.

그러나 한편 저작권 표시가 선의의 침해와의 관계에서 일정한 효력을 부여받는 것으로 했다. 곧 저작권 침해자가 저작권을 침해하고 있지 않다고 믿어지는 경우(선의의 침해) 저작권 침해자는 저작권 침해에 관한 책임을 감면받는 것인데 선의의 침해의 성립에 관하여 저작권 표시에 다음과 같은 효력을 부여하고 있다. 개정 전에는 저작권 표시가 없으면 침해자에 의한 선의가 입증되는 경우에 침해자에게 선의의 침해의 성립을 인정하고(§405(B)항), 저작권 표시가 있으면 침해자에 의한 선의의 무과실의 입증을 필요로 해왔다(§504(2)호). 개정법은 베른협약 가맹 이후에 발행된 저작물에 관하여 저작권 표시가 없을 경우 침해자에 의한 선의의 무과실 입증에 의해 선의의 침해성립을 인정하나 저작권 표시가 붙어 있을 경우 원칙적으로 침해자에게 선의의 침해를 인정하지 않는 것으로 했다(§401(d), §402(d)).

미국은 저작권의 등록(copyright registration)을 저작권의 보호 요건은 아니라고 해왔으나 저작권 침해 소송의 필수 요건이라고 규정해왔다(§411). 이 규정은 상술한 베른협약의 무방식주의에 반하는 것으로 개정법에서는 이 규정의 적용은 미국을 본국으로 하는 저작물에 한정하고 미국 이외의 베른협약 가입국의 저작물에 관해서는 저작권의 등록을 저작권 침해소송의 소송요건에서 제외하도록 했다.

그러나 저작권의 등록에는 미국 이외의 베른협약 가맹국의 저작물에 대해서도 다음과 같은 효과가 인정되고 있다. 따라서 이들의 효과를 누리기 위해서는 여전히 저작물에 저작권의 등록을 필요로 한다. 그 가운데는 중요한 것도 있기 때문에 주의를 요한다.

1) 저작물의 최초 발행 후 5년 이내에 등록한 경우 등록증에는 저작자, 저작일 등의 등록사항에 관하여 법률상 추정의 효력이 인정된다(§410(c)항).
2) 저작물의 최초 발행 후 3개월 이내에 등록된 경우에는 저작권 침해소송에 있어 법정손해액의 배상청구권 및 변호사 비용의 배상청구권이 인정된다(§412).

법정손해액의 배상은 1건 500달러(선의의 침해인 경우 최소 200달러) 내지 2만 달러(악의의 침해인 경우 최대 10만 달러)의 범위에서 인정된다(§504). 현실손해액의 배상을 청구하는가, 법정손해액의 배상을 청구하는가는 원고에게 선택권이 있다. 법정손해액의 배상청구에는 손해의 입증이 불필요하고 현실손해액이 없는 경우에도 인정된다. 법정손해액의 배상은 강력한 구제제도이다.

또한 변호사 비용의 배상은 법률상 특별히 정해져 있지 않으면 청구할 수 없는데 저작권법은 특별히 이를 인정하는 규정을 두고 있다(§506). 미국에서의 변호사 비용은 고액이기 때문에 이 규정도 중요하다.

사실 이들 규정은 개정 전부터 두어져 왔던 것이다. 미국 이외의 베른협약 가입국의 저작물에 대해서는 저작권의 등록을 저작권 침해소송의 소송요건에서 제외하는 이상 이들 규정에서도 저작권의 등록을 그 요건에서 제외하고 있다. 그러나 이들 규정은 베른협약 가입국의 저작물에 대해서도 저작권 등록제도를 적극적으로 이용케 하는 것을 목적으로 하여 수정되지 않았던 것이다.

저작권 양도증서의 제출(recordation of transfer documents) 제도는 그 계출에 의해 권리이전을 공시하고 계출사항에 관하여 제삼자의 악의의 의제효과를 인정하는 것이다(§206(c)).

또한 미 저작권법은 저작권 양도증서의 계출을 저작권 양수인에 의한 저작권 침해소송의 소송요건으로 규정해 왔다(§205 舊(d)). 그러나 저작권 양도증서의 계출을 소송요건으로 하는 이 규정은 상술한 베른협약의 무방식주의에 반하는 것으로 개정법에서 삭제되었다.

저작권 양도증서의 제출에 관해 제삼자의 악의적 의제효과를 인정하고 있다. 따라서 ① 저작권 양도증서를 제출하면 저작권 승계에 관해 침해자에게 선의의 침해가 성립되는 것은 아니다. 또한 ② 이중양도에 있어서는 제1의 양수인이 우선하는 것이 원칙이나 제2의 양수인이 제1을 모르고서 제1의 양수인보다도 먼저 저작권 양도증서를 제출해 두면 이처럼 제2의 양수인이 우선하는 것을 저지할 수 있다.

양도·허락의 종료권(termination of transfer and licenses)은 저작자의 양도 또는 허락에서 35년을 경과하면 그 후 5년간에 이것을 종료시킬 수 있도록 되어 있다(§203). 이 종료권은 당사자의 계약에 의해서도 배제할 수 없다.

이상에서 한국과 미국의 저작권법을 비교·검토해 보았다. 한국의 저작권법은 대륙법계의 저작권법체계를 따라 저작인격권을 재산권에 우선시키면서 규정화하고 있었는데, 미국은 영미체계를 따라 저작이격권을 저작권법에 수용하지 않고 있었다. 그러나 미국도 저작자의 인격은 이격권 침의의 일반 이론으로 보호하고 있었다.

특히 미국은 그동안 도외시해 왔던 베른협약에 가입키 위해 저작권법 일부를 개정하고 자국민의 저작권 보호에 급급하고 있음을 알 수 있었다. 그것은 UCC에 가입하지 않은 24개국에서의 저작재산권을 주장하기 위한 것이라 할 수 있다. 이것은 앞으로 하국도 베른협약 가입을 고려토록 하는 전례로 받아들일 수가 있다.

이제까지 연구에서 보였듯이 저작권법의 개정이나 국제협약 가입 등은 어느 국가든 국익과 연관시키고 있어 새 법 제정이나 국제 규약의 수락 등에는 신중을 기해야 한다는 것이다.

저작권이 재산권보다 인격권을 더 중요시하듯이 날로 까다로워지는 저작권법이나 국제 협약 가입의 촉구 등은 자칫하면 지적 정보의 유통에 영향이 클것이라 믿어 다음에서 지식의 국제유통과 그 소유권 문제를 논구키로 한다.

1989년 3월 미국의 베른협약 가입은 그 시사하는 바가 크다. 이는 곧 한국의 베른협약 가입에도 영향을 끼치리라 보아진다. 이미 중국은 1992년 10월 UCC와 베른협약에 동시 가입했음을 밝혀둔다.

(2) 미국 통상법 301조의 의미[2)]

흔히 문화를 얘기할 때 그 대표적은 것으로서 책 즉, 출판 문화를 내세우게 된다. 책이야말로 완벽한 커뮤니케이션의 수단인 것이다. 선철(先哲)들의 사상이라든가 선진된 나라들의 문화 등은 책을 통해서만이 이해되어 왔다. 그러나 문명의 발달은 책의 기능을 점점 퇴화시켜 나가고 있다.

나날이 새로운 지식 전달의 정보매체가 등장하고 있는 가운데 요즘 책이 지적재산권의 이름으로 국제간에 색다른 논의의 대상이 되고 있다. 다름 아닌 우방이 미국이 자신들의 저작권 등 지적재산권 보호가 우리나라에서는 미흡하다고 하여 통상관세법 301조에 의한 사정과 이에 상응한 보복을 하려 하고 있다. 미통상법 301조는 비단 출판물뿐만 아니라 보험이나 광고 시장의 개방, 그리고 쇠고기 수입과 담배값의 인하 등 각종 미국 상품을 위한 해외 시장 개척의 압력으로 이용되고 있다.

무역 상대국이 불공정 무역을 시정하지 않을 경우 관세 부과 등의 보복 조치를 위할 수 있도록 규정하고 있는 미통상법 301조가 우리에게 직접 저용되었던 것은 1985년이었던 것 같다. 바로 그 해 10월 미국은 저작권, 특허권, 소프트웨어, 상표권 등의 지적재산권 보호 문제와 관련, 한국을

---

2) 전영표, 〈미통상법 301조의 의미〉, 《월간 현대》, 3월호(정문연구회, 1988).

301조에 의해 제소했으나 그 뒤 우리 측은 1986년 7월 행정 지도를 통해 미국 출판물의 무단복제를 규제하고 未 시판 특허품목도 소급해서 보호해 줄 것을 약속함으로써 이를 무마했던 것이다.

또한 이 때 한·미간의 일괄 타결형식으로 저작권법의 개정과 세계저작권 협약(UCC)에의 가입을 합의함에 따라 우리는 197년 7월 전면 개정의 새 저작권법을 발효시켰으며, 아울러 그 해 10월에는 세계저작권협약에 정식 가입케 되었다.

따지고 보면 우리의 새 저작권법은 30년 만의 개정으로서 시대적으로 개정이 불가피했었으나 그 이면에는 통상법의 압력에 의했던 불명예의 오점을 남기게 되었으며 불소급을 원칙으로 하는 세계저작권협약에 가입하면서도 미국에 한해서만은 복제본의 경우, 10년을 소급하여 규제한다는 쌍무협정을 맺었던 것이다. 따라서 그 후 우리 행정 당국은 미국과의 합의 사항을 지키려고 많은 노력을 했던 것으로 사료된다. 그 실례로서 우리 서울의 대표적인 서점이라 할 교보문고에서는 불법적인 미국 출판물의 복제관이 사라졌으며, 1987년 연말과 1988년의 연초를 통해 당시의 문화공보부는 무단복제물의 실태 조사를 벌여서 반도, 홍릉과학, 탑, 석정, 비봉 등 5개 출판사의 불법복제물 6종에 대하여 과태료를 부과했던 사실을 내세울 수가 있겠다.

아울러 정보는 불법복제물의 단속을 매주 펴오면서 위법 사례가 적발될 경우, 출판사 및 인쇄소의 등록에 관한 법률에 따른 벌금이나 과태료의 부과와 아울러 한국출판금고의 출판 지원금 융자 등 행정 지원의 중지 조치를 위하면서 불법·무단 복제물의 단속에 행정지도 이상의 성의를 미국 측에 실증적으로 보여 주었고 심지어는 이러한 불법 출판물의 유통 경로를 아주 없애기 위해 서점의 복제물 판매 코너까지 폐쇄할 것을 강력히 종용하는 등 성의를 보였던 것이다.

더불어 과거 불법적이라 할 복제 출판을 해 왔던 한국외서출판협의회에서도 스스로 업계의 활로를 찾고자 이미 1987년 9월 미국의 협상대행회사인 팬아시아 미디어(PAM)를 내세워 적정선의 저작료를 지불, 재고 복제물의 판매 승인을 시도하기도 했으나 합의점을 차지 못하고 말았다. 그 후에도 업게는 업계대로 계속 노력을 하고 있다는 것이다.

지난날 우리들에게는 국제적인 저작권협약 사례가 거의 없었는데다가 갑자기 새 법이나 새 협약의 준수라는 환경 변화에 출판계가 익숙하지 못한 것은 사실이다. 그것이 1987년 7월 1일 새 저작권법 발효와 동시 발족된 저작권심의조정위원회에서는 그 다시 어렇다 할 저작권 시비의 조정 사례가 없었다는 것만으로도 우리의 현실을 짚어 볼 수가 있을 것이다.

저작권 등의 지적재산권은 형체가 없는 무체재산권이기 때문에 그 소유권의 개념이 명확하지 않았던 탓으로 그동안 국내나 국제거으로 큰 물의 없이 지적산물이 유통되어 왔다. 사실 지적재산권의 개념은 저작권에 앞서 특허권, 의장권 등 산업재산권이 일반화되어 그 법적 질서를 지켜온 것은 벌써 오래된 얘기이다. 국제적으로 우리는 이미 1979년 3월 1일 세계지적소유권기구(WIPO)에 가입하여 정보의 교환은 물론 지적 산품에 관한 사용료를 철저히 지불해 오고 있다. 이것은 지난 1987년 한 해 동안 외국의 산업재산권 사용료가 줄잡아 3억 6천만 달러에 이르렀다고 하는데, 이는 하루 약 1백만 달러 꼴로서 우리 화폐로 환산하면 거의 8백억원어치나 되는 금액을 매일 지불한 셈이다. 아마 이중에는 미국이 가져가는 액수가 상당수인 줄로 안다.

1988년 3월의 신학기를 맞아 각 대학의 교과서 수요가 늘어날 것에 대비하여 미국이 그들의 통상법 301조의 발동을 대학 교재인 복사 원서에 적용시키려 했던 것이 1988년 2월 4·5일에 있었던 워싱턴에서의 한미지적재산권 협상에서의 대결이었던 것이다. 그들은 2백만권에 달하는 미국 교과서의 한국 해적판을 완전히 수거하여 폐기할 것을 강력히 요구했던 것이다. 그러나 우리측은 한·미 출판업자들끼리 로열티 협상을 통해 원만한 타결을 유도했으나 미국통상대표부(USTR)는 301조에 의해 대응 조치를 내세웠던 것이다. 협상 결과 301조의 요청 사항이 아니라고 유보되기는 하였지만 그 때 70억원에 이르는 2백만권의 복제 도서가 그냥 사장되고 말았던 것 같다. 다행히도 미국출판협회(AAP)가 1988년 2월 13일자의 지상을 빌어 우리나라 신학기의 필요 교재들을 한국외서수입협회를 통해 적정 가격으로 공급하겠다고 공고함으로써 그동안 미뤄왔던 출판인들간의 협상의 길을 트기도 했다.

이를 계기로 우리의 출판업계는 더 이상의 외서 무단 북제는 삼가 왔으며, 이미 등록된 26개의 외서출판업들은 물론 다른 군소업자들도 해적행위가 문화 국민의 수치이며 불명예라는 것을 깊이 인식하고 새로운 국제적인 정보 사회에 임할 자세를 갖추고 있어 퍽 다행스러웠다.

그러나 그 후 저작권은 일반 책보다는 컴퓨터 프로그램 등의 소프트웨어

(SW) 분야에서 무질서하게 복제가 성행되고 있음은 부인할 수가 없다. 때문에 미국은 특히 우리의 SW 등 지적재산권 분야에서의 불법 행위를 예의 주시하면서 '우선협상국' 수준의 감시를 계속학 있어 국제적 마찰이 제기될 소지가 많아 외국의 컴퓨터 프로그램 보호에 새로운 각성이 요구되고 있다.

한편 우방인 미국에 대하여는 책이란 하나의 문화 상품임을 감안하여 일반 상품과는 다른 시각에서 문명·선진국다운 아량을 가지고 통상법 301조와 같은 무리한 적용이 없길 부탁하고 싶다.

국가간의 문화란 꼭 금액으로만 환산되지 않으며, 지난날 미국은 스스로의 문화를 우리에게 유입시키기 위해 출판비의 지원까지 했으며 현재도 미국문화원은 자신들이 지정하는 미국 저작물에 대하여서는 출판 보조금을 지불하고 있음을 우리는 기억하고 있다.

3. 저작권이 주어지는 사람

미국 저작권법에 의하면 저작권은 '저작자 또는 저작권 소유자', '유언 집행자나 관리인 및 양수인(讓受人)'으로부터 취득된다고 규정하고 있다. 저작자를 제외한 다른 사람은 분명히 저작권의 승계로써 저작권을 취득한다. 법률상저작권의 취득 권리는 미발행 저작물의 저작권의 존재를 전제로 하고 있어, 저작자가 미발행 저작물의 일반법적 저작권을 가지며, 저작자 이외의 사람이 저작권을 청구할 수 있는 경우는 저작자의 권리 승계에 따르고 있다. 그러므로 미발행 저작물의 저작자가 사망하고, 그 유산의 관리인, 유언 집행자는 이 일반법의 저작권을 취득하며, 저작자의 유산 취득자와 상속인을 대신해서 법률상의 저작권을 갖게 되다고 킨트너(Earl W. Kintner)와 라르(Jack L. Lahr)는 그들의 공저서(共著書)에서 밝히고 있다.[3)]

그리고 저작자가 그 외 보통법의 저작권을 남에게 양도하는 경우에는, 그 양도인도 성문법상의 저작권을 취득할 수 있으며, 저작권이 있는 저작물의 소유자를 성문법상의 저작권 청구자로서 버번라저아조, '양도'라는 법률상의 지정에는 아무 조건을 붙이지 않는다. 그러나 이 소유자(proprietor)라는 용어는 양수인이라는 용어보다도 의미가 깊은데, 소유자라면 누구든지 저작권을 청구할 수 있다.

흥미로운 문제는, 누가 저작권법상 저작자인가 하는 것이다. 저작권법 자체는 이에 대해 어떤 단서도 제식하고 있지 않지만, 소리의 녹음물인 경우처럼 이때는 연구자, 기술자, 기교자(技巧者)의 작품을 정리한 제작자, 연구자가 저작자로 간주된다. 아울러 영화의 경우도 저작으로서의 지위는 배우,

3) Earl W. Kintner, Jack Iahr, *An Intellectual Property Law Primer : A Survey of the Law of Patents, Trade Secrets, Trademarks, Franchises Copyrights, and Personality and Entertainment Right,* 2nd ed. (New York : Clark Boardman Co., Ltd., 1982), pp.384-385.

감독, 촬영 기사난 E는 이런 사람들의 노작을 편성한 연출자에게 저작권이 주어지고 있다. 실제로 법은 이런 문제를 당사자의 계약에 의한 양해에 맡기는 경향이면, 미술적 문제 작품의 경우는 계약상의 약정(約定)이 저작자의 위치를 정하고 있어 어려움을 충분히 해결해 나가고 있다. 많은 사례에서는 저작자의 위치를 정하는 문제는, 많은 노력이 경주되었을 경우, 미국에서는 고용저작물(雇用著作物)에 관한법적 규정에 따르고 있다는 것이다.

(1) 고용저작물의 저작권

미국 저작권법은 '저작자에는' 고용 계약에 따라 제작되는 경우의 사용주가 포함된다고 정의고 있다. 이 규정의 실제적인 적용에서는 고용자를 그 저작물의 저작자로 보고 있고, 고용자 자신의 이름으로 저작권을 취득하는 것을 허용하고 있다. 여기서 문제삼아야 할 중요한 점은 고용 관계가 존재하고 있는지 어떤지, 계약의 합의가 성문법의 언어에 영향을 주는 지의 여부인 것이다. 고용 관계는 만일 고용자가 그 저작물을 완성하는 도중에 지휘, 감독하는 위치에 있었을 경우에만 존재한다고 간주되어지나 이 경우 고용자가 감독권을 가지고 있으면 충분하고, 현실의 지휘, 감독은 반드시 필요한 것이 아님을 강조하고 있다. 특히 어떤 특수한 저작물을 창작하기 위해 특별히 고용된 경우에는 지휘, 감독이 존재하지 않는 것은 그와 같은 고용 관계가 성립되지 않는다. 다만, 그 사람이 고용주라라는 것만으로, 저 저작물의 저작권이 고용주에게 있다는 의미는 아니다. 고용 의무의 일부로서 저작한 것이 아닌 저작물의 저작권은 피고용인에게 주어진다.[4)]

그러나 이것은 특허(特許)를 받을 수 있는 발명과 비슷한 관점에서 본 것처럼, 저작물의 '작업장 권리(shop right)'가 고용주에게 없다는 것은 아니다.

저작물이 고용주를 위한 피고용자의 저작 행위로 이루어지거나, 또는 저작자와 집무 시간에 함께 저작했다면, 고용주는 이 '작업장 권리'를 가지고, 관리가 보호되는 기간 중에 그 저작물의 비독점양도(非獨占讓渡)가 되지 않는 로열티(royalty) 무상의 허락이 주어졌음을 주장할 수가 있다.

지휘, 감독하는 권리가 없을 때는 분명히 고용 관계는 조재하지 않는다.

---

4) *Ibid.*, pp.385-386.

그 대표적인 예로서, 저작이 위촉되고 그하청인이 그 자신의 판단으로, 또는 최소한의 감독을 받아 저작물을 제작하는 독립된 하청 저작자의 경우가 있다. 이런 종류의 사건에는 종종 대표저작자(代表著作者, ghost writer)가 있다. 이 경우 이 저작물은 위촉자 쪽에 속하는지, 하청자 쪽에 속하는지에 대해 논의가 있지만, 대개의 경우 위촉자 측에 속하게 된다.

그러나 위촉자 측은고용 계약의 저작물의 저작자로서 저작권을 취득하지는 못한다. 즉 당사자 사이의 계약상의 양해로, 저작을 위촉하는 자가 저작물의 소유자로 되는 것이다. 고용 계약으로 저작한 저작물의 갱신권(更新權)도 소유자에게 양도되므로, 이 구별은 퍽 중요한 일이다. 왜냐하면 고용으로 생긴 저작물의 갱신권은 소유자에게 있지만, 다른 경우에는 이갱신권은 저작자에게 귀속하기 때문이다. 그러므로 고용 계약으로 저작한 저작물에 대해서는 고용자는 갱신저작권(更新著作權)을 청구할 수 있지만 위촉저적물(委囑著作物)인 경우는 이 갱신권은 저작자에게 귀속하게 된다.

저작권법의 규정에 관계 없이 고용 관계의 당사자는 계약에 따라서 저마다의 저작권을 변경할 수 있으므로, 고용 계약으로 어떤 종류의 권리를 고용자에게 독점적으로 허락하고, 저작권을 종업원에게는 유보하는 경우에도 유효한 것이다.

또 한편, 고용의 법위 밖에서 종업원이 저작한 저작물이라도, 고용 계약에 그 취지가 명확하게 밝혀 있으면, 저작권은 고용자의 것이 될 수 있다. 고용자는 계약상의 소유권 명시에 따라 저작권의 소유자가 되는 것이며 저작자의 지위 여하에 있다고는 할 수 없다.

(2) 편집 저작물의 경우

미국 저작권법에는, 편집저작물 또는 정기간행물의 저작권은 그 해당 부분마다 개별적으로 주어진다고 규정되어 있어, 이에 관한 모든 권리는 그 경영자에게 부여하고 있다. 그 결과 단편 이야기, 만화, 사진 같은 것을 포함한 잡지, 즉 결합저작물(結合著作物)의 단일 저작권 표시는 그 구성 부분을 보호하는 데 유효하다고 보아진다. 그러나 이것은 이른바 '무분리의 원리(doctrine of indivisibility)'를 적용할 수 있을지 좀 문제가 되고 있다.

《새터데이 이브닝 포스트 Saturday Euening Post》의 연재물로서, 제1

차로 발행된 소설은 잡지 저작권으로 보호를 받을 수 있다.

그러나 결합저작물 중 구성저작물(構成著作物)의 저작권 소유자가 누군가 하는 문제는 흥미롭다. 만일 구성 부분인 저작물에 저작자의 명의로 따로 저작권 표시가 붙어 있다고 한다면, 분명히 저작권은 저작자 각자에게 있지만, 이런 경우는 드물다. 저작물 전체에 하나의 저작권 표시가 있는 경우, 구성 저작물의 저작권은 저작자를 위해 신탁되어 있다고 판시되어 있다. 따라서 저작자는 그 발행 저작물이 공공재(公共財)가 되지 않게끔 보호됨과 아울러 그 저작권의 수익권(受益權) 소유자가 되도록 되어 있다.[5)]

(3) 정부 간행물의 저작권

미국 저작권법 제105조에는 "미국 정부의 간행물은 이 법에 의한 저작권의 보호를 받지 못한다. 다만, 미국 정부는 양도(讓渡), 유증(遺贈) 또는 다른 방법에 의하여 이전된 저작권을 인수하거나 보유할 수 있다."고 규정되어 있다.

이 경우의 간행물(publication)이란 인쇄된 간행물로 되어 있는 것이어서 조각(彫刻)과 같은 저작 저작권이 있는 저작물은 그것이 정부에 의해 만들어졌음에도 불구하고 등록할 수 있다. 정부간행물인지 아닌지는 저작물이 정부와 고용계 약이 있는 종업원 또는 관리의 손으로 저작된 것인지의 여부에 달려 있다. 따라서 정부의 종업원에 의해 저작된 것일지라도 직무의 범위 의의 것이며 설령 저작물의 주제(主題)가 그 직무에 관계가 있더라도, 그 저작자가 직무의 범위 안에서 알 수 있는 특별한 지식을 이용해도 그것은 정부간행물이 아니라는 판례가 있다.[6)]

반드시 명료하지는 않지만, 특히 정부에서 위촉한 저작물은 그 하청 저작자가 독립인이라 할지라도 이것 역시 정부간행물로 간주된다. 한편 위촉되어 있지는 않지만, 그 직무 수행 중에 하청 저작자가 개발한 정부 하청 저작자의 창작 저작물은 정부간행물이라 할 수 없다. 이 같은 경우의 저작물 하청 저작자는 그 저작권을 갖게 된다. 저작권을 청구할 수 있는 지위와 소유권은 양자의 계약 관계로 정해진다. 이 경우 비정부간행물(비정

---

5) *Ibid.*, pp.386-387.

6) I*bid.*, p.387.

부간행물)의 소유자로서 저작권을 청구할 수 있고, 또 이미 저작권이 있는 저작물의 양도인 경우라도 저작권의 소유자가 될 수 있다.

4. 권리가 부여되지 않는 저작권

(1) 단순 아이디어의 경우

저작권이 부여되는 것은 아이디어 자체가 아니라 아이디어의 표현 형식이다. 이같은 견해는 예컨대 아인슈타인(Albert Einstein)의 유명한 질량(질량)에너지 방정식 E=mc2과 같은 구체적인 아이디어를 생각할 때 특히 명백해진다. 상대성 개념을 설명하는 서적을 쓴 어느 저작자의 경우에는 그 서적 자체는 아인슈타인의 표현 형식이므로 그것에 저작권이 부여되지만, 아인슈타인조차 그 아이디어의 창시자이기는 하나, 그 아이디어 자체에는 저작권이 부여될 수 없는 것이다.1)소설의 세계에서 표현의 형식자이기는 하나, 그 아이디어 자체에는 저작권이 부여될 수 없는 것이다.[1]

소설의 세계에서 표현의 형식과 아이디어 사이의 차이점에 선을 긋는 것은 더욱 어렵다. 한 예로서 시걸(Enich Segal)의 《러브 스토리 *Love Story*》라는 작품에 대해 생각해 보자. 전체적으로 이 소설에 저작권이 주어지고 있음에는 이의가 없다. 그러나 이 소설의 플로트(plot)의 노골적인 구성은 아무리 생각해 봐도 소설이라고는 할 수 없다. 이 플로트는 케케묵은 것이라고 하는 비평도 있을 수 있는 것이다. 플로트의 줄거리는 부유한 집 청년이 간난한 여성을 만나 연애를 하고, 그의 아버지는 아들과의 인연을 끊게 된다. 그러나 그들은 결혼하게 된다. 그들은 빈곤 속에서 같이 고생한 끝에 유복해지지만 그녀는 죽고 그는 ㅇ버지와 화해한다는 이야기인 것이다.

이 테마에는 무수한 변수(변수)가 존재한다. 테마가 표현하는 아이디어는

---

1) Earl W. Kintner, Jack Lahr, *An Intellectual Law of Patents, Trade Secrets, Trademarts, Franchises, Copyrights and Personality and Entertainment Rights,* 2nd ed. (New York : 침가 Boardman Co., Ltd., 1982), pp.364-365.

비록 독창적인 것일지라도 한 사람에게 독점시켜서는 안 된다. 또 다른 한편에서 성격 묘사와 장소를 조금 바꾼 것 같은 엇비스쇼한 소설은 그 원작의 저작권을 채해한다고 판정되는 것도 당연한데, 이 같은 문제에는 섬세한 경계선이 존재한다는 것과 단순한 아이디어 이상의 것만이 저작물로서 권리를 보호를 받는다는 것을 지적해 둔다.

(2) 책의 문화

하나의 저작물에 저작권이 있더라도 그 저작물의 표제(title)에는 저작권이 없다고 하는 견해가 오래 전부터 법적으로 해석되고 있다. 이 원칙은 성문법의 일반법에서 모두 적용시키고 있다.

표제가 보호되는 범위는 상표법이나 부정경쟁법에 입각한 것뿐이다. 그러므로, 예컨대 연속물인 경우 표제가 사용됨으로써 공중의 마음 속에 그 특정한 저작자이거나 그 출판자가 연상케 되어 이 같은 경우에는 표제에서 풍기는 이차적인 의미가상표의 보호를 초래할 수 있다는 것이다.2)

(3) 표어 및 상표, 말, 어구

미국의 '저작권청 등록규칙(Copyright Offce Regulations)'은 말, 슬로건, 짤막한 어구의 저작권을 인정하는 데 필요한 독창성이 결여되어 있기 때문이지만, 종종 내시(Ogden Nash)의 주장처럼 충분한 독창성이 인정되는 경우도 있으므로, 저작물의 장단(장단)은 저작권을 부여하는 데 관계가 없다고 보아야 한다.

이런 종류에는 상표로 되는 것이 많으면, 그런것들은 상표법으로 보호를 받게 된다. 말, 슬로건, 어구(어구)가 상표로 되어도 그것이 상표인 까닭에 저작권이 주어지지 않는 것은 그겟에 독창성이 없기 때문이다. 그러나 상표라도 저작권이 인정되는 경우가 있고, 미국의 저작권법에는 이런 사태에 대한 아무 규정이 없다.3)

제일 많이 언급되어지는 경우는 상업용 프린트 및 라벨의 경우인데, 저

---

2) *Ibid.*, p.365.
3) *Ibid.*, pp.365-366.

작권청의 등록규칙에 기술되어 있는 것처럼, 상표는 저작권 부여의 요건을 충족시키는 프린트나 또는 라벨은 그것이 상표라도 등록할 수 있는 것이다.

예를 들면 포도주의삽화를 곁들인 라벨은 만일 그것이 저작권 부여의 독창성의 필요 조건을 지나고, 상표로서의 여러 가지 조건을 동시에 충족시키고 있다면, 저작권이 부여됨과 아울러 상표로도 등록될 수 있는 것이다.

(4) 실용의 저작물

예술의 작물이 실용성이 있다는 사실 때문에 저작권 부여가 방해되지는 않는다. 이것은 미국의 마저 대 슈타인(Mazer v. Stein) 사건 판례이지만, 다른 한편에서 저작물이 순수한 실용성, 즉 그 특징이 심미적인 이유보다도 실용적 이유에 있는 경우에는 저작권이 부여되지 않는다. 예커대 피스톤 로드(pistonrod)가 아무리 매력적으로 만들어졌다고 해도 그것은 미술저작물로서 저작권이 부여될 수 없는 것이다.

또 저작물이 성문법상의 '문서(writing)'인가의 여부인데, 만일 원래 특징이 호용적인 것뿐이라면 그것은 문서는 아니다. 그래서 저작권 부여성(부여성)에 있어 분명히 무서인 저작물의 범주에 관해 다른 문제가 제기되고 있다. 이 문제가 최초로 제기되 것은 1880년의유명한 베이커 대 셀덴(Baker v. Selden) 사건의최고 재판소의 판결에서였다.

이 사건에서는 셀덴이 개발한 부기(부기)의 새로운 방법을 해설한 셀덴의 책이 문제가 되었었다. 이 책에는 셀덴법에 사용되는 예제 서식(例題書式)이 게재되어 있었느데, 피고 베이커는 같은 부기법(부기법)에 사용하기 위해, 언뜻 보기에 유사하고 약간 수정한 예제 서식을 상업적으로 판매했기 때문에 저작권 침해로 고소를 당했다. 재판소는 이 부기법을 시행하려면 셀덴에게 저작권이 있는 서식을 사용까지도 독점시킬 것인가의 여부에 있다고 했다.

그리하여 재판소는 셀덴에게 저작권이 있는 서식을 다른 사람이 복제해서는 안 된다고 하여, 그의 부기법을 독점시킬 수 있는가를 문제로 삼아 이를 부정하는 판결을 내렸었다. 즉, 저작권이 있는 저작물은 어떤 일을 하는 기술이나 또는 방법에 관한 것이어서 이 저작물을 복제하지 않으면 그 기술을 사용할 수 없는 경우에, 그 같은 사용을 위해 복제하더라도 그것은 저작권의 침해가 성립되지 않느다고 결론 내릴 수 있다.

미국의 저작권청 등록규칙에 따르면, 예컨대 시간표, 그래프 용지, 회계 장부, 일기, 은행 수표, 스코어 표, 주소록, 리포트 서식, 주문서 등 어떤 정보를 그 자신이 전하지 않고 단지 이 정보를 기록하기 위해 고안된 저작물에는 저작권을 부여하지 않기로 되어 있다. 그러므로 실용의 저작물은 그 저작물이 예정한 목적을 위한 복제뿐 아니라 설명의 목적으로만 복제되는 경우는 저작권을 부여하지 않기로 되어 있다. 그러므로 실용의 저작물은 그 저작물이 예정한 목적을 위한 복제뿐 아니라 설명의 목적으로만 복제되는 경우는 저작권을 보호해 주지 않고 있다. 예를 들면 베이커 대 셀덴 사건에서는 기입용의 주문 용지의 복제는 허용되는 셈이며, 저작권청의 등록 원칙하에서는 주문 서식을 책에 싣기 위해 복제할 수 있다.

그러나 등록 규칙이 베이커 대셀르덴 사건의 판결에서는 약간 벗어난다. 앞에서와 같이 재판소 중에는 백지 수표 및 기록 서식의 저작권을 인정한 곳도 있어, 이렇게 확장된 원칙은 여전히 상당한 유효성을 지니고 있다.

어떤 사건에서는 하나의 경기 규칙에 저작권이 있다고 간주된 일 있는데, 프록터 . 갬블 사(Procter & Gamble Co.)가 경기에 관해 글자 그대로 그 규칙을 명확하게 복제했기 때문에 그 저작권 소유자로부터 소송당한 일이 있다. 제1회 순회공소재판소(U.S. Court of Appeals for the First Circuit)는 이 경기 규칙은 창의적인 표현 수단이 한 줌도 되지 않을 만큼 매우 단순한 것이며, 이 규칙은 경기 진행을 위해 복제는 피할 수 없으므로 그 침해에 대한 저작권의 보호를 해 줄 수 없다고 판시했다.4)

(5) 특허 가능 간행물

실용의 저작물을 위한 정식적 디자인은 그것이 신규이며 독창적인 경유, 디자인 특허의 보호를 받는 동시에 마저 대 슈타인(Mazer v. Stein) 사건의 원칙으로 그것이 독창성과 창작성의 저작권 기준에 합당한 경우에는 미술적작물로서 분명히 저작권의 보호를 받을 수가 있다. 이와 마찬가지로 많은 기계 . 전ㄱ;에 관한 특허 중에는 기술적 도면(도면)도 저작권을 보호받는 경우가 있다. 이 같은 저작물은 저작권청의 등록규칙에 다음과 같이

4) *Ibid.*, pp.366-367.

규정을 두고 있다.[5)]

"디자인 특허법으로 보호받을 가능성은 미술저작물로서의 등록성(등록성)을 저해하지 않지만, 특허가 된 디자인과 특허 허가를 신청 중인 제도(제도)나 사진의 저작권은 특허가 주어진 후에는 등록을 하지 못한다."

과학적 또는 기술적 제도에 저작권이 부여되는 것이 특허 신청 중인 경우에는 등록이 거부되지 않는다. 그러나 특허가 주어진 경우, 제도의 저작권은 등록을 할 수가 없다.

이 두 가지 규칙에 따라 특허가 주어지면 저작권의 보허는 받을 수가 없다. 물론 특허가 주어진 저작물에는 그것이 발행되어도 저작권 표시가 없으면 저작권은 박탈된다. 그러나 저작자의 저작권 표시가 없다고 저작권이 성립되지 않는다고 하는 이유는 명백하지 않지만, 이 같은 저작물의 등록을 미국의 저작권청에서 거절하는 것은 저작권의 취득에 실제 커다란 장애가 되고 있다.

---

5) *Ibid.*, pp.367-368.

5. 디지털 저작권과 산업재산권

인간의 정신적 창조에 의한 산물인 지적인 생성물에 관한 권리를 지적재산권(intellectual property right)이라고 말한다.

무체재산권이라고 할 수 있는 이러한 지적 소유권은 예술적이고 문학적인 창작물과 인문과학적인 모든 저술의 저작권과 산업적 무체재산권이라할 특허권, 실용신안권, 의장권 및 상표권 등의 산업재산권으로 나눌 수가 있겠는데, 이 밖에도 현대의 과학 문명의 발달에 따른 컴퓨터 프로그램 저작권과 반도체 칩(semiconductor chip) 보호권, 노하우 등 유사한 산업재산권도 여기에 포함시킬 수가 있다.

실제로 모든 지적 재산권이 제도상 법적인 보호가 충분치 못한 것이 사실인데, 이는 형체가 없는 무체재산권이라는 특색 때문에 어쩍 수 없는 실정이다. 저작권이나 산업재산권은 법적인 보호 요건을 갖추고 있으나 그 밖에 다른 지적 소유권은 보호의 모호성과 법적인 뒷받침이 없어 권리자와 사용자간에 한계성 때문에 종종 물의를 빚게 된다.

여기서는 현행법으로 명시하고 있는 지적재산권인 저작권과 컴퓨터 프로그램 저작권 및 산업재산권에 대하여 한국의 경우를 중심으로 하여 논술키고 한다.

(1) 저작권

저작권(copyright)이란 인간의 정신적 활동의 소산인 인문 과학이나 예술 등 지적인 창작에 관한 권리를 말한다. 또 이 지적 재산권인 저작권은 어떤 형태로 표현되었을 때만이 권리가 주장될 수 있는데, 반대로 표현되지 않은 사상이나 감정은 그 소유권이 인정될 수 없는 것이다. 따라서 저작권은 출판, 공연, 방송, 연주, 전시 등의 방법으로 공표됨으로써 그 권리가 보호케 되는 것이다. 이러한 권한은 저작권자에게만 독점적으로 부여되며, 저작권의 존속기간 동안 저작물에 대한 독점 배타적인 권리를 누리게 된다.

저작권은 저작인격권과 저작재산권으로 나눠 권리를 주장할 수 있고, 또한 법적 보호가 이뤄지고 있는데, 저작인격권은 영구히 보호되며, 재산권의 경우는 저작자의 생존 동안과 사후 50년간 보호하고 있으며, 실연이나 음반, 방송 등의 저작인접권도 법적인 보호를 해 주고 있는데 이 경우에는 실연은 공연을 한 때부터, 또 음반은 그 음을 최초로 음반에 고정한 때, 그리고 방송은 이를 송출한 때로부터 20년간 그 권리를 보호, 인정해 주고 있다.

현행법상 저작권은 별다른 등록을 요구하지 않으며, 저작물 공포와 동ㅅ에 권리가 발생하게 되어 있는데, 다만 제3자에 대항하기 위한 저작권의 양도나 질권의 설정 등의 경우에는 등록할 수가 있다(한국 저작권법, 제51·51조, 이하 법은 동법임).

우리의 현행 새 저작권법은 저작권, 즉 저작자의 권리로서 앞서 말한 저작인격권, 저작재산권, 저작인접권 외에 출판권과 영상저작권 등을 세분하여 규정하고 있는데, 이 저작권의 법적 한계를 다시 알아 보기로 한다.

1) 저작인격권

저작인격권은 공표권(법 제11조)과 성명표시권(법 제12조), 동일서유지권(법 제13조)으로 나눠 규정하고 있는데, 공표권은 저작자가 자신의 저작물에 대한 공포 여부를 결정하는 권리로서, 만일 공포되지 않은 저작물의 재산권을 다른 사람에게 양도했거나 그 이용을 허락한 경우에는 상대방에게 공포를 동의한 것이라고 했으며, 또한 공포되지 않은 미술저작물, 건축저작물 및 사진저작물의 원작품을 양도한 경우에는 그 상대방에게 저작품의 전시 방식에 의한 고포를 동의한 것이라고 추정하고 있다. 그리고 원저자의 동의를 얻어 작성된 2차적 저작물 또는 편집저작물이 공포된 경우에는 그 원저작물도 공포된 것이라 규정하고 있다.

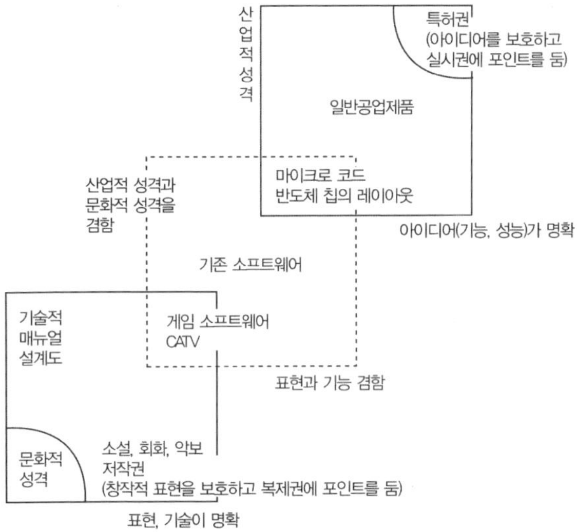

*출전 : 日本 經濟企劃廳 總合計劃局 編, 《知的所有權》(東京 : 大藏省 印刷局, 1987), p.27.

[그림 4] 지적재산권의 관계 범위[1)]

또한 저작자에게는 성명표시권이 주어져 있는데, 저작물이나 그 복제물에 그의 실명 또는 이명을 표시할 권리로서 그 저작물을 이용하는 자는 저작자의 특별한 의사표시가 없는 때에는 원작자가 표시한 대로 따라야 한다고 되어 있다.

그리고 저작자에게는 그 저작물의 내용, 형식 및 제호의 동일성을 유지할 권리를 부여하고 있다. 그러나 저작물을 이용하는 학교 교육 목적상 부득이하다고 인정되는 범위내에서는 표현의 변경을 허용하며, 또한 건축물의 증축·개축 등의 변형이나 그 밖에 저작물의 성질이나 그 이용 목적 및 형태에 비추어 부득이한 변경의 경우에는, 본질적인 내용 변경이 아닌 한 법적으로 허용하고 있다.

공동저작물의 경우 저작인격권은 저작자 전원의 합의에 의하지 아니하고

---

1) 日本經濟企劃廳 總合計劃局 編, 《知的所有權》(東京 : 大藏省 印刷局, 1987), p.27.

는 이를 행사할 수 없으며, 공동저작자들 중에서 대표하여 저작인격권을 행사할 사람을 정할 수 있게끔 되어 있다. 만일 대표권에 가하여진 제한이 있을 때에는 그 제한이 선의의 제3자에게 대항할 수 없도록 하고 있다(법 제15조).

2) 저작재산권

저작권자에게는 저작재산권을 인정하고 있는데 현행법은 저작자에게 저작물을 복제할 수 있는 복제권(법 제16조)와 저작물을 공연할 수 있는 공연권(법 제17), 저작물을 방송할 수 있는 방송권(법 제18조), 그리고 미술저작물 등의 원작품이나 복제물을 전시할 수 있는 전시권(법 제19조)와 저작품이나 그 복제물을 배포할 배포권(법 제20조) 및 그 밖에 2차적 저작물 등의 작성권(법 제21조)을 부여하고 있다.

여기서 2차적 저작물이라 함은 번역·편곡·변형·각색·영상제작, 그 밖의 방법으로 작성한 창작물(법 제5조)을 말하며 이는 독자적인 저작물로 보호되나 그 원저작자의 권리에 영향을 미치지는 않는다.

이 저작재산권은 물권과 비슷한 배타적 건리이기는 하나 저작자가 직접 자기 권능을 행사하는 사례가 드문 점이 물권의 경우와 다른 점으로서 전문적인 사업자가 이를 이용할 수 있도록 허락하고 대가를 받는 권리인 것이다. 따라서 저작인격권과는 달리 저작재산권은 양도할 수가 있다(법 제41조). 또한 저작재산권은 유체재산권과는 다른 독특한 소멸 사유를 갖고 있는 무체재산권인 것이다.

그리고 공도저작물의 저작재산권은 그 저작재산권자 전원의 합의가 이뤄지지 않고는 행사할 수 없으며, 다른 저작재산권자의 동의가 없으면 그 지분을 양도하거나 질권의 목적으로 삼을 수 없도록 하고 있다(법 제45조).

3) 출판권

출판이란 저작물을 인쇄 등의 방법에 의해 문서나 책으로 발행하는 것을 말하는데, 이와 같은 일을 맡아 할 수 있는 권리를 출판권이라고 한다. 출판권은 저작자의 권리 중 하나로서 저작권자만이 그 권능을 산물이라 할 책을 출판하게 된다.

현행 한국의 저작권법에서는 저작물을 복제·배포할 권리를 가진 복제권자는 그 저작물을 인쇄, 그 밖의 유사한 방법으로 문서나 도서로 발행하고자 하는 자에 대하여 이를 출판할 권리를 설정할 수 있게 하고 있다(법 제54조). 아울러 이 법에서는 출판권자는 그 저작물을 원작 그대로 출판하도록 할 뿐 아니라, 원고 등을 받은 날로부터 9월 이내에 출판해야 한다고 규정하고 있다. 또 출판권자는 그 저작물을 계속 출판해야 하며, 각 출판물에는 복제권자의 검인 등 그 표식을 의무화하고 있다. 다만 출판권 설정 행위에 특약이 있는 경우에는 예외로 하고 있다.

따라서 출판권이 설정되면 출판자는 저작물을 출판할 독점배타적 권리를 가지므로 특약이 없는 경우, 저작물의 출판일로부터 3년 동안은 저작권자라도 자신의 저작물을 원작 그대로 다시 출판할 수 없게 하고 있으며, 또한 그 저작물을 전집 그 밖의 편집물에 수록할 수도 없게 하고 있다. 다만 출판권자가 출판이 불가능하거나 출판할 의사가 없음이 명백한 경우에는 즉시 출판권의 소멸을 통고할 수가 있는데, 이 경우 6개월 이상의 기간을 정하여 그 이행을 최고(催告)한 다음에야 법적 효력이 발생하게 된다.

유상으로 저작물에 대한 출판권이 설정된 경우에는 출판권자는 당사자간의 약정에 의한 저작물의 사용료를 저작권자에게 지급해야 하며 복제권자의 동의 없이는 이를 양도 또는 질권의 목적으로 할 수 없도록 하고 있다.

4) 저작인접권

저작권에 인접하는 권리를 저작인접권(neigbouring rights)이라고 말하는데, 한국 저작권법에서는 실연자와 음반제작자 및 방송사업자에게 부여하는 권리이다. 즉 실연자는 자신의 실연을 독점적으로 녹음·녹화하거나 사진으로 촬용할 권리와 아울러 방송할 권리를 가지며, 음반제작자는 그 음반을 복제·배포할 권리를, 그리고 방송사업자는 그의 방송을 녹음, 녹화, 사진 등 이와 유사한 방법으로 복제하거나 동시 중계 방송할 권리르 저작인접권으로 인정하고 있다.

실연자란 가수, 배우, 무용가 등과 또한 실연을 지휘·연출·감독하는 자도 포함시키고 있으며, 음반제작자란 음을 최초로 음반에 고정시킨 사람을 말하고 방송사업자란 방송을 업으로 하는 자를 지칭하고 있다. 그리고 실연이란 저작물을 연기·무용·연주·가창·연출 등의 예능적 방법으로 표현하는 것을 말하며, 저작물이 아닌 것은 이와 유사한 방법으로 표현한 것도 포함시키고 있다. 또 음반이란 음이 음반에 고정된 것을 말하며, 영상과 함께 고정된 음은 제외시키고 있다.

그리고 방송이란 일반 공중으로 하여금 수신하게 할 목적으로 무선이나 유선통신의 방법에 의하여 음성, 음향, 영상 등을 송신하는 것을 말하는데, 다만 차단되지 아니한 동일 구역 안에서 단순히 음을 증폭, 송신하는 것은 제외시키고 있다(법 제2조).

여기서 방송사업자는 실연이 녹음된 판매용 음반을 사용하여 방송하는 경우에는 그 실연자에게 또 판매용 음반을 사용하여 방송하는 경우에는 그 음반 제작자에게도 상당한 보상을 하도록 하고 있다. 이때 보상을 받을 수 있는 권리자는 한국내에서 실연을 업으로 하는 자로 구성된 단체로서 문화체육부장관이 지정하는 단체이어야 한다. 예를 들자면 한국음악저작권협회나 한국음반협회 등의 단체만이 그 보상을 청구할 수 있으며 만일 단체 구성원이 아닌자가 보상을 신청할 경우에는 그 단체의 명의로 재판 또는 그 밖의 행위를 하도록 권한을 부여하고 있다.

그리고 2인 이상이 공동으로 합창·합주나 연극 등을 실연하는 경우에는 공동 실연자가 선출한 대표자가 실연자의 권리를 행사할 수 있으며, 대표자의 선출이 없는 경우에는 지휘자나 연출자 등이 이를 행사할 수 있다.

5) 영상저작권

연속적인 영상이 수록된 창작물로서 그 영상을 기계나 전자 장치에 의하여 재생하여 보고 들을 수 있는 것을 영상저작물이라 정의하고 있는데(법 제2조), 저작재산권자가 그 저작물의 영상화를 다른 사람에게 허락한 경우에 특약이 없는 때에는 영상저작물을 제작하기 위하여 저작물의 각색이나 복제·배포와 공개 상영하는 권리와 아울러 방송을 목적으로 한 영상저작물의 방송과 영상저작물의 번역물을 똑같은 방법으로 이용하는 권리까지도 포함시킨 것이라고 규정하고 있다(법 제74조).

그리고 저작물의 영상화를 허락한 경우에는 허락한 날로부터 5년이 경과한 때에 그 저작물을 다른 영상저작물로 영상화하는 것을 허락하고 있다. 한편 영상저작물에 대한 저작권을 취득한 경우에 그 영상저작물의 이용을 위하여 필요한 권리는 영상제작자에게 양도된 것으로 보고 있는데, 이 때 제작에 사용되는 소설, 각본, 미술저작물 및 음악저작물 등의 저작재산권은 영향을 받지 아니하며, 실연자의 녹음·녹화권과 실연방송권은 영상제작자에게 양도된 것으로 보고 있다.

아울러 영상제작자는 영상저작물에 수록된 녹화물을 복제·배포하거나 공개 상영과 방송에 이용할 권리를 가지며 이를 양도하거나 질권의 목적으로 이용할 수 없게 하고 있다(법 제76조).

영상저작물의 저작재산권은 공포한 때로부터 50년간 존속하며, 창작한 때로부터 10년 이내에 공포되지 아니한 경우에는 창작한 때로부터 50년간 존속시키고 있다(법 제77조).

특기할 것은 지난 1987년 10월 1일 대한민국도 세계저작권협약에 가입했기 때문에 이 협약에 가입한 모든 나라들에 대하여는 상호주의원칙에 의거 내국인과 동일한 저작권의 보호를 해줘야 하며, 아울러 한국 저작물의 권리도 이들 체약국에서는 보호받도록 되었다.

(2) 디지털 저작권

프로그램이라 함은 컴퓨터 프로그램의 약칭으로서 특정한 결과를 얻기 위하여 컴퓨터 등 정보처리 능력을 가진 장치내에서 직접 또는 간접으로 사용되는 일련의 지시·명령으로 표현된 것을 말한다. 이 컴퓨터 프로그램에 관하여서는 1986년 12월 31일자로 컴퓨터 프로그램 보호법이 제정되어 개정되어 개정된 현행 저작권법과 같이 1987년 7월 1일부터 발효됨으로써 지적 재산권의 새로운 분야라 할 프로그램에 관한 저작권이 법적인 보호를 받게 된 셈이다.그러나 이 컴퓨터프로그램 보호법이 2009년 4월 22일자로 폐기되고 기존 저작권법에 통합됨으로써 다소 보호의 양상이 달라지기는 하였지만, 근본적인 소프트웨어의 권리 보호에는 아무런 영향이 없다.

이 프로그램 저작권도 일반 저작권과 같이 프로그램 저작인격권과 프로그램 저작재산권으로 나눠 그 권리를 보호하고 이다.

1) 프로그램 저작인격권

저작권법에서와 같이 컴퓨터 프로그램 보호법에서도 프로그램 저작자에게는 그 프로그램을 공포하거나 공포하지 아니할 것을 결정할 권리인 '공표권'과 프로그램이나 그 복제물에 저작자의 실명 또는 이명을 표시할 '성명표시권'과 프로그램의 제호나 내용, 형식의 동일성 유지를 위한 '동일성유지권'을 갖도록 규정하고 있다.

그러나 다음의 경우에는 동일서유지의 권리를 유보하고 있다.2)

① 특정한 컴퓨터 외에는 사용할 수 없는 프로그램을 다른 컴퓨터에 사용할 수 있도록 하기 위하여 필요한 범위 안에서의 변경
② 프로그램을 특정한 컴퓨터에 보다 효과적으로 사용할 수 있도록 하기 위하여 필요한 범위 안에서의 변경
③ 프로그램의 성질 또는 그 사용 목적에 비추어 부득이하다고 인정되는 범위 안에서의 변경

이와 같이 일정 범위내의 변경을 허용한 것은 컴퓨터 프로그램이란 효율적 이용을 위해 수정·보안이 수시로 요구되기 때문인 것이며, 국가적인 차원에서 보다 더 쉽게 활용하여 산업발달에 기여케 하고자 한 것이라 볼 수 있다.

2) 프로그램 저작재산권

컴퓨터 프로그램의 저작권은 프로그램이 창작된 때로부터 발생하며, 어떠한 절차나 형식의 이행을 필요로 하지 않고 있으며, 프로그램 저작권은 프로그램이 창작된 때로부터 50년간 존속시키고 있다(법 제8조).

프로그램 저작자는 프로그램을 복제·개작·번역·배포 및 발행할 권리를 가지도록 하고 있는데 '프로그램 저작자라 함은 프로그램을 창작한 자'를 말하는 것이다. 그리고 프로그램을 유형물에 고정시켜 새로운 창작성을 더하지 아니하고 다시 제작하는 것을 '복제'라고 하며, 원 프로그램의 일련의 지시·명령의 전부나 상당 부분을 이용하여 새로운 프로그램을 창작하는 것을 '개작'이라고 한다. 또한 프로그램을 발행하거나 공중에게 제시하는 것을

---

2) 한국 〈컴퓨터 프로그램 보호법〉, 제11조(1986.12.제정)

'공포'라고 하며, 프로그램을 복제하여 공중에게 배포하는 것을 '발행'이라 하고 원프로그램이나 그 복제물을 공중에서 양도·대여하는 것을 '배포'라고 정의하고 있다. 컴퓨터 프로그램 보호법은 저작재산권자의 허락 없이도 다음의 경우에는 프로그램의 사용이나 복제를 허용하고 있다(법 제12조).

① 재판을 위하여 필요한 경우
② 교육법에 의한 교육 기관에서 교육을 담당하는 자가 당해 프로그램의 종류, 용도, 복제의 부수 및 특성에 비추어 프로그램 저작권자의 이익을 부당하게 행하지 아니하는 범위 안에서 수업 과정에 제공할 목적으로 하는 경우
③ 고등학교 및 이에 준하는 학교 이하의 교육 목적을 위하여 필요한 교과용 도서에 게재하는 경우
④ 한정된 장소에서의 개인적인 목적을 위하여 복제 또는 사용하는 경우

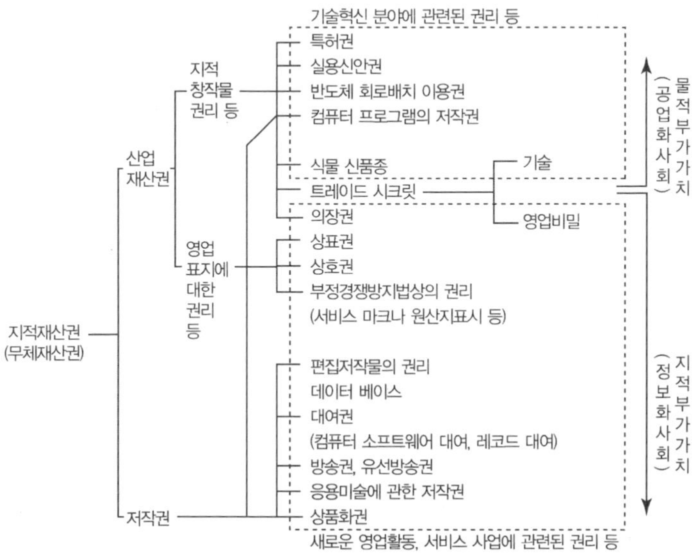

*출전 : 日本 自民黨總合硏究所, 《技術革新が 90年代をどう變えゐか》, 1989.3, p.139.

[그림 7] 지적재산권의 분류[3)]

3) 司空 穆, 《美·日 知的所有權紛爭과 日本의 對應戰略》(産業硏究員, 1989), p.18

그 밖에도 정당한 프로그램 사용자가 그 복제물의 멸실·훼손이나 변질 등에 대비키 위하여 필요한 범위 안에서 그 복제물을 카피할 수 있도록 하고 있다. 프로그램 저작권은 그 전부 또는 일부를 양도할 수 있으며, 다른 사람에게 프로그램 저작권자는 그 프로그램의 사용을 허락할 수도 있다.

프로그램 저작자는 프로그램의 창작 연월일 등을 창작 후 1년 이내에 과학기술처 장관에게 등록할 수 있도록 하고 있는데, 프로그램 저작권의 이전 등은 등록하지 않으면 제3자에게 대항할 수 없다. 만일 프로그램 저작권을 공포 등의 방법으로 침해당한 경우에는 3년 이하의 징역이나 3백만 원 이하의 벌금을 과할 수 있는 처벌규정을 두어 지적 재산권인 프로그램의 저작재산권을 보호하도록 하고 있다.

(3) 산업재산권

산업재산권(industrial property right)이란 공업 재산권의 뜻을 지니고 있는데, 일정한 기술적 창작을 한 자가 이를 국가 사회에 공개하는 대신 국가는 이를 발명자나 고안자 등에게 일정 기간 동안 독점 배타적인 권리를 갖도록 하고 있다. 기술적 재산권이라고도 할 수 있는 산업재산권은 먼 옛날의 독점권이나 특권 등에서 비롯되었으나 오늘에 이르러서는 특허권(patent right), 실용신안권(unility model right), 의장권(design right), 상표권(trademark right)의 네가지 권리를 총칭하게 되었다.

이러한 산업재산권은 그 내용의 출원공고를 통하여 사회에 공개토록 하며 일정 기간이 지나면 일반에게 개방하여 누구나 이용할 수 있게끔 하고 있다. 이러한 산업재산권은 문화의 향상과 산업의 발전에 따라 과거의 개념과는 다른 지적 재산권으로서의 새로운 의미를 부여하고 있으며 경쟁적인 국제사회에서 그 보호가 더 중요시되고 있다. 법적인 보호를 받은 이들 지적 재산권의 종류와 범위를 다음의 [그림 11]에서와 같이 정리해 본다.

1) 특허권

특허권은 상당한 수준의 발명을 한 사람에게 부여하는 독점·배타적인 권리인데, 일반적으로 특허를 받을 수 있는 발명은 자연법칙을 이용한 기술적 사상의 창작으로서 고도한 창의성이 있어야 하며 기술적 효과를 낼 수 있고 높은 수준의 창작이어야 하고 산업상 이용할 수 있어야만 하는 것이다.

또한 다른 사람의 부당한 침해에 대하여 강력한 보호 수단이 부여되고 있는 배타적 물권적인 권리인이 특허권은 출원 후 심사와 출원 공고를 거쳐 등록되어야만 ㅂ로소 권리가 주어지며, 출원공고일로부터 15년간 존속보호해 주며, 특허 출제일로부터 20년을 초과하여서는 보호해 주지 않도록 법이 규정하고 있다(특허법 88조). 새로운 물건이나 제조 방법, 장치 등에 관한 발명은 언제나 특허 받을 수 있으며 화학물질 등의 발명도 지적 재산권으로서 유체재산권과 수준 이상의 보호를 하도록 하고 있다.

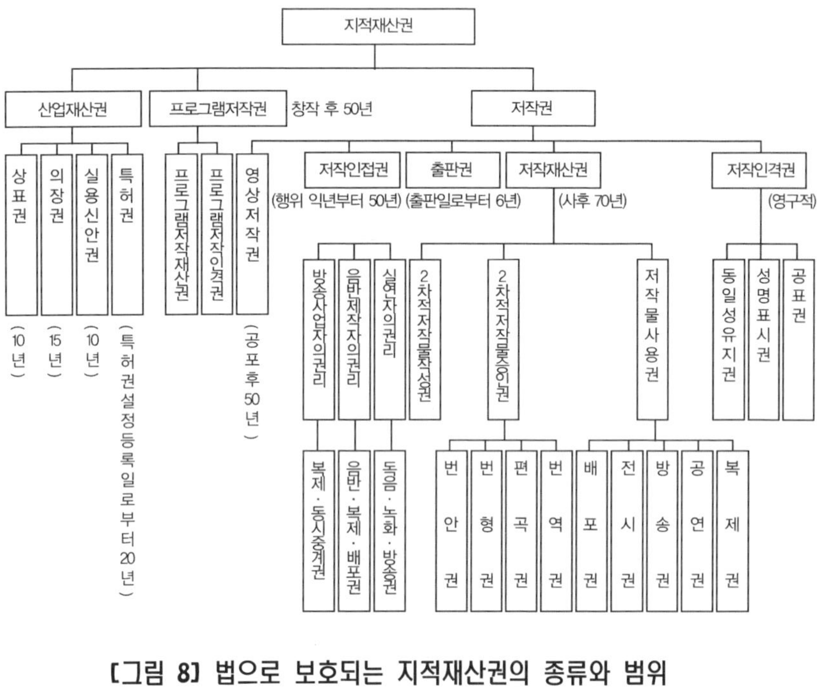

[그림 8] 법으로 보호되는 지적재산권의 종류와 범위

2) 실용신안권

자연법칙을 이용한 기술적 창작으로서의 고안에 대한 권리를 실용신안권이라고 하는데, 물품의 형상, 구조나 조합에 관한 고안(考案)으로 발명보다는 낮은 단계에서 보호되는 물품에 관한 고안 그 자체를 보호의 대상으로 삼고 있다. 특히 실용신안은 의장과 함께 물품에 관한 소발명으로 중소기업의 생산 기술의 향상과 더불어 출원이 증가되고 있으며 실용신안권은 출원공고일로부터 10년간 존속 보호해 주고 있다.

<표 5> 한국의 지적재산권 관련제도

구분	내용	관련법규
산업재산권	· '86.12. 산업재산권 관련법 개정('87.7.1발효) · '87.12. 부다페스트 조약가입 기탁 예정(기탁 3개월 후 발효) · 특허 : 출원 공고일로부터 15년간 보호(물질 특허 인정) - 특허 불실시 경우 통상실시권 인정 - 소급효 불인정[1)] · 상표 : 외국상표 도입 자유화(부정경쟁방지법 개정)	특허법, 실용신안법, 상표법, 의자권, 기술개발촉진법, 부정경쟁방지법, 외자도입법, 대외무역법 등
저작권	· '86.12. 저작권법 개정('87.7. 발효) · 저작인격권, 저작재산권과 아울러 저작인접권 인정 · 저작재산권은 생존기간과 사후 50년 보호(단체는 초판 후 50년) · 내국민대우 조항 신설[2)] · 피해 정지 청구권 및 피해 행위 조성물 폐기 청구권 규정 · 외국인의 저작권은 협약에 의거 보호 · '87.10.1 UCC 가입	

구분	내용	관련법규
컴퓨터 프로그램, 반도체 IC Layout	· '86.12 컴퓨터 프로그램 보호법 제정('87.7.1 발효) · 프로그램 개발 익년부터 50년간 보호 · 창작자 불명시 보상금 공탁 후 사용 가능 · 반도체 IC Layout에 대한 별도 보호법 없음	컴퓨터 프로그램 보호법, 저작권법

※ 1) 쌍무협정에 의거 미국인의 산업재산권은 7년간 소급 보호(저작권은 10년)
2) 국내에 상주하는 외국인의 저작물과 국내에서 맨 처음 발행된 외국인의 저작물 은 내국민의 저작물과 동일하게 보호(저작권법 제3조)

* 출전 : 박성상 편, 《우루과이라운드》(산업경제연구원, 1989), p.213.

3) 의장권

의장(意匠)이란 물품의 형상, 모양이나 색채 또는 이들이 결합, 시각을 통하여 아름다움을 더하게 하는 물품 자체에 관한 고안으로서 특허나 실용신안과 같은 출원 공고 없이 등록만으로 독점·사용할 수 있는 권리를 의장권이라고 한다. 이는 특허나 실용신안과 같이 꼭 자연법칙을 이용한 기술적인 창작일 필요는 없으며, 의장이란 미감(美感)으로 상품 가치를 높이므로 유통과정에서 그 효과가 나타나며, 의장권의 존속기간은 등록일로부터 8년까지로 되어 있다.

4) 상표권

상표란 생산·가공·판매를 업으로 하는 자가 자기의 상품을 다른 상품과 식별토록 하기 위하여 사용하는 기호, 문자, 도형 및 이들의 결합으로서 출처표시, 품질보증, 광고 선전, 재산권 가치 등의 기능을 가진 특별·현저한 구분이 될 수 있는 마크 즉 표장(標章)이라 할 수 있다.

상표권은 상표 사용자에게 주어진 독점권으로서 타인의 모방가 도용을 방지하여 줌으로써 그 사용자는 물론 수요자의 이익을 보호하고 부정 경쟁을 방지하며 상품의 유통질서를 바로 잡는 데 그 의의가 있다. 또한 상표권은 출원공고를 거쳐 등록 설정되며, 그 존속 기간은 등록일로부터 10년까지이나 매 10년마다 갱신 등록하여 유효 기간을 연장할 수 있는 반영구적인 권리인 것이다.

예를 들어 올림픽위원회나 적십자사 등 비영리 기관도 그 업무를 상징하는 표장을 등록하여 특정 표장에 대한 독점권을 누릴 수가 있는데, 이 또한 상표권인 것이다. 이 밖에 국기·국장 등의 주요 표식지는 특별관계법에 의해 아무나 상표 등으로 사용할 수 없도로 규제하고 있어 상표권과 구분되고 있다.

이상에서 논구된 지적 재산권의 범위와 한계점은 한국적인 법규정을 주료한 것으로 이들 지적 재산권은 그 권리의 내용에 따라 보호 기간이 각각 다름을 알 수 있는데, 이는 신기술 등 지적 정보의 유통에도 어떤 관련성이 있으리라 보아 향후의 계속적인 연구가 요구된다.

6. 한국의 시장개방 문제와 저작권

(1) 올바른 저작권 질서

앞서 언급했듯이 저작권의 개념이 우리나라에 도입된 것은 구한말인 1884년 무렵이라 할 수가 있다. 그것은 당시의 유일한 신문인 《한성순보》에 게재된 외국 뉴스로서 구미 각국의 '출판권'에 대한 기사를 볼 수가 있었는데, 이는 그 기사 내용으로 보아 '저작권'을 나타낸 것이었다.

이 무렵에 우리의 선조들은 서구의 저작권 보호 정신을 깨닫기 시작했던 것이다. 그러나 이로부터 100년이 지난 오늘에 이르러서도 아직 저작권 사상이 뿌리를 제대로 내리지 못하고 있어 안타까울 뿐이다.

유체가 아닌 무체의 저작권을 하나의 정신적 재산으로 그 소유권을 인정한 세계 최초의 저작권법은 1709년에 만들어진 영국의 앤 조령(the Statute of Queen Anne)이라 일컬을 수 있다. 이 조령은 17세기 영국의 철학자인 로크(John Locke)를 비롯한 여러 사상가들에 의한 자유주의 사상의 영향으로 인해 구질서가 허물어지고 개인주의 사상이 출현하게 됨에 따른 배경으로 탄생하게 되었다. 절대 군주 제도가 무너지고 의회제도의 등장으로 군주가 출판을 독점했던 제도가 사라지면서 서적업자나 인쇄업자들을 지적재산권 이론에 근거하여 저작권 사상을 싹틔웠던 것이다.

이렇게 서구에서 시작된 저작권 사상이 동양에 들어온 것은 그보다 160년뒤인 1869년에 제정되 일본의 '출판조례'에서였다고 할 수가 있다. 그 후 1887년에는 '판권조례'를 제정하면서 저작자의 인격권에 관한 규정까지 설치하게 되었다. 이것이 '출판법'과 '판권법'으로 발전하면서 1899년에 이르러 비로소 '저작권법'의 탄생을 보게 된다. 이 법은 등록을 필요로 했던 방식주의를 폐지하고 권리의 자연 발생의 무방식주의를 채택했을 뿐만 아니라 저작권의 범위를 문서, 도화, 사진, 각본, 악보에서 조각, 모형 등에 이르기까지 확대 보호하도록 했고, 그 해 일본은 이미 1886년에 결성된 '문학 및 예술적 저작물의 보호에 관한 베른협약'에 가입하기도 했다(III장 2. 6)의 <표 4>참조).

이와 같이 우리는 일본이 '출판조례'나 '판권조례'를 만들어 저작물을 보호하기 시작할 무렵 겨우 서구의 저작권 사상을 냄새맡을 정도였다. 1908년에 '한국저작권령'이 공포되기는 하였으나 이는 일본의 저작권법을 이요하기 위한 영이었으며 그나마 1910년 한일 합방이 되면서부터는 이조차 폐지되고 일본법을 그대로 적용케 되었던 것이다.

물론 지난날 우리 조상들의 선비 사상으로써는 저작물과 같은 저신적인 산물에 권리라든가 재산과 같은 의미를 부여할 수가 없었기 때문에 특별한 법률이 필요없었던 것이다. 그것은 8·15광복 이후 자주 정보를 수립하고서도 10년 만인 1957년에야 일본의 저작권법을 모델로 한 후 '저작권법'이 제정케 되었는데, 그동안 이 구법에 의한 판례가 몇 건밖에 없었던 점만으로도 이를 넉넉히 입증할 수가 있겠다.

다행히 우리는 지난 1986년 12월 말에 새 법이나 다름없는 구 저작권법의 전면 개정을 단행했다. 이 새 법은 시대적으로 보아 구법으로는 급속하게 발전해 나가는 커뮤니케이션의 정보사회에 대처할 수 없기 때문에 그 개정이 불가피했던 것이다. 따라서 새 개정 저작권법은 구법보다 저작인접권의 세분은 물론, 영상저작권의 보호 규정 등 새로운 미디어에 대비한 모든 지적인 소유권 보호에 역점을 두고 있었다. 유감된 것은 이 법이 미국의 압력에 못 이겨 개정된 것이라는 점이다. 그러나 이 개정법이 그 이듬해인 1987년 7월에 발효되고 곧이어 10월에 세계협약(UCC)에 가입함으로써 이제 세계 무대 떳떳이 서게 되었다.

그 전까지 우리는 국제적으로 출판 해적국의 불명예를 씻을 수가 없었으며 문화국의 대접을 받을 수가 없었던 것이다. 물론 당시 우리 출판계의 반발이 컸었던 것은 사실이다. 국제협약의 가입으로 출판인들이 걸머져야 할 부담과 아울러 국가적으로도 막대한 외화의 지출을 감내해야 한다는 것을 고려하지 않은 것이 아니다. 이러한 부담 때문에 남의 나라의 것, 즉 저작물을 무단으로 사용하여 저작권을 침범할 수는 없는 일이다.

실은 이 새 개정 저작권법이 시행되면서 국내 출판물의 저작권 질서가 올바로 잡혀나가고 있음은 퍽 다행스러운 일이다. 과거 우리나라 사람들은 정신적 소유권에 대하여는 가해자나 피해자 모두 대수롭게 생각지 않고 넘

겨버리기가 일쑤였다. 그러나 저작권은 일반 유체재산권과는 다른 저자의 인격권이라는 것이 있어 재산권보다도 이 인격권에 더 법의 비중을 두고 있다고 본다.

(2) '우선감시대상국에서 한국 제외

외국 저작물의 경우는 특히 미국이 문제삼았던 출판물의 복사본은 개정법에 의한 UCC 가입 이후 거의 자취를 감췄으나 첨단저작물인 컴퓨터 소프트웨어의 불법 복제는 아직 근절되지 않고 있다.

1993년 6월 1일자 동아일보에 의하면 "우리나라는 태국, 대만, 일본보다는 덜하지만 소프트웨어 불법 복제가 심한 나라로 분류됐다'는 것이다. 대한무역진흥공사 워싱턴 무역관의 소식통을 인용한 이 기사에 따른 소프트웨어 불법 복사 방지를 위한 민간단체인 미국 소프트웨어 보호 연맹(BSA)은 최근 우리나라를 세계 6위의 소프트웨어 침해국으로 발표했다는 것이다. 정말 이러한 등위는 받아서는 안 될 불명예인 것이다.[1)]

그동안 우리 검찰은 지적재산권 보호를 통한 국제거인 마찰을 제거키 위해 특히 미국의 표적이 돼 온 컴퓨터 소프트웨어, 콤팩트 디스크 등의 불법 복제와 신발류 등의 상표 위조 등에 대해 1993년 1월부터 4월까지 전국적인 집중단속을 벌였다는 것이다. 그 결과 2천2백63명을 적발, 이중 5백5명을 구속했고 위조 상품, 불법 복제품, 불법 음반 등 2백43만여 점을 압수했는데, 그 중 상표법 위반이 7백57건(862명 중 154명 구속, 154만여 점), 컴퓨터 프로그램보호법 위반 1백79건(211명 중 48명 구속, 60만여 점), 불법 음반 8백11건(844명 중 96명 구속, 28만여 점) 등으로 분류되었다.[2)]

이러한 단속의 실적은 1993년 4월 30일 미국 무역대표부(USTR : United States Trade Representive)로 하여금 우리나라를 지적재산권 우선협상국(PFC : Priority Foreign Country)보다 한 단계 낮은 우선 감시 대상국(PWL : Priority Watch List)으로 지정하여 수시 점검 대상(periodic 'out-of-cycle' review)으로 평가받게끔 해주었다.

---

1) 《동아일보》, 1993.6.1.
2) 《국민일보》, 1993.5.6.

그러나 아직 우리는 국제적으로 지적재산권에 관한 한 감시를 받아야 하는 수치를 면치 못하고 있는 불명예스러운 나라이다.

1997년 4월 30일부로 W.L. 판정을 받았다.

(3) 저작권 시장개방 5개년 계획

그동안 우리 정부는 출판 산업이 불황에 허덕이고 있는 데도 해적국의 지탄을 피하고자 업계의 반대를 뿌리치고 저작권법을 개정, 국제협약에 가입하여 상당한 명예 회복을 해 나오던 중 다시 컴퓨터 소프트웨어의 불법복제로 계속 감시를 바아야만 하는 처지에 놓이게 되었다.

이제 세계는 하나의 지구촌으로 화해하고 있다. 오늘의 우리들은 자신도 모르는 사이에 글로벌리제이션(globalization 지구촌화) 현상을 맞이하고 있다. 그것은 UR로 대표되는 세계적 차원에서의 시장 개방의 압력에서도 잘 드러나고 있다. 이 지구촌화는 교통 통신의 발달과 첨단 산업의 급신장에 따른 오늘의 정보사회가 빚어 놓은 필연적 현상이라 보아진다.

오늘의 세계는 자워이나 시장의 독점은 물론 새로이 개발한 신기술을 혼자만이 이용할 수는 없게 되었다. 이는 연일 신문에 보도되고 있는 UR 기자가 잘 입증해 주고 있다. 1993년 안에 타결이 예상되고 있는 UR 개방은 경제나 농업에 국한된 것만이 아닌 것이다. 교육 시장을 비롯한 저작권 등 지적재산권 분야의 개방도 포함시키리라 보아진다.

이미 우리의 재무부는 1992년 6월 22일 '외국인 투자 개방 5개년 예시제'의 도입, 시행을 발표했다. 1993년 7월 1일부터 1997년 사이에 시행될 이 예시제에 의하면 현재 외국인 투자가 제한되고 있는 224개 업종과 아울러 내국업체와 합작을 의무화하고 있는 50개 업종에 대한 개방 시기를 미리 정해 놓고 있다. 이 개방인은 다음 표에서와 같이 농어업 및 광공업이 23종, 제조업이 9종, 서비스업이 100종으로 도합 132업종에 이르고 있으며 나머지 92개 업종과 내국업체와의 합작을 의무화하고 있는 7개 업종 등 99종은 98년 이후로 그 대방을 유보해 놓고 있다.[3)]

3) 〈외국인투자 개방 5개년 예시제 시행〉, 보도자료(재무부, 경제협력국, 투자진흥과, 1993).

<표 7> 외국인 투자개방 5개년 계획

(단위 : 개,%)

구분	총 업종	제한업종	개방(안)					유보
			'93	'94	'95	'96	'97	('98이후)
농·어·광업	68	35 (51.5)	5 (63.2)	5 (70.6)	1 (72.1)	3 (76.5)	9 (89.7)	12
제조업	585	14 (97.8)	2 (98.1)	-	-	2 (98.5)	5 (99.3)	5
서비스업	495	175 (69.9)	9 (72.7)	22 (76.0)	34 (82.0)	13 (84.0)	22 (86.9)	75
계 (자유화율)	1,148	224 (83.0)	16 (85.1)	27 (86.9)	35 (89.6)	18 (90.9)	36 (93.4)	92
합작 의무 업종		50	-	13	1	29	-	7

※ 완전 개방된 자유 업종만을 기준으로 한 자유화율(자유 업종/총 업종) 계산서 '93.6(80.5%)→'97(90.3%).

※ 자료 : 재무부

이러한 개방 예시제는 외국인의 투자가 제한되어 있는 업종에 대하여 개방시기를 예시함으로써 외국 사업가를 확대 유치할 수 있고, 또한 국내업계에 대하여는 개방에 대비한 사전 준비 기간을 부여한다는 데 뜻이 있다는 것이다. 외국인의 투자 개방이란 그들이 국내에 현지 법인을 설립하거나 기존의 내국 기업과의 합작을 통하여 사업을 영위할 수 있도록 국내 진출 허용하는 것이다. 또한 일단 법인이 설립되면 국내법에 의거 세워진 내국 기업과 마찬가지로 사업 관련 개별법이나 현행 제도의 적용을 받게끔 되어 있다.

외국인 투자 기업이라고 어떤 특혜를 주는 것은 아니나 자본의 규모나 영업전략에 있어 영세한 자본과 보수적인 경영을 하고 있는 국내 기업은 위축될 수밖에 없을 것이라 판단된다. 그러나 이미 대세는 기울어 지구촌 공존 사회에서 주어진 상황을 거역할 수는 없는 것이다. 오히려 외국 기업의 경영 노하우를 배우거나 기업 합작의 방안 등을 강구함으로써 국내 기업 시장의 길을 찾아야만 하지 않을까 싶다.

벌써 1993년 하반기가 시작되는 7월 1일부터 개방이 자유화된 저작권 관련 서비스업으로는 중고서적 소매업과 옥외 광고업, 광고물 배포 대리업 등을 들 수가 있으며, 1994년 1월부터는 일반 영화 제작업과 영화 배급업이, 그리고 1995년 1월부터는 광고영화 제작업과 공연장 운영업 등이 외국인 투자를 개방하도록 되어 있다. 제조업으로서는 1996년 1월부터 자유화되는 캘린더, 포스터 등의 출판업과 외국인 투자 비율을 50%이하로 묶고 있는 오프셋 인쇄업을 포함시키고 있다. 또한 외국인 투자를 50% 이하에서 허용한 제조업으로서는 1997년 1월부터 부분 개방케 되는 서적출판업과 경인쇄업을 들 수 있으며, 이 같은 시기의 완전 자유화 업종은 석판·고무판 인쇄의 상업인쇄업을 개방토록 하고 있고 아울러 서비스업인 유선방송업도 이때 부분 개방케 되어 있다.

신문 발행업과 정기간행물 발행업의 제조업과 라디오 방송업, 텔레비전 방송업, 뉴스 제공업 등의 공공서비스업이 미개방토록 조치한 것은 다행스러우나 1998년 이후로 유보한 상태로서 이 업종도 조기 개방될 수 있도록 1995년도부터 재검토한다는 방침을 세웠음을 정보는 밝히고 있다.

이렇게 이뤄볼 때 2000년대 이전에는 모든 업종이 외국인들에게 자유로운 투자 개방을 하지 않을까 우려되기도 한다. 그것은 최근 정보가 우루과이라운드가 우리 경제에 긍정적으로 도움을 준다는 사실을 강조하는 한편 특히 농산물 분야에서는 정부의 구조 조정 지원 대책에 대한 신뢰를 높여 심리적 충격을 줄인다는 대국민 홍보 방침을 확정했다는 데서 더욱 뚜렷이 나타나고 있다. 더불어 정부는 1993년 8월 9일 일본 상품의 대폭 수입 개방을 발표하면서 현재 미국이나 유럽 공동체(EC) 등에 허용하고 있는 지적재산권 보호 개방을 일본이 우리에게 기술 이전 등의 조건으로 수용한다면 그들에게도 확대 적용키로 했다고 밝히고 있다.

(4) 현대는 '지식집약시대'

이러한 외국인들에 대한 조치는 시장의 개방이 마치 예측할 수 없을 만큼 급템포로 진행되고 있음을 단적으로 증명한 하나의 사건이기도 한 것이다. 이제 우리는 스스로의 역량을 키워 이 개방 사회에 대처하는 길밖에는 없을 것이다.

현대사회는 지식이 관건이 되는 지식사회라 할 수 있다.

일찍이 미국의 경제학자 드러커(Peter F. Drucker)는 "세계는 노동 집약도 아니고 원자재 집약도 아니며 에너지 집약도 아닌 지식 집약의 시대를 맞고 있다"고 갈파한 바 있다.

이는 경제뿐만이 아니라 현대인의 생활 전체가 지식과 정보에 의존하고 있다는 표현이기도 한 것이다. 앞으로의 사회는 어떤 유형의 자원보다도 무형의 지식과 정보를 많이 가진 자가 경쟁에서 이긴다는 것이다. 그것은 국가도 마찬가지인 것이다. 하나의 정보와 지식의 전쟁에 이기기 위해 과학기술의 발전은 물론 생산 분야의 기술도 날로 혁신되어 가고 있다.

세계는 과학과 기술의 급진적인 발전에 의해 사업구조가 바뀌어 가고 있다. 기술선진국들은 자국의 기술 보호와 지적재산권 보호를 위해 국제적인 교역 규범의 제정을 서두르면서 상대국도 자국과 똑같은 보호 장치를 마련해 줄 것을 강요하고 있다.

급기야 선진국의 저작권이나 컴퓨터 프로그램 등의 지적재산권의 보호는 시장 개방의 압력으로 변한다는 것은 앞의 예에서 확인했다.

이제 우리의 모든 시장은 하나 둘씩 외국 기업에 자유로이 개방되어 가고 있다. 이러한 때 지적재산권이 오늘의 국가 경제의 핵심 역할을 할 수밖에 없다는 역사의 흐름 가운데서 이 지적전쟁을 치러 나갈 모든 지혜를 모아야만 할 것이다.

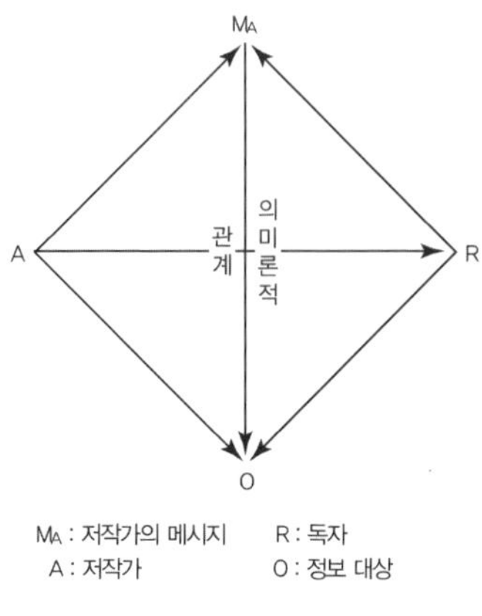

[그림 10] 커뮤니케이션 과정의 구성요소

그것은 과거 1886년 베른협약의 성립 당시에는 번역권에 관해 그 보호 기간을 발행한 때부터 10년으로 하고 그 이후에는 자유로이 저작물을 번역할 수 있다(베른협약 5조 1항)는 조항에서도 짚어 볼 수가 있겠다. 때문에 일본이 메이지(明治) 32년 (1899년)의 구 저작권법에서 '번역권의 보호 기간을 원저작물 발행 시기로부터 10년으로 규정한' 점에서도 저작권이 자국의 이익을 우선할 뿐만 아니라 지식·정보의 소통에 더 비중을 두어 왔을 알 수가 있다.

앞으로 저작권의 보호 기간 문제는 국내법은 물론, 국제협약에서도 국가 간의 비교 연구를 토대로 한 새로운 조정이 필요할 것이라 판단된다. 아울러 그 개정에는 지식의 원활한 국제유통을 전제 조건으로 내세워야만 하는 연구가 반드시 뒤따라야만 하는 것이다.

한국의 GNP는 1993년 말에는 7천4백 달러에 이를 것이며 1998년에는 1만4천5백 달러에 달할 것이라 한다. 이제 우리 한국도 선진국의 문턱에 들어서고 있다는 증거인 것이다. 머지않아 한국은 지식을 받는 나라에서 주는 나라가 될 수도 있다고 보아진다. 힘들게 이룩한 지식·정보를 다시 비싸게 오랫동안 팔 수 있는 것도 개인이나 국가를 위해 바람직하겠으나 지식이란 나누어 갖는 것이란 동양의 미덕이 국제법 사회에서 다소나마 반영되었으면 싶다.

결론적으로 이 연구는 정보와 지식의 국제화를 위해 세계 법질서의 범위 내에서 그 완화를 시도하면서 국제사회의 지식격차의 최소화를 모색코자 했다.

7. 지적 메시지와 정보의 자유화

이 책은 지식과 정보의 국제유통을 전제로 저작권을 중심으로 한 지적 재산권 소유개념을 역사적으로 논구함과 아울러 세계 각국의 입법정신을 천착해 보았다.

여기서는 지적 재산권 중 저작권 즉 출판 정신을 주대상으로 삼아 연구하였다. 출판물은 어느 다른 매체보다도 월등히 높은 지식과 정보의 패키지라 할 수가 있다. 책은 어느 나라 말로 쓰여졌든 지식과 정보로서의 충분한 가치를 지니고 있을 뿐만 아니라 나라와 나라 사이의 국경을 넘고 문화를 초월하여 옮겨가고 있다.

로베르 에스카르피에 의하면 출판물의 국제 교류는 문화적 고압국에서부터 저압국으로 일정한 채널을 선택하여 이전되어진다는 것이다. 특히 번역인 경우는 문화 수준이 높은 나라에서 낮은 나라로의 유통이 필연적인 것이라 했다.

즉 문화적 고압국이라 할 수 있는 미국과 영국의 출판물은 캐나다와 오스트레일리아 등 영어권의 제3세계 여러 나라로, 그리고 소련의 출판물은 동구제국으로, 또한 스페인 언어로 인쇄되어진 책은 라틴 아메리카 여러 나라로 보급되는 특정 채널을 형성하고 있다는 것이다. 그러나 오늘날의 지구촌에서의 개발을 위한 상호주의적 도서유통은 선진국이라 할지라도 문화상품을 수출함과 아울러 다시 문화를 받아들이게 된다는 것이다. 문화를 받아들이는 쪽의 나라는 국가의 근대화를 위한 지식을 획득하는 한편 이문화의 향수로써 오히려 자신들의 문화를 고도화·풍요시켜 나가고 있다.

지식의 이전에는 그와 관련된 주요 분야와 매체를 우선 검토해야 하므로, 이 책에서는 주요 지식 이전의 매체로서 인간의 접촉, 인쇄매체, 시각적 매체, 예술 작품 등 중에서 특히 인쇄매체(text)를 통한 지식 이전이 문화차원에서 중요시된다는 점을 강조했다. 따라서 세계 각국은 도서를 통한 지식이전이 갖는 영향력 때문에 국제적으로 통용되는 인쇄물을 통제, 제한, 선택하기 위한 여러 방을 제시해 왔다.

여기서 비롯된 것이 저작권법이라 보아 국제저작권협약으로서의 베른협약과 세계저작권협약의 그 취지와 보호 원칙을 규명하면서, 또한 그 협약의 보호정신을 논구했다. 아울러 최초의 저작권법을 탄생시킨 영국을 비롯한 프랑스, 독일, 미국, 일본 등의 법체계를 먼저 알아보고 특히 최근 미국이 그들의 국익을 위해 베른 협약에 가맹한 배경이나 그 이후의 상황을 살피면서 지난 1987년 전면 개정된 한국 저작권법의 저작인격권과 저작재산권의 이원론적 구성에 대해서도 논급하고 있다.

이 연구는 출판물이 특히 과학지식을 국제적으로 확산시키고 발전시키는데 중요한 역할을 해오고 있다고 보고 있다. 과학 분야에서의 국가간의 협력이나 경쟁 관계에서도 마찬가지인데, 한 사회의 과학적 잠재력은 그 사회 전체가 얼마나 값진 출판물을 발간할 수 있는가에 따라 평가되어진다는 것이다. 이러한 선진과학의 업적을 이전받기 위하여 번역되어진 언어는 과학 분야는 물론 다른 분야에도 지대한 영향을 미치게 된다는 것이다.

더불어 지식이전이 지배적이고 독점화된 것으로 나타날 때 한 사회의 과학분야는 크게 영향받게 된다. 기술 분야에서도 이러한 출판물의 역할은 같다는 것이다. 출판물은 기술과 관련된 계획, 연구 과제, 특허에 관련된 여러 가지 자료를 구성하기 위한 기본 수단이며, 노하우의 이용에 관한 국제협력·계약이나 조약 등도 취급하며 장기적으로는 국가간의 지배와 종속관계를 증대시키고 있다는 것이다.

15세기 중엽에 발명된 구텐베르크의 인쇄술은 새로운 정보문하의 혁명, 즉 지적혁명(知的革命)을 이룩했다는 것이다. 지난날 정보의 창출 내지 지식의 전달 수단으로 이룩했던 인쇄문화가 오늘에 이르러서는 정보 홍수를 야기시키면서 그 유통에도 지난날의 개념과는 다른 지식정보의 소유개념을 덧붙이고 있다.

바로 이러한 지식의 소유권 문제가 개인, 집단은 물론 국가간의 정보유통이나 기술이전을 지연시킴으로써 지식의 격차를 초래하고 있을 것이라는데 연구의 방향을 설정해 보았다. 그것은 저작권의 보호기나이 국내법만 하더라도 과거 저작자의 생존기간 및 사후 30년이었던 것이 새로우 개정법에서는 국제협약을 전제로 사후 50년으로 연장하는 등 점점 법은 저작자 개인의 보호 측면으로 강화되고 있어 제3세계 등의 나라에는 새로운 지식에의 접근이 날로 어려워지고 있어 결과적으로 이는 정보, 즉 지식의 독점 현상을 자아내게 된다는 것이다.

저작권은 재산권보다 인격권을 중시해야 하며 저작자의 문학이나 철학사상의 정신적 이론을 확산·보급시킴으로써 문화 이전에 더 큰 비중을 두어야 한다고 본다.

한국은 지난 1987년 10월 1일 UCC에 가입함으로써 모든 국제협약국의 저작물에 대하여 정당한 절차, 즉 계약을 통한 사용료 지불에 이용자의 부담이 가중됨은 물론 지식정보의 유통이 시간적으로 지연되고 있다.

일본의 경우 지난 1970년 현행 저작권법이 새로 제정, 외국 저작물에 대한 저작권 보호를 강화함으로써 1971년에는 번역 신간이 총 신간 종수의 13.6%의 비중을 차지하던 것이 15년 후인 1985년에는 9.4%의 비중을 나타내고 있었다. 이는 1971년부터 1985년까지 15년간의 신간 추판물의 증가율이 53.7%인 데 비해 번역 시간은 9.2%밖에 되지 않는 -7.0%의 수치에서도 잘 입증되고 있다. (<표 12> 참조).

그것은 한국의 경우도 마찬가지의 결과를 가져왔음을 최근의 다음 통계가 잘 보여주고 있다. 즉 1987년 국제협약 가입에 앞선 1986년부터 번역의 총발행 부수는 4천4백48종으로서 총 발행 초판 출판물 부수의 20.1%를 차지했던 것이 87년에는 18.8%, 88년에는 14.1%로서 86년에 이미 전년대비 -10.7%의 성장률을 보였던 것이 88년에는 번역 도서의 초판 발행 종수가 -25.5%의 하강 수치를 나타내고 있었다.

다행히 1990년에는 전년 대비 8.2%의 성장률을 보이기는 했었으나 UCC 가입을 전후한 번역 출판의 침체 현상을 극복하자면 다소 시간이 필요하리라 전망되고 있다. 바로 이러한 출판물에 의한 지식·정보가 법이라는 체제 때문에 그 전달이 늦어지거나 전혀 이전되지 못하는 경우가 있다는 것은 현대의 신화라 할 아이러니가 아닐 수가 없다(<표 13> 참조). 정신적 창조물이 하나의 법적 재산으로서 법적 보호를 받아 이용되는 정당한 대사에 의한 사용은 이미 이 연구에서도 당위성을 인정하고 있으나 즈비에르스키(Teodor Zbierski)가 제시하고 있는 다음 <그림 12>의 '커뮤니케이션 과정의 구성 요소'로서의 저작자의 메시지가 어떤 다른 이유로 말미암아 전달이 지연된다는 것은 또 하나의 정보유통의 지체 현상으로 해석할 수가 있다. 저작자의 정신 사상이 전 세계적인 메시지로 전달되는 것은 인류 발전을 위해 바람직할 뿐 아니라, 어찌 보면 작가나 과학자, 사상가의 저작의 근본 정신이 아닌가도 싶다.

<표 11> 최근 한국의 번역 도서(초판) 발행 추이

연도	1986	1987	1988	1989	1990	1991
번역종수	4,448	4,235	3,155	3,112	3,366	3,901
총발행 구성비(%)	20.1	18.8	14.1	15.0	16.1	17.1
전년비 성장률(%)	-10.7	-4.8	-25.5	-1.4	8.2	15.9

* 출전 : 《1992 한국출판연감》(대한출판문화협회, 1992), p.783.

<표 12> 일본의 번역 신간 종수 추이

(아동물, 학습참고서 제외)

연도	총신간 종수	번역 신간 종수	번역 신간 비중(%)
1971	18,198종	2,477종	13.6%
1973	18,537종	2,211종	11.9%
1976	21,309종	2,291종	10.7%
1979	24,662종	2,482종	10.0%
1982	26,974종	2,532종	9.3%
1985	28,508종	2,706종	9.4%
15년간 증가율	53.7%	9.2%	-7.0%

* 출전 : 宮田 昇, <日本にあける海外著作權の變遷とその對應>,
日本出版學會 編, 《出版研究》, No. 18(東京 : 講談社, 1987), p.55.

그렇다고 과거의 무체재산이 인정되지 않았던 시대를 갈구하는 것은 아니다. 이 논문이 존스턴의 가설 <표 5>에서 제시했듯이 저작권의 현행 보호가 저작자의 생존 기간과 사후 50년 (life-plus-50 rule)이란 연한의 법규정이 개인간의 불공평성을 내포하고 있음을 지적하지 않을 수 없다. 한국의 경우 현행 컴퓨터 프로그램 보호법이 창작 이후 50년간 저작권을 조호한다거나 특허권의 존속 기간이 15년 내지 20년이 법규정을 적용시키고 있다는 점에서도 문제점을 제기할 수가 있다.

8. 저작물의 복사와 대여권·부과금제도[1)]

(1) 복사기의 출현과 출판산업의 퇴조

복사기의 원리가 발명된 것은 일찍이 1938년 미국 바텔기념연구소(Batelle Memorial Institute)의 과학자 칼슨(Chester F. Carlson)에 이해서였으며 그로부터 10년 후인 1948년 건조사진술(Xerography)이 확립되었고 1950년에는 최초의 복사기라 할 Xerox-A가 하나의 상품으로서 미국에서 첫 선을 보이게 디었다. 이렇게 발명된 복사기는 날로 발전을 거듭하며서 전 세계로 그 보급을 확대하고 있어 사무실이나 도서관은 물론 가정에까지 비치하는 등 하나의 생활 필수품으로까지 실용화되어 가는 실정이다.

또 이 복사기는 개량을 거듭하여 성능이 우수해졌을 뿐 아니라 다색(多色)의 복사까지 가능하게끔 발전함으로써 오늘에 이르러서는 인쇄기에 필적할 만큼 고성능·자동화가 실현되어 한 권의 책을 복사할 경우 출판 저가보다도 싸게 제작할 수가 있게 되었다. 결국은 이러한 복사기의 개발 보급은 출판물의 판매에 영향을 끼쳐 많은 출판사들의 경영에 위협을 가함으로써 그 생존권조차 박탈할 경지에 이르고 있다.

이 복사기에 대해 이미 1970년, 미국 프린스터 대학의 출판국장이었던 베일리(H.S. Bailey, Jr.)는 다음과 같이 예언했었다.

"머지않아 각자가 테이프 레코더를 가지듯이 개인용 복사기를 가지게 될 것이다. '무엇이든 만들자'는 식의 사람들은 빈틈없는 메이커가 판매하는 조립 장치로 자신의 복사기를 소유하게 될 것이며, 방송을 테이프에 녹음하는 것을 금지시킬 수 없듯이, 복사를 금지시키는 일도 불가능할 것이다.

---

1) Jeon, Young-pyo, 'The Development of Copying Machines and Protection of Publications', *'89 The Publishing Science Study*(Seoul : The Korean Publishing Science, 1989), pp.143-153.

사람들은 테이프 녹음의 콜렉션을 만드는 것과 마찬가지로, 제멋대로 복사에 의해 자신의 장서를 만들 것이다. 그들은 친구를 위해 복사를 해주고 이 복사물은 또다른 복사물을 만들어 내게 될 것이다.2)

바로 이 예언과 같이 오늘날에 이르러서는 문화의 혁명과도 같은 복사기의 범람으로 출판산업의 퇴조를 우려하게끔 되었다. 물론 복사기의 발명·발달이 현대 무명에 끼친 공로는 인정해야 하지만 이로 인한 전통적인 출판문화가 피해를 받아서는 안되겠다는 것이다. 막대한 자본을 들여 기획·편집된 책이 단순한 몇 푼의 복사비 지불로 재생산되어진다면 이것은 출판물 내용, 즉 지식의 도용뿐만 아니라, 잘 정돈·편집된 문화에 대한 해적해위라고 규정할 수가 있겠다. 이것은 마치 불이 그 사용 여하에 따라 화(禍)와 복(福)의 결과를 초래하게 된다는 것과 비유한다면 좀 지나친 것일는지….

이 복사기가 우리 한국에 상륙한 것은 1960년 무렵이었다. 당시 신도 교역주식회사(Sindo Trading Co., Ltd.)에 의해 미국의 Xerox-914복사기와 일본의 Ricoh-p4 복사기가 수입·소개되어지기 시작했다. 그 후 1964년 신도교역은 서울 마포에 자동복사기의 자체 생산 공장을 가동시킴으로써 국내의 보급에 주력했었으며, 1970년부터는 일본의 리코사(Ricoh Co., Ltd.)와의 합작 투자를 목적으로 1970년부터 (주)신도리코(Sindo Ricoh Co., Ltd.)의 새 이름으로 연간 복사기 1만 3천대, 팩시밀리(Faximile) 1만 2천대, 복사지 1천 만권씩을 생산해 왔었다. 그 중 1987년의 전자복사기만의 매출액을 보면 1백57억4천8백만원을 기록하고 있다.3)

이 밖에도 한국의 복사기 제조회사는 코리아 제록스, 롯데 캐논, 금성전자, 삼성전자, 라이카 등을 들 수 있으며, 여기에서 1984년부터 1988년까지 생산해낸 복사기는 도합 15만 3천7백대라고 《한국통계월보》는 밝히고 있다. 그중 신도리코 제품이 40%를 차지하고 있었다. 이와 같이 한국에서 생산되고 있는 복사기의 수명은 통산 5년이며 1대당 복사 능력은 1백만매 정도라고 한다.

---

2) Herbert S. Bailey, Jr., *The Art and Science of Book Publishing*(New York : Harper & Row, Publishers, 1970), p.188.

3) 《1988년 기업연감》(한국생산성본부, 1989).

(2) 한국의 무단복사물의 단속

복사기의 생산은 해를 거듭함에 따라 늘어나고 있으며 동시에 그 이용물량도 나날이 증가하고 있다는 것이다.

이것은 대한출판문화협회가 1983년 이후 기존 출판물의 무단 복사 행위 단속을 저작자나 출판권자로부터 위임받아 실시한 결과에서 잘 증명되고 있다. 1983년에는 62건이 무단 출판물 복제로 적발되었는데, 1984년에는 1백85건, 1985년 6백22건이었으며, 1986년에는 5백86건, 그리고 1987년에는 1983년의 20배가 넘는 1천2백99건이나 적발되어 다음 〈표 10〉에서와 같이 8백78건이 의법 처리되었던 것으로 나타나 있다. 다만 1988년의 경우 전년보다 절반 이하로 줄어든 것은 단속반원의 감소에서 기인했었음을 이 실적 현황은 보여주고 있다. 출협은 그 동안 꾸준히 무단복사 행위를 단속하여 줄어들기는 하였으나 1992년도에는 3백61건을 적발, 76건을 고소한 바 있다.

<표 13> 연도별 출판물 무단복사 현황

구분 \ 연도	1983	1984	1985	1986	1987	1988
단속 인원	출판사원 108명 동원	2	4	4	8	4.5
적발 건수	62	185	622	586	1,299	529
고소 건수	26	50	273	219	415	162
처리 건수	26	102	410	308	463	185
· 기소			1	8	47	38
· 무협의	15	3	38	46	98	13
· 기소 중지		4	14	15	51	15
· 기소 유예			16	27	26	3
· 각서				1	2	1
· 고소 후 합의		36	140	64	34	14
· 고소 전 합의	11	59	137	89	48	23

특히 이 복사·복제 행위는 대학 및 중·고등학교의 주변에서 성행하고 있

었으며 발행 부수가 적고 제작 비용이 많이 소요되는 학술서나 학술연구지의 경우가 가장 많았다는 것이다. 결국 이러한 무단 복사 행위는 출판사로 하여금 판매 부수를 감소시켜 1차적으로는 출판인의 제작비 회수에 영향을 미치게 되며 나아가 저작권자의 이익을 침해하는 결과를 초래했던 것이다.

이와 같은 출판물의 무단 복제 행위는 앞을 철저한 단속이나 저작권의 이해에 대한 국민 계몽을 통해 근절할 길을 찾아야 하겠지만 그보다는 우리의 저작권법에서 다음의 제27조의 '사적 이용을 이한 복제'와 제28조의 '도서관 등에서의 복제'의 경우에서와 같이 저작재산권을 제한다로고 한 규정은 개정 내지 보완하여 출판물이 이로 인한 판매에 영향을 미쳐 출판인이나 저작자가 재산적인 손실을 당하는 일이 없도록 되어야만 할 것이다.

> 제27조(私的 利用을 위한 複製) 공표된 저작물을 영리를 목적으로 이용하거나 가정 및 이에 준하는 한정된 범위 안에서 허용하는 경우에는 그 이용자는 이를 복제할 수 있다.
>
> 제28조(圖書館 등에서의 複製) 도서관법에 의한 도서관 및 도서·문서·기록·그 밖의 자료를 공중의 이용에 제공하는 시설 중 대통령령이 정하는 시설에서는 다음 각호의 1에 해당하는 경우에 보관된 자료를 사용하여 저작물을 복제할 수 있다.
>
> 1. 조사·연구를 목적으로 하는 이용자의 요구에 따라 공표된 저작물의 일부분의 복제물을 1인 1부에 한하여 제공하는 경우
> 2. 도서관 등이 자료의 자체 보존을 위하여 필요한 경우
> 3. 다른 도서관 등의 요구에 따라 절판 그 밖에 이에 준하는 사유로 구하기 어려운 저작물의 복제물을 보존용으로 제공하는 경우

이에 대하여서는 외국의 경우 대여권제도나 부과금제도를 마련하고 저작자의 재산적 이익이 상실되는 경우가 없도록 배려하고 있다.

(3) 외국의 대여권과 부과금제도

서독을 비롯한 미국, 영국, 일본 등이 이미 적용시키고 있는 대여권이란 일반 대중들이 저작물을 직접 구입, 사용하기보다는 공공 또는 상업적 대여점에서 빌려 보는 경우가 늘어나고 있는데, 이 경우 저작물이 사용자는 증대되었지만 출판물 등의 판매량은 오히려 줄어들어 출판권자나 저작권자

의 수익에 영향을 미치게 되므로 저작자를 대여 행위로 야기되어지는 피해로부터 보호하기 위한 제도인 것이다.

서독의 저작권법은 제27조에 대여권을 규정하는 저작물에 대해 영리 목적이나 공공 시설에 의한 대여 행위를 한 경우에는 저작자에게 상당한 보상을 하도록 하고 있으며, 대여 배당(貸與配當, Ausleihtantieme)이라고도 하는 이 권리는 저작자 단체를 통해서만 행사할 수 있도록 하고 있는데, 이 대여권으로 주어진 보상금은 저작자 단체의 기금 조성에 이용된다는 것이다.

영국에서도 복제물의 구매보다는 대여로 인한 인세(印稅, royalty) 등의 사용료가 감소되고 있어 저작자들의 요구로 1971년 정부에서 연구위원회를 통해 1979년 공대권법(公貸權法, Public Lending Right Act)을 제정, 시행하고 있다. 여기서는 대여권이 저작권의 하나가 아니고 다만 저작에게 중앙 기금(Central Fund)에 의하여 보상받을 권리를 주고 있다. 특히 대여권도 저작권과 같이 최초 발행일로부터 저작자 사망 후 50년까지 존속토론하고 있으며, 적어도 10년 동안 대여권에 의하여 보상을 받지 않은 저작물은 등록관에 의해 직권 말소당하게 된다는 것이다.

그리고 미국의 경우는 1984년에 저작권법을 개정하여 대여권을 신설하고 대여의 조건과 강제 허락 및 사용료 등에 관한 규정을 두고 있으며 특히 녹음물과 녹음화된 레코드는 음악 저작권자의 허락이 없는 한 그 소유자가 상업적 이익을 위하여 대여하는 경우 레코드의 점유를 처분하는 것은 허락하지 않고 있으며, 비영리적 목적으로 도서관이나 교육기관에서 대여하는 것은 적용시키지 않고 있다. 이와 같이 미국의 저작권법은 일반 도서가 아닌 음반, 즉 레코드 제작자 등 음악저작자에게만 적용시키고 있다.

일본의 경우도 미국과 같이 1984년 저작권법을 개정하여 대여권을 인정하고 레코드 대여업에 관하여 저작자, 출연자, 음반 제작자의 권리만을 규정하고 있으며 저작자가 영화저작물을 제외한 자신의 저작물은 복제물로써 일반에게 대여하는 권리를 부여하고 있다. 다만 서적이나 악보로써 편집되어 있지 않은 일반 잡지 등의 대여에는 적용시키지 않고 있다. 책이나 잡지를 제외시킨 것은 그 대여가 오랜 기간 동안 자유로이 이뤄진 것을 고려한 잠정적인 조처인 듯하다. 또한 영리를 목적으로 하지 않는 무상대여의 경우도 미국과 같이 적용시키지 않고 있는 것이다.

이상과 같이 대여권은 각 나라마다 그 적용 범위가 른데, 즉 서독은 저작물의 복제물에만 대여권을 인정하며, 영국의 경우는 서적에만, 미국은 음반에만, 그리고 일본은 서적·잡지는 제외시키는 입법례를 열거해 보았다. 이러한 예시를 참고하여 우리도 도서 등의 복사 문제는 대여권제도를 도입하는 방안이 하나의 해결책이 될 수도 있을 것이다.

부과금제조(賦課金制度, Levy System)에 대하여서는 서독의 경우를 살피기로 한다.4)

서독은 1985년 저작권법을 개정하여 복사 사용료에 관한 규정을 두고 '저작자의 허락을 요하지 않는 복제'는 그 사용료를 지불하도록 하고 있다. 이 법은 저작물이 개개의 복제물을 작성하는 사적 사용(최대한 7부)과 개인적인 학술 연구의 목적과 시사에 관한 개인적 정보, 또는 저작무의 근소한 부분이나 신문·잡지의 논설, 그리고 2년간 절판된 저작물의 개인적 사용에 한하여서만 복제를 허락하고 있다. 다만 이 경우에도 인쇄물의 일부분이나 신문·잡지의 기고문은 비영리, 교육 및 재교육 기관 또는 직업교육 기관에 있어서의 수업이나, 국가 시험 및 학교·대학·비영리 교육 또는 직업교육의 시험에 이용할 목적이어야 한다고 규정하고 있다.

이 밖의 경우는 복제 사용료를 낸록 하는 부과금제도를 채택하고 있는데, 기기부과금제와 운용부과금제로 나누어 법적인 시행을 하고 있다. 즉 기기부과금은 복사기의 수입업자에게 1분당 복사할 수 있는 성능에 따라 단계적인 부과금을 징수하는 방법이며, 운용자부과금제는 복사기의 설치 장소, 즉 대학, 학교, 직업훈련소, 연구소, 공공도서관이나 복사점 등에 대하여 부과금을 과하는 제도인 것이다. 이 경우 저작권이 보호되는 원문의 A4 크기의 1면마다 2페니(0.02 마르크 : 한화 10원, 1993년 8월 기준)의 보수가 부과되며 복사기 운용자는 문예저작권관리협회에 보상 산정에 필요한 보고를 하도록 규정하고 있다.

부과금의 실례를 보면 1분당 70부를 초과하는 성능을 가진 수입 복사기 1대의 기기부과금은 600마르크(300,00원 : 1마르크 = 500원)이며, 복사점의 경우 대학 근처(A급)에 있는 1분당 13부~70부를 복사할 수 있는 기종에 대하여서는 1년간 345마르프(172,500원), 그리고 복사점이 아닌 업소에서의 1분당 2~12부 정도 복사되어지는 기종은 1년에 36마르크(18,000원)

---

4) 《계간 저작권》, 제4호(1988, 겨울), 제6호(1989, 여름) (저작권심의조정위원회, 1988·1989)

이 운용자부과금을 지급하도록 규정하고 있다. 서독의 이 제도는 이미 1987년에 운용자 관리 단체인 문예저작권관리협회가 1천7백6만 마르크(85억 3천만원)이 부과금을 받아들여 저작자와 출판사, 그리고 번역자들에게 그 비례에 딸 분배했다는 것이다.

(4) 보호돼야 할 판면권

저작권법의 합리적 운용과 저작권 제도의 확립을 위해서는 무엇보다 저작물이 복제 문제가 시급히 해결되어야 한다고 보아진다. 이 문제는 내일의 문화 발전과도 직결된 것으로 저작자나 출판사의 창조적인 의욕을 북돋우자면 모든 저작물의 사용자들은 응분의 대가를 지불해야 마땅 할 것이다. 그러나 현실은 법이나 제도의 미비로 본의 아니게 저작물의 무단 이용의 잘못을 저지르는 경우가 만다.

이제 우리의 저작권법도 외국과 같은 대여권을 신설하고 부과금제도 등을 도입하여 지적 산물인 저작권이 침해되는 경우가 없는 저작권 질서가 확립되어야 한다고 사료된다.

일찍이 크로슬랜드(Hugh J. Crossland)는 1968년에 복사물 이용 제도에 관하여 도서관의 요구를 충족하면서 저작자에게 응분의 보상을 할 수 있는 필수요건으로서, 첫째, 복사물을 우선 이용하고 나중에 허락받을 수 있어야 하며, 둘째, 저작권자에게 매상 감소와 재산권에 입각한 적합한 보상이 보장되어야 하고, 셋째, 모든 도서관의 복사는 균등하게 취급되어야 하며, 넷째, 제도 운영에 있어 행정상 무리가 없어야 하고, 다섯째, 저작권자와 이용자가 필수적인 참여를 요구하는 제도이어야 함을 제시했다.[5)]

실은 저작물 복사사용료 징수 문제는 그렇게 간단한 것이 아니다. 때문에 선진 외국에서도 오랜 연구를 거쳐 최근에야 부과금제도 등을 실현시켜 나가고 있는 중이다.

따라서 앞으로 우리나라의 모든 저작재산권의 보호와 출판물의 판면권 보호를 위해 다음의 두 가지 방안을 제시하고자 한다.

첫째, 서독의 기기부과금과 같이 국내의 복사기 제조회사로부터 생산

---

5) Hugh J. Crossland, 'The Rise and Fall of Fair Use', *Sout Carolina Law Review,* No.20, 1968.

대수에 따른 일정률의 부과금을 징수하는 방법과, 둘째로, 주로 책을 복사흔 도서관이나 대학 주변의 복사점에 한하여 복사 횟수 등을 자동적으로 기록할 수 있는 장치를 복사기에 부착하고 이의 관리화사나 관리 다채로 하여금 정기적인 점검을 통해 그 이용에 따른 사용료를 징수하는 방법인 것이다.

이렇게 하여 모아진 복사부과금은 한국문예학술저작권협회나 대한출판문화협회 등에 균등하게 배분하여 저작자나 추판인을 위한 사업에 공정히 활요케 한다는 것이다.

그러나 첫째 방법은 조세적 성격을 띠므로 세법의 개정 등이 뒤따라야 하며, 두 번째 방법은 설치 비용이나 사무 관리 비용이 너무 크므로 실현화는 데 많은 난관이 있으리라 사료된다. 그렇다고 그냥 지나칠 수는 없다. 날로 복사 기술이 발전해 나가는 오늘의 현실을 감안할 때, 언젠가는 대안이 마련되어야만 할 것이다.

최근 음반의 대여권 문제가 법 개정을 통해 제도화되어질 전망이어서 다행한 일이다.

이미 앞서 언급했듯이 미국, 영국, 독일, 네덜란드, 스위스, 스웨덴, 캐나다 등 17개국에서는 대여권이나 부과금제도를 실혀시켜 나가고 있다는 것을 우리는 간과해서는 안 될 것이다.

이제는 동양적 한국의 윤리관만으로는 저작권을 자킬 시대는 지난 것 같다. 하루속히 법적 제도가 개선되어 모든 저작자와 출판인들의 권리를 향유할 날을 기대해 마지 않는다.

제 IV 부

뉴미디어와 유선방송 저작권

1. 뉴미디어 시스템과 CATV 저작권
2. P.P.와 S.O.의 방송사업권
3. 뉴미디어로서의 종합유선방송
4. CATV의 디지털 분류
5. CATV의 기능과 역할
6. 저작물의 공정이용과 강제허락
7. 미국의 방송저작권
8. 저작인접권과 CATV 사업자
9. 디지털 저작물 사용료

1. 뉴미디어 시스템과 CATV 저작권

1960년대 농촌 개발을 목적으로 원시적인 형태로 출발한 우리나라의 유선방송사업이 급변해 가고 있는 정보화사회에 발맞춰 이제 종합 유선방송이란 새로운 형태로 탄생을 보게 되었다. 사회, 경제적 한경이 열악했고 법제도가 미비했던 초기의 유선방송이란 무선의 공중화, 방송의 난시청 지역 해소를 위한 중계 송신의 수단에 불과했던 것이다.

이는 미국 등 선진국의 초기 형태와 같은 수준의 유선방송이라 할 수 있다. 1960년대부터 부각되기 시작한 미국의 CATV(Community Antenna Tele Vision))는 텔레비전의 보조 매체로 간주했을 뿐 기술적 개혁으로까지 여기지 않았다(전석호 외, 1993:19).

우리나라는 1986년 12월 31일 '유선방송관리법'(법률 제3914호)을 제정함으로써 유선방송에 대한 정부의 의지를 보였으며, 1991년 12월 31일에는 '종합유선방송법'(법률 제4494호)을 만들어 시행하면서 CATV의 명확한 위상을 제시하게 된 것이다.

이 법이 정의하고 있는 '종합유선방송'이란 문자 및 정지 화상을 포함한 영상과 음성, 음향을 유선전기 통신시설을 이용하여 수신자에게 송신하는 다채널 방송을 말하고 있다(종합유신방송법 제2조 1항).

아울러 종전의 '유선방송'은 유선 전기 통신 시설을 이용하되, 중계 유선방송, 음악 유선방송과 자가 유선방송에 국한하도록 이 법 부칙(제3항 1호)을 통해 기존의 유선방송 관리법을 개정토록 했다.

그러나 그 이전에도 유선방송이 존재하면서 법의 규제를 받아왔던 것이다. 따라서 우리나라의 유선방송은 3단계의 제도적인 발전을 해왔다고 본다.

제1단계는 1961년 8월 우리나라 최초의 '유선방송관리법'이 제정, 시행되어 1986년 동 법률이 폐지될 때까지이며, 제2단계는 1887년 1월 1일부터 현재까지 현행의 유선방송관리법이 시행되는 시기이며, 제3단계는 1993년 1월부터 종합유선방송법에 의하여 조합유선방송 체제로 운영되는 시기라 할 수 있다(저작권연구자료 ⑫, 1992).

여기서는 제3단계의 시기에 해당되는 종합유선방송의 운영·관리에서 야기되어질 상황을 특히 저작권 문제를 중심으로 논구하고자 한다.

CATV는 다채널 쌍방향 능력을 갖춘 대표적 뉴미디어로서 선진 각국에서는 이미 보편화된 미디어라고 할 수 있다(김우룡, 1991:229). 새 종합유선관리법에서도 다채널 방송으로 종전의 유선방송과 구분하고 있듯이 CATV에 의한 통신은 인접 채널 간의 전파 간섭이 없고 또 지리적 조건에 의한 자연적 장애를 받지 않으므로 다채널의 선명한 신호 전달이 가능하며, 또 케이블에서는 공중파에 의할 경우 사용할 수 없는 주파수 대역을 사용할 수 있고, 정보 전송 능력이 큰 고주파를 이용할 수 있기 때무에 그 채널 수는 현저히 증가하게 된다(박용상, 1988:210).

오늘의 CATV는 기존 공중파 방송 매체가 갖는 한계를 극복하고 정보사회의 중심매체로 자리잡아 나갈 뉴미디어라 할 수 있다. 문화적으로 CATV는 기존이 획일화되었던 대중문화에서 탈피하여 수용자들의 요구를 충족시켜 줄 수 있는 다양한 서비스 미디어인 것이다.

그동안 CATV는 텔레비전 프로그램을 재송신하기 위한 유선 시스템으로 운영되어 온 것이 사실이다. 그러나 다른 나라의 프로그램이나 유선 방송을 위해 특별히 만들어진 프로그램도 보고 싶다는 요청이 높아짐에 따라 CATV 시설의 대규모화, 다채널화가 시도되면서 새로운 정보전달의 매체로 주목받게 되었다. 다양한 채널이 잠재력을 갖고 있는 가장 대표적인 뉴미디어 시스템은 CATV일 것이다. 동축 케이블, 광케이블로 대체되고 통신위성과도 결합이 가능해지면서 CATV가 미국에서 관심을 끌기 시작했다(전석호 외, 1987:39).

이러한 다채널의 뉴미디어는 채널 수만큼 수용자를 잡기 위한 경쟁이 심할 수 밖에 없다. 따라서 프로그램의 다양한 개발이 뒤따르게 되는데 CATV는 다양한 수용자들의 욕구에 따라 '다품종 소량'의 서비스에 민감해져야만 하는 것이다.

문자를 포함하는 영상을 비롯하여 음성, 음향을 합성한 프로그램의 제작이야말로 앞으로 CATV의 성패를 좌우한다고 하겠다. 여기서는 송출한 음악이나 프로의 제작 등 화상을 '만들기' 위해서는 많은 원작물을 필요로 하게 된다. 원작물에는 그 작품을 창작한 원작자의 권리, 즉 저작인격권이나 저작재산권이 부여되어 있다(전영표, 1993).

따라서 본 연구는 유선방송에 송출되어질 각 프로에 내재하고 있는 저작권과 저작물 이용을 위한 법적 문제 등을 논의함으로써 종합유선방송의 원할한 합법적 발전에서 문제를 제기하고자 한다.

2. P.P.와 S.O.의 방송사업권

현대 사회는 다원화된 사회이다. 다원화된 가치 표현이 이루어지고 문화가 다원적으로 수용되는 사회이다. 방송도 다원화 원칙에 따라서 다양하고 균형 있는 프로그램이 방송되는 다원적 편성이 이루어져야 하겠고, 채널도 특성화되어 다원적으로 프로그램이 제공되어야 바람직하다(강현두, 1989).

다원화와 특성화를 지향할 수 있는 방송이라면 CATV를 꼽지 않을 수가 없다. 그러나 과거와 같은 유선방송은 다원적인 채널이기는커녕 무허가 영세업자들에 의해 비정성적인 방법으로 운영되면서 난시청 해소와 낮시간을 이용하여 드라마나 외화/外畵를 재송신하거나 방영하는 형태로 기존 방송의 보완적 요구를 충족시켰던 것이 사실이다(오택섭 외, 1990:29).

그러나 정보화사회의 촉진은 더 이상 우리의 방송 체제를 과거에 머물도록 하지 않고 있다. 마이크로 칩과 컴퓨터, 광 케이블 등의 개발은 '컴퓨터통신혁명'을 이룩하면서 '정보화사회'를 향한 혁신적인 변화를 가져오게 한 것이다. 정보화사회는 단지 초기 산업 기계의 연장이 아니라 '신 기술(new technology)'에 의해 선도된 것이다. 신 기술이란 오늘날 컴퓨터와 TV세트의 결합에 의한 것이다. 정보화사회의 본질을 이해한다는 것은 이 새로운 기술의 검토로부터 비롯되어야 한다(김세원·추광영, 1987:174).

이러한 새 기술에는 각 분야마다 알려지지 않는 수많은 혁신적 발명이 있었다. 그중 하나도 CATV라 하겠다. CATV는 분명히 방송의 기능을 갖고 있으나 그보다는 다른 차원의 다양하고 복잡한 다채널의 뉴미디어인 것이다.

때문에 CATV는 기존 방송매체가 갖는 한계성을 극복하는 정보사회의 중심 매체로 자리잡을 가능성이 높다. 그러나 아무리 혁신적이고 쌍방향 능력을 갖췄다 하더라도 수용자 없는 채널은 성공적으로 확산을 이룰 수가 없다. 유선방송은 공중파의 무선방송과는 달리 수용자 부담에 의한 송신을 원칙으로 하기 때문에 내용의 다양성에서 그 특성을 찾지 않으면 뿌리를 내리기가 어렵다.

따라서 CATV는 전문적인 방송국 운영자(S.O./System Operator)와 프로그램 공급업자(P.P./Program Provider), 그리고 전송망 사업자로 나눠 방송 효과의 극대화에 노력하고 있다.

이미 우리나라는 앞의 문제 제기에서도 논술했듯이 1992년에 종합유선방송법 및 동법 시행령, 시행 규칙이 시행되었으며, 이어 정부는 93년에 프로그램 공급업자(PP)를 선정했고 94년에 들어와 방송국 운영자(SO)와 전송망 사업자를 선정하였다.

1995년 1월 시험 방송을 하면서 3월부터 본격화된 CATV의 방송국 운영자(SO)는 독점적인 사업권(franchise)을 갖는 지역화된 방송국 소유 운영자로서 프로그램을 송·수신할 수 있는 체제를 갖춘 소규모의 방송국 소유자이다. 94년 10월 현재 국내의 방송국 운영자는 서울의 21개 구역을 포함 전국에 총 50개 업체가 선정되어 있으며, 프로그램을 제작 또는 수입(일부)하여 종합유선방송국에 이를 공급하는 프로그램 공급업자도 11개 분야에 걸쳐 총 20개 업체가 이미 선정되어 있다(전석호, 1994).

이 밖에 1994년 10월 8일에는 4개 분야에 걸친 프로그램 공급업자를, 그리고 지방인 부산과 대구에 3개의 종합유선방송국을 추가로 선정해놓고 있다(공보처 보도자료, 1994.10.8.). 이들 프로그램 공급업자는 각각 문화·예술, 만화, 바둑, 홈쇼핑 분야로 나눠 1995년 8월 1일까지 프로그램 공급업을 개시하도록 하고 있다. 그리고 종합유선방송법에 의해 각 가입자들의 가정에 전송 선로 시설을 설치, 운영하는 전송망 사업자로 한국통신과 한국전력을 비롯하여 6개사를 정부는 선정해놓고 있으며, 프로그램 분배망은 1995년 무궁화 위성 발사후 전송이 가능할 때까지 통신위성을 임차해 사용한다는 것이다.

먼저 선정된 11개사의 프로그램 공급업자(PP)는 각각 보도, 영화, 스포츠, 교양, 오락, 교육, 음악, 어린이, 여성, 종교, 교통, 관광 분야로 나눠 독자적인 프로 개발로 방송국 운영자(SO)에게 프로그램을 공급해 주도록 영역이 한정되어 있다.

이와 같이 CATV는 문화 전반에 걸쳐 다양한 분야를 망라 취급하고 있다. 따라서 본 저술은 영상, 음악, 미술, 어문 저작물 등 저작권법이 명시하고 있는 원작물에 관한 이용의 법적 한계와 범위, 그리고 사용료의 징수와 분배 등을 논구하면서 PP사나 SO사 자신이 개발한 방송 프로그램 권리인 저작인접권의 문제까지 포함시키고 있다.

특히 본 저술은 CATV의 선진국이라 할 미국의 방송저작권에 관해서도 FCC의 주요 규제법과 미 CATV 저작권법의 전망까지 논술하면서 앞으로의 종합유선방송 시대를 위해 새 방송저작권 법규의 필요성을 제언해 보았다.

3. 뉴미디어로서의 종합유선방송

1948년 미국 펜실바니아 주의 미호니 시에서 TV 난시청을 해소하기 위해 시작된 CATV(Community Antenna TeleVision)가 오늘날엔 '정보통신사업의 핵심'으로 '21세기를 주도할 뉴미디어의 총아'가 되고 있다. CATV가 케이블 TV로 개념이 바뀐 현재는 '방송과 정보, 그리고 통신을 가정으로 연결하는 초고속도로'로서의 위치를 차지하게 되었다(성열홍, 1994).

CATV방송은 이제 '새로운 기술체계와 더불어 출현하는 새로운 정보체계'로서 각광받게 되었다. 토플러가 예측한 대로 '탈획일화 미디어'의 시대를 열려고 하는 것이다. '이 정보체계는 모든 영역에서보다 중요한 것, 즉 우리의 두뇌 영역에까지 영향을 미칠 것이다. 이런 여러 가지 변화가 한 덩어리로 되어 세계에 관한 우리의 이미지와 이해력을 밑바닥에서부터 엎어버릴 것'이라는 예측이 앞으로도 뉴미디어의 기술 발전에 비례하여 그 기능과 역할이 증대되어 갈 전망에 비추어 설득력을 더해가는 것이다(Toffler, 1981).

1995년 5월부터 시행된 우리나라 CATV(종합유선방송)가 어떤 기능과 역할을 하게 될 것인가는 CATV가 갖는 기술적인 우수성과 제도의 뒷받침, 그리고 운용 방법 등 복합적인 요인에 의할 것이지만 사회적으로나 개인적으로 정보생활에 미칠 영향은 지대한 것이다.

그러나 각종 뉴미디어를 활용하는 정보생활에 익숙해진 사람들이 많기 때문에 유사 뉴미디어 속에서 CATV가 시민의 선택을 얼마나 받을 것인가는 CATV가 커뮤니케이션 매체로서 어느 정도의 비교 우위를 가질 것인가에 달려 있다. 앞으로 CATV가 정치, 경제, 사회, 문화 등 여러 부문에서 어떤 역할을 하게 될 것인가는 기존 공중파 TV를 비롯하여 다양한 뉴미디디어와의 관계가 어떻게 정립될 것인가에 따라 결정될 것이다.

CATV의 기능과 역할을 이해하려면 우선 CATV가 뉴미디어로서 어떤 기술적인, 또 경영상의 특성을 갖는가를 다른 뉴미디어와의 관계에서 살펴보는 것이 필요하다. 미국의 예에서 보면 뉴스 케이블 TV인 CNN이 확고한 위치를 점하고 있던 기존의 3대 공중파 TV에 도전, 성공을 거둔 사실이 시사하는 바가 크다. CNN이 기존 3대 TV의 시청률을 끌어내릴 정도의 영향력을 갖게 되는 성공을 할 수 있었던 것은 기술적인 장점을 효과적으로 살린 경영 전략이 주효했던 때문이라고 추측할 수 있기 때문이다 (Whittemore, 1990).

공중파 TV와 CATV와의 관계는 뉴미디어끼리 충돌하는 한 예에 불과하다. CATV는 다른 뉴미디어와 꼭 충돌하는 것만은 아닐 것이다. 서로 보완적일 수도 있다.

4. CATV의 디지털 분류

정보화사회에 접어들면서 다양한 커뮤니케이션 미디어가 양산되고 있다. 역으로 다양한 뉴미디어가 정보화사회를 창출해내고 있다고도 할 수 있다. 커뮤니케이션 기술(technology)은 지난 150년 동안 폭발적인 발전을 했다. 이 커뮤니케이션 기술은 새로운 커뮤니케이션 도구와 기법(technique)을 제공해주고 있다(Mirabito, 1993). 정보화사회에 대한 이상은 유선 도시(wired city), 뉴미디어 공동체(new media community), 인텔리전트 도시(intelligent city), 텔레토피아(teletopea) 등으로 구체하되기도 한다(美ノ谷 和成, 1992).

정보화사회에서 중추적인 역할을 할 새로운 커뮤니케이션 도구는 바로 뉴미디어인 것이다. 뉴미디어(new media)의 등장은 낡은 미디어(old media)와 충돌, 경쟁, 협력 관계를 맺으면서 그 역할을 증대해 왔다. 미디어간의 충돌과 결협은 같은 계열간에 일어나는 것이 보통이지만 때로는 전연 다른 계열간에도 일어난다. 예를 들면 전파매체인 TV와 CATV가 인쇄매체인 신문이나 잡지에도 영향을 미치는 것과 같다. 특히 지역 CATV는 지방신문과 뉴스 등을 공유, 직접 CATV 프로그램을 만드는 예가 많다(Kaatz, 1982).

뉴미디어는 크게 방송계와 정보통신계로 분류되는데, PC와 광케이블, 데이터 처리 체계의 디지털화 등의 기술 등장으로 그 구분마저 애매해지고 있다. 특히 혁신적인 PC기술인 디지털 멀티미디어의 등장으로 영역 구분이 어렵게 되고 있는 것이다. 통신과 방송은 이들 기술을 공유함으로써 문자와 음성 및 화상(영상)을 한 묶음으로 묶어 서비스할 수 있게 된 것이다. 그 결과로 대화형 혹은 쌍방향 통신, 위성 통신, 무선 정보통신, CATV 등이 서로 결합 혹은 융합함으로써 다양한 매체들이 나오고 있다.

데이터(문자, 화상, 음성 등)의 처리와 압축, 축적, 전송 기술과 광섬유 등 새로운 통신 소재의 결합으로 생겨나는 뉴미디어는 이미 실용화 단계에

들어선 것도 있고, 현재 개발 중으로 가까운 장래에 등장할 것이 더 많다.

이들은 모두 소비자(시청자)가 원하는 정보를 원하는 시간에 얻도록 하는 방향으로 개발되고 있으며, 이에 따라 보다 큰 화면과 선명한 화질, 그리고 깨끗한 음성을 제공하는 기술의 경쟁을 벌인다. 이들은 대개 '미래의 통신 매체', '꿈의 매체', 혹은 '최후의 매체' 등으로 불리기도 하면서 저마다 그 장점을 자랑하고 있다. 그러나 이들은 서로 충돌과 융햡 혹은 보완이라는 관계를 맺으면서 이합집산을 거듭해 갈 것으로 이 가운데 어떤 것이 성공하게 되고 어떤 것이 실패하게 될 것인지는 예측하기 어렵다.

뉴미디어는 그 자체 처음 발명되었을 때와 그 후와는 상당한 기능상의 차이를 보인다. 미국에서 처음 VCR나 컴퓨터가 나왔을 때는 오늘날과 같은 이용은 예측하지 못했다고 한다. CATV도 출발은 기존의 공중파 TV를 이용, 보완하는 수단으로서 나타났다. 그러던 CATV가 오늘날 뉴미디어의 총아로서 불리는 것은 다른 미디어의 결점을 보완하고 또 다른 미디어아의 결합을 통해서 새로운 기능과 역할을 하게 되었기 때문이다. CATV는 타 매체에 의지해서 출발했지만, 점점 독자적인 영역을 개척해 나간 것이다. 그 특징을 들어보면 우선 TV의 프로그램을 받아서 전송을 하는 중개자의 역할에서 한 걸음 나아가 그 자신의 독자적인 프로그램을 갖게 된 것이다. 독자적인 프로그램을 갖는다는 것은 독자적인 운영체계를 갖는다는 것을 의미한다. CATV는 이제 그 자신의 방송망과 스튜디오를 갖게 되었다. 그리고 프로그램을 편성한다.

우리나라에서 펼치게 될 CATV는 외국에의 CATV가 프로그램 부족으로 고전을 면치 못하는 전철을 밟지 않기 위해 프로그램 공급업자에게 상당한 비중을 두고 있어 독자적인 운영에 큰 힘을 가질 것으로 보인다. 앞으로 CATV가 어떤 기능과 역할을 하게 될 것인가는 뉴미디어 속에서 CATV가 어떤 자리를 차지할 것인가에 달렸을 것이다(松本修二郎·山田室荒·牧富美江, 1992).

(1) 방송계 뉴미디어

CATV의 소속은 방송계 뉴미디어이다. 미국의 예에서 보는 바와 같이 공중파 TV와 CATV는 뉴스 같은 부문에서는 치열한 경쟁을 벌인다. 이들은 공중파 TV가 방송한 것을 CATV가 '동시재송신'하는 식으로 서로 협력 관계를 형성하지만 뉴스 보도 부문에서는 취재 활동 면이나 속보성 면에서 대등한 위치에서 소비자의 선택을 받기 위해 치열한 경쟁을 벌인다.

벌써 미국에서는 CATV로 인해 기존 공중파 TV사가 경영난을 겪을 정도로 심각한 경쟁 양상을 보이고 있다. 공중파 TV의 프라임 타임대 시청률은 1970년대를 넘어 1980년대 초까지 90% 이상의 수준을 유지했으나 1990년대에 들어서는 56%선으로 떨어졌다고 한다(성열홍, 1994). 공중파 TV는 이런 시청률 감소에 따라 광고 수입도 감소, 1991년의 경우 전년에 비하여 9.9%가 줄어들었다고 한다. 우리나라에서도 공중파 TV와 유선TV 네트워크는 뉴스 면에서 그런 현상이 재현될 것이 틀림없다.

그러나 우리나라의 경우는 사정이 다소 다를 것으로 보이기도 한다. 유선 방송사(System Operator)는 공중파 TV의 방송을 일정한 양(시간)을 되받아 '동시재송신'하도록 법으로 의무화하고(종합유선방송법 제27조 2항) 있기 때문이다. 법에서 규정하고 있는 '동시재송신'이란 '방송국의 무선방송을 수신하여 그 방송 프로그램에 변경을 가하지 아니하고 그대로 동시에 재송신하는 것'으로 되어 있다. 유선 방송의 공익성 유지나 지역의 난시청 해소를 위해 기존 공중파 TV와 유선 방송사(System Operator)가 협조, 공생하도록 하는 전제를 둔 것이다.

그렇지만 우리나라의 경우도 역시 경합을 면치 못하는 면이 있을 것이다. 시사 뉴스 외에 스포츠 중계나 연예, 오락 등 프로그램의 방영은 뉴스 보도 충돌과 마찬가지의 충돌 현상을 보일 것이다.

이런 충돌은 두 TV가 갖는 전략적인 특성의 차이에 따라 각기 상이한 양상을 보이게 되고 이에 따라 시청자의 선택도 달라지게 될 것이다. 우선 그 차이의 하나는 공중파 TV가 방송 시간의 제약을 받는 데 비하여 CATV는 부문별로 전문화되어 있음으로 해서 방송 시간의 제약을 덜 받는다는 사실이다. 공중파 TV도 인기 스포츠나 연주회, 공연 등은 전시간 중계를 하지만 그것은 아무래도 한계가 있고 이 점에 있어서 CATV는 보다 자유로울 수 있을 것이다.

20여년 간에 걸친 공중파 TV와 CATV의 경쟁에서 미국 CATV 측은 승리를 구가하고 있다. 미국 유선방송협회(NCTA) 제임스 카두니 회장은 "케이블 방송은 TV의 판도를 완전히 바꾸어 놓았다. 기존 TV 네트워크가 심어 놓았던 TV프로그램에 대한 개념을 완전히 전환시켜 놓은 것이다.."라고 말하기에 이르렀다(한상기, 1994).

반면 기존 공중파 TV 측은 이런 열세를 만회하기 위해 새로운 프로그램 개발과 제작비 절약에 안간힘을 쓰고 있다. 그 한 예로 뉴스와 쇼를 겸한 방송을 시도하는 것을 들 수 있다. 그래서 정보와 연예·오락을 합성시키는 informationment라는 말까지 생겨나게 되었다. 이런 현상은 CATV가 아직 방송되기도 전인 우리나라에서도 볼 수 있다. 우리나라 기존 TV가 그런 시도를 하는 것은 새로 생겨날 CATV를 의식해서인지 아니면 단순한 모방인지는 알 수 없으나, 시청자를 끌기 위한 새로운 시도임에는 틀림없을 것이다.

기존 공중파 TV와 새로 생겨난 CATV의 경쟁에서 후자가 절대적으로 유리하다고만은 할 수 없다. 일본이나 영국, 홍콩 등지에서는 CATV가 그렇게 성공적이라고는 할 수 없는 예를 보여주고 있다(정순일, 1993). 이 때 소비자의 선택은 미지수이다. 풀 타임 중계를 원하는 시청자와 시간 생활의 제약 때문에, 혹은 관심도의 비중 때문에 다이제스트화한 뉴스를 원하는 시청자 중 어느 편이 많을 것인가는 아직 예측하기가 어렵다. 단지 공중파 TV의 평균 시청 시간이 2시간 30분 정도이고 보면(경향신문, 94.1.25) 방송 시간이 긴 것이 꼭 CATV 편에 유리하다고만 할 수 없을 것이다. 풀 타임 중계방송으로 시청 시간이 늘어나는 예도 있을 것이다.

한편 방송계 미디어는 TV와 CATV의 관계에 새로운 변수가 생겨났다. 위성 방송(DBS)의 등장이 그것이다. 공중파 TV와 CATV는 또 새로운 방식의 TV의 등장으로 새로운 혼전이 예상된다. 그것은 새로운 방송사업체의 등장을 뜻하는 것이 아니라 기존의 TV와 CATV 사업체가 활용하는 것이지만 매체로서는 제3의 것이다. 우리의 경우 이것은 국내적은 문제이기보다 국제적인 문제이다. 우리의 위성 방송이 없는 현재에도 외국의 위성 방송을 통해 서비스되는 TV 프로그램을 시청하는 사람들이 있기 때문이다.

이런 현상과 관련해서 일본이 민간방송연맹은 미래의 방송 모델을 ① 현재와 같이 지상방송이 방송산업의 중심 위치를 차지하면서 위성 방송과 CATV가 중심이 되는 모델, ②지상 방송과 위성 방송이 공존하는 모델, ③ 위성 방송과 CATV가 중심이 되는 모델로 분류하고 있다(성열홍, 1994). 어떻든 TV방송체계의 변화를 예고하는 것이다.

우리의 경우 이런 관계가 어떻게 전개될 것인지는 좀 예측하기 어려웠다. 단지, 2년 전 상반기에 KBS가 위성 방송과 일반 TV 시청자 각 75명씩을 대상으로 조사한 바에 의하면 42.5%가 유료 채널 가입 의사를 밝히고 있지만(정순일, 1993), 당시 공보처는 1995년 말까지 TV보유자 중 CATV가입률을 13.5%, 2004년에 이르러 47.5%에 달할 것으로 예측했었다. 한편, 미국은 1993년 12월 현재 63%가 CATV에 가입하고 있고, 부진상을 면치 못하던 일본도 1993년에 들어 대폭적인 증가세를 보이고 있었다. 1994년 3월 기준으로 그 전 1년 동안에 도시형은 51%, 전국으로는 10.6%가 증가했다(매일경제신문, 94.9.10).

그런데 공중파 TV도 대화 방식의 방송을 연구, 이미 시험 단계에 들어가 있어 쌍방향 서비스가 CATV만의 것이 아니게 되었다. TV와 CATV의 기능상 구분이 적게 되는 것이다. 이렇게 될 경우 TV와 CATV 간의 시청자 분할(audience fragmentation) 현상은 적어지게 될 것이다.

방송계 뉴미디어에 있어서 CATV의 더욱 직접적인 관계를 갖게 될 것은 직접 위성 방송이다. 위성 방송은 출발부터 CATV의 단점을 보완하는 것을 염두에 둔 것으로 기존 지상TV 시스템과 위성중계 시스템을 혼용, '무선 케이블 시스템'이라고도 불린다. 케이블이 없이 소형의 파라블라 안테나와 컨버터를 이용하여 방송(통신) 위성이 발사하는 전파를 중앙중계소와 헤드엔드(headend)를 통해 수신하는 CATV보다 간단한 구조로 되어 있는 위성 방송은 CATV에 비하여 몇 가지 장점을 갖는다.

위성 방송은 기존 TV가 사용하는 VHF, UHF보다 고주파대인 SHF를 사용하지만 VHF와 SHF를 합성한 시그널을 받으며, 채널 수를 많이 사용할 수 있기 때문에 기본 채널과 분리 유료 채널을 선택할 수 있다. 또 스캔 채널, 음향 조절, 리모트 콘트롤 등이 가능, 다음과 같은 기술적 장점을 갖고 있다. ① 전국 어떤 지역이든지 설치가 가능하다. 특히 산간벽지, 도서지역 등의 난시청을 해소할 수 있다. ② 케이블보다 고장 발생이 적다. ③ 화질, 음질 상태가 좋다. ④ 공중파 중계를 위한 지상 통신망 구성이 불필요하다. ⑤ 넓은 주파수대역을 요하는 PCM 음성 방송, HDTV 등 새로운 방송 서비스를 할 수 있다. 위성 방송은 이런 기술상의 장점에 의해 경제적으로도 요금이 싼 등의 이점을 갖게 됨으로써 독립적으로 운영될 경우에는 CATV의 강력한 경쟁 매체가 될 것이지만, CATV가 위성통신과 결합하는 방법도 있어서 경쟁관계라고만, 할 수는 없다. 우리나라도 2000년대 통신 위성을 올릴 것이므로 곧 위성방송 시대를 맞게 되는데 CATV와의 업무 영역이 어떻게 정립될 것인지 주목된다.

이런 추세로 TV와 CATV의 기능상 구분이 점점 없어질 것이다. 미국연방통신위원(FCC)는 현재 한번에 한 채널만 볼 수 있는 케이블박스를 TV와 VCR겸용 특수 장치로 교체토록 한다는 것이다. 이 특수 장치를 1996년부터 공급해 주고 있다.

(2) 통신계 뉴미디어

CATV는 통신계 뉴미디어계로도 분류된다. CATV도 정보 통신의 일부 기능을 원용하려는 데서 나온 것으로 방송계 미디어와 통신계 미디어의 영역을 허무는 또 하나의 요인이 된다.

이것은 방송계 미디어나 통신계 미디어가 같은 광섬유케이블을 사용하고 송신 방법도 디지털을 채용하는 데서 오는 것이다. 이에 따라 소프트웨어도 자연히 같은 방식 내지 동일한 것을 사용하게 됨으로써 송신 내용도 같아지게 되는 현상이 일어나고 있는 것이다. 예를 들면 문자 정보, 도형 정보 등이 그것이다.

그러나 CATV에서 서비스하는 문자 정보는 데이터베이스와 같은 다양한 검색 기능은 가질 수 없기 때문에 CATV가 정보통신 영역을 크게 침범하고 있다고 보기는 어렵다. 그보다는 오히려 정보통신 편에서 방송 미디어의 기능을 원용하는 것이 더 많은 것이다. CATV의 서비스 영역을 침범하고 있다고 보는 것이 정확하다. 지금까지 데이터베이스는 문자 정보와 도형 정보가 주를 이루어왔는데 PC 기능의 다양화에 따라 음성이나 영상(동화) 정보까지 서비스하기에 이르렀기 때문이다.

미국에서는 PC를 CATV망에 연결하는 기술이 실용화되고 있다. 이럴 경우 기존의 전화선을 이용하는 것보다 데이터 검색이 대단히 빨라지는 이점을 가지고 있다. 이는 사진 등의 화상 정보를 데이터베이스에서 문자 정보나 마찬가지로 검색할 수 있게 되는 것을 뜻한다.

우리나라 PC통신에서도 이미 바둑 대국이나 게임과 같이 CATV의 기능을 하는 부문이 있다. 앞으로 이런 부문은 더욱 급속하게 늘어날 것이다. CATV와 정보 통신의 구분이 없어지는 예이다. 정보 통신은 PDA(개인 휴대용 정보단말기)라는 무선 데이터 통신과 TV 기능이 결합된 정보기기의 개발이 진행되어 실용화 단계를 맞고 있다.

(3) 독립계 뉴미디어

유선이든 무선이든, 혹은 온라인이든, 무선 케이블이든, 원거리 통신 방식이 아닌 뉴미디어로도 CATV와 관계가 있는 것도 많이 있다. VCR 혹은 홈 비디오, CD-ROM 등이 그것이다. VCR도 초기에는 TV가 방송하는 프로그램을 녹화했다가 재생하여 보려는 것이 주목적이었다. 이것은 공중파 TV가 갖는 단방향(편도)(one way communication) 성격 때문에 시간의 제약을 받는 것을 VCR이 도와주는 기능을 하는 것이라고 볼 수 있다. 공중파 TV의 재생 기능인 셈이다. 때문에 이들은 상호 보완적이다.

그러나 VCR도 독자적인 프로그램을 갖게 되어 새로운 양상이 벌어지게 되었다. VCR용 프로그램, 주로 영화가 독립적으로 제작되기에 이르러 공중파 TV와 일부문에서 경쟁 관계를 갖게 되었다. 프로그램 측면에서 보면 동일한 프로그램을 공중파 TV에도 공급하고 VCR용으로도 공급할 수 있다. 그러니까 경쟁 관계가 성립한다. VCR이 공중파 TV의 시청률을 잠식할 수 있는 것이다.

이것이 CATV에 이르면 역시 VCR과 경쟁 관계를 갖게 된다. VCR은 기존 극장과의 관계가 과거 공중파 TV와 CATV 관계 같은 것이라면, VCR과 CATV와의 관계에 있어서는 CATV가 공중파 TV의 입장에 서게 된다. CATV는 Pay Per View, Video On Demand(VOD) 등 새로운 기술을 바탕으로 한 방송방식은 공중파 TV에 비해서는 상당한 이점을 VCR의 선택의 다양성에는 미치지 못한다. 단순한 CATV는 방송 시간의 자의성이라는 면은 있지만, 공중파 TV와 크게 다르지 않다.

그러나 CATV는 TV에 비하여 소비자(시청자)의 선택 폭이 다양하지만 VCR과는 비교가 되지 않는다. VCR이 소비자가 원하는 시간에 볼 수 있는 데 비하여 Pay Per View, VOD 등은 소비자의 선택 회수가 많아진 것이기는 하지만 소비자가 원하는 시간에 새로 시작하는 것은 아니다. 이 점 CATV는 VCR 공중파 TV와의 중간 형태라고 할 수 있다.

그러나 앞으로 본격화하게 될 더 새로운 기술의 뉴미디어인 멀티미디어 통신에 이르게 되면 사정이 달라질 것이다. CATV가 VCR과 경합하는 부분으 영화 방영 편인데 이 점에 있어서 VCR이 아직은 CATV에 비하여 월등한 장점을 갖는다. 수용자가 임의로 프로그램을 선택할 수 있는 점, 이

프로그램을 본인이 원하는 시간에 볼 수 있는 점, 그리고 특수 프로그램(성인 영화) 등의 면에서 CATV보다 유리하다. 특히 선택의 폭이 다양하다는 면에 있어서 CATV는 한계를 갖는다. 그러나 CATV도 앞으로 쌍방향 기술의 발전에 따라 이런 문제를 점점 해결할 수 있을 것이다.

미국에서 페이 케이블을 시청하다가 중단한 사람들은 그 이유로 '시청료의 경제적 부담', '프로그램의 빈번한 재방송', 'VCR의 구입' 등을 들고 있다고 한다. 미국의 경우 VCR의 보급률이 77%를 넘어섬으로써 CATV 보급률 61%를 앞서고 있다(Grant, 1994).

한편 멀티미디어 통신은 이런 면에 있어서도 홈 비디오와 경쟁이 가능할 것이다. CATV는 멀티미디어 통신과 VCR의 중간 정도의 기능을 하는 미디어라고 할 수 있다. 이 멀티미디어 통신이 일본의 경우 2000년에는 보편화할 것으로 내다보고, 그런 준비를 하고 있는 것이다(讀賣新聞, 1994.10.16).

그러나 총체적으로는 CATV와 VCR이 경쟁 관계이면서 동시에 공존 관계라고 할 수 있을 것이다. CATV에서 방송된 것을 녹화 재시청하는 면에 있어서는 이들은 보완 관계라고 할 수도 있다. 이들은 서로 영향을 미치게는 되지만 어느 하나가 다른 하나를 완전히 대체하지는 않을 것이다.

(4) 디지털 통합 미디어

CATV와 TV 혹은 앞으로 나타날 위성 TV, 나아가 멀티미디어까지도 제조업에 비유하면 생산은 동일하고 유통만 다른 셈이다. 때문에 이들은 기술적인 차이보다는 운영상, 경영상의 차이가 우열을 좌우하게 될 것이다. 생산기술면은 비슷해지기 때문이다. 이들에 있어 소비자들의 매체 선택에 큰 영향을 미치는 쌍방향 통신이 모두 비슷해지는 수준에 달하게 되는 것이다. 미래에는 방송과 통신이 통합된다는 것을 전문가들은 예측하고 있다.

특히 멀티미디어 통신은 종래의 텍스트나 도표의 통신에서 한 걸음 더 나아가 동화와 음성까지 결합함으로써 CATV와 같은 기능을 하게 된다. 이 컴퓨터 통신은 특히 즉시성을 가짐으로써 완전한 단방향 방식의 TV는 물론, 일부 쌍방향 통신이 가능한 CATV의 결점을 해소할 수 있는 우월성을 갖는다. 이런 관계는 기존 공중파 TV에 대하여 CATV가 갖던 관계가 멀티미디어와의 관계에서는 입장이 역전되는 것이다. 여기서 CATV와 멀티미디어가 융합의 관계를 가질 것인가, 경쟁의 관계를 가질 것인가 하는 것이 관심 거리이다. 방송 산업과 정보통신 산업의 융합이 이루어진다면 그것은 산업개편의 의미가 될 것이다.

새로운 미디어 기술의 등장은 각기 상이한 미디어 간의 충돌과 보완 및 통합을 거듭하면서 다양하고 편리한 정보 수요를 충족하는 데서 한걸음 나아가 정보 수요를 창출하는 현상을 보이고 있다.

인쇄 매체에서 오디오 매체로, 오디오 매체에서 비디오 매체로 발전해 간 뉴미디어는 이제 통합 매체의 단계를 맞고 있다. 뉴미디어는 새로운 기술이 나오면 전단계의 매체는 무력해진다. 오디오와 비디오의 공존 같은 현상도 볼 수 있지만 대개는 전단계의 기술을 무력화시킨다. 굳이 경쟁이라고 한다면 뉴미디어와 직전 단계의 올드 미디어 사이에서 일어난다.

이런 연관에서 본다면 CATV의 고유한 기능과 역할을 하게 될 영역은 크지 않다. 확고한 입지를 다지고 있다고는 아직 볼 수 없는 것이다. 그것은 다른 뉴미디어와 경쟁과 융합을 거치면서 정립되어 갈 것이다. 이제부터 그런 관계가 어떻게 정립되는가가 대단히 중요한 과제라고 생각된다.

<그림 8> 케이블 TV 계통도

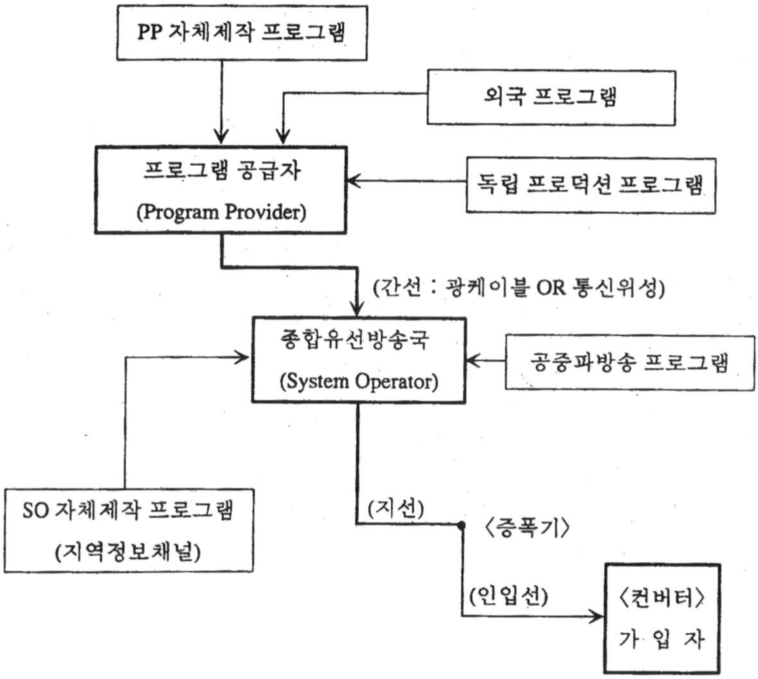

5. CATV의 기능과 역할

(1) CATV의 일반적 기능

정보사회의 특성인 전문화, 다양화, 개체화는 바로 CATV의 속성이기도 하다. 정보사회가 공업(산업) 사회의 대량 생산, 규격화, 표준화, 몰개성화에서 벗어나 다양화, 전문화, 개성(개체) 존중의 길로 나아간 것처럼 CATV도 기존 매스 미디어가 불특정 다수의 대중을 대상으로 일반적인 정보 전달에서 벗어나 쌍방향 통신으로 시청자의 선택이 중요시되므로 다양화, 전문화의 길을 간 것과 일치된다. 이런 일치성은 CATV가 정보사회를 구현하는 데 최적의 미디어라는 인식을 주기에 충분하다 .CATV가 갖는 장점은 기술적인 특성에 바탕하고 있다. CATV는 유선을 통하기 때문에 다른 전파의 방해나 난시청이라는 장애가 없고, 특히 채널 수를 다수 확보할 수 있음으로 해서 운영 방식도 공중파 TV와 차별성을 확보할 수 있다.

무엇보다도 중요한 것은 광케이블과 컴퓨터 및 디지털 방식의 채용으로 다양한 서비스를 할 수 있게 된 점이다. 그 대표적인 것이 쌍방향 통신(two way communication)을 이용한 다방면의 활용이다. 광케이블 이전에 기존의 동축 케이블로써도 다수 채널의 확보가 가능하여 제한적인 쌍방향 통신이 가능했는데, 광케이블과 디지털 기술을 이용하면 그보다 5~8배 정도의 채널을 확보할 수 있다. 또 동축 케이블이 아니고 광케이블인 경우는 도청도 기술적으로 거의 불가능한 이점이 있다.

쌍방향 통신의 본격화로 가능한 서비스는 온라인 쇼핑(홈쇼핑)을 비롯해 프로그램에 대한 반응 조사, 수용가를 대상으로 한 일반 여론조사 등 다양하다. 이것은 경영상으로도 시청료 외에 추가 요금을 받을 수 있는 유료 채널(Premium Channel)과 프로그램당 요금 징수(Pay Per View)를 가능하게 한다. 이의 궁극적 목표는 '원하는 프로그램을 원하는 시간'에 볼 수 있도록 하는 것(VOD)이다. 이것은 나아가 '정보 행동이 수용자 주도로 전환된다'는 것을 의미한다. 수용자가 능동적, 선택적으로 되는 것이다(손룡, 1986).

우리나라 통신망 구축이나 통신기기 생산도 그런 방향으로 잡혀져 있다. 정보는 차세대 CATV는 대화형(VOD)으로 한다는 방침을 밝히고 있다. 그래서 동축 케이블과 아날로그 방식으로는 60개의 채널밖에 사용할 수 없던 것을 광케이블과 디지털로 전환하여 300 내지 500개의 채널을 사용할 수 있게 한다는 것이다. 또 1994년에 시작하여 2005년까지 45조원을 투자하여 완성할 초고속 정보통신망 구축 계획에 의하면 1997년까지 1단계로 전국 4대 권역에 광케이블을 설치하여 종합정보통신망(ISDN)을 거의 완성했다고 한다. 이 통신망은 데이터의 전송 속도가 156Mbps에 달하여 초당 신문지 620면에 해당하는 데이터 양을 전송할 수 있게 한다는 것이다. 이것이 2005년에는 전국으로 확대되어 전송 속도도 10Gbps(2단계는 2.5Gbps)로 늘린다는 것이다. 이제는 완전한 VOD를 실현할 수 있게 되어졌다. 따라서 CATV와 멀티미디어 통신의 구분이 거의 없어진 것이다.

현재의 CATV가 갖고 있는 기능으로는 다음과 같은 것을 들 수 있다(稻田植輝, 1994).

(1) 자동 반복 서비스 : 정보(그림, 문자, 사진)를 일정 시간마다 반복하는 서비스.

(2) 응답 서비스(쌍방향 서비스) : 학습 프로그램의 경우 스튜디오로부터 가입자에, 또는 가입자로부터 스튜디오의 교사의 키보드 조작으로 응답하며, 서비스 가입자 측에 카메라, 마이크, 키보드가 준비되면 질문자의 모습도 나타남.

(3) 유료 TV 서비스 : 영화나 교육, 교양 프로그램 등을 특별 요금을 지불한 가입자만 볼 수 있도록 하는 서비스.

(4) 정지화 요청 서비스 : 센터에 마이크로화된 정보가 준비되어 있고 가입자가 키보드로 신청하면 화면에 정지된 정보가 나오는 것으로 병 증세 설명, 유아용 그림, 요리와 조리법 등 생활에 밀착된 서비스.

(5) 중요 정보 서비스 : 지역 뉴스, 스포츠 뉴스, 일기 예보 등의 문자 정보를 TV 영상 신호에 의한 다중방송으로 반복해서 송신하는 서비스.

(6) 팩시밀리 신문 서비스 : 중요 정보를 팩시밀리로 각 가정에 송신하는 서비스.

(7) 긴급 뉴스 서비스 : 화재, 대형 사고 등 긴급 경보를 요하는 정보를 즉시 알리는 서비스.

한편 CATV가 이런 기능의 서비스를 함으로써 개인의 정보 생활이나 사회에 미치는 영향도 크다. CATV가 서비스하는 정보의 내용이 미치는 영향은 다음과 같다(Kaatz, 1982).

(1) 서비스할 수 있는 정보의 양이 풍부하고 다양하다. 정보의 양이 많기로는 기존 공중파 TV의 경우도 마찬가지이지만 기존 TV는 서비스 채널이 하나이기 때문에 서비스할 수 있는 양은 한정되어 있다. 이에 비하여 CATV는 서비스할 수 있는 채널 수가 많으므로 공중파 TV와는 비교할 수 없이 많은 정보를 서비스할 수 있다. 방송에 시간 제약을 받지 않게 된다는 의미이다. 프로그램 편성의 기본 틀에 얽매이지 않는 다양한 편성 전략이 공중파 TV편성에 대한 고정관념을 무너뜨리는 데 기여하게 될 것이다. 예를 들면 UHF를 이용한 수퍼 스테이션의 방해 전략(stunting), 시간대 방송편성이 아닌 동형성 프로그램 편성(cluster programming), 뉴스 휠(wheel)을 이용한 사이클 편성(cycle programming) 등이 공중파 TV의 방송 편성에 획기적인 변화를 가져오게 되었다(강종근, 1991).

(2) 서비스 채널이 많다는 것은 동시에 전문성(narrowcasting)을 살릴 수 있게도 된다는 것을 의미한다. 많은 정보를 서비스한다는 것은 분야별로 집중화, 세분화가 가능하여 자연히 전문화가 이루어질 수 있다. 채널 자체를 인위적으로 전문화하는 것도 있을 수 있고, 서비스하는 정보의 구성, 편성으로도 이룰 수 있다. 이는 광범한 대상 시청자를 세분하여 집중 공략할 수 있게 한다.

(3) CATV의 또 하나 특성은 반복·재생 기능을 충분히 살릴 수 있다는 점이다. 이것은 한편으로는 채널이 많아 서비스할 수 있는 정보의 양이 많은 데 따른 것이고, 또 하나는 컴퓨터의 뛰어난 데이터 축적·검색 기능과 접목함으로써 가능한 것이다. 영화의 경우 계속적인 반복이 가능하게 된 것이다. 이것은 극장보다도 더 많은 서비스를 할 수 있다는 의미이기도 하다. 이것은 채널 수가 많기 때문에 반복해서 방송하는 것이 가능해짐으로써 실현되는 기능이다.

이 기능이 더욱 발전하면 VCR과 같이 필름을 되감기나 앞으로 빨리 감기 기능도 갖출 수 있게 된다. VCR을 갖추지 않고도 온라인으로 VCR을 활용할 수 있게 되는 것이다.

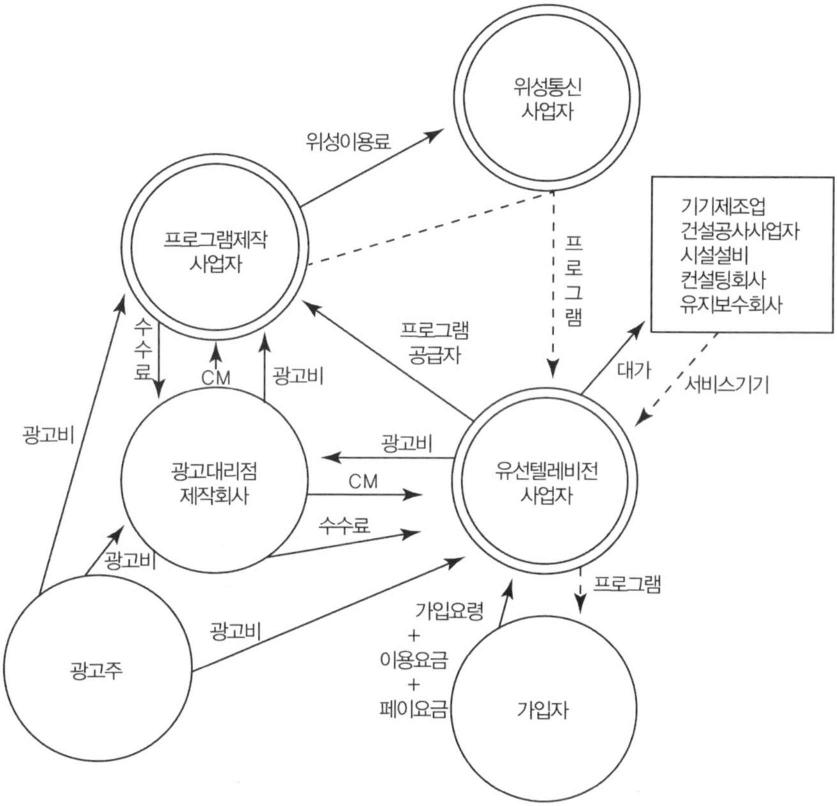

[그림 9] CATV 산업의 부문별 상호관계

※ 자료 : 郵政省 スペース·ケーブルネット 推進懇談會 編(1988). <CATV 新時代宣言> 東京 : ぎょうせい. 한국언론연구원 자료(1990)에서 재인용.

(2) CATV의 사회적 역할

위와 같은 막강한 기능을 갖게 되는 CATV는 우리 생활에도 큰 영향을 미치게 될 것이다. 지금 당장은 아니라고 하더라도 앞으로 CATV가 본격화되면 정치적으로는 지방자치제나 직접 민주주의에의 기여도 크게 할 수 있을 것이며, 경제적으로는 홈쇼핑 등에 의한 유통 질서의 개편, 재택 근무, 재택 학습, 원격지 진료 등 사회, 문화, 교육 등 사회 전반적으로 미치는 영향이 클 것이다. 이런 역할은 CATV만이 할 수 있는 것은 아니고 유사 매체, 정보 통신 방법으로도 가능하다.

CATV가 할 것으로 예상되는 분야별 주요 역할은 다음과 같다(Kaatz, 1982).

(1) 홈쇼핑 : 각 상품을 진행자가 24시간 생방송으로 소개하면 시청자는 무료전화로 구입 신청을 하는 방식이다. 일명 '대형 텔레비전 백화점'으로 불리기도 한다. 현재는 시간대별로 상품을 소개하는데 미국에서 소비자들의 이용이 늘고 있어 상품 구입 패턴에 변화를 가져오고 있다. 성공적인 CATV 채널로 꼽히고 있다.

그러나 아직은 상품이 시간대별로 소개되기 때문에 소비자가 그 시간을 기다려야 하는 불편함이 있다. 이것이 완전한 VOD 방식이 실현되면 원하는 상품을 원하는 시간에 볼 수 있게 되고 상품 주문도 전화로써가 아니라 컴퓨터로 하게 되는 획기적인 방식이 제공될 것이다. 이 때는 소비자의 활용도 더욱 늘어나게 될 것이다.

우리나라도 이미 2개의 채널이 배전되어 있어 그 성가에 관심이 모아지고 있다.

(2) 지역정보·공공정보 : 지방자치단체를 중심으로 한 지역사회의 정보를 집중 서비스하게 되는 것으로 지역 정보 활성화에 기여하게 될 것이다. 그러나 이는 지역 주민들의 지역 정보의 수요가 어느 정도냐에 따라서 성패가 결정될 것이다. 채널 수가 많게 되면 선택 폭이 커지는 만큼 소비자들의 정보수요에 적합한, 인기 있는 몇 개 채널만이 집중 선택되고 나머지는 소외될 가능성이 있다.

그러나 오랜 동안 지방 자치제(봉건제)가 발달하지 못하고 중앙 집권적인 정치·행정 관행이 이어져 오기는 했지만 앞으로 지방 자치제가 본격화하면 우리나라에서도 지역 정보에 대한 수요가 많이 일어날 가능성도 있다. 그것은 현재의 공중파 지역 TV 방송국이 제공하는 지역 정보와의 차별성이 얼마나 확보되느냐에 따라 좌우될 문제이기도 하다.

우리나라도 몇 개의 지역 채널이 할당되어 있는데 난시청 해소라는 역할 외에 지역 정보 제공 역할은 지역 정보에 대한 수요에 비례할 것이다.

(3) 뉴스 정보 : CATV의 뉴스 정보 제공 역할은 미국에서 24시간 뉴스 제공으로 대성공을 거둔 CNN이 잘 나타내고 있다. CNN은 미국의 파나마

침공, 천안문 사태, 걸프 전쟁, 소련의 민주화 등 세계사적 사건의 생생하고 상세한 현장 중계로 세계 뉴스 방송의 정상에 올라선 것이다. 이는 CATV의 집중성, 전문성, 다양성 및 풍부성 기능을 십분 발휘하는 데서 가능했던 것이다.

CATV의 뉴스 정보 제공 역할은 기존 공중파 TV의 뉴스를 동시 재송신하는 역할과 자체 뉴스를 제공하는 역할 가운데 우리나라 종합유선방송법은 이런 동시 재송신을 의무화하고 있어서 CATV의 의사에 관계없이 일정한 협력·공존 방식이 지속될 것이다.

우리나라 CATV의 경우 종합 뉴스와 전문 뉴스로서 경제 뉴스 두 개의 채널이 배당되어 있는데, 그 결과가 주목된다.

(4) 연예·오락 : 영화, 음악, 오락, 만화 제공 역할도 CATV가 많이 이용될 수 있는 부분이다. 다양한 프로그램을 반복해서 제공함으로써 소비자들의 선택이 용이하게 되기 때문이다. 이는 특히 시청자가 많은 부분으로서 유료 채널(Premium Channel, Pay Per View)로 운영된다. 우리나라도 영화 채널은 기본 시청료 외에 추가로 요금을 받는 채널 운영이 가능해진 것이다..

CATV의 연예·오락물이 시청자들이 극장이나 공연장에 가는 것을 어느 정도 대체할 것인지도 관심 거리다. 특히 HDTV나 VOD 기술이 발달하게 되면 그런 가능성은 더욱 높아질 것이다. 선택할 수 있는 프로그램이 많아지고 화면이 크고 선명하며 원하는 프로그램을 원하는 시간에 볼 수 있고 되감기 등의 기능이 실현되는 데 비례하여 수용자들의 선택도 늘어날 것이다.

(5) 원격(재택) 진료 : 환자가 병원에 가지 않고 유선으로 의사의 진찰을 받게 되는 진료 방식이 일부 질병의 경우 가능해진 것이다. 우리나라에서도 현재 온라인 정보 통신의 발달로 온라인 진료가 일부 서비스되고 있는데, CATV의 화질이 선명해지는 데 비례하여 그 활용 범위가 넓어질 것이다. 우리의 경우 일차 CATV업체 지정에서는 이 부문이 거의 빠져 있어 앞으로의 개발 과제로 삼아야만 할 것이다.

(6) 교육 : 원격지 진료와 마찬가지로 원격지 교육도 CATV를 통해서 가능해질 것이다. 우리나라의 경우는 원격지 학교가 적어서 원격지 개념의 CATV 교육은 실현되지 않고 있다. 그러나 미국이나 호주 등지처럼 벽지가 많은 광활한 국토에서는 이런 원격지 교육에 많이 활용되고 있다.

우리나라의 경우는 이런 원격지 개념보다 다양한 보조 재료, 실험 실습의 대용 등을 통하여 교육의 질을 높이는 데 기여할 수 있을 것이다. CATV는 세계를 교실로 끌어들이는(bring the world into the classroom) 효과를 보일 것이기 때문에 교육의 질을 높이는 데 효과가 있을 것이다.

방송통신대가 '집에서 직접 강의를 듣고 질문까지 할 수 있는 원격교육, 재택 교육에 가장 적합한 미래형 대학'을 지향하고 있다는 것이다(동아일보, 1994.11.1).

(7) 스포츠 : 스포츠 부문은 뉴스 정보와 연예 부문을 종합한 것과 같은 역할을 하게 될 것이다. 충분한 시간으로 많은 스포츠 게임을 생중계 혹은 녹화 중계함으로써 스포츠계의 시청을 유발할 것이다.

(8) 기타 : 선교, 교통, 여성 등으로 전문화된 채널이 특수 목적을 달성하는 데 기여할 수 있을 것이다. 우리나라는 종교 채널이 3개나 되는 등 특수 목적을 갖고 특수한 역할을 하게 되는 CATV가 많다. 전문화가 잘된 예라고 할 수 있을 것이다. 그것이 경영상 성공할 것인지의 여부는 차치하고, 특수한 목적을 갖고 특별한 역할을 하게 되는 것은 CATV의 기능을 잘 살리는 부문이라고 할 수도 있다.

6. 저작물의 공정이용과 강제허락

(1) 디지털 저작물의 합리적 이용

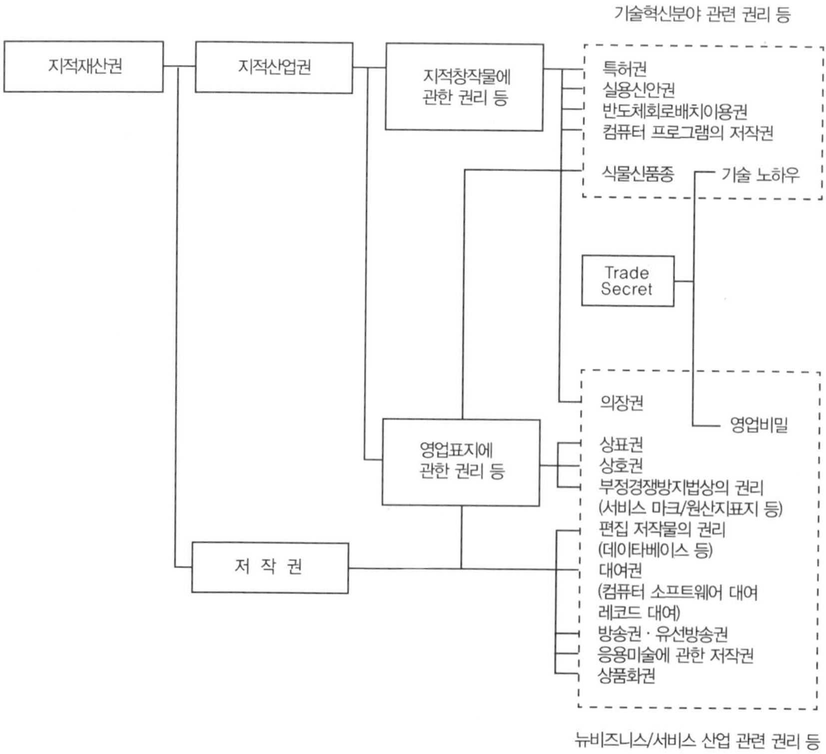

[그림 10] 지적재산권 분류체계

※ 자료 : 内田盛也(1933). <ニュビジネスと知的所有權> (東京: 日刊工業新聞社).

즉 방송사업자를 포함한 저작인접권의 허락을 받지 않고 방송을 이용할 수 있는 경우는 다음과 같다(한승헌, 1989).

(1) 재판절차 등에서의 복제(법 제22조)
(2) 학교 교육 목적 등에서의 이용(법 제23조)
(3) 시사 보도를 위한 이용(법 제24조)
(4) 공포된 방송물의 인용(법 제25조)
(5) 영리를 목적으로 하지 아니하는 공연·방송(법 제26조)
(6) 사적 이용을 위한 복제(법 제27조)
(7) 도서관 등에서의 복제(법 제28조)
(8) 시험 문제로서의 복제(법 제29조)
(9) 맹인 복지시설에서의 녹음(법 제30조)

그 밖에서도 저작권법은 방송사업자의 일시적 녹음·녹화(법 제31조), 미술 저작물 등의 전시 또는 복제(법 제32조), 번영 등에 의한 이용(법 제33조)에 관한 저작권 제한 규정으로 저작인접권의 행사에 있어서 준용한다고 되어 있으나 방송사업자의 권리와 밀접한 관계가 있는 것 같지 않다.

이러한 사유로 저작물을 이용하는 경우 출처의 명시를 의무화하고 있으며(법 제34조, 다만 영리를 목적으로 하지 않는 공연·방송이나 방송사업자의 일시적 녹음·녹화의 경우에는 출처 명시의 의무가 없다(법 제34조 제1항).

1987년 1월부터 시행된 미합중국 저작권법(Public Law 94-553 94th Congress, title 17, USC. copyright) 제107조는 '비평, 해설, 뉴스 보도, 수업, 연구, 조사 등을 목적으로 하는 저작권이 있는 저작물의 공정 사용은 저작권을 침해해서는 안된다. 저작물의 사용이 공정 사용되는가 어떤가를 판단하는 경우에는 다음 요소를 고려해야 한다(播磨良承, 1980:444~445).

① 사용의 목적 및 성격(사용이 영리성을 갖는가 어떤가 또는 비영리의 교육을 목적으로 하는가 아닌가의 구별을 포함)(목적)

② 저작권이 있는 저작물의 성질(성질)

③ 저작권이 있는 저작물 전체와의 관련에서 사용되는 부분의 양 및 및 질(범위)

④ 저작권이 있는 저작물의 잠재적 시장 또는 가격에 대한 사용의 영향(경쟁)

이 규정은 미국 판례법이 확립시켜온 법이론을 명문화한 것이다.

미국 저작권법의 '공정 이용(fair use)'를 살펴보면 제1단계에서는 저작권 침해를 피하기 위해 저작권이 없는 저작물이라고 주장하든가, 혹은 양자의 저작권은 유사하지 않다든가 하는 논법을 쓰고 있다.

다음으로 fair use의 법이론이 실정법이나 커먼 로(common law) 규정의 저작권 침해 규정과 관계를 갖게 되면 저작권이 있는 저작물이 법적으로 보호되고 있는 것은 사상·감정 그 자체이기 때문에 저작권 소유자의 승낙 없이 자유로 사용할 수 있다고 하는 사상의 자유를 논거로 하고 있다. 그리고 fair use의 법이론은 저작권의 배타적 성격에 대한 제한의 법이론이라고 생각하게 되는데, 이 법이론은 어디까지나 공공 정책의 면에서 공공의 이익에 의한 제한이라고 한다.

이와 같이 시대와 함께 변화한 fair use의 법이론은 1976년의 미국 저작권법 개정안에 의해 법 107조가 명문화되었다.

이 조항은 공정한 사용인가 어떤가의 판단 기준으로서 미국 판례법이 확립한 fair use 유무의 판단 기준을 명문화해 놓고 있지만, 즉 과거의 판단 기준으로서 ① 저작물 저술 의도의 특징, ② 이용하는 자의 목적 및 지위(입장), ③ 이용하는 양 및 질의 사용도 평가, ④ 저작 소유권자의 이익에 관한 사용의 효과-경쟁적 이용 여부, 저작권 가치의 경감 유무, ⑤ 표절의 의도가 없을 것 등은 앞의 107조가 고려한 4가지 기준을 명문화하고 있다.

언제나 자국의 이익을 앞세우는 미국 저작권법의 공정 이용 문제는 앞으로 더 세심한 연굴 그 법이론을 더 규명해 볼 필요가 있을 것이다.

(2) 저작물 이용의 강제허락

미국의 저작권법에는 네 가지의 저작물 이용을 위한 강제허가제도가 있다는 것을 주목해야만 한다.

첫째는, 음반의 강제허가제도이고, 둘째는, 주크박스/Jukebox의 강제 허가제, 그리고, 세 번째로, 유선방송의 강제허가 제도이며, 네 번째가, 공공장소의 강제허가 제도인 것이다(박원순·방희선, 1986:116~125).

여기서 미국의 저작물 이용에 대한 강제허가제를 더 알아보기로 한다. 앞의 네 가지 강제허가 중 첫째는 非劇音樂作曲의 음반을 제작, 배포할 권리에 영향을 미치는 것인데, 어떤 음악 저작물의 음반이 미국 내의 공중에 배포된 뒤에는 어떤 사람이라도 그 저작물의 음향을 녹취하여 그 녹취 음반을 배포할 수가 있다는 것이다.

이 때 강제 허가로 저작물을 녹취하는 예술가는 그 기본적인 멜로디나 법률상 '기본 성격'을 변경시키지 않는 한, 그 수반되는 가사는 손댈수 없지만, 그 곡은 자신의 스타일이나 해석에 맞도록 편곡할 수 있다는 것이다. 그러나 '기본 성격'이 무엇을 뜻하는지 아무런 규정이 없다는 것이다. 다만 case-by-case로 결정될 것이라는 견해이다.

그리고 강제허가로 제작되는 모든 녹음은 2차적 저작물로서 저작권 보호를 받을 수 있다. 그러나 특정 연구자의 스타일이나 해석에 맞도록 만든 편곡은 2차적 저작물로서 저작권 보호를 받을 수가 없다. 또 강제허가는 그 사용료가 적기에 지불되지 않거나 필요한 월별 혹은 연간 계산서가 저작권 보유자에게 적기에 제출되지 않으면 상실될 수가 있다.

주크박스/Jukebox에 의한 비극음악 저작물의 연주는 그 설치 장소에 입장료가 따르지 않는 한 1978년 1월 1일 미국 저작권법의 개정법이 발효할 때가지는 저작물 공연권에 대한 침해로 보지 않았으나 개정 신법에 의해 불합리적인 상태는 종결되었다. Jukebox 소유자와 작곡자들간에 직접 거래하기는 어려우므로 이의 소지자는 매기마다 8달러의 사용료를 저작권청에 납부하면 미국 연방재무성은 이를 기금화하고, 이 기금을 작곡자에게 분배하는 것은 저작권사용료심판소(CRT)가 담당한다.

유선방송에 의한 공연 및 전시도 강제허가의 적용을 받도록 하고 있다. 미국 연방대법원은 1968년 유선 송신은 공연이 아니며, 따라서 저작권 침해가 아니라고 판결한 일이 있었다. 그러나 신법은 이런 변칙을 바로 잡아 음악 저작물이나 영화 기타 방송 자료의 저작권 보유자를 이한 새로운 수입원을 규정하고 있다.

미국의 개정 신법은 허가를 요하지 않는 유선 송신과 강제 허가를 받을 수 있는 유선 송신, 그리고 강제 허가를 얻을 수 없어 저작권 침해가 되는 유선 송신에 대해 분명한 규정을 마련하고 있다. 저작물을 포함하고 있는 프로그램에 변경이 가해지거나 프로그램 직전 또는 직후의 광고에 변경이 가해지거나 프로그램에 개재되어 있는 광고에 변경이 가해진 경우의 유선 송신은 그 저작물의 공연권 또는 전시권에 대한 침해가 된다.

공공방송의 강제허가제는 비상업적 방송자를 위한 것이다. 이는 공포된 비극음악저작물의 공연 및 전시와 공포된 미술저작물의 전시만을 허용하는 극히 협의의 허가로서, 공공방송국이나 방송망이 그 연극회 또는 전시회를 테이프에 녹화하여 이를 재사용하는 것도 허용하고 있다. 그러나 음악저작물을 극화한다거나 어떠한 종류의 2차적 저작물을 만드는 것은 허용되지 않는다(Ibid).

베른협약에 의하면 방송한 저작물을 음이나 영상을 기록하는 기구의 수단에 의한 녹음·녹화는 허용하지 않는다고 명시하고 있다(베른협약 제11조의 2 제3항). 이는 방송권과 녹음·녹화와 같은 복제권을 구분하지 위한 것으로서 방송권에 의한 허락이 주어졌다 하더라도 복제의 허락을 다시 받아야 한다는 것이다(허희성, 1994a).

반대로 녹음·녹화물을 방송에 이용하는 경우에는 비록 그 방송이 일시적 재방송인 경우라도 다시 방송의 허락을 받아야 한다. 따라서 방송사가 재방송의 예정이 있을 때는 일괄 계약해 두는 것이 바람직하다. 우리 저작권법도 방송사업자의 일시적 녹음·녹화를 허락하고 있지만 1년을 초과하여 보존할 수 없도록 규정하고 있다(저작권법 제34조).

7. 미국의 방송저작권

(1) 미국의 방송저작권법

다채널, 다매체시대에서 정당한 공개경쟁(open competition)이 보장되는 미국 상업방송에서 가장 중요한 방송법 중의 하나로 간주되는 방송저작권법(Broadcast Copyright Law)은 방송 작품(프로그램)을 창출(creation)한 소유권을 보장하는 제도적인 법규를 말한다. 한 개인이 방송프로그램이나 작품에 대한 아이디어만으로는 방송저작권법으로 보호받지 못하며, 아이디러를 표현한 형태를 갖춘 작품(fixed in any tangible medium of expression)에 한하여 소유권을 인정하고 있다. 즉, 작품 원고, 필름, 테이프 등으로 입증할 수 있는 형태를 취한 경우에만 해당되고 있다. 미 저작권법에 의하면, 저작권 소유자가 누리는 권리는 다음 5가지로 분류되고 있다(Middleton, 1994).

(1) 저작권이 등록된 작품을 공공장소에서 공연할 수 있는 권리
(2) 저작권이 등록된 작품을 복사하거나 재생할 수 있는 권리
(3) 저작권이 등록된 작품을 분배할 수 있는 권리
(4) 저작권이 등록된 작품을 수정할 수 있는 권리
(5) 저작권이 등록된 작품을 공공장소에서 전시할 수 있는 권리

저작권 소유권을 인정받기 위해서는 저작권청(Copyright Office)에 ① 소정 양식, ② 등록비($20), ③ 소유권을 입증할 수 있는 실질적인 형태(원고, 필름, 테이프)를 갖추어 접수시켜야 한다(Ibid).

저작권 소유권이 방송사(텔레비전 및 라디오)에 있을 경우 (예를 들면 방송사에서 제작된 프로그램), 방송사는 각 프로그램에 대한 저작권 보호와 침해에 대비한 책임이 있다. '저작권 보호'란 미국 저작권청에 소유권을 등록함으로써 법적 소유권을 인정받을 수 있는 권리를 말하며, '침해의 대비'

란 저작권이 보호된 프로그램을 영리의 목적으로 사전허가 없이 수정, 복사하는 것을 방지하는 법률적 준비를 말한다.

방송사에서 제작한 프로그램에 대한 소유권은 일반적으로 방송사에서 소유권을 행사할 수 있지만, 방송사에서 일반 독립 프로덕션 사에 방송 프로그램을 제작 의뢰한 경우에는 방송사와 독립 프로덕션 사 간에 작성한 프로그램 제작 계약서에서 인정된 소유권자가 프로그램에 대한 법적 소유권을 소유할 수 있다.

미 저작권법에 의하면 방송사에서 제작한 프로그램이나 소유권을 갖고 있는 프로그램에 대한 부분적 또는 전반적 사용은 불법으로 되어 있으나 다음 3가지 경우에 있어서는 저작권법에 저촉되지 않는다(Holsinger, 1994).

(1) 사용자가 저작권 소유 방송사로부터 사전 승인을 얻은 경우

(2) 미 저작권법에서 보장되는 정당한 사용권(Fair Use Doctrine)이 보장된 경우

(3) 저작권이 등록된 프로그램이 공공 영역(Public Domain)에 해당되는 경우

(1)의 경우에는 저작권 소유권자로부터 사전 서면 허가(Written Permission)를 얻은 경우에만 해당되며, (2)의 정당한 사용권은 사용자가 ① 사용목적 및 용도, ② 사용 실례, ③ 사용량, ④ 저작물 사용이 소유권자에 미치는 경제적 손실 여부의 4가지 요소를 종합적으로 검토하여 정당한 사용이 입증되었을 경우를 말하며, (3)의 저작권이 보장된 프로그램이 공공영역(Public Doctrine)이 해당되는 경우는(Ibid),

• 저작권 보호 시한이 만료된 경우(美 연방 정부 저작권법이 규정한 소유 기간은 일반회사 및 단체는 75년, 개인은 75년 이상도 가능).

• 저작권 소유권이 저작권청에 의해 몰수된 경우.

• 미국 정부에서 제작한 작품으로 일반인에게 사용이 허락된 경우.

• 저작권이 보장된 프로그램의 사실적 내용이나 역사적 이벤트를 사용할 경우를 말한다.

저작권 불법 사용이 가장 흔한 경우는 방송사에서 제작한 프로그램을 무단 복제 및 수정하여 사용하는 경우다. 미국 방송인협회(NAB)에서 제시한 저작권 침해에 관한 대표적인 예를 살펴보면 다음과 같다(Ibid).

• 저작권이 등록된 프로그램을 사전 승인 없이 상업 목적으로 복사하여,

사용하는 것.

• 저작권이 등록된 프로그램과 유사(모방)한 프로그램을 제작하는 것(법원이 판결로 유사성 및 모방성 판정).

• 방송사에서 보도 및 중계된 스포츠 게임의 일부를 사전 승인 없이 보도 자료로 사용하는 것.

• 저작권이 등록된 프로그램을 부분적으로 복사해서 사용하는 것.

• 방송(텔레비전 및 라디오) 중에 신문에 게재된 기사를 신문사로부터 사전 허가 없이 읽으면서 보도하는 것.

특히 방송사에서 인쇄 매체를 보도 자료로 사용하는 경우 신문사 구독률에 영향(경제적 손실)을 주기 때문에 대부분의 방송사(특히 라디오)에서는 신문사로부터 사전 허가 및 사전 계약에 의해 신문 보도 및 기사를 방송 자료로 사용하고 있다.

(2) 디지털 유선방송 저작권

난시청 지역의 텔레비전 시청을 위한 방법의 일환으로 개발된 유선 텔레비전 방송은 초기의 CATV(Community Antenna Television)의 성격에서 유선 텔레비전의 발전과 더불어 재송신(transmission) 방송으로 변화를 함으로써 방송 저작권에 새로운 문제점으로 등장하게 되었다. 유선 텔레비전의 성장은 기존 공중파 방송에는 새로운 경쟁 매체로 텔레비전 시장을 잠식해 가는 재송신으로 유발되는 저작권 문제가 부단한 논쟁을 불러일으켜 왔다. 미국 저작권법은 1909년 연방정부 저작권법(Copyright Act)에 유선 방송에 관련된 법규가 없기 때문에 1976년 의회에서는 1909년 저작권법을 재평가하기 시작하여 수정·보완 작업을 거쳐 1976년 개정 저작권법을 입법하게 되었다.

미국 저작권법의 근간이 되는 판례로 1968년의 Fortnightly사와 United Artist사의 재판을 살펴보면 1976년의 저작권법 개정의 배경을 잘 이해할 수 있다. 서 버지니아 주에 소재한 유선 방송업자(System Operator)인 Fortnightly사가 주변 50~80마일 이내에 위치한 5개의 지역 텔레비전 방송(기존 공중파 방송의 지역 방송사)을 재송신하자 5개 지방 방송에 오락 프로그램을 공급하고 있던 United Artist사가 프로그램을 재송신하는

Fortnightly사에 저작권 사용료를 요구하는 제소로부터 발단이 되었다(Zelenzy, 1993). United Artist사는 소장에서 이 지역 5개사에 판매한 프로그램을 유선 방송업자(SO)가 다른 지역에 재송신하는 것은 엄연한 저작권 침해라고 주장하였지만, 미국 대법원의 판결은 재송신만으로는 공공방송행위(performance)가 성립되지 않기 때문에 저작권 침해가 아니라는 판결을 내리게 되었다(Ibid). 즉 유선 방송업자가 5개 텔레비전사가의 방송 프로그램을 그대로 재송신하는 것은 안테나와 케이블을 이용한 단순 재송신 방송인 점을 인정한 것이다.

Fortnightly사와 United Artist사가 남긴 판례에서 주목할 점은 재송신이 동시성 시청(Simultaneous Viewing)이며 당시 안테나 기술(Antenna Technology)로써 다른 지역의 텔레비전 전파(Microwave)를 지역 유선 방송 가입자에게 중개하는 재송신이 합법적임을 밝힌 것이다. 따라서 1976년 저작권법(The Copyright Law of 1976)은 저작권 소유자의 법적 권리와 유선 방송업자(SO)의 재송신 권리에 기초를 둔 Fortnightly사와 United Artist사의 판례에 기초를 두고 있다.

1976년 저작권법에 의하면, 유선 방송업자가 재송신하는 모든 프로그램의 저작권 소유자에게 저작권 사용료를 일일이 모두 지불하는 것은 유선방송 발전의 저해 요소로 간주하여, 개별적으로 사용료를 지불하지 않는 대신 '의무 저작권 면허제(Compulsory License System)'를 입법화하게 되었다. 의무 저작권 면허제란 유선 방송업자가 중계하는 프로그램에 대한 재송신 사용료를 일괄적으로 한몫 지불하는 법적 저작권 사용료 제도를 말한다(Murphy, 1993).

여기에서 '의무저작권 면허제'에 해당되는 재송신은 유선 방송업자(SO)가 재송신하는 프로그램을 수정하거나, 광고 삭제, 편집 등을 할 수 없는 중계 동시성인 경우에만 허용되고 있다(Ibid). '의무 저작권 면허제'에 이한 가장 큰 수혜자는 유선 방송업자로서 저작권 사용료 지불에 대한 불편과 많은 비용(저작권 사용료를 일괄 지불함으로써 생기는 비용 절약)의 부담을 덜게 되었다. 이러한 법적 절차를 수행하기 위해서 1976년 저작권법에 의한 설립된 저작권 로열티 심판소(Copyright Royalty Tribunal)에서는 저작권 사용료를 유선 방송업자로부터 일괄 징수하여 각 프로그램 저작권 소유자에게 분배하는 역할을 하고 있다(Temple, 1993).

따라서 유선 방송업자에 의해 재송신되고 있는 방송사의 프로그램 저작권을 소유하고 있는 영화사, 신디케이터(프로그램 분배사), 스포츠 단체 등은 저작권 사용료를 요구할 권리를 갖고 있다.

1976년 저작권법에 의하면 의무 저작권 면허제에 의해 저작권 사용료를 받을 수 있는 텔레비전 방송국은 ① 다른 지역으로부터 재송신된 방송국과 ② 비공중파 방송국으로 국한시키고 있다(Ibid). 이들 방송국의 재송신된 프로그램의 저작권 사용료에 대한 권리 주장은 매년 7월 한달 동안 다음과 같은 서류 및 자료를 구비하여 저작권청에 제출하여야 한다(Ibid).

(1) 저작권이 등록된 프로그램을 송출한 방송국의 이름, 콜 사인, 면허증 및 방송국 소유에 관한 증빙 자료.

(2) 프로그램 송출 방송국 주소

(3) 프로그램의 사용 기간

(4) 재송신 프로그램의 내용

(5) 재송신된 프로그램의 견본(Sample)

유선 방송업자는 재송신한 프로그램의 '의무 저작권 면허제' 혜택을 받기 위해서는 매 6개월마다 저작권청에 등록을 하고 저작권사용료를 납부해야 한다. 이에 대한 업무는 미국 대통령이 임명한 위원으로 구성된 독립기관인 저작권 로열티 심판소(CRT)에서 관장하고 있다. CRT에서는 매년 유선 방송사로부터 1억 달러가 넘는 저작권 사용료 분배 방식은 유선 방송사업자가 매 6개월마다 총 수입 보고서(Gross Revenue Report)를 작성하여 CRT에 보고한 뒤, CRT에서 규정한 3등급에 따라 저작권 사용료를 일괄적으로 지불하게 된다. CRT에서 명시한 3가지 등급은 다음과 같다(Ibid).

<표 14> 미국 방송국의 저작권 사용료 및 요율

등급	총수입	저작권 사용료 및 요율
1등급	6개월간의 총수입 $75,800미만	$28
2등급	6개월간의 총수입 $75,801~$291,999 ① $145,000미만인 경우 ②$145,000이상인 경우	 총수입의 0.5% 총수입의 1%
3등급	6개월간의 총수입 $292,000이상인 경우	총수입의 3.75$ 지불

이외에 CRT가 규정하고 있는 저작권에 관한 구분은 다음과 같다(Glist, 1986).

(1) 유선 방송업자(SO)는 재송신하는 프로그램에 대해서는 의무적으로 사용료를 지불해야 한다.

(2) 유선 방송업자는 재송신하는 프로그램이 FCC(Federal Communications Commission: 미연방통신위원회)에서 규정한 원거리 재송신에 해당될 경우에는 낮은 사용료를 지불한다.

(3) 유선 방송업자는 재송신하는 프로그램이 FCC에서 규정한 원거리 재송신에 해당이 안 될 경우에는 높은 사용료를 재불한다.

(4) 유선 방송업자는 재송신하는 프로그램이 미국 100대 텔레비전 시장(마킷 사이즈를 구분한 100대 대도시지역)에서 FCC 독점 프로그램 저작권에 해당되지 않는 프로그램에 대해서는 추가 사용료를 지불해야 한다.

이상의 요율로 징수한 저작권 사용료는 CRT에서 'Royalty Fund'로 구분하여 복잡한 경제 산출 방식(Complex Economic Analysis)에 의해 각 저작권 소유자에게 분배된다. 저작권료를 신청하는 단체로는 영화사, 독립 프로덕션사, 신디케이션사, 고영 방송사(예를 들면, PBS나 NPR), 음반 사용권 대행사(BMI, ASCAP, SESAC 등)를 들 수 있다. CRT에서는 이들 단체로부터 저작권 소유에 대한 사용료 신청을 받고, 이들 신청자들은 다음과 같이 5가지 요소를고려하여 분배액을 결정하고 있다(Ibid).

(1) 유선 방송업자(SO)가 프로그램을 재송신함으로써 초래되는 저작권 송자의 경제적 손실.

(2) SO가 프로그램을 재송신함으로써 생기는 이점

(3) 유선 방송업자가 재송신한 프로그램의 시장 시세(market value)

(4) 유선 방송업자가 재송신한 프로그램의 질(quality)

(5) 유선 방송업자가 재송신한 프로그램의 사용 기간

이러한 5가지 기본 사항에 의해 심사를 마친 CRT는 2단계에 걸쳐 저작권 사용료를 소유자에게 지불하고 있다. 1단계에서는 저작권 소유회사 및 단체에게 사용료를 분배(지급)하고, 2단계에서는 저작권을 소유하고 있는 개인에 지급하고 있다. CRT에서 저작권 소유자에게 지불하는 평균 분배율은 일반적으로 다음과 같다(Watkins, 1990).

- 영화사 및 신디케이션사: 75%
- 스포츠 단체(NCAA, NBA, NFL 등): 12%
- 공영 TV방송(PBS): 5%
- 음반 사용권 대행사(BMI, ASCAP, SESAC): 4.5%

• TV 방송사: 3.25%
• 공영 라디오 방송(NPI): 0.25%

CRT에서는 저작권 사용료 징수 및 분매 이외의 업무로는 5년마다 인프레이션 등을 감안하여 저작권 요율(rate)을 재조정하는 일을 하고 있다.

(3) 디지털 위성방송의 저작권

최근 미국 방송산업계의 가장 두드러진 추세는 전화사의 방송 시장 침투와 위성(Satellite Broadcasting) 방송사의 과감한 투자를 들 수 있다. 특히 위성 방송은 무한한 잠재력을 갖고 있기 때문에 대회사들이 막대한 투자를 아끼지 않고 있어 유선 방송에 중요 경쟁 매체로 떠오르고 있다. 일례로 C-BAND와 K-BAND를 병용하고 있는 DIRETV사나 USSB사의 경우 디지털 방송 수신기(DSS Receiver)를 공급하고 있고, 미 프로축구(NFL) 방영권을 체결하는 등 위성 방송의 수신 시청자 영역을 넓혀가고 있다.

따라서 위성 방송을 통해 재송신되는 프로그램에 대한 저작권 문제 역시 많은 논쟁을 일으키고 있다. 미국 저작권법에서는 위성 방송사가 재송신 방법으로 각 가정에 전파를 중계하고 있기 때문에 유선 방송과 같은 '의무 저작권 면허제'를 적용시키고 있다. 그러나 저작권 소유자들응 누이성 방송이 각 가정에 직접 재송신하는 시스템(Satellite Retransmission to Home Viewers)보다는 위성에서 전파를 수신하여 각 직장, 영업 단체, 가정 등에 재중계하는 MMDS(Multichannel, Multipoint Distribution System), STV(Subscription TV), SMATV(Satellite Master Antenna TV) 등에 큰 우려를 보이고 있다. 각 가정에 침투하는 DBSq다 단체수신 형태가 큰 타격을 주고 있다고 주장하고 있다.

현재 적용되고 있는 위성 방송의 '의무 저작권 면허제'가 1994년 12월 31일로 만기가 되기 때문에 미 저작권청과 연방법원과의 법적 투쟁에 큰 관심이 모아지고 있다.

현재 미국 대부분의 호텔 및 아파트 단지에서 수신하는 재송신 시스템(Hotel and Apartment House Retransmission)은 재송신자가 무료로 지방 방송(35마일 이내의 방송사)을 중계하는 경우에는 허락되고 있으나, 재송신자가 재송신되는 프로그램을 컨트롤(삭제, 편집, 십입, 녹화, 재송신 등)하는 경우에는 저작권법에 저촉되고 있다. 특히 SMATV의 비즈니스 영역이 확산되어 가고 있고, 경영면에서 많은 흑자를 보이고 있기 때문에 SMATV를 이용한 서비스가 급증 추세를 보이고 있다. 이러한 상황에 비해 저작권자들은 위성 방송의 성장에 비하여 자신들이 수령하는 저작권 사용료 분배몫이 미흡함을 지적하고 있다.

(4) 미국의 FCC규정과 CRT

미국 방송 산업을 규제하는 정부 기관 및 단체로는 국회(상·하원), 연방통신 위원회(FCC), 연방 법원을 들 수 있다. 그 중 유선 방송에 직접적인 영향을 행사하는 곳은 입법 기관인 의회(상·하원)와 규제기관인 FCC를 들 수 있다. FCC의 유선 방송 저작권과 관련된 법류로는 ① 의무 전송 조항(Must Carry Rule), ② 재송신 동의 조항(Retransmission Consent), ③ 신디케이션 독점 조항(Syndicated Exclusivity), ④ 케이블 독점 사업권(Cable Franchise), ⑤ 유선 방송사의 협조 조항(Cable System Caompliance) 등이 있다. 이들 조항의 내용을 살펴보기로 한다.

(1) 의무 전송 조항(Must Carry Rule): FCC규제법(Rules and Regulations)에 의하면 12개 이상 채널을 재송신할 수 있는 유선 방송사(SO)는 전체 채널 중 3분의 1 이내에서 그 지역의 지방방송국(Network's Affiliated Station)을 통해 재송신해야 된다고 규정되어 있다.

기존 공중파 방송을 보호하기 위하여 1965년에 제정된 의무 전송 조항은 FCC에서 1985년부터 1992년까지 잠정적으로 폐지되었다가 1992년 '유선 방송 재규제법'으로 되살아난 후, 현재 의무 전송 조항 폐지를 강력히 주장하는 유선 방송사와 유선 텔레비전 네트워크에 제소되어 미 대법원에 계류 중에 있다. 1992년 의무 전송 조항의 재등장으로 유선 방송사의 채널 선택의 폭이 좁아지고, 이러한 여파는 곧 유선텔레비전 네트워크에 미쳐 TBS(Turner Broadcasting System)가 FCC를 상대로 제소하여 최근 대법원에서 TBS의 이의 신청을 받아들여 의무 전송 조항이 다시 폐지될 상황에 놓여 있다.

미국 대법원의 판결은 유선 방송업자도 수정헌법 제1조(First Amendment)에 보호받을 권리가 있기 때문에 TV채널 선택권도 있다는 해석을 내리게 된 것이다. 따라서 의무 전송 조항이 폐지될 경우 유선 방송업자는 저작권 사용료를 지불하지 않는 채널을 선호하는 것으로 전망되기 때문에 기존 공중파사의 저작권 사용료 수입은 축소될 것으로 전망되고 있다.

(2) 재송신 동의(Retransmission Consent) 조항 : 1955년 FCC판결이 번복되어 1992년 케이블 규제법의 하나로 제정된 재송신 동의 조항은 유선 방송업자, 위성 방송업자가 재송신 방송시 해당 방송사로부터 재송신 허가를 얻어야 한다는 규정이다. 이 조항으로 기존 공중파 방송도 유선 방송업자로부터 수수료(Carriage Fee)를 받을 수 있는 기히를 마련해 주게 되었다.

그러나 의무 전송 조항이 폐지될 경우 기존 공중파 방송이 유선 방송업자로부터 프로그램 사용료를 받아낸다는 것은 더욱 힘들어지기 때문에 '재송신 동의 조항'은 의무 전송조항 존폐에 따라 그 방향이 좌우될 것으로 보여진다. '의무 전송 조항'이 현실화될 경우, 유선 방송업자는 '의무 저작권 면허제'와 '재송신 동의'의 이중부담을 피할 것으로 보여 기존 공중파 방송국(Network Affiliated Station)과의 재송신 동의는 큰 의미를 갖지 못할 것으로 판단되고 있다.

(3) 신디케이션 독점 조항(Syndicated Exclusivity): FCC에 의해 1965년에 제정된 '신디케이션 독점 조항'은 텔레비전 방송국이 프로그램 분배사들로부터 공급받는 프로그램이 해당 방송 지역(35마일 이냉)에서 독점 방소알 수 있는 권리를 말한다. 텔레비전 방송국이 독점 방송권을 갖게 될 경우 유선 방송사(SO)는 독점 방송권을 보호할 의무를 갖게 되어 다른 방송사로부터 방송되는 같은 프로그램은 재송신하지 못하게 된다.

1980년 FCC에서 '신디케이션 독점 조항'을 폐지하자, 저작권 로열티 심판소(CRT/Copyright Royalty Tribunal)에서는 저작권 사용료의 부가세(Syndex Fund)를 신설하였고, 1988년에는 FCC에서 '신디케이션 독점 조항'을 다시 제도화하게 되었다.

(4) 케이블 독점 사업권(Cabel Franchise) 조항: FCC에서 재정한 1984년 케이블 정책법(Communication Policy Act)에 의해 케이블 독점 사업권에 대한 규제 조항이 FCC에서 지방 자치 단체(市)로 이양되어, 지방자치단체에서 유선 방송사업에 필요한 허가면허증 발급 및 갱신을 할 수 있는 규제 조항을 말한다. '케이블 독점 사업권'에 의하면 지방자치단체에서는 공

개 경쟁을 통하여 유선 방송업자를 선정할 수 있고, 선정된 유선 방송업자는 해당 지역(시)에서 전송망 설비 및 시설, 케이블 설치, 프로그램 공급을 하고 시청자(Cable-TV Subscriber)로부터 월 시청료를 받아 지방자치단체에 5%의 Franchise Fee를 납부하도록 되어 있다.

(5) 유선 방송사의 협조(Cable System Compliance) 조항: 유선 방송사는 재송신하는 방송사의 프로그램 중 '신디케이션 독점'이 보장된 프로그램이 있다는 통고를 방송사로부터 받게 되면 유선 방송사는 '신디케이션 독점 조항'에 위반되지 않기 위한 필요 적절한 조치를 위하여야 하는 규제 조항을 말한다. 방송국으로부터 '신디케이션 독점'통고를 접수한 후 조치를 위하지 않을 경우 유선 방송사는 저작권법 위반에 곤한 처벌을 받게 된다.

(5) 미국의 유선방송 저작권

미국 유선 방송업계에 대한 재규제와 전화사의 유선 방송 시장 침투, 기존 공중파 방송국의 Interactivity 및 Multimedia 시장 개척 등 복잡한 추이 속에서 미 방송저작권은 새로운 변화를 보일 것으로 전망되고 있다(Litman, 1989).

특히 텔레비전 방송국(Affilated Station)들이 다른 단체에 비해 충분한 보상을 받지 못하는 상황에서 미 방송사들은 방송저작권법의 모순을 지적하고 있다. 텔레비전 방송국들이 방송 프로그램의 구입을 위해 전체 예산의 35%를 사용하고 있지만 유선 방송사업자들은 '의무저작권 면허제'에 의한 낮은 저작권 사용료와 각 케이블 텔레비전 네트워크에 납부하는 미미한 프로그램 사용료(Carriage Fee)를 지불할 뿐이다(Betting, 1992). 따라서 미 텔레비전 방송국들은 '의무 저작권법면허제'의 폐지를 주장하고, 유선 방송사업자는 텔레비전 방송국에 직접 저작권 사용료를 지불해야 된다고 요구하고 있다(Rosenthal, 1982).

저작권 로열티 심판소(CRT)로부터 가장 많은 저작권 사용료를 받고 있는 여화사와 프로그램 분배 사업자(Syndicator)들도 현 방송저작권법 체제에서는 충분한 보상을 받지 못하고 있다고 주장하고 있다(Schaumann, 1983). 그 이유로는 유선 방송업자의 재송신으로 인하여 이들이 소유한 프로그램을 시청자들이 시청할 기회가 많아지게 되므로 프로그램의 수명이

짧아져 장기적으로 볼 때 시청자들로부터 수요가 줄어든다고 밝히고 있다. 스포츠 단체에서도 영화사나 프로그램 분배 사업자들과 같은 입장을 주장하면서 저작권법의 수정을 요구하고 있다(Creech, 1993).

최근의 추세로 본다면 유선방소사의 지속적이 시장 침투율 증가는 미국 방송저작권법에 대한 시비를 더욱 심화시킬 것으로 보인다. 특히 전화사들이 유선 방송사업에 뛰어들어 저작권 소유자들은 큰 우려를 나타내고 있다. 금년 한 해에만 Bell Atlantic전화사, US West전화사들이 연달아 법정 승소를 함으로써, 읻들 전화사들이 유선 방송업자(SO)가 될 수 있는 확고한 디딤돌을 놓게 되어 전화사들이 미국 전역을 커버하는 광섬유 전화망을 이요하여 프로그램을 공급하게 될 때 미국 방송저작권법은 그 범위와 요율에 관한 어려움에 부닥치게 될 것이다.

앞으로 저작권법과 Interactivity 방송에 관한 새로운 저작권 영역이 구분되어야 한다. 이미 기존 공중파 방송사들이 자체 프로그램을 CD-ROM에 담아 On-line 비즈니스를 통해 시청자들에게 공급하게 되면 또 한차례 저작권 시비가 확산될 전망이다. 컴퓨터와 통신, 방송이 접목되는 새로운 방송 기술 발전으로 변화를 보이지 않을 수 없는 상황이다. 특히 Digital compression 기술은 최소이 영역으로 최대 효과를 노리는 방송 기술, 곧 방송 형태 변형을 의미하기 때문에 방송의 개념 및 영역이 점차 확산되어 가고 있다.

이러한 상황에서 미국의 방송저작권법은 새로운 도전의 시기를 맞이하고 있다.

8. 저작인접권과 CATV 사업자

(1) 방송사업자와 저작인접권

저작권에 인접하는 권리를 저작인접권(neghouring right)이라고 말하는데, 한국 저작권법에서는 실연자와 음반 제작자 및 방송사업자에게 부여하는 권리로 정의하고 있다. 즉 실연자는 자신의 실연을 독점적으로 녹음·녹화하거나 사진으로 촬영할 권리와 아울러 방송할 권리를 가지며, 음반 제작자는 그 음반을 복제·배포할 권리를, 그리고 방송사업자는 그의 방송을 녹음, 녹화, 사진 등 이와 유사한 방법으로 복제하거나 동시 중계 방송할 권리를 저작인접권으로 인정하고 있다(전영표, 1993:187~188).

저작인접권자로서의 방송사업자의 권리는 다른 저작인접권자의 권리와 함께 1987년 현행 저작권법이 시행되면서 우리나라에 처음 도입되어 날로 그 인식이 높아지고 있다.

방송은 본질적으로 불특정 다수인을 대상으로 하고 또한 전파라는 매체를 이용하고 있기 때문에 그만큼 제3자에 의하여 방송 내용이 무단으로 이용될 가능성이 높다고 할 수 있다. 더욱이 방송사업자는 막대한 인력과 설비를 투입하여 방송물을 제작하고 있는데, 그렇게 제작된 방송물이 무단이용으로부터 방송사업자를 보호해야 한다는 당위성을 인정하지 않을 수 없다는 것이다. 이러한 저작인접권자로서 방송사업자의 권리는 그 방송물이 영상저작물이나 음반의 요건을 충족하게 됨으로써 가지게 되는 저작자 또는 음반제작자로서의 권리와는 구분해야 한다(정상기, 1993).

현행 저작권법 제61조가 규정하고 있는 저작인접권이란 실연, 음반, 방송을 보호하기 위하여 실연자, 음반제작자, 방송사업자에게 주어지는 저작권에 인접한 권리이다. 실연, 음반, 방송은 그 자체로서 저작물로 부기는 어렵고 저작물을 공중에게 전달하는 매개 수단으로 인정하여 저작권법에 의하여 보호하는 데는 문제가 있었다(황적인·정순희·최현호, 1988:354~355).

그렇지만 급속히 발달하고 있는 녹음기술과 방송기술의 보급은 실연자, 음반제작자, 방송사업자의 경제적 이익에 커다란 영향을 미쳤다. 실연자에게 실연할 기회가 상실되는 불이익을 가져왔고, 실연을 녹음하고 음반 때문에 일일이 실연자의 동의를 얻을 필요도 없어졌으며, 음반제작자에게는 녹음기술의 발달로 인하여 녹음된 음반의 무단 복제가 성행하여 음반의 판매량을 현저히 감소시켰고 방송사업자에게는 자기가 투자한 봉송을 무단 이용하는 결과를 가져오게 되는 것이다(Ibid).

따라서 사회적인 문화 발달의 기여도로 보아 실연자, 음반제작자, 방송사업자도 경제적 이익을 법적으로 보호해야 할 필요성이 대두되게 되었다. 어떤 나라는 이 인접저작물을 실제 저작물로 인정하여 저작권을 보호해 주고 있다. 그러나 실연이나, 음반, 방송 등은 기존 저작물을 공중에게 전달하는 수단으로 기존의 저작물로 보기는 어렵다는 주장이 강하여 저작권에 인접하는 저작권 인접제도를 도입하고 있는 것이다.

저작자의 생존 등은 물론 일반 저작권은 그 보호기간이 사후 50년까지로 되어 있으나 저작인접권은 실연의 경우는 그 실연을 한 때부터, 음반의 경우는 그 음을 맨처음 음반에 고정한 때부터, 그리고 방송에 있어서는 방송을 한 해부터 50년간 존속하도록 하고 있다(저작권법 제70조). 이 저작인접권의 보호는 94년 7월 1일 이전까지는 20년이던 것을 법개정을 통해 연장한 것으로서 앞으로 이 보호 기간은 논쟁의 소지를 내포하고 있다.

(2) 종합유선방송사업자의 권리와 의무

방송사업자의 권리는 송출하는 방송물의 이용 형태와 밀접한 관계를 가지고 있다. 방송물의 이용 형태는 대개 ① 방송물의 재방송, ② 방송물의 반복 송신, ③ 방송물의 복제, ④ 방송물의 공중 전달 등으로 구분 할 수 있다(정상기, 1993).

방송물의 재방송(rebroadcasting)이란 어느 방송사업자가 다른 방송사업자의 방송을 재송신하는 행위를 말한다. 이러한 재방송에는 원방송과 동시에 이루어지는 동시재방송(simultaneous rebroadcasting)과 그렇지 아니한 이시재방송(referred rebroadcasting)이 있으나, '로마협약'에서의 재방송은 동시재방송만을 의미한다. 방송물의 재방송은 유선에 의한 방법으로도 가능하다. '로마협약'에서의 방송은 유선방송을 배제하고 있기 때문에 이를 구별할 필요가 있으나 우리 저작권법은 유선이나 무선을 구분하지 않고 있다(Ibid).

종합유선방송법은 방송사업자(SO)와 방송 프로그램 공급업자(PP)를 구분하고 있어 종합유선방송국은 원칙적으로 프로그램 공급업자로부터 방송 프로그램을 공급받아 유선방송을 송출해야 한다.

따라서 종합유선방송국으로서는 프로그램 공급자와 프로그램 이용에 따른 법률 관계만 있는 것이며, 직접적인 저작물의 이용은 거의 없을 것이다. 또한 종합유선방송은 일정한 범위에서 무선방송국의 방송을 동시 재송신하여야 할 의무가 있으므로(종합유선방송법 제27조 1항 참조) 이 경우에는 무선방송국과의 저작인접권 문제가 있다. 종합유선방송법 제27조 2항에서는 저작권법 제69조에 규정된 무선방송국의 동시중계방송권에 대한 적용을 배제하고 있으므로 문제가 적다(김문환, 1994).

유선방송사업자도 저작권법상 방송사업자에 포함되므로 SO가 자사의 유선방송을 녹음, 녹화, 사진 그 밖의 이와 유사한 방법으로 복제하거나 동시중계 방송할 권리와 타인에게 허락할 배타적 권리가 주어져 있다(Ibid).

SO사는 무선방송을 녹음·녹화하였다가 그 녹음 녹화물을 이시에 재방송하는 것을 무선방송의 재방송이라 하는데, 이 때 원방송사의 저작인접권과 재방송하는 방송 프로그램에 포함된 저작물의 저작권이 문제되게 된다(박문석, 1993:75).

SO사는 무선방송국의 프로를 동시 재송신하는 의무 이외에 드물게 원방송사의 방송 프로그램을 녹음, 녹화하여 재방송해야 하는 경우가 있게 된다. 우리 저작권법에서는 이시 재방송에 대한 방송사업자의 저작인접권이 인정되지 않으므로 재방송에 대하여는 아무런 문제가 없다. 그러나 기존 방송프로를 녹음, 녹화할 경우에는 원방송의 허락이 필요하다(김문환, 1994).

또한 녹음·녹화하여 재방송하려는 프로그램이 원방송사가 제작한 영상저작물인 경우에는 원방송사와의 저작물 이용 계약을 맺어야만 한다(본연구 부록 '원작사용계약서 모형' 참조).

9. 디지털 저작물 사용료

(1) 사용료 징수협회의 설립과 해산

1) 협회의 설립

1985년 7월 3일자법에는 비공식적이지만 내용에 관한 규정과 형식에 관한 규정이 포함되어 있다.

그 내용에 관해서는 1985년 법 제38조 1은 이들 협회는 저작권협회든 인접권협회든 민법에 의한 법인의 형식에 의해 설립된다고 규정하고 있다. 이 의무는 현행 정관을 개정하는 것은 아니다. 왜냐하면 거의 모든 협회는 이미 이 형식에 따르고 있기 때문이다. 조형미술의 경우에는 비영리 사단법인의 형식이 아직 존재하고 있다. 이 법 제38조 2(1항의 결과)에 의하면 회원은 저작자, 실연가, 레코드 제작자, 비디오 제작자, 출판자 및 그들의 권리 승계인이 아니면 안된다.

입법자는 이들 권리 옹호의 전문단체가 1901년법에 의해 규제되는 비영리 사단법인의 형식에 의한 경우를 규정하고 있다. 이 법 제44조에 이해 잠정적 조치가 규정되고 있다. 이 조는 위임의 이전에 관한 개별 수속의 복잡성을 피하기 위해 단체의 임시 특별총회의 단순한 결의에 의해 위임되고 있는 재산과 권한을 이전하는 것을 인저하고 있다. 이 이전은 법률의 공포일로부터 최대 1년 이내에 이전을 행하는 것을 조건으로 하고 있다. 따라서 당해 단체를 이전일로부터 최대 최대 2년 간은 민법에 의한 법인에 의해 조직할 수가 있다(1985년 7월 3일자법 제44조 후단).

이 사용료징수분배협회는 1985년 제39조 1에 의해 법인에 관한 1966년 7월 24일자법에 규정된 조건에 따라 늘 감독하기 위해 회계감사역(1985년 법까지의 예외 조치) 및 대리인을 최소 각 1명씩 임명하지 않으면 안된다.

또 이 법 제457조와 기업의 재정적 곤란의 예방 및 화해에 관한 1984년 3월 1일자법 제29조가 적용된다. 이들은 회계감사역의 기능, 행사조건인 임명, 기피 신청 등을 명확히하여, 전적인 권한을 갖고 감사역을 임명하는 것을 막기 위한 것이다. 그렇지 않으면 충분한 보증을 제공하는 것이 불가능하기 때문이다.

다음 형식에 관한 규정에 관해서는 법안은 문화 담당 장관에 의한 협회의 인가 및 인가 취소방식을 규정하고 있는데, 이 방식은 일부 사람들에 의해 진정한 후견감독이라고 간주되었기 때문에 국회는 최종적으로 상원의 제1독회에서 채택된 결론을 선택했다. 이 결론은 장관에 대한 보고인 것이다. 장관은 중대한 이유가 있을 때는 법원에 제소할 수가 있다. 법원은 장관의 이의 신청의 이유에 대해 판단하게 된다. 이 때문에 법 제39조 2는 다음과 같이 규정하고 있다.

"사용료징수분배협회의 정관 및 일반 규칙의 초안은 문화 담당 장관에 제출되어야 한다. 장관은 이들 협회의 설립에 반대하는 현실적인 중대한 이유가 있을 때에는 것을 받은 후 1개월이내에 대법원에 제소할 수 있다. 법원은 이들 협회 창설자의 직업적 자격 및 그들이 사용료의 징수 및 그 제목의 이용을 확보하기 위해 사용하는 것을 기획할 인적 또 물적 능력에 대해 감정한다.

따라서 주무 장관의 요청에 따라 '법원은 설립을 희망하는 신협회의 예술 분야에 있어서의 기술적 신뢰성, 예술적 분야에 있어서 직업의 대리 능력에 대해 감정할 수 있다."

법 제38조 3의 규칙은 형식(이 경우는 정관 그 자체)에 관련해서 다음에 설명한다. "사용료징수분배협회의 정관은 사회 전반의 권익을 목적으로 하는 단체가 입장료를 받지 않는 행사에 대해 이들 단체가 지불해야 할 저작권 사용료와 함께 실연가와 레코드 제작자의 권리, 사용료 금액의 할인을 받는 조건을 규정하지 않으면 안된다." 국회의 제1독회에서는 사용료의 면제 대상을 규정했는데, 이는 엄격한 비판을 받아 최종 조문에서 삭제되었다.

이 조문의 목적은 '때로 경제적으로 약한' 단체가 '입장료를 받지 않는 공연을 해서 저작물을 전달하고, 또 알려지지 않은 저작자와 실연가의 명성을 높이기 위해 협력한다'는 것을 사정이야 어떻든 원조하기 위한 것이다. 그러나 이 규정의 효력에는 의문이 생긴다. 명확한 규정이 없어서 '사회 전반의 권익을 목적으로 하는 단체'란 표현을 막연히 하고 있고 최저의 할인, 즉 형식적인 할인을 하면 법률의 요구는 준수하는 것이 되기 때문에 정관에 할인의 조건을 규정한다고 하는 의무는 큰 영향력을 갖지 못하기 때문이다.

2) 협회의 해산

1985년 7월 3일자법 제40조는 다음과 같이 규정하고 있다. "민법에 의한 법인에 적용되는 일반 규정을 해하지 않고 사용료징수분배협회의 해산 청구는 문화 담당 장관에 의해 법원에 제출할 수 있다. 법률 위반의 경우에는 법원은 협회가 한 업무 분야에 있어서 또는 한 이용 형태에 있어서 그 징수 업무를 행하는 것을 금지할 수가 있다."

이 규정은 협회의 설립에 관한 규정에 대응하는 것이다. 문화 담당 장관은 협회의 해산이 필요하다는 것을 판단할 수 있다. 그러나 그 결정을 내리는 것이 가능한 것은 법원이다. 다음에 '법률에 위반한 경우에는' 정지의 조치가 규정되어 있다. 이 위반은 임의의 법률에 관한 것은 아니고 민법에 의한 법인에 관한 법령과 저작권, 인접권에 관한 법령에 관한 위반의 경우이다. 마지막으로 법원은 이와 같은 위반에 관해서 업무 정지를 활용 또는 이용 형태의 한 분에 제한을 가할 수 있다.

(2) 사용료징수분배협회의 기능

이런 종류의 협회 활동이 사용자와의 계약 체결에 의해 행해지는 것은 당연한 일이다. 제42조는 협회의 목적 행사인 이들 계약은 민법상의 증서에 해당한다는 것을 명시하고 있다. 이와 같은 명시는 중요하다. 협회가 체결하는 증서의 성질에 관해 몇 개의 법원이 망설임을 보여서 종지부를 찍었기 때문이다. "이들 증서는 본질적으로 강제적인 성질을 갖는 저작권에 관한 재산을 관리하고 있다. 상법상의 증서에만 적용되는 구속 법령에 의해 저작권을 규제하게 되면 유감스러운 것이다."

체결된 계약은 일반적인 계약이다. 법 제43조는 다음과 같이 규정하고 있다. "레코드 제작자 및 비디오 제작자와 함께 실연가의 사용료징수분배협회는 회원 전체 혹은 일분에 의해 또는 동일 목적을 갖는 외국 단체에 의해 주어진 위탁의 한도내에서 레코드 및 비디오그램의 전달을 개선, 또는 기술적 혹은 경제적 진보를 촉진하기 위해 레코드 또는 비디오그램의 사용자와 공통 이해의 일반 계약을 체결함에 의해 제21조 및 제26조에 규정하는 권리를 집합적으로 항사하는 권능을 갖는다." 이 목적은 불법적인 공모를 처벌하는 법령이 적용되는 것을 피하기 위한 것이다. 따라서 1957년 3월 11일자법에 있어서 저작권협회에 관한 제43조의 규정을 집단적으로 행사함에 의해 용이하게 되기 때문이다.

법에 의해 규정되어 있는 기능에 관한 기타 규칙은 '협회의 의무'와 '회원의 권리'의 2개항으로 나누어져 있다.

1) 협회의 의무

레파토리를 제공할 의무는 제38조 4에서 다음과 같이 규정하고 있다. "사용료징수분배협회는 그가 대표하는 프랑스 및 외국의 저작자 및 작곡자의 완전한 레파토리를 사용자에게 제공하지 않으면 안된다."

이 규정의 목적은 공개 투명하게 함에 의해 사용료의 징수 남용을 피하기 위한 것이다. 따라서 음악을 전달하는 디스코나 레스토랑은 협회가 대표하고 있는 저작자의 리스트를 조회할 수가 있다. 또 희망할 때는 협회에 의해 관리되지 않는 레파토리에 의해 프로그램을 작성하는 것도 가능하다.

회계보고서와 정보를 장관에 전달할 의무에 대해서는 제41조에서 다음과 같이 규정하고 있다. "사용료징수분배협회는 이 연차보고서를 문화 담당 장관에 제출하고 또 총회에 의해 검토하기 적어도 2개월 전에 정관 또는 사용료의 징수분배규칙의 개정안을 동 장관에 통고한다. 협회는 문화 담당 장관의 요청에 따라 사용료징수분배에 관한 모든 자료 및 제3자와 체결한 결정 사본을 동 장관에 제출한다. 문화 담당 장관 또는 그 대리인은 이 조에 정한 정보를 개별로, 또 수시 수집할 수가 있다."

이미 설명한 바와 같이 이들 정보는 사용료징수분배협회를 투명하게 하는데 유용한 것이 아니면 안된다. 이들 정보를 제출할 필요성에 관해서는 이론이 없다. 제41조 후단은 극히 복잡한 회계 장부를 수시 검정하는 것을 인정하고 있다.

분배 불가능한 금액의 사용 의무에 대해서는 제38조 5항부터 7항까지 다음과 같이 규정하고 있다. "협회는 제22조에 근거해서 징수한 분배 불가느한 금액(즉 상업 목적을 위해 발행된 레코드의 어떤 종류의 사용에 관한 것)의 50% 및 사적 복사에 관한 보수로부터 생기는 금액의 25%를 창작원조 활동, 흥행의 보급 및 예술가 육성 활동에 사용하지 않으면 안된다. 단일 단체에 배분하는 것이 불가능한데 대응할 대응할 금액의 배분은 3분의 2의 다수결로 결정을 행할 협회의 총회의 결정에 돌린다. 이와 같은 다수결을 얻을 수 없을 때는 그것을 위해 특별히 소집된 새 총회가 단순 다수결로 결정을 한다."

국회는 예술적 직업의 발전 원조활동 자금에 할당하기 위해 공제할 금액을 매년 결정하는 것을 징수협회에 맡기지 않고 그 금액의 퍼센티지를 엄격히 정하는 편을 선택토록 하고 있다. 이것은 "<수입이 일부를 원조>함에 의해 창작과 예술가의 육성에 상당한 금액을 불가피하게 할당하도록 하기 위한 것이다."

2) 회원의 권리

법은 제39조 3항과 제39조 4항에 있어서 개인적 권리와 집단적 권리를 회원에 인정시킨다. 개인적 권리에 대해서는 제39조 3항에서 다음과 같이 규정하고 있다.

"모든 회원은 훈령에 의해 정해진 조건 및 기간내에 있어서 다음 통지를 받을 권리를 갖는다.

① 연차회계보고 및 이사 명부

② 총회에 제출될 이사회 및 회계감사역의 보고

③ 필요에 따라 제안된 결의의 본문 및 이유서와 함께 이사 후보자에 관한 정보

④ 최고의 보수를 받는 직원 10명 및 5명(이 인원은 실제 근무하는 직원 2백명 초과 여부)에 지불되는 보수의 총액에 있어서 회계감사역이 그 정확성을 증명함."

이들 규정은 타인의 재산 수탁자에 지나지 않는 자, 또는 타인을 위한 금전 관리자에 적용되는 법률에 기재되어 있는 조항을 재현한 것에 지나지 않으며, 특별히 새로운 것은 아니다.

집단적인 권리에 대해서는 제39조 4항에서 다음과 같이 규정하고 있다.

"회원수의 최소 10분의 1을 대표할 회원 집단은 1 또는 2 이상의 관리 활동에 대한 보고를 제출할 임무를 질 1명 또는 2명 이상의 감정원의 지명을 법원에 청구할 수 있다. 검찰관 및 기업위원회도 동일 목적으로 행동할 자격을 갖는다. 이 보고는 청구인, 검찰관, 기업위원회, 회계감사역 및 이사회에 제출된다. 이 보고는 제1회 총회를 위해 회계 감사역에 의해 작성된 보고에 첨부된다. 이 보고도 마찬가지로 공개된다."

이 조문의 목적도 앞에 설명한 바와 같이 '사실상의 독점권을 행사 또는 행사할 위험이 있는 협회의 업무에 있어서 내부의 민주화를 보증할 규칙'을 삽입하는 것이다.

이상의 프랑스 '사용료징수분배협회'의 자료는 앞으로 우리 한국의 기존 저작권 단체는 물론, 특히 종합유선방송 프로그램 저작물 사용료 관리 단체가 새로이 결정될 것을 전제로 여기에 제시해 보았다.

[부록 1] 日本著作權 단체들의 유선 방송에 관한 계약서 모형

원작사용계약서

- 작품의 표시 :
  - 작품의 제호 ________________
  - 저작자 __________________
  - 공표년월일 __________

저작권자 ○○○를 '갑'이라 하고 저작물의 영상화를 이용자 ○○○○○를 '을'이라 하여 위 저작물의 TV 영상물 제작에 관하여 다음과 같이 약정한다.

제1조(영상화 및 방송의 허락) 갑은 을이 위 저작물을 원작으로 하여 TV 영상제작물(이하 'TV영화'라 줄임)을 제작하고 을의 방송망을 통하여 방송할 것을 허락한다.

제2조(권리의 보증) 갑은 위 저작물의 저작권자이고 이 계약에서 그 사용의 허락을 할 수 있는 권리자이며, 나아가서 위 저작물이 저작권법에 의해서 보호되는 다른 사람의 권리 및 타인의 명예나 신용을 훼손하는 작품이 아님을 보증한다.

제3조(TV 영화의 형태 및 제작·방영기간) 본건 TV영화는 1회에 ____분짜리로 도합 ____회에 걸쳐 방송하되 을은 늦어도 198__년 __월 __일까지(또는 원작품을 인도받은 날로부터 __일 안에) 이를 제작하고 늦어도 198__년 __월 __일부터 방송한다. 다만 부득이한 사정이 있을 때에는 갑의 양해를 얻어 위 기간을 연장할 수 있다.

제4조(원작사용료 및 그 지급방법) 을은 갑에게 금 _____원의 원작사용료를 지급하되 본 계약일에 _____원, 영화제작 완료시에 ____원을 지급한다.

제5조(2차 저작물의 작성) 원작에 대한 각색은 을이 선정하는 자가 맡아서 하되 원작자가 갖는 동일성유지권을 존중하여, 원작의 줄거리 및 주요등장인물의 성격을 바꾸어 놓아서는 안된다. 다만 사전에 원작자의 승낙을 얻은 경우에는 그 승낙의 범위안에서 그러하지 안히다.

제6조(원작자의 각본 검토) 을측의 각본은 원작자의 서면 동의를 얻은 경우를 제외하고는 원작자에게 제출하여 승낙을 얻어야 하고 영화제작과정에서 함부로 그 각본을 고쳐서는 아니된다. 다만 원작자는 TV 영화제작상의 기법과 여건의 제약을 이해하여 위의 승낙을 하여야 하며 을은 부득이한 경우에 한하여 사후의 승낙을 구할 수 있다.

제7조(원작자 및 제호의 표시 등) 원작의 제호를 바꾸고자 할 때에는 원작의 제명을 부기하는 조건으로 원작자와 협의하여야 하며 원작자의 이름을 관행에 따라 표시하여야 한다.

제8조(을의 배타적 이용) 갑은 TV영화의 방영이 끝날 때까지는 을의 사전동의 없이 본건 원작의 영상저작물작성권 및 방송권을 다른 사람에게 양도하거나 그 이용을 허락해서는 아니된다.

제9조(원작자의 승낙과 갑의 협력의무) 갑은 을이 이 계약에 의하여 원작자의 승낙 또는 동의를 얻는데 관하여 전폭적으로 협력할 의무가 있다.

제10조(재방송과 사용료) 을은 이 계약에 의하여 제작된 TV 영화의 재방송을 임의로 할 수 있으나 갑에 대하여 제4조에서 정하는 사용료의 ___%를 지급하여야 한다.

제11조(선전을 위한 영상제작) 을은 이 TV영화의 선전에 필요한 범위안에서 그 예고편을 제작하거나 일부만을 발췌하여 방영할 수 있으며, 그밖의 PR을 이한 자료를 작성, 사용할 수 있다.

제12조(이차적 사용) 이 TV영화의 방영이 끝난 후 3년 이내에 이 TV영화 또는 그 원작이나 각본이 방송, 녹음, 녹화, 번역, 번안, 극장용 영화, 연극 등에 이차적으로 사용될 경우에는 갑은 그에 관한 처리를 을에 위임하고 을은 구체적 조건에 관하여 갑과 협의 결정하되 수입금액은 쌍방이 균등하게 차지한다.

제13조(계약해제의 사용) 이 계약은 다음 사유가 있을 때에는 효력을 상실한

① 을이 이 계약 제3조에 정해진 제작기간 또는 그후의 연장기간이 경과하도록 정당한 이유없이 TV영화의 제작을 완료하지 아니하는 경우 또는 제작할 의사가 없음을 명시한 경우

② 이 계약 제9조에 의한 원작자의 승낙을 얻지 못한 경우

③ 을이 이 계약에서 정한 저작물사용료를 제때에 갑에게 지급하지 아니한 경우

제14조(계약해제의 방식·효과) 갑 또는 을이 이 계약에 정한 사항을 위반했을 때에는 그 상대방은 상당한 기간을 정하여 위약자에게 그 이행을 촉구하고 그 기간이 경과하도록 의무이행을 하지 아니하거나 해약사유가 해소되지 아니할 경우에는 이 계약의 해제를 통고할 수 있다.

제15조(준용 및 협의) 이 계약에 명시되지 않거나 해석상 의견의 차이가 있을 경우에는 저작권법, 민법 등의 법령을 준용하고 사회통념과 조리에 맞게 해결한다.

제16조(재해·사고) 천재지변 그밖의 불가항력의 재난으로 갑 또는 을이 이 계약의 이행이 불가능하게 되거나 상대방에게 손해를 입혔을 때에는 쌍방이 협의하여 공평하게 처리한다.

제17조(소송의 합의관할) 이 계약과 관련하여 갑과을 사이에 제기되는 소송은 을의 사업자 소재지를 관할하는 법원을 제일심 법원으로 한다.

198__년 __월 __일

(갑) ________________ ㊞

(을) ________________ ㊞

(입회인) ___________

※자료 : 日本民間放送連盟(1980).

[부록 2] 日本著作權 단체들의 유선 방송에 관한 계약서 모형

사단법인 일본음악저작권협회, 협동조합 시나리오작가협회, 사단법인 일본문예저작권보호동맹, 협동조합 일본방송작가조합(이하 甲 등이라한다)과 사단법인 일본예능실연가단체협의회(이하 乙이랗 나다)는 [유선방송사업자명](이하 丙이라 한다)과의 사이에 유선텔레비전 방송에 관해 다음과 같이 계약을 체결한다.

제1조(사용 허락) 1. 갑 등은 병에 대해 제2조에 게기하는 사용료를 지불할 것을 조건으로 해서 갑으로부터 콘트롤을 받는 범위에 속하는 저작물을 사용해서 저작한 방송 프로그램을 케이블에 의해 변경을 가하지 않고 동시 재방송하는 것을 허락한다.

2. 을은 병이 제2조에 게기하는 보상금을 지불할 것을 조건으로 을의 회원의 실연에 의해 제작된 방송 프로그램을 병이 케이블에 의해 변경을 가하지 않고 동시 재방송하는 것에 대해 방송사업자에 이의를 제기하지 않을 것을 약정한다.

제2조(사용료, 보상금의 지불) 전조의 사용료와 보상금의 합계액은 병이 당해 1 년간(19 년 4월 1일부터 19 년 3월 31일까지) 수령해야 할 수신료 총액에 다음 각 요율을 곱해서 산출한 액으로 한다.

A. 구역 내 재송신은 1채널에 대해 0.015%

B. 구역 외 재송신은 1채널에 대해 0.09%

단, 병이 지불하는 사용료와 보상금의 합계액은 수령할 수신료 총액의 0.35%를 한도로 한다.

제3조(수신료 수입의 보고) 병은 19 년도의 수신료 수입을 갑 등 및 을에 보고토록 하고, 19 년도 종료 후 2개월 이내에 소정의 서식에 의해 갑 등 및 을의 대표자(협동조합 일본작가조합)의 사무소에 지참 또는 송금해서 지불토록 한다.

제4조(사용료, 보상금의 지불) 병은 갑 등 및 을에 대해 전조의 사용료, 보상금을 19 년 5월 31일까지 갑 등 및 을의 대표자(협동조합일본방송작가조합)의 사무소에 지참 또는 송금해서 지불토록 한다.

제5조(이의 신청에 대한 조치) 이 조약에 근거해서 유선 방송에 대해 갑 등 이외의 저작권자, 을 이외의 저작인접권자로부터 이의가 제출된 경우에는 병의 요청이 있으면 갑 등 및 을은 병에 협력해서 당해 저작권자, 저작인접권자의 사정 설명에 노력해야 한다.

제6조(계약 위반) 병이 이 계약의 규정을 위반한 때는 갑 등과 을은 이 계약을 해제할 수 있다.

제7조(계약 기간) 이 계약의 유효기간은 19 년 4월 1일부터 19 년 3월 31 일까지로 한다.

제8조(협의) 19 년 4월 1일이후의 사용료, 보상금에 대해서는 이 계약체결까지의 협의에 근거해서 19 년도 중에 갑 등과을 및 병이 협의해서 결정한다.이 계약의 성립을 증명하기 위해 증서 6통을 작성, 갑과을 및 병은 각각 1통씩 보관한다.

※자료: 방송위원회(1989).

[부록 3] TV프로그램 출연 계약서 모형

TV프로그램 출연계약서

- 출연자의 표시 :
  - · 이름 ___________ · 성별(남 · 여)
  - · 주소 ___________
  - · 생년월일 _________
- 출연할 프로그램 : _________________
- 배역 : ____________________________ 역

방송사업자 ○○○사를 '갑'이라 하고 연예프로덕션 ○○○회사를 '을'이라하여 갑의 TV 연속드라마에을 소속의 ○○○(이하 '병'이라 한다)을 출연시키는데 관하여 다음과 같이 출연계약을 체결한다.

제1조(출연의 약정) 을은 갑 또는 갑이 지정하는 자가 제작하는 TV연속드라마 <______>(방송시간 매회 ___분씩 모두 ___회 예정, 이하 '이 드라마'라고 줄인다)에 병을 출연시킬 것을 약정하고 이에 따른 병의 출연동의서를 갑에게 제출한다.

제2조(출연료) 갑은 병의 출연료로 매회당 금 _______원을 을에게 지급한다.

제3조(출연 스케줄의 존중) 을은 이 드라마의 제작과정에 병을 출연시키미에 있어서 갑이 정하는 출연 스케줄(리허설, 로케이션, 녹음, 녹화 등의 일시 및 장소)을 서실하게 지키도록 하고 이 드라마의 제작 스케줄에 지장을 주어서는 아니된다.

제4조(별도출연에 대한 허락) 을이 병을 다음과 같은 갑 이외의 방송, 영화, CM, 공연에 출연시키고자 할 때에는 사전에 갑의 허락을 받아야 한다.

① 이 드라마의 제작 스ㅔ줄에 지장을 줄 염려가 있는 경우

② 이 드라마의 방송과 경합되는 시간대의 방송 프로그램에 병을 출연시키는 경우

③ 이 드라마에서 맡는 배역의 이미지를 손상시킬 염려가 있는 방송 프로그램이나 CM 등에 병을 출연시키는 경우

④ 그밖에 갑과 을이 합의한 사유에 해당되는 경우

제5조(홍보활동 협력의무) ① 을은 갑 또는 갑이 지정하는 자가 이 드라마의 선전을 위하여 제작하는 예고편, 스틸사진의 촬영, 그밖의 PR자료의 작성 및 홍보활동에 병을 무상으로 출연 또는 협력케 한다.

② 또한 갑은 전항에 의하여 제작된 선전자료 등을 신문, 방송, 잡지, 포스터 등에 자유로 사용할 수가 있고 갑이 지정하는 자에게도 자유로 사

용하게 할 수 있다.
제6조(실연방송권 등의 양도) 을은 제2조에 정하는 돈을 갑으로부터 받음과 동시에 병이 이 드라마에서 행한 실연 등에 있어서 방송에 관계되는 일체의 권리를 갑에게 양도한다.
제7조(대리권의 보증) ① 을은 이 계약의 체결에 있어서 정당한 권한을 갖는 병의 대리인임을 보증한다.
② 전항의 경우 병 또는 제삼자로부터 이의가 제기되는 등 분규가 생겼을 때에는 을이 책임을 지고 해결한다.
제8조(전속계약의 종료에 따르는 문제) ① 이 계약을 체결한 뒤에 을과 병 사이의 계약조건에 변동이 있을 경우라도 이 계약은 아무런 영향을 받지 않는 것으로 한다. 다만 을과 병 사이의 계약관계가 종료된 경우에는 을은 미리 병의 동의서를 첨부하여 그 뜻을 갑에게 문서로 통지하여야 한다.
② 전항과 을과 병 사이의 계약관계가 종료된 이후에는 출연료의 지급을 비롯하여 이 계약에 입각한 권리 의무의 이행에 관해서는 갑과 병 사이에 직접 처리한다.
제9조(계약의 유효기간) 이 계약은 계약체결일로부터 이 드라마의 맨 마지막회의 방송이 끝날 때까지 효력을 갖는다. 다만 이 계약의 실효후에도 갑이 취득한 권리는 그 효력을 유지한다.
제10조(손해배상 의무) 병이 이 계약을 성실히 이행하지 않음으로써 갑에게 손해를 끼쳤을 때에는 을은 병과 연대하여 갑의 손해를 배상할 책임이 있다.
제11조(불가항력에 의한 이행불능) 천재지변, 법령의 발동, 노동쟁의 그밖의 불가피한 사유에 의하여 갑이 이 드라마를 제작할 수 없게 되었을 때 또는 병의 질병, 사고 등으로 출연이 불가능하게 되었을 때에는 갑과 을이 협의하여 사후의 조치를 정한다.
제12조(계약위반의 책임) 갑 또는 을이 이 계약을 위반하였을 때에는 그 상대방은 상당한 기간을 정하여 그 이행 또는 시정을 촉구한 후 이 계약을 장래에 향하여 해약할 수 있고 위반자에 대하여 손해의 배상을 청구할 수 있다.
제13조(다른 법령의 준용 등) 이 계약의 해석에 있어서 갑과 을의 의견이 다르거나 이 계약에 정함이 없는 사항이 발생하였을 때에는 민법, 저작권법 등 관계법규를 준용하고 사회통념과 조리에 비추어 쌍방이 협의 해결한다.
제14조(소송의 합의관할) 갑과을 사이의 소송은 갑의 주된 사무소 소재지를 관할하는 법원에 제소하기로 합의한다.

198__년 __월 __일

(갑) ________________ ㉞

(을) ________________ ㉞

(입회인) ____________ ㉞

※자료/방송위원회(1989).

[부록 4] 1994년도 방송원고료 지급 기준

구 분			조 항		적용기준		기본극본료	자료비	합 계
원고료	극본료	텔레비전	일일연속극		10분당	가	100,100	24,400	124,500
			주간연속극		10분당	가	123,800	30,200	154,000
			단막극		10분당	가	171,600	41,800	213,400
			코미디극		10분당	가	196,400	47,600	244,000
			스파트극		1분당	가	32,700	41,800	74,500
			촌극, 콩트		10분당	가	62,100	0	62,100
		라디오	일일연속극		10분당	가	74,600	11,000	85,600
			주간연속극		10분당	가	81,700	12,000	93,700
			단막극		10분당	가	106,600	15,800	122,400
			코미디극		10분당	가	116,900	17,300	134,200
			스파트극		1분당	가	19,800	15,800	35,600
			촌극, 콩트		10분당	가	38,100	0	38,100
	구성료등	구성류	다큐멘터리	TV	10분당	가	115,900	28,900	144,800
				R	10분당	가	46,600	11,700	58,300
			종합구성	TV	10분당	가	50,900	0	50,900
				R	10분당	가	23,500	0	23,500
			단순구성	TV	10분당	가	39,200	0	39,200
				R	10분당	가	18,100	0	18,100
		출제료	퀴즈	TV	문당	가	8,100	0	8,100
				R	문당	가	6,900	0	6,900
	번역료		외화 번역		10분당	가	56,400	0	56,400
	일반원고		200자 원고		특		가	나	다
	TV,RADIO		1매당		5,100		3,900	3,400	2,400

※자료 : 한국방송작가협회(1994).

참고 문헌

(1) 한국 문헌

康鍾根(1991). "미국 CATV방송의 시스템 구분 및 운용 현황", <방송연구> 겨울호.강현두(1989). <한국방송영향력자의 공영방송 인식에 관한 연구>, 언론학논선1, 서강대 언론문화연구소.金文煥(1994). '종합유선방송과 저작권', <종합유선방송과 저작권>, 저작권 세미나, 한국방송작가협회.

康鍾根(1991). <영상저작물에 관한 당사자간 입장 차이 극복을 위한 제언>(1992). <저작권 세미나 발제 논문집>, 저작권심의조정위원회.

金世源, 秋光永 공편(1987). <情報社會의 挑戰>, 貿易經營社.

金寓龍(1981). <뉴미디어 시대의 방송문화>, 東亞出版社.

박문석(1993). <뉴미디어 시대의 방송과 저작권>, 한국방송협회.

박원순. 방희선(1986). <著作權法>, 法經出版社.

朴容相(1988). <放送法制論>, 教保文庫.

성열홍(1994). <CATV 사업의 실제>, 김영사.

손 룡(1986). <텔리커뮤니케이션론>, 세영사.

송해룡(1991). "유선방송과 저작권법 문제", <방송과 문화>, 문화방송.

吳澤燮 외(1990). <유선텔리비전>, 언론연구총서 10, 한국언론연구원.

이상덕(1990). <유럽의 CATV 정책 및 정책기관에 관한 연구>, 연구보고 90-II-01, 통신개발연구원.

李濟成(1993). <綜合有線放送法概論>, 技多刊.

전석호 외(1987). <정보사회와 언론>, 언론연구총서 3, 한국언론연구원.

______(1993). <위성방송>, 언론연구총서 15, 한국언론연구원.

______(1994). <종합유선방송과 저작권>, 저작권세미나, 한국방송작가협회.

全泳杓(2014). <情報社會와 著作權>, 법경출판사,1998.개정판..

全泰錫(1993). <韓國 CATV의 理解>, 技多利..

정상기(1993). <저작권법상 방송사업자의 제권리에 대한 비교연구>, 저작권여누자료 16, 저작권심의조정위원회.

정순일(1993). <CATV총람>, 1994 개정판, 나남.

최경수(1990). <저작인접권 자료로서의 방송사업자의 보호>, 저작권 연구자료5, 저작권심의조정위원회.

한상기(1994). <CATV 운영론>, 나남.

韓勝憲(1994). <정보화시대의 저작권>, 개정판, 나남.

______(1993). <영상저작물과 저작권>, 한국방송작가협회

______(1989). "방송과 저작권", <放送調査硏究報告書>, 제19집 방송위원회.

許熺成(1994a). <베른 協約逐條概說 : 파리規程>, 一信籍出版社.

______(1994b). "종합유선방송의 시행과 저작권문제", <계간 著作權>가을호, 제27호, 저작권심의조정위원회.

한국방송작가협회(1993), <영상저작물과 저작권>, 한국방송작가협회.

黃迪仁, 鄭順姬, 崔現鎬(1988). <著作權法>, 法文社.

Barry L. Sherman(정지은 역)(1994). <방송,케이블 경영론>, 한울아카데미.

Hank Whittemore(김석희 역)(1990). <CCN>, 국제언론문화사.

Philip T. Rosen(양기석 역)(1993). <세계의 방송제도>, 나남.

Susan Tylex Eastman(전환성 역)(1994). <TV, 케이블 편성론>, 上, 나남.

片岡俊夫(이창근, 김광수 역)(1994). <일본의 방송제도>, 한울아카데미.

경향신문(1994). <미디어 서비스 코리아 조사>, 경향신문사.

동아일보(1994.11.1.). 동아일보사.

매일경제신문(1994.9.10.). 매일경제신문사.

자료집I(1987). <日本著作權法關係資料>, 문화공보부.

참고자료집I(1987). <日本 著作權 管理團體 關係資料集>, 저작권법시행준비단.

저작권관계자료집①(1988). <세계의 저작권 및 인접권의 주요 원리>, 저작권 심의조정위원회.

저작권연구자료②(1990). <위성방송과 저작권>, 저작권심의조정위원회.

저작권연구자료④(1990). <공연 영역에서의 저작물 이용 실태에 관한 연구>, 저작권심의조정위원회.

저작권연구자료집⑪(1992). <독일, 일본저작권법>, 저작권심의조정위원회.

저작권연구자료⑪(1992). <저작권법상 음반제작자의 법적지위>, 저작권심의조정위원회.

저작권연구자료⑫(1992). <유선방송과 저작권법>, 저작권심의조정위원회.

(2) 日本文獻

宮澤溥明(1980). <音樂著作權の歷史>, 東京:村ロ一雄.

稻田植輝(1994). <放送メディア入門>, 增補改訂版, 東京:社會評論社.

美ノ谷 和成(1992). <放送論>, 東京:學陽書房.

半田正夫(1971). <著作權法の研究>, 東京:一粒社.

石田順一(1992). <放送とニーメイア>, 東京:丸善株式會社.

小林修一·加藤晴明(1994). <情報の社會學>, 東京:福村出版.

松本修二郎.山田 實.荒牧富美江(1992). <マスメディアの科學>, 東京:改訂版, 芦書房.

植條則夫 編(1994). <映像學原論>, 東京:ミネルヴァ書房.

土井輝生(1985). <著作權の保護と管理>, 東京:同文館.

播磨良承(1980). “著作權の公廷使用の法理”, <無體財産權法の諸問題>, 石黒淳平先生追悼論集, 東京:法律文化社.

<放送著作ハンドブック>(1974). 改訂版, 東京:日本民間放送連盟.

著作權資料協會 編(1985). <著作權事典>, 東京:出版ニュース社.

讀賣新聞(1994.10.16.). 東京: 日本 讀賣新聞社.

Claude Colombet(宮澤溥明 譯)(1990). <著作權と隣接權>, 東京:第一書房.

(3) 歐美 文獻

Betting, R.V.(1992). "critical Perspectives on the History and Philosophy of Copyright", *Critical Studies in Mass Communications*, 9(2): 131-155, June.

Creech, Kenneth(1993). *Electronic Media Law and Regulation*, Boston, MA:Focal Press.

Glist, Paul(1986). "Cable Copyright:The Role of the Copyright Office", *Emory Law Journal*, 35:621-642.

Grant, August C(1994). *Looking Back to the Future*, Boston, MA.:Focal Press.

Holsinger, Ralph and John Dilts(1994). *Media Law*, New York:MacGraw-Hill.

Kaatz, Ronald B(1982). *Cable: An Advertiser's Guide*, Chicago, IL:Crain Books.

Litman, Jessica(1989). "Copyright Legislation and Technological Change", *Oregon Law Journal*, 68(2):275-361.

Middleton, Kent and Bill Chamberlin(1984). *The Law of Public* Communication. New York: Longman.

Mirabito, Michael M.A(1993). *The New Communications Technologies*, Boston, MA:Focal Press.

Murphy, Patrick(1993). "Retransmission Consent:A Mixed Signal for Cable Copyright", *Columbia-VIA Journal of Law and the Arts*, 17:237-270.

Rosenthal, Marshal(1982). "Copyright Owners vs Cable Television: The Evolution of a Copyright Liability Conflict", *Syracuse Law Journal*, 33:693-730.

Schaumann, Neils(1983). "Copyright Protection in the Cable Television Industry:Satellite Retransmission and the Passive Carrier Exemption", *Fordham Law Review*, 5:637-665.

Temple, Marsha(1993). "The Copyright Royalty Tribunal:New Area of Communications Industry Confrotation", *Performing Arts Review*,

32:257-286.
Toffler, Alvin(1981). *The Third Wave*, New York:Bantham Books.
Watkins, John(1990). *The Mass Media and the Law*. Eglewood Cliffs, NJ:Prentice-Hall, In.
Zelezny, John(1993). *Communications Law,* Belmont, CA.:Wordsworth.

제 V 부

전자출판과 클라우드 컴퓨팅

1. '전자책' 범람과 저작권

모바일 혁명의 선두자인 미국 애플사의 CEO 스티브잡스(Steven P.Jobs)는 연초부터 아패드라는 태블릿PC를 선보임으로써 전자책 열풍을 일으키고 있다. 이른바 아이폰 열풍으로 시작한 스티브 잡스가 세계를 향해 '전자출판'의 혁명을 예고하고 있는 것이다.

바야흐로 활자 발명 이후 인류 최대의 출판혁명이 다가오는 듯도 싶다. 세계적인 잡지출판사인 콘데나스트(Condé Nast Publication Inc.)의 전문잡지 <와이어드>는 요즘 아이패드에서 판매를 시작한 지 한 달 만에 인쇄물 종이 잡지 판매 부수만큼 실적을 올렸다는 것이다. 또한 지난 4월 애플이 출시한 아이패드용 전자책 <아이패드를 위한 앨리스>는 한달에 10만부 이상 판매되었다고 한다. 터치식 테블릿 PC라 일컫는 이 아이패드 리더기는 6월 현재 미국에서 200만대나 판매됐으며, 연말까지 800만대 이상 팔릴 것이라 내다보고 있다. 그동안 미국의 전자책 시장을 독점하다시피한 아마존 <킨들>의 설 자리가 좁아지고 있다. 창립 100년을 넘긴 일본의 최대 출판사 고단사(講談社)도 지난 5월 한 최신 소설을 아이패드앱으로 출시, 5일 만에 1만 부 이상이나 팔렸다고 한다.

그럼 우리나라의 전자책 시장은 어떠한가? 이미 10여년 전부터 '북토피아'를 비롯한 몇몇 전자책 발행 · 판매사들은 전자출판의 바람을 일으키면서 상당한 발매 실적을 울렸었다.

최근 한국전자출판협회 자료에 의하면 2006년 전자책 7만 7천 417종 발행으로 825억원의 판매를 기록하고 있다. 아울러 올해는 1천975억 원의 추정판매고를 달성하리라 한다. 이는연 평균 32.30%의 성장률로서 전자책 시장의 혁신적 가능성을 입증해 주고 있다.

오늘 전자시대에는 '전자책(e-book)'만을 이야기하면 안 되는 것이다. 이 전자책을 비롯한 전자사전, 모바일북, 오디오북 등의 영역을 모두 망라한

'전자출판(e-publication)'의 시장 규모를 거론해야만 한다. 이는 2006년의 경우 전자책의 4배가 넘는 3천393억 원의 실적을 앞의 자료는 나타내면서 올 2010년은 6천908억 원의 판매액을 추정하고 있다.

이러한 전자출판 시장 활성화를 위해 문화체육관광부는 2014년까지 600억 원을 투입하여 '7천억 원 수준의 전자책 시장 규모의 확대 지원 방안을 지난 4월 26일 발표했다. 이 전자출판은 오늘의 뉴미디어 시대를 이끌 첨단산업임에도 불구하고 우수 콘테츠 부족이나 법적, 제도적으로 많은 문제점을 지니고 있다. 특히 콘테츠야말로 전자출판의 성공 여부를 좌우하는 핵심 알맹이인 것이다. 그러난 이콘텐츠 제공 저작인들에게는 아직 아무런 감이 느껴지지 않는다.

이 콘텐츠는 교수를 비롯한 저술인이나 시인, 소설가 등 작가들의 작품으로 만들어지는 것이다. 현재 유통되는 한국의 전자책 콘텐츠는 30만 종이지만 중복을 제외하면 5만종 내지 6만 종에 불과하다. 그동안 이들은 모두 종이책 출판에 의존해 왔으나 앞으로는 전자책만을 위한 저작인들의 콘텐츠 개발도 바람직하다. 문제는 이들 콘텐츠를 주로 다루는 출판인들의 혁신적인 의식 전환이라 하겠다. 여기서 지난해 '북토피아' 전자책 판매대행사의 부도 · 도산에서 밝혀진 저작인 배분 이익금의 행방을 묻지 않을 수 없다.

대한출판문화협회는 지난 2월 새로운 <출판권 설정 및 저작권 사용 계약서> 샘플을 홈페이지(www.kpa21.or.kr)에 올려놓고 그 활용을 회원 출판사들에 권유하고 있다. 이 저작권 사용계약서에 따르면 출판물의 대여 · 수출 · 전송이나 전자책 · 오디오북 발행, 저작물의 영화화 · 드라마화 등의 16개 항목의 2차적 저작물의 부차적(副次的) 수익 배분의 비율을 저작자와 미리 약정하도록 규정하고 있다. 업계표준이나 다름없는 이 새 계약서의 몇몇 조문에 문제가 없는 것은 아니지만 그동안 관례적으로 이용해 온 계약서 규정보다는 훨씬 향상된 것으로 보아 다행스럽다. 그러나 보다 더 전자출판 진흥과 저작권 공정이용을 위한 '전자출판 콘텐츠 공급 표준계약서'의 마련이 기대된다.

이제 한국 출판계는 2010년을 '전자출판 원년'으로 삼기 위한 자족적인 프로젝트 마련으로 침체된 출판 산업 활성화의 길에 도전하는 참 모습을 보여주길 바란다. 앞으로 출판 산업의 진흥은 저작인 중심의 콘텐츠 개발에서 시작해야 한다는 명제를 업계는 자각하고 이 전자출판 원년에 정부와 함께 구축한다는 콘텐츠 창작 및 공급 가반 확충, 전자출판 유통 시스템 선진화, 전자출판 기술혁신 및 표준화 등의 사업에 반드시 저작인들의 의사가 충분히 반영될 수 있는 협의체를 구성해 주길 촉구한다.

더불어 전자출판 촉매제인 우리나라 아이패드 제조사들도 우리 문예학술저작권협회 등을 통한 저작인들의 참여로 사용자들에게 유용한 콘텐츠 개발의 길이 모색되길 바란다. 이것만이 2013년 1조 원 시장 형성을 예측하는 전자출판 혁명의 길이라 확신한다.

2. 저작권의 '공정이용'과 전자출판

바야흐로 활자 발명 이후 인류 최대의 출판혁명이 다가오는 듯싶다. 세계적인 잡지인 콘테나스트(Condé Nast Publication Inc.)의 전문 잡지 《와이어드》는 최근 아이패드에서 판매를 시작한 지 한 달 만에 인쇄된 종이 잡지 판매 부수만큼 실적을 올렸다는 것이다. 또한 지난 4월 미국의 애플이 출시한 아이패드용 전자책 《아이패드를 위한 앨리스》도 한 달에 10만 부 이상 판매했고 한다. 터치식 태블릿 PC라 일컫는 이 아이패드 리더기는 2010년 6월 현제 미국에서 200만대나 판매되었으며, 연말까지 800만대 이상 팔릴 것이라 전망하고 있다. 그동안 미국의 전자책 시장을 독점하다시피한 아마존 <킨들>의 설 자리가 좁아지고 있다. 창립 100년을 넘긴 일본의 최대 출판사 고단샤(講談社)도 지난 5월 한 최신 소설을 아이패드앱으로 출시, 5일 만에 1만 부 이상이나 팔렸다고 한다.

그럼 우리나라의 전자책 시장은 어떠한가? 이미 10여년 전부터 '북토피아'를 비롯한 몇몇 전자책 발행·판매사들은 전자출판의 바람을 일으키면서 상당한 발매 실적을 울렸었다.

최근 한국전자출판협회 자료에 의하면 2006년 전자책 7만 7천 417종 발행으로 825억원의 판매를 기록하고 있다. 아울러 올해는 1천975억 원의 추정판매고를 달성하리라 한다. 이는 연평균 32.30%의 성장률로서 전자책 시장의 혁신적 가능성을 입증해 주고 있다.

오늘 전자시대에는 '전자책(e-book)'만을 이야기하면 안 되는 것이다. 이 전자책을 비롯한 전자사전, 모바일북, 오디오북 등의 영역을 모두 망라한 '전자출판(e-publication)'의 시장 규모를 거론해야만 한다. 이는 2006년의 경우 전자책의 4배가 넘는 3천 393억 원의 실적을 앞의 자료는 나타내면서 올 2010년은 6천 908억 원의 판매액을 추정하고 있다.

이러한 전자출판 시장 활성화를 위해 문화체육관광부는 2014년까지 600

억 원을 투입하여 '7천억 원 수준의 전자책 시장 규모의 확대 지원 방안을 지난 4월 26일 발표했다. 이 전자출판은 오늘의 뉴미디어 시대를 이끌 첨단산업임에도 불구하고 우수 콘테츠 부족이나 법적, 제도적으로 많은 문제점을 지니고 있다. 특히 콘테츠야말로 전자출판의 성공 여부를 좌우하는 핵심 알맹이인 것이다.

대한출판문화협회는 지난 2월 새로운 <출판권 설정 및 저작권 사용 계약서> 샘플을 홈페이지(www.kpa21.or.kr)에 올려놓고 그 활용을 회원 출판사들에 권유하고 있다. 이 저작권 사용계약서에 따르면 출판물의 대여·수출·전송이나 전자책·오디오북 발행, 저작물의 영화화·드라마화 등의 16개 항목의 2차적 저작물의 부차권(sub-sidiary rights) 수익 분배의 비율을 저작자와 미리 약정하도록 규정하고 있다. 업계 표준이나 다름없는 이 새 계약서의 몇몇 조문에 문제가 없는 것은 아니지만, 그동안 관례적으로 이용해 온 계약서 규정보다는 훨씬 향상된 혁신적인 案이라 보아진다. 그러나 보다 더 전자출판 진흥과 저작권 공정이용(fair use)을 위한 '전자출판 콘텐츠 공급 표준계약서' 의 제정, 활용이 기대된다.

모바일 혁명의 세계적 선두주자인 애플사의 CEO스티브 잡스(Steven P. Jobs)는 지난 연초부터 아이패드라는 태블릿 PC를 선보임으로써 전자책 열풍을 일으키고 있다. 이른바 아이폰 열풍으로 시작한 스티브 잡스가 세계를 향해 '전자출판'의 혁명을 예고하고 있는 것이다. 미국출판협회(AAP) 자료에 의하면 2010넌 1월부터 11월까지 14개 대형 출판사들의 e-book 판매액이 3억 8천670만 달러(약 4천330억 원)에 달 했으며, 12월 말까지의 예측치를 합하면 4억 5천만 달러에 이를 것이라 내다보고 있었다. 이 수치는 2009년의 전자책 판매 실적인 1억 6천850억 달러보다 2,3배 이상 늘어난 통계인 것이다.

이제 한국 출판계는 올해를 '전자출판' 원년으로 삼기 위한 혁신적인 프로젝트 마련으로 침체된 출판 산업 활성화의 길에 도전하는 참 모습을 보여주길 바란다. 앞으로 출판 산업의 진흥을 위한 시급한 명제를 출판업계는 자각하고 이전자출판 원년에 정부와 더불어 구축해야 할 콘텐츠 창작 및 공급 기반 확충, 전자출판 유통 시스템 선진화, 전자출판 기술혁신 및 표준화 등의 사업에 반드시 학계의 의사가 충분히 반영될 수 있는 '산학협의체'를 구성해 주길 촉구한다.

아울러 전자출판 촉매제인 우리나라 아이패드 제조사들도 우리 산학협동 등과 함께 산학협동의 연구를 통한 독서 이용자들에게 유용한 콘텐츠 개발에 힘써 주길 바라 마지않는다. 이 길만이 다가오는 2013년의 1조 원 시장 형성을 목표로 삼는 한국 '전자출판 혁명' 성취를 앞당길 것이라 믿어 의심치 않는다.

※출전/ 전영표(2010). '권두언', <출판잡지연구>, 제18호, 출판문화학회.

3. 한·미 FTA 비준과 저작권 보호기간

한 · 미 자유무역협정(FTA)은 2006년 2월 미국무역대표부(USTR)와 협상을 시작한 지 1년을 좀 넘긴 지난 2207년 4월 초 극적인 타결을 보았다.

한국은 미국과의 FTA에 대하여 그동안 많은 논란이 있었다. 특히 농민들의 말할 수 없는 시름과 반대의 목소리가 높았다. 때문에 쌀시장의 개방이 협상에서 제외된 것은 퍽 다행한 일이다. 그러나 앞으로 우리는 미국뿐만 아니라 세계를 향해 당당히 도전하여야만 할 글로 벌 시대를 맞이하고 있다.

농업 못지않게 문화산업 분야의 우리 시장은 퍽 열악한 편이다. 출판을 비롯하여 신문, 방송 등 지식산업의 콘텐츠는 거의 외국, 특히 미국 시장에 많이 의존해 오고 있는 셈이다. 따라서 한 · 미 FTA 협정이라 보아진다. 앞으로 이 한 · 미 FTA는 국회 비준을 받으면 문화산업의 핵심인 지적재산권 분야에도 2년의 유예 기간을 거쳐 시장 개방의 가속이 붙게 될 것이다.

특히 저작권보호 기간이 작가 사후 50년에서 70년으로 20년 더 연장되어 미국에 지급해야 할 로열티 부담이 더 커지게 되었으며, 온라인 저작권 분야는 저작권자의 권한을 강화하는 미국 측 요구를 대부분 수용, 이용자들의 편의가 크게 위축될 것이라 보아진다. 따라서 한국에서 발행되는 출판물의 연간 30%를 차지하는 번역 도서를 감안할 때, 협정 시행 이후 최대 200억 원 정도의 로열티 부담이 추산된다고 출판협회 측은 주장하고 있다.

앞으로 국회 비준 절차를 거친 후 2년의 유예 기간이 지나는 2010년 말이나 2011년부터 이 제도가 시해될 것이므로 지난 2006년 12월 말에 전면 개정되어 시행 중인 우리 한국의 '개정 저작권법'은 다시 또 고쳐야만 할 것이다.

정부의 계상에 의하면 저작권보호 기간을 20년 더 연장할 경우 문화산업 분야에서 향후 20년간 로열티 부담 등으로 약 2천100억 원의 국가적 손실이 생길이라 추산하고 있다. 그러나 저작권 보호 기간의 연장은 권리자인 저작자의 입장에서 볼 때 그리 무리한 것은 아닌 줄 안다. 어차피 지적재산권이 국제 경쟁력을 지니려면 외국의 선진 사회와 대등하나 보호 조치를 취해야 하는 상호주의 원칙의 국제사회 룰을 따라야만 하는 것이다.

한·미 FTA 협정 이후 우리나라는 다시 유럽, 즉 EU와의 FTA 협상을 현재 진행시키고 있다. 대부분의 유럽 나라들이 이미 저작권 보호 기간을 사후 50년 이상 70년 내지 0년으로 정하고 있어 저작권 보호 기간의 20년 연장은 잘 취해진 조치라 할 수 있다.

앞으로 우리도 외국의 추세대로 저작권의 보호 기간을 더 늘려야만 할 것이지만, 저작자 사후의 산정 기준보다 컴퓨터 저작물처럼 창작 기점의 보호 기간을 마련하는 것도 바람직한 일이다.

특히 한·미 FTA는 온라인 시장에서의 저작권을 한층 강화한 협정이라 평가되는 미국 측 요구를 모두 받아들인 것 등은 문제로 남아 있다. 그러나 지적재산권 분야에서 저작권자의 권리를 강화하는 것은 세계적 추세이므로 우리도 선진국 수준에 이르도록 대비해야 한다고 판단된다.

이미 한·미 FTA는 타결되었고 그 비준과 시행만이 남아 있다. 아직 미국의 국회가 그 비준을 미루듯이 우리 국회도 비준동의안을 상정조차 하지 않고 있다. 문제가 있다면 한·미 양국 간에 비준·승인 후 재협상 조정이 가능한 것이다. 국회는 2007년 말이 아니면 늦어도 신년 초의 17대 회기 안에 FTA는 비준동의안을 처리할 것을 촉구하고자 한다.

이는 글로벌 시대에 돌입했음을 일깨우는 21세기의 세계적 시장에서 살아가기 위한 수단이기이기 때문이다.

※출전/ 전영표(2007). '권두언', <출판잡지연구>, 제15호 출판문화학회.

4. 디지털저작권과 '클라우드 컴퓨팅'

구글이 전 세계의 책을 모두 디지털 데이터화하여 독자들에게 서비스하겠다고 한다. 지난 2010년 초두에 애플의 CEO 스티브 잡스는 자신이 개발한 태블릿 PC를 기자들에게 선보이면서 컴퓨터의 새로운 가능성을 선언했다. 아이폰에 이은 이 태블릿은 네티즌들에게 또 하나의 충경을 가한 것이다. 이미 애플의 운영체계(ios)를 이용하는 스마트폰 국내 사용자들이 지난 구랍 700만 명에 달할 것이라는 예상 통계의 뉴스를 접하게 되었다.

(1) 가상 공간 활용하는 '클라우드 컴퓨팅'

요즘 출판계는 새 전자 스마트 기기로 인한 충격이 이만저만이 아니라는 것이다. 종이 아닌 전자책의 시장이 형성된 것은 10년도 넘었지만 아직까지 별 성과를 거두지 못했던 우리 출판계가 이제 새 국면을 맞이하게 된 것이다. 바로 '클라우드 컴퓨팅(Cloud Computing)'이 활성화되면서 출판산업은 물론 IT산업 전반에 걸쳐 혁명적인 변화가 일어나고 있다.

클라우드 컴퓨팅이란 소프트웨어 어플리케이션, 데이터 저장 공간, 인공지능 등을 다양한 컴퓨터 디바이스를 통해 인터넷으로 이용하는 일이다. 구름(cloud)을 뜻하는 클라우드는 하나의 가상 공간이라 할 수 있다. 이는 인터넷에 의한 온라인 자원의 이용을 편리하게 하는 컴퓨팅 인프라의 지칭으로 그 동안 네트워크 다이어그램에서 인터넷은 '구름' 모양의 기호로 표시해 왔던 데서 비롯된 용어이다. 이러한 클라우드 컴퓨팅의 개발은 점차 인터넷 전체를 온라인 소프트웨어와 서비스, 플렛홈, 콘테츠 등을 이용할 수 있는 새로운 컴퓨터 환경을 조성해 나아 가고 있다.

이미 구글(Google)은 워드, 엑셀, 파워포인트 같은 각종 문서를 인터넷에 띄워 놓고 웹사이트에서 편집은 물론 공유도 할 수 있는 서비스를 제공하고 있다. 구글의 eBook 서비스는 거의 모든 휴대용 단말기, 즉 스마트폰을 비롯한 애플의 아이패드와 최근 출시된 삼성의 갤럭시탭 등 태블릿 PC의 전자책 전용 단말기로 이용할 수 있다.

(2) '클라우드 컴퓨팅'... 저작권 침해 쉬워

그 동안 구름 서적의 디지털화를 꾸준히 진행해 왔다. 벌써 2만여 콘텐츠 업체와 손잡고 700만 부의 책을 디지털화하여 일부 도서는 미리 보기가 가능하다는 것이다. 저작권 문제가 있는 책들은 미리 보기를 지원하지 않는다지만, 디지털화된 모든 도서의 검색은 가능하다. 온라인상에서 책 내용은 일부분만 보여줌으로써 구글은 저작권을 보호한다는 주장이지만 클라우드 컴퓨팅의 열려 있는 무한대의 환경 때문에 이에 동의하기는 어렵다. 2004년 이후 구글은 지상의 모든 책을 eBook으로 변환하겠다는 '디지털 도서관 프로젝트'를 진행하면서 2010년 12월 현재까지 100여 개국 3천500여 출판사와 400여 도서관 등과 제휴하여 1천500만 종 이상의 서적을 디지털화해 놓았다고 한 언론매체는 보도하고 있다.

구글의 eBook 스토어는 클라우드 컴퓨팅을 통한 세계 최대의 전자책 도서관을 목표로 삼고 있다. 여기에 한국도 예외일 수가 없다. 전자책은 태플릿PC의 핵심 톤테츠로 전자책이 온라인상에 유통되고 있다지만 필자의 스마트폰 eBook 어플에는 상당한 종수의 도서 콘텐츠가 즐비하게 떠오르고 있다.

앞으로 살 길은 '전자책'이라면서 우리 출판계가 클라우드 컴퓨팅에 기대려는 것은 다행한 일이다. 그러나 저작권 사용료에 대한 투명한 대책이 없었던 지나날의 전철을 되풀이하지 않을까 우려된다.

모쪼록 차세대 IT 혁명이라 일컫는 '클라우드 컴퓨팅'시대가 저작권을 흔드는 권리 침해의 온상이 되지 않기를 기대한다.

※ 출전/ 전영표(2011). '저작인이슈', <著作人>, vol.82, KOSA..

5. '도서대여권' 설정 위한 법 제정을…

문화의 시대라 일컫는 새 밀레니엄의 세기를 맞이하면서 종이의 출판·잡지 문화가 설 자리를 잃어가고 있다. 흔히 그 원인을 전자산업의 탓으로 돌리려고 한다. 그러나 이는 그릇된 판단이다. 오히려 IT 산업이 출판·잡지 산업을 진흥시키면 더 진흥 시켰지, 종이에 의한 읽기 문화를 위축시키고 있다는 것은 그릇된 오해인 것이다. 실로 21세기에 접어들면서 일반 독서층이 종이를 떠나 전자매체로 전향한 것은 사실이다. 요즘 젊은 세대들은 종이책보다 전자에 의한 읽기 매체에 더 친숙해지고 있는 것 같다. 이미 지난 2010년과 2011년의 전자 출판업 매출 규모가 1천억 원 이상의 추이를 보이고 있는 통계에서도 오늘의 전자책 실체를 짚어볼 수 있다(KPIPA, <출판산업 동향>, 한국출판문화산업진흥재단, p.4, 2014.01)..

벌써부터 시중의 도서와 잡지가 전자에 의한 e-book이나webzine으로 변태되어 가고 있다. 때문에 기존의 출판사와 잡지사들은 종이 책이 잘 팔리지 않아 울상이다. 하지만 변화하는 정보시대의 흐름은 막을 수가 없다. 종이보다 전자 매체가 젊은 세대들에게 더 어필하고 있는 것에 대해 걱정할 일은 아니다. 기성 세대에 의한 기존의 출판·잡지사로서는 여태까지 쌓아온 종이 문화가 무너져가고 있는 현실에 대한 안타까움과 자신들의 사업체가 설 자리를 잃게 되지나 않을까 싶어 한숨과 넋두리로 전자 매체로 말미암아 독서층이 줄어든다고 걱정하며, 마치 서점가에서 책이 잘 안 팔라는 것을 전자문화의 탓 이라면서 "요즘 젊은이들이 독서를 하지 않아 장래가 크게 우려 된다"는 개탄을 하기도 한다. 그렇지만 정보의 분향으로 말하면 종이보다 전자 매체가 훨씬 많은 질량을 갖추고 있다는 것을 알아야 한다.

이는 질적으로 많은 양의 정보를 종이 아닌 전자 매체를 통해 확인하는 젊은이들을 도심의 전철에서나 도서관 등에서 쉽게 만날 수 있다. 이제는 시집이나 소설, 수필 같은 가벼운 읽을 거리는 종이 아닌 전자 매체의 이용이 보편화되고 있는 현상을 도외시할 수가 없다. 오늘의 독서문화는 읽기에서 보고 느끼는 문화로 옮아가고 있는 것은 누구나 갖고 다니는 휴대폰이나 I-Pad등을 이용하는 독서층을 보면 바로 인식할 수 있다.

독서하지 않는다고 걱정할 필요가 없다. 책이나 잡지가 종이 아니 전자매체로 더 많은 지식을 습득하려는 새 세대들을 나무라기보다는 그들에게 용이한 정보 접근의 새 환심을 마련함으로써 문, 과학, 철학과 같은 인문학적인 지식을 보다 빠르게 습하도록 하는 문제가 오늘의 과제인 것이다. 이제 종이책의 수요가 줄어든다고 걱정할 이유는 없다. 자자 매체의 활성화와 지식정보의 원활한 소통과 접근의 길을 열어 주어야만 할 때 된 것이다.

앞으로 출판·잡지 산업계서도 마찬가지로, 과거 종이 위주의 법제도를 떨쳐버리고 새 전자 환경에 걸맞은 법체계를 구축해 나아가야만 할 것이다. 예컨대, 그동안 시중의 전자책은 값을 치르고 구매해도 내 컴퓨터에 책이 다운되지 않고 언제나 서점 인터넷 서버의 Book Store로 연결해야만 읽을 수 있는 전산망 체계는 곧 개선되어야 마땅하다. 아울러 저자나 출판사가 공들여 구축, 개발한 전자책이나 웹진을 누가 얼마만큼 다운하고 대여해서 읽는지도 알 수 없는 시스템의 개선이 꼭 필요하다고 보아진다. 이제까지 도서관이나 온라인으로 익는 책이나 잡지에 대한 대여 빈도만큼 이용자들은 저작권 사용료를 지불하는 짓이 합당한 조치라 보아진다.

여기에서 우리의 현행 저작권법이 음반의 ‘대여권’을 규정, 시행하고 있듯이 출판·잡지 발행시는 자체 발행 간행물에 대한 상당한 저작물 이용에 따른 그 대가를 보상받아야만 한다는 판단이다. 이러한 규정의 제도는 저작권법에 ‘도서 대여권’ 규정의 신설, 개정으로 실현이 가능하다고 보아, 여기에서 입법 당국에 관련 규정의 제정이나 개정을 촉구하고자 한다. 저작권법이 아니더라도 1999년 7월 본 (사)출판문화학회가 문화부의 의뢰로 연구, 제안하여 국회가 발의하여 시행되고 있는 현행 ‘출판문화산업진흥법’의 개정만으로 ‘도서대여권’ 의 법석 시행은 가능한 것이다.

10년 전에 일본은 2004년 6월 출판물의 ‘대여권’ 법률 규정을 위해 그들의 저작권법을 대폭 개정, 시행하면서 저작자들과 출판인들에게 상당한 저작물 이용료를 분배하고 있다는 사실을 일러두고 싶다.

※출전/ 전영표(2013). <출판잡지연구>, 제21호 출판문화학회, 2013.

6. 강남 싸이의 말춤과 공연저작권

최근, 강남스타일 '싸이'의 말춤이 전 세계적으로 돌풍을 일으키고 있다. 지난 2013년 추석 무렵 초가을밤 서울시청 앞 광장을 꽉 매운 8만 젊은이들이 '싸이'의 강남 스타일 말춤을 흉내 내면서 대한민국 서울의 밤거리에 메아리지면서 일으킨 춤바람은 방송은 물론 인터넷의 전파를 타고 온 지구의 구석구석에 퍼져나가서 순식간에 말춤의 주인공인 가수 박재상(35세)을 마이클 잭슨 이상의 유명인으로 만들어 놓았다. 여기에는 춤뿐만이 아니라 독특한 가사와 멜로디가 우주 공간을 점령하고 있는 것이다. 이러한 춤바람이 던지는 메시지는 어느 웅변가가 외치는 말보다도 강렬한 것이었다. 선진국이라 일컫는 미국은 물론 유럽 여러 나라의 청년들도 한국의 이 말춤 강남 스타일을 흉내 내는 영상을 요즘 TV 전파매체에서 자주 만나면서 이 말춤 스타일 흉내의 '공연 저작권'을 생각하게 된다.

여기서 흉내내기라는 '패러디(parody)' 문화를 생각하지 않을 수 없다. 일반 어문저작물에서의 '표절'이라 할 수 있는 이 패러디는 저작권 침해라 할 수 있지만, 춤,노래와 같은 대중문화에서의 패러디는 제2의 창작이나 다름없는 또 하나의 가치를 지니게 되므로 권리 침해가 아닌 새로운 값어치를 가지게 된다고 보아진다. 최근 전 지구를 달구고 있는 싸이의 강남 스타일 말춤은 지난 11월 7일에는 영국 옥스퍼드대학 강단에서 우리 싸이가 영국 지성의 젊은이들에게 '도전과 결단'의 주제 아래 강남 스타일 말춤을 1시간 이상 가르쳤던 것이다.

법적으로 따지고 보면 싸이의 말춤은 '공연저작물'로서 여기에는 춤의 저작권이 따르게 된다. 싸이는 말춤을 창작, 공연한 실연자이기 때문이다.

저작권의 국제 협약이 정의하고 있는 "실연자란 배우,가수,연기자,무용가, 기타 문학적·예술적 저작물을 연기, 가창, 낭독, 웅변, 표현하거나 실현하는 사람을 말한다."고 규정하고 있다('실연자, 음반제작자 및 방송사업자의 보호를 위한 국제협약' 제3조, Rome Convention, 1961).

이 공연 저작권은 국내법의 규정으로 봐도 싸이는 실연자인 것이다('저작권법' 제2조). 싸이는 연기에 가까운 말춤과 더불어 우리말 가사의 노래가 전 세계를 누비고 있으며, 영어와 한국어가 반씩 섞인 강남 스타일 말춤은 흥겨운 가사와 멜로디가 지난 9월 세계 최대 동영상 사이트 You-Tube의 최다 추천('좋아요')을 받은 뮤직비디오로 기네스북의 공식 기록에 오르게 되었다고 외신이 전하고 있다(조선일보, 2012.11. 26.).

이와 같이 외국 젊은들이들은 가사도 모르고 강남이 어디인지도 모르면서 그저 흥겨운 한국의 강남 스타일에 열광하고 있는 것이다. 리듬과 멜로디가 화려하지도 않은 코믹 스타일의 평범한 말춤에 전 세계가 도취되고 있다 해도 과언이 아니다. 그저 싸이의 당당하고 감각적인 춤과 음악, 유머의 삼위일체적 스타일이 서울의 강남을 빛내고 있는 것이다. 이제 이 강남 스타일은 전 세계가 신바람을 느끼는 유행 문화로 발돋움하고 있다고 보아진다.

앞으로 이 강남 말춤의 주인공 싸이는 일명 형상권이라고도 일컫는 자신의 퍼블리시티권(right of publicity/形象權)의 이용료를 잘 관리한다면 이미 고인이 된 미국의 유명 가수 마이클 잭슨 이상의 인기와 매출로 세계적인 연예 거인의 주가를 올릴 것이라 확신하다.<*www.cleancontents.org>

7. 디지털 시대의 전자출판물의 저작권
- e-Book 이용과 2차적 부차권 문제

21세기 정보시대를 맞이하면서 출판 산업이 휘청거리고 있다. 종이문화의 대명사인 출판이 전자문화에 밀리고 있다는 것이다. 종이가 전자라는 새로운 문화에 잘 적응하지 못하고 전통적인 속성을 고집하는 까닭도 하나의 원인이라 보아진다. 이제 출판은 종이 매체의 영역을 벗어나 전자라는 새로운 매체의 세계를 파고들어야 할 때이다.

출판계가 전자로의 길을 찾아 나서려는 시도를 꾸준히 모색해 오고 있다는 것은 잘 알고 있다. 그러나 오늘 우리 출판계의 노력은 전자 기술의 발달을 따르지 못하는 너무나 소극적인 자세를 보이고 있는 듯싶다. 그 동안 전자출판은 CD-ROM을 비롯하여 e-book에 이르기까지 기술적인 변신을 거듭하면서 전자책의 영역을 개척해 나아가고 있다.

(1) 디지털 시대의 저작권 문제

전자책에 관한 문제는 세계적으로 크게 붐을 이루고 있다. 소위 e-Book의 바람이 종이의 종말을 예고하는 것 같다. 지난해 미국의 최대 e-Commerce 인터넷 대표 서점인 아마존은 2007년에 출시한 전자책 단말기 '킨들' 시리즈를 80만대 이상 팔았다는 것이다. 이같이 아마존은 책 1,500권 정도를 저장할 수 있는 읽기 전용의 모니터 '킨들'을 통해 35만권의 디지털 책 콘텐츠를 서비스하고 있으며, 미국의 대형 서점인 '반스 앤드 노블'도 최근 리더기 '누크/Nuke'를 선보이면서 전자책 보급에 적극 나서고 있다.

e-book 판매는 늘어나고 오프라인 판매가 점점 감소한다는 것이 미국의 실정이다. 올해 1분기의 종이책 시장 규모가 7% 정도 감소했지만 미국 전

자책 콘텐츠 시장 규모는 약 2배 이상(2,580만 달러) 성장했다고 미국출판협회는 밝히고 있다.

그럼 우리 한국의 경우는 어떠한가. 얼마 전 한 일간지에서 e-리더기의 광고 지면을 만날 수 있었다. 삼성전자와 '아이리더' 등 전자 제조업체들이 단말기를 내놓고 있으며, '디지털교보문고'는 2010년 1조 600억 원의 판매를 예상 목표로 전자책 시장에 도전하려 하고 있다. 이처럼 디지털 시대의 전자책 시장의 밝은 전망 때문에 LG텔레콤, KT 등의 통신사들도 이동통신망을 통해 언제 어디서든지 다운로드할 수 있도록 서비스하겠다는 것이다. 미국 아마존 온라인 서점의 서비스에 비해 국내 전자업체의 콘텐츠가 5만여 권에 불과하다는 것이 큰 문제점이다.

이제 출판이 종이에만 의존하는 전통적인 고정 관념은 지워버릴 때가 되었다. 우리나라의 전자출판물 시장도 2009년 현재 5,786억 원의 규모(추정)로 확장되었다. 그 중 전자책은 2008년의 경우 14만 2,705종이나 제작되었으며, 그 밖에 학술 논문 13만 1,676편, 교육용 CD/DVD 2,042종, 오디오북 2,552종, 전자잡지 721종, 전자사전 207종 등 많은 전자 관련 저작물이 유통되고 있다. 이들 전자저작물의 2005년 이후 2008년까지의 누적 통계는 전자책 35만 5,424종, 학술 논문 171만 8,137편 등으로 1조원 이상의 시장성을 나타내고 있다(《2009 한국출판연감》,대한출판문화협회,2010). 이러한 통계에서 전자출판의 산업적 가능성과 내일의 향방을 짚어볼 수 있다.

(2) 전자책 판매대행사 '북토피아' 사건

지난 2008년 12월의 일이다. 우리나라 전자책 시장의 70%(추정)를 차지한다는 북토피아(Booktopia)사 사건을 말하고자 한다. 전자책 판매 대금 58억 원의 미불금 부채로 거래 출판사로부터 불신에 따른 계약 해지의 사태를 빚으면서, 채무 이행의 법정 송사에까지 이르고 있다. 정보 매체라는 최첨단의 거래 시스템이 출판계의 희망적인 염원을 송두리째 앗아버린 이 사건은 결코 그냥 지나쳐버릴 일이 아니다. 이 미불 부채 사건은 발생 1년이 되어가는 시점에도 아직 해결의 빛이 보이지 않고 있어 안타깝다.

전자책이란 종이 출판물의 2차적 콘텐츠의 활용일 뿐이다. 책은 저작자에 의해 만들어지는 것으로서 저작물은 그 내용을 표현함으로써 하나의 상품으로 거래가 이뤄지게 된다. 문제를 야기하고 있는 '북토피아'사는 출판사의 종이책 편집 전자 파일이나 출판된 책을 그대로 받아 자사의 디지털 형식에 맞춘 콘텐츠 목록에 올려 독자들에게 판매하는 e-Commerce 시스템의 전자 서점이다. 이 미불 부채 사건은 독서 시장의 판매 대금을 제때 지불하지 않은 북토피아 측의 일방적인 부실한 매출 보고를 그대로 믿고 거래해 온 데서 비롯된 예측된 사건이기도 하다.

(3) e-book은 부차적인 2차 저작물

독자들이나 도서관에서 읽을 수 있는 전자책이란 북토피아와 같은 e-book 공급업자들로부터 책값을 지불하고 온라인으로 받아서 컴퓨터 모니터로 읽을 수 읽도록 된 시스템이다. 출판사는 종이책보다 훨씬 저렴한, 통상 종이책 정가의 40% 정도로 소비자 거래를 합의하고 그 판매 대금을 5 대 5 수준으로 지불받고 있다. 따라서 그 지불금의 2분의 1(세계적 추세)은 저작물의 부차권(subsidiary right)인 저작권 사용료로서 저작자들의 몫이다.

통상 저작자들은 출판사와 발행 계약을 체결할 때 종이책에 대한 로열티(정가의 10% 정도)를 명시한 계약서에 사인을 하고 책을 발행하고 있다.

대한출판문화협회가 예시하는 표준출판계약서에 의하면 분명히 부차권인 '2차적 사용' 조항을 설정하여 '전송'을 명시해 놓고 있다. 이 전송은 전자책의 저작권에 대한 권리의 규정이라 보아진다. 이러한 명문 계약 규정이 있는 데도 아직 그 시행에 대하여 저작자들은 잘 알지 못할 뿐더러 전자출판물, 특히 전자책의 이용료를 지불받았다는 이야기를 듣지 못했다. 아마 이는 우리 출판계가 전자출판에 대한 근본적인 수용 자세가 되어 있지 않다는 증좌라 판단된다. 우리 출판계는 전자기기가 출판계를 옥죄고 있다고만 탓할 것이 아니라 전자문화에 적응할 자세, 즉 전자 기술의 활용으로 스스로의 산업적 발전을 도모할 방안을 좀더 적극적으로 강구해야만 한다고 본다.

책을 만들자면 저작물이 선행되어야 한다. 그러나 아직도 일부 출판인들은 기초적인 저작 콘텐츠 구입과 정당한 사용에 대한 법적인 인식이 부족한 것 같다.

앞의 북토피아 미불 사건의 부채는 따지고 보면 거의 절반(29억여 원)이 저작자들의 몫임을 밝히면서, 그 채무 이행 촉구를 위한 저작인들 모두의 지혜를 모아야만 할 것이다. 앞으로는 '출판권설정계약서'에 명시된 '2차적 저작물'의 부차권인 전자출판물의 이익금 분배 규정을 철저히 준수해 줄 것을 출판인들에게 당부하고 싶다. 더불어 디지털 시대의 e-book을 비롯한 전자출판 산업에 대한 출판계의 혁신적인 의식 전환을 기대해 마지않는다.

*자료/ <www.kpa21.or.kr>

8. 불평등한 창작 저작권의 보호 기간

> '죽는 날까지 하늘 우러러/
> 한 점 부끄럼이 없기를/
> 잎새에 이는 바람에도/
> 나는 괴로워했다. ...'
> –윤동주의 <서시> 중에서

인간의 탄생에는 순서가 있지만 사망에는 순서가 없다..'는 유머가 있다.. 지적 재산은 일반의 실물 재산과는 달리 한시적으로 그 권리를 인정하고 있다. 창작 저작권 보호는 저작인 사후(死後)부터 기산하여 30년, 50년, 70년 등 국가마다 달리 법으로 정해 놓고 있다.

2008년은 근대시 100년의 해이다. 신체시/新體詩라 일컫는 '해에게서 소년에게'가 《소년》지 창간호에 실린 것은 1908년 11월의 일이다. 이 시는 19세의 소년 육당 최남선의 작품이다.

'서시'의 시인 윤동주는 1945년 2월 사상범으로 체포되어 일본의 남쪽 후쿠오카/福岡 교도소에서 옥사했다. '서시' 창작 이후 3년 3개월 만인 27세의 젊은 나이의 죽음이었다.

'죽는 날까지 하늘을 우러러...'로 시작하는 이 시의 경우 현행 법대로라면 53년의 보호를 받을 수가 있었다. 그러나 창작 저작물 '사후 30년 보호'라는 지난날의 한국의 법제도에 따라 그와 상속인은 33년밖에 창작 재산권을 가질 수 없었다.

육당은 1957년 10월 타계했다. 그의 신체시는 '생존+사후 50년'(life-plus-50 rule)의 베른협약을 따른 저작권법에 따라 생존 49년간은 물론, 돌아간 다음 50년 동안 법적 보호 아래 지적 재산권을 후손이 행사해 왔다. 따라서 육당은 99년의 보호를 받은 데 비해 윤동주는 그보다 46

년이나 짧은 연륜의 권리를 인정받을 수밖에 없었다. 여기서 오늘날 저작권법의 불평등성을 말할 수 있다. 결과적으로 일찍 돌아감으로써 법적인 불균형한 보호 제도의 모순을 발견하게 된다.

법은 만인에게 평등하게 권리를 인정해야 할진대, 유독 저작권만은 그렇지 않은 것 같다. 이는 사후를 기점으로 권리 보호를 함으로써 개인에 따른 불평등을 빚고 만 셈이다. 저작자 생존 기간의 보호는 당연한 것이지만, 저작인 사후의 한시적인 보호와 권리 소멸에 대하여는 법의 공평성 문제가 야기될 수 있다. 인간의 생존이란 개인마다 다르기 때문인 것이다.

지난날 광우병 쇠고기 문제로 17대 국회가 비준하지 못한 '한· 미 FTA 협정'은 저작권 보호를 '사후 70년'으로 연장 규정하고 있다. 이는 미국이 자신들의 지적 재산 보호 규정과 똑같도록 한 조치라 보아진다. 뿐만 아니라 현재 협상 중인 '한· EU FTA 협정'도 마찬가지로 유럽의 수준에 맞도록 보호 기준을 요구하고 있다는 것이다. 여기에 더하여 프랑스, 이탈리아, 독일 등에서 시행하고 있는 미술 저작물의 추급권/追求權(droit de suite)도 협정 내용에 포함시키려 하고 있다. 글로벌 시대를 살아가기 위해서 어쩔 수 없이 그들과 호흡을 맞추려면 우리의 저작권법은 다시 개정할 수밖에 없을 것이다.

사후 보호 제도는 세계적인 추세이기는 하나, 법의 평등성 원칙에 어긋나는 규정이므로 언젠가는 바꿔야만 할 것이다. 글로벌 시대의 저작권 제도는 국제적 협약을 따라야 하겠지만, 꼭 그러한 것은 아니라 보아진다. 앞으로의 저작권법은 사후 저작권 보호 기준에 얽매이지 말고 문예물만이라도 '창작 이후부터 100년' 정도의 보호 기준을 마련하여 법의 불평등적인 모순에서 벗어나야만 하지 않을까 싶다.

이미 오래 전에 미국의 저작권학자 도널드 존스턴(Donald F. Johnston)은 연구 가설을 통해 저작권 사후 보호의 불평등 문제를 지적한 바도 있다.

근대시 100년을 넘기면서,

육당의 <해에게서 소년에게>의 신체시가 《소년》지 창간호에 실린 것은 1908년 11월의 일이다. 당시 19세의 소년 최남선의 이 작품을 우리들은 한국 근대시의 효시라 말하고 있다.

1957년 10월 10일 육당이 타계했다. 이 근대시는 현행 저작권법의 '생존+사후 50년(life-plus-50 rule)'의 규정에 따라 창작 후 49년간은 물론,

돌아가신 다음 50년 동안 법적 보호 아래 저작권을 후손들이 보유했던 것이다. 따라서 육당 사후 50년이 지난 2008년부터 이 신체시를 비롯한 육당의 모든 작품은 법률적인 보호의 테두리를 벗어나게 되어졌다.

사상범으로 체포되어 일본의 후쿠오카 교도소에서 1945년 2월 16일에 옥사한 윤동주는 27세의 젊은 나이에, 그 유명한 <서시>를 쓰고 나서 3년 좀 넘은 죽음이었다. 민족 수난사가 빚은 억울한 희생이라 할 수 있다.

현행 법대로라면 이 <서시>의 경우는 53년의 저작권 보호를 받을 수가 있었다. 그러나 실제 윤동주는 33년밖에 지적 재산 보호를 받지 못했다. 당시의 저작권법은 '사후 30년 보호'를 규정하고 있었던 까닭에서였다.

육당과 윤동주는 똑같은 시인이지만 99년의 저작권 보호에 비해 46년이나 짧은 연륜의 권리를 인정하지 않은 불평등이 이뤄지고 말았다.

여기서 오늘날 '저작권법'의 부당성을 말하지 않을 수 없다. 결과적으로 일찍 돌아감으로써 법적 보호가 미진한 현행 제도의 모순을 발견하게 된다.

흔히 법은 만인들에게 평등하다고 말해지고 있는데...유독 저작권만은 그렇지 않은 것 같다. 이는 사후를 기점으로 권리 보호를 하고 있는 제도적 잘못임을 지적하지 않을 수 없다. 저작자 생존 기간의 보호는 당연한 것이지만, 모든 저작권에 대한 사후 보호 기간의 적용에 대하여는 법의 불공평성을 지적하지 않을 수가 없다. 사후부터 일정 기간을 정하여 보호하는 것은 개인마다 권리의 소유 기간이 다르기 때문에 문제인 것이다.

서구에서 발전한 지적 재산은 과거 우리들에게는 없었던 제도였다. 저작권이 한국에서 법적 지위를 가지게 것은 1957년의 일이다. 우리는 그동안 지적 재산에 대한 소유 개념이 희박했던 까닭에 1986년 저작권법이 새로 전면 개정되기 전에는 일반인들에게는 저작권에 대한 인식이 별로 존재하지 않았던 것이다. 그러나 날로 지적 재산의 가치가 높아지면서 특히 문자에 의한 인쇄 매체를 주대상으로 삼았던 지난날의 저작권 제도는 획기적 변신을 요구받고 있다. 오늘의 디지털 시대는 기존의 저작권 마인드를 가지고는 저작물의 이용과 관리에 대응할 수가 없도록 발전해 가고 있는 것이다.. 때문에 2007년 7월부터 시행되고 있는 새 개정법(2006. 12. 개정)은 복합적인 새로운 미디어인 컴퓨터를 비롯한 통신, 방송, 영화, 음악, 출판, 케이블 등 각 분야와 관련된 저작권의 법적 상황까지 골고루 수용해 놓고 있다.

저작권의 사후 보호 원칙은 세계적인 추세이기는 하나, 법의 평등성 원칙이 무너지고 있는 현행법은 언젠가는 바뀌어야만 할 것이다.

지난날의 광우병 쇠고기 문제로 17대 국회가 비준하지 못한 '한· 미 FTA협정'은 저작권 보호를 '사후 70년'으로 연장 규정하고 있다. 이는 미국이 자신들의 지적 재산의 보호 규정에 따르도록 한 조치였던 것이다. 뿐만 아니라 현재 협상 중인 '한· EU FTA 협정'도 마찬가지로 유럽의 보호 수준에 맞게끔 요구하고 있다는 것이다. 여기에 더하여 프랑스, 이탈리아, 독일 등에서 시행하고 있는 미술 저작물의 추급권/追及權(droit de suite)도 협정 내용에 포함시키려 한다는 것이다.

글로벌 시대를 살아가려면 어쩔 수 없이 그들과 호흡을 맞춰나가야만 할 것이다. 따라서 우리의 저작권법은 다시 개정할 수밖에 없을 것이다.

저작권법은 꼭 외국의 관례를 따를 이유가 없다. 사후의 저작권 보호 규정에 얽매이지 말고 창작 이후로 보호 기점을 정하게 되면 법의 불평등성의 모순을 극복할 수가 있다고 보아진다. 그렇다면 그 기간을 몇 년으로 정하여야 하는 것일까. 창작 이후 100년으로 하면 어떨까 싶다.

이미 미국의 저작권학자인 도널드 존스턴(Donald F. Johnston)은 연구가설을 통해 저작권 보호법의 부당성을 지적한 바 있다. 예컨대, 미국의 시인 에드거 알란 포는 자신의 대표시 '갈가마귀(The Raven)' 창작 이후 4년 만인 1845년에 사망했고, 베르디(Verdi)는 가곡 '라 트라비아타(La Traviata)'를 편곡한 1853년 이후 48년 만에 돌아갔다. 따라서 두 저작자의 권리 보호를 사후 50년으로 가정할 때 각각 54년과 98년이라는 44년의 차이를 빚게 된다는 것이다. 이같이 저작자에 따라 다른 보호 기간의 불공평성을 존스턴은 지적하고 있다. 앞으로 창작 후 100년간 보호라는 법 규정이 마련된다면 <서시>의 경우, 2042년까지 저작권 보호를 받게 되리라 가정할 수 있다. 이렇듯 창작 위주의 보호 제도가 마련된다면, 일찍 돌아가신 시인의 넋을 다소나마 위로해드릴 수도 있지 않을까 싶다..(Donald F. Jonston (1982). Copyright Handbook, 2nd ed., New York: R.R. Bowker Co.,p.31.)

9. 복제기기 부과금제(Levy System) 도입 위한 법제화

프랑스의 대문호 빅토르 위고(Victor Hugo, 1802~1885)가 타계한 다음 해인 1886년에 베른협약(Convention de Bern pour la Protection des Oeuvres Littéraires et Artistiquies)이 성립되었다. 당시 파리에서 맺어진 이 국제협약은 유럽 나라들을 중심으로 문학 예술 작품에 대한 저작권 보호를 위한 국제 협정이었다. 이는 생전의 위고가 외친 저작권 보호의 필요성을 주장한 결실이었다. 이 때부터 유럽의 각 국가 간의 저작권 보호 질서가 잡혀지기 시작했다.

대부분의 유럽 각국이 이 협약에 가입하면서 이 규정에 근거한 자국의 저작권법을 마련하면서 저작권이 하나의 권리로 보호의 대상이 되면서 협약 상대국의 저작물도 자국민과 또같이 보호하게 되었다. 이 베른협약에는 소급 보호, 내국민대우, 무방식주의등 몇 가지 원칙을 지키도록 규정하고 있다. 1952년 미국은 이 베른협약은 도외시하고 미국 나름의 별도 국제저작권협약(UCC: Universal Copyright Convention)을 결성하여 협약 가입 체약국들에게 미국저작물 중심의 저작권 보호를 주장해 왔다. 우리는 196 년 12월 새 법이나 다름없는 전면 개정의 새 저작권법을 제정하고 그 이듬해인 1987년 10월에 이 UOC협약에 가입하면서 미국을 비롯한 이 협약 체약국들의 저작권 보호를 위한 국내 저작권법을 개정하였다. 우리는 그로부터 10년 후 1996년 8월에 유럽 중심의 베른협약에 가입함으로써 전면 새로운 국제저작권 환경에 적응해야 하는 법 개정이 불가피했었다. 앞의 UOC는 가입 시점에서 권리 보호를 소급하지 않는 '불소급 원칙'을 규정하고 있어 이미 저작권이 소멸된 저작물 보호에 다소 유연하게 대치할 수 있었다. 이 협정은 저작인 생존 및 사후의 보호를 국내법에 규정하도록 되어 있어 이미 권리가 소멸된 출판물은 계속하여 이용해도 무방했었다. 저작권법은 저작권 보호를 통한 문화의 향상 발전 도모를 목적으로 하는 문화법으로서 저작자의 권리를 무한대로 과도하게 보호하지 않는, 즉 입 '자유 이용'(Free Use)이 가능한 법리로서 '공정 이용'(Free Use)에 대한 규정으로 '저작재산권 제한'의 규정을 설정해 두고 있다(저작권법 제23조 ~ 제36조). 베른협약도 공유화(公有化 : in the Pubic Domain)된 저작물의 자유 이용 허락이나 인용의 '저작물 이용에 관한 제한된 자유'(협약 제10조)의 규정을 두고 있다. 우리 저작권법도 이러한 저작권 관련 국제협약을 따른 것으로서 우리 법은 '공포된 저작물의 인용'(법 25조) '사적 이용을 위한 복제'(법 27조) 등의 규정을 한데 묶어 저작권법 제6절에 '저작재산산권의 제한'을 종전의 개정 저작권법에 명시해 두고 있었다. 그 후 저작권법이 여러 차례 개정을 거듭하면서 IT 산업의 눈부신 발전으로 '온라인 서비스 제공자(OSP) 및 '데이터 베이스' 구축 등 저작권 침해의 소지가 많은 인터넷과 같은 전자 시스템 매체의 책임과 권리의 한계를 규정한 2006년 12월의 전면 개정 저작권법을 내놓고 2007년 6월부터 시행해 오고 있다. 이 2007년 시행을 위한 전면 개정 저작권법은 특히 '온라인 서비스 제공자(OSP)의 책임 제한'(개정법 102조)이나' 데이터 베이스 제작자의 권리 제한 (개정법 94조) 등 컴퓨터, 인터넷 등의 관련 규정 등 새로운 조항들을 신설하고 있다. 그러나 이 전면 개정의 2006년 제정 새 개정 저작권법에서도 '공포된 저작물의 인용' (개정법 제2관 제28조)과 '사적 이용을 위한 복제' 등을 그대로 두고 과거와 같이 일부 저자권의 '자유 이용'을 인정하고 있다.

(1) 복제기기 부과금 제도 도입 위한 저작권법 개정 발의

지난 2011년 7월 7일 우리 국회는 이상혁 국회의원을 대표로한 임동규 · 이한성 · 신영수 · 신영수 · 김옥이 · 황진하 · 이진복 · 김을동 · 정옥임 · 정갑윤 의원 등 10분 의원의 공동으로 현행 저작물 '자유 이용'에 대한 저작권법 규정 개정을 통한 '복제기기 부과금 제도'의 도입을 전제로 한 저작권법 개정안을 발의했다. 이 발의 개정안은 현행 저작권법 제23조 내지 36조의 '저작재산권의 제한 규정으로 명문화되어 있는 저작물'자유 이용 '규정을 대혹 개정하면서 그 대안으로' 복제기기 부과금 제도(Levy System) 도입 시행을 위한 개정법안이다. 그동안 저작권법은 저작자의 허락 없이도 저작물을 이용할 수 있는 복제의 길을 터놓은 것이나 다름없는 '사적 이용을 위한 복제' (법 제30조)[1] 등의 규정을 개정하도록 하는 이 저작권법 개정 발의안은 '사적 이용' 이라는 핑계로 법적인 허용 규정을 악용, 복제가 무한 대로 저작자도 모르게 이뤄졌던 관행을 사전에 복사기기 매체 제조업자들에게 무단 복제를 예상한 일정 금액의 저작권료를 부과시키는 규정의 시행 제도라 할 수 있다. 기존 저작권법에서는 저작자 허락 없이도 사적인 복사·녹화가 사설 기기를 통한 무한대의 복제가 가능할 수 있기 때문에 미리 복제기기에 예상되는 저작물 복사에 대한 사용료를 징수하여 저작자인들에게 분배하도록 하는 제도를 규정한 개정법의 발의인 것이다. 이번에 국회가 발의한 전작권법 개정안[2]의 내용은 제30조의 '사적 이용을 위한 허용' 규정을 완화, 대폭 개정하면서 사적 이용을 위한 복제에 이용될 수 있는 녹음기 · 녹화기 또는 복사기 등과 같은 복제기기의 제작자 또는 수입업자 등은 문화체육관광부령으로 정하여 고시하는 기준에 따라 개인의 사적 이용을 위한 복제에 따른 일정률의 부과금을 받아 저작재산권자, 출판권자, 저작인접권자 또는 데이터베이스 제작자 등에게 기기 판매, 유통과 동시에 수납케 하여 저작인들에게 분배, 지급하도록 한다는 것이다. 이 발의 개정법안은 제30조 제2항~제6항에 걸쳐 신설, 대폭 개정하려 하고 있다. 이 법 제30조의 '사적 이용을 위한 복제' 규정은 1987년 새 저작권법에도 명시되어 있었다(구개정법 제27조).

새 개정 저작권법이 시행될 무렵인 1989년 문화공보부 주관 저작권 국제 세미나에서도 필자는 발제를 통해 서구에서와 같은 저작물 복제기기 부과금 제도(Levy System)의 도입을 주장한 바 있다[3].

---

1) 저작권법 제30조(사적 이용을 위한 복제) 공포된 저작물을 영리를 목적으로 하지 아니하고 개인적으로 이용하거나 가정 및 이에 준하는 한정된 범위 안에서 이용하는 경우에는 그 이용자는 이를 복제할 수 있다. 다만, 공중의 사용에 제공하기 위하여 설치된 복사기기에 의한 복제는 그러하지 아니하다.

3) Y. .P., Jeon(1989). 'The Copyright Development of Copying Machines and Protection of Publications, "The Copyright Protection in the Face of New Technique of Reproduction, "8th Sept., 1989, Press Center in Seoul, Ministry of Culture and Information, R.O.K.)

(2) 이용자와 저작인 모두 편익 도모할 복제기기 부과금제

국회 이종혁 의원이 대표 발의한 부과금 제도의 도입을 위한법 개정은 시의 적절한 발의로 벌써 오래 전에 영국, 독일 등의 유럽에서는 이미 시행되고 있는 제도이다. 요즘처럼 종이의 복사를 비롯한 녹음, 녹화 등 복제기기의 급속한 개발, 보급으로 누구나 쉽게 저작물을 복사할 수 있기 때문에 사전에 저작권 침해와 사용에 대한 보상 문제를 해결하지는 제도이다. 이 기기 부과금 규정은 법안은 제30조의 '사적 이용을 위한 북제'는 사적 이용을 위한 복제를 규정인 저작물 '자유 이용'의 법적 조치를 완화, 조명하면서 그 대안으로 복제기기 제작사에게 미리 저작권 이용료를 예상, 적정한 액수를 부과하여 저작인들에게 돌려주려는 것이다. 지난날의 법규정은 오늘과 같은 복제 기술이 발달하기 전에 마련된 것으로 과거와 같이 복제기기가 널 보급되지 않았던 시기는 별문제가 없었지만, 이제는 복제기기가 널리 보급되지 않았던 시기는 별문제가 없었지만, 이제는 복제기기의 발달로 누구나 쉽게 저작물을 복사할 수 있게 되었으므로 복사기기 제작사로 하여금 기기 이용 소비 수요자 부담 원칙으로 기기 제조, 판매시 미리 복제기기 유통으로 발생할 수 있는 저작물 복사나 녹음 등을 예상하여 제조 복사기기 자체가 복제기기 수요지들로 하여금 미리 판매 대금에 저작물 이용료에 상당한 적정 금액을 부과시켜 저작자들에게 돌려주려는 합리적인 제도인 것이다.

이 부과금 제도의 시행은 두 가지 면의 장점이 있다. 첫째는 소비자들이 저작권 사용료 <납부필>의 복제기기를 이용함으로써 고의가 아닌 선의의 범법자를 만들지 않게 할뿐더러 다음으로 저작인들에게는 권리 참해를 미연에 막아 저작물 이용에 대한 적합한 보상금을 받을 수 있는 양면의 이점을 갖춘 제도인 것이다. 앞으로 개정법안은 그 시행령 등을 통해 합당한 사용료 징수를 위한 후속 시행 규정을 곧바로 마련하여야만 할 것이다. 외국의 예로서 복사기의 경우, 독일은 1분당 70부를 초과하는 성능을 가진 수입 복사기의 기기부과금은 1대당 306.78 유로(476.870원/2011.8)를 부과하도록 규정해 놓고 있다(독일 '자작권 및 인접 보호권에 관한 법률' <별표> 제54조 d). 그리고 녹음기의 경우, 영국은 녹음기 정가의 .5%를 저작권 이용 규정 요금으로 징수한다고 한다.[4)]

이와 같이 녹음기나 복사기 등 모든 제조 복제기기나 수입품에도 일정 비율의 부담금을 부과하여 저작권 단체를 통해 저작인들에게 분배하는 도가 복제기기부과금 제도인 것이다. 어떠한 형태든 저작권 챔해의 소지가 있는 복제기기는 소비자 유통 이전에 복사나 녹음의 일정량에 대한 저작권 사용료를 미리 징수하는 합법적인 제도이다. 녹음·녹화의 경우는 기기뿐만 아니라 녹음·녹화 테이프에도 저작권 사용료를 부과시켜 선의의 이용자들에게 범법의 굴레를 씌우지 않도록 할 뿐만 아니라 저작권자의 권리가 사적이든 공적이든 무단으로 참해되는 경우까지 감안한 철저한 저작권 사전보호 조치이기도 한 제도인 것이다. 앞으로 법이 개정되면 기기 제조회사나 기기 수입업자들은 사전에 기기 보급으로 인한 저작권 침해를 예상하여 미리 사용료를 징수하여 모든 저작권자들에게 저작물 비례에 따른 저작권료를 나눠줘야 하는 가장 이상적이고 합법적인 방안이 기기부과금 제도라 할 수 있다. 여기에는 부과금의 합당한 부과 비율이나 분배의 원칙 등 법 시행과 함께 뒤따라야 할 시행령 제정 등 후속 조치가 시급하다고 보아진다. 뭣보다 법이 먼저 개정되어야 하지만 이 개정법 시행에 앞서 미리 정해둬야 할 부과금에 대한 제반 사항들을 차질 없이 공정하고 합리적으로 이뤄지기 위한 심도 있는 연구가 요구되고 있다. 이제 개정법이 발의된 만큼 국회는 조속한 토의와 논의를 거쳐 곧 시행될 수 있게끔 개정을 서둘러 줄 것을 촉구해 본다. 개정 저작권법 제30조의 '사적 이용을 위한 복제' 규정이 국회 발의안대로 개정, 시행된다면 첫째 복제기기 이용자들에게는 기기 이용으로 본의 아닌 선의의 저작권 침해의 범법 우려가 줄어질 뿐 아니라 저작인들에게는 무단 복사 등으로 야기될 권리 침해의 걱정을 없애고 권리 보상금을 받을 수 있는 두 가지의 장점을 지닌 제도인 것이다. 앞으로 기기부과금 수준은 문화체육관광부령으로 정하여 고시하는 기준에 따른 보상금을 받아 보상금 수령 저작자 단체를 통해 저작인들 각자에게 분배해 주게 될 것이다. 모쪼록 이 법안이 이용자 및 저작권자, 제조사 등 모두에게 손익에 대한 문제가 뒤따르지 않게끔 잘 개정되어 조속히 시행되어지길 기대한다. 아울러 앞으로 기기부과금의 관리 운영할 가칭 '기기부과금관리센터'의 기구도 개정법안에 설정해 주시길 제안해 본다.

---

4) Micael F. Flint, *A User's Guide to Copyright,* 4th ed.,London: Betterworths, 高橋典博 譯 (1999)., 《イギリス著作權法》, 東京: 木鐸社,

10. The Development of Copying Machines and Protection of Publications*1)

Contents

(1) Introduction

The History of the Korean Copyrights

저작권국제세미나 현장과 발제자.

The concept of copyright was introduced in Korea about 100 years ago, in 1884. The first Korean newspaper, the *Hansung Sunbo* newspaper published by Pakmungak said in its 15th issue that "There is the so-called publishing right in the West. The governments of Western countries set up

*1) 이 영문은 'The copyright Protection in the Face of New Technique of Reproduction'의 주제로(1989년 9월 8일, Press Center) 文公部가 주관한 제1차 저작권국제세미나에서 발제한 저자의 논문임.

strict rules against imitations of reproductions of publications." The paper used the term 'publishing right' but it must have meant to say 'the copyright.'

In 1908, the Korean copyright decree was enacted. the major points of the decree were borrowed from Japn. The reason is that the printing and reproduction technology was not developed in Korea, and the legislation concerning the protection of intellectual property rights was not so badly needed.

It is also true that an exchange of intangible property for monetary renumeration was considered kind of unethical in Korea.

However, as the Western culture and civilization swept across the country, the copyright became acknowledged as a property right. On January 18th of 1957, the copyright law was enacted and kept in force until June 30th 1987. The law did not stipulate about the protectio of foreign publications, and overall it could not meet the legal needs for rapidle developing information society. Thus a new copyright law was enacted on July 1, 1987 covering protection of foreign publications.

The law was prepared under an assumption that Korea would join UCC soon. Therefore, since October 1st of 1987 when Korea was admitted to UCC, all the necessary reciprocal protection has been provided by the Republic of Korea.

Following a strong enforecement of the law, reproduction of foreign publications ahs virtually disappeared. Yet reproduction of domestic publicatsions remains the same as before especially around colleges and universities. The regulation about private duse and reproduction in libraries in the new law does not eliminate all the possibility of infringement on copyrights. Actions must be taken on this point so that authors and publishers will not suffer a serious loss due to easy reproduction with handy copying machines.

I would like to introduce the status of production and distribution of copying machines in the Republic of Korea, the status of legal enforement on illegal reproduction, and finally some suggestions copyright protection.

(2) The Appearance of Copying Machines

The copying machine was invented by Chester F. Carlson of Batelle Memorial Institute in 1938. 10 years later, in 1948, the technology of xerography was invented. In 1950, the first copying machine, Xerox-A appeared in the United States. The machines have been remarkably improved, and now they are being used not only in offices and libraries but also at homes.

The development of the machine, including the color copying technology, enables reproduction of books much cheaper than printing them. It affects adversely the business of publishing firms even threatening survival of some of them.

Mr. H. S. Bailey, Jr., head of publishing division of Princeton University already predicted the situation in 1970:

"It will soon be as common to have a personal copying machine as a tape recoder. Do-it-yourselfers will build their own from kits provided by alert manufacturers, and it will be as impossible to control copying as it is to control the taping of broadcasts. People will duplicate things that they like, building personal libraries of copied material, just as they now build collections of tape recordings. They will make copies for friends, and there will be copies of copies."

The overflow of copying machines are threatening a drowning of publishing business. Of course, we have to admit the contributions made to the civilization by inception and development of copying machines. However, we cannot allow publications which were published with a huge amount of time and effort to be reproduced for a petty amount of money. Such a reproduction is theft and piracy of knowledge. Will it be an exaggeration if I compare copying machines to the fire, which brings happiness and disaster according to how we use it.

The machines were first introduced in Korea around 1960. Sindo Trading Co, Ltd. imported Xerox-914 of the United States and Ricoh-P4 of Japn. In 1964, the firm built a plant to produce automatic copying machines in Mapo, Seoul, In 1970, the firm chanced its name into Sindo Ricoh Co., Ltd. following a joint venture contract with Ricoh, Japn. Sindo Ricoh now produces 13,000 copying machines,

12,000 faxmile machines and 10 million volumes of copying paper. In 1987, it sold out more than 15 billion won worth of electronic machines.

Other copying machines manufacturers have been established including Korea Xerox, Lotte Canon, Gold Star, Samsung Electronics and Liker. The Korean Monthly Statistics says that 153,700 machines were produced in Korea during 1984 to 1988. Sindo Ricoh takes about 40% of that figure. The durability of local copying machines is on average 5 years. A copying machine can produce about one million copies according to Sindo Ricoh R&D Center.

(3) Local Enforcement of Illegal Duplication

The usage of the machines is increasing, and thus its production is estadily increasing. Korea Publishing Culture Association conducted an investigation of illegal duplication at the request of authors and publishers. The results well imply how widely copying machines are being used.

In 1983, 62 cases of illegal duplication were fround. The figure soared to 185 in 1984 and to 622 in 1985. After dropping to 586 cases in 1986, in figure skyrocketed to 1,299 in 1987, an increase of 2,000% over 4 years earlier. And 878 cases were brought to court. In 1988, the number of the cases declined by 100% largely due to a drop in the number of enforcement officers.

Illegal duplication is outstanding in small copying shops in front of colleges and universities and the major objexts of duplication were academic works which require a relatively small number of copies and a huge amount of money for publication. Such illegal duplication eventually reduces the sales of the publications hurting both the publishers and authors and therefore should be eliminated through more enhanced enforement of the law and a wider public education about the necessity of protection of copyrights. More importantly, the current legislation should be improved. the restriction on the copyrights in the case of private or library use should be eliminated.

Many foreign countries allow for lending rights and levy system so that publishers will not suffer a loss in their proprietary rights under any circumstances.

(4) The Lending Rights and Levy System

The lending rights are accepted in such countries as West Germany, the United States, Britain and Japan. People tend to borrow publications from public institutions or private shops rather than purchase them. As a consequence, although the number of users has increased, the sales volume decrease. The concept of lending rights was devised to protect authors and publishers from such a trend.

The West German copyright law stipulates that the publications subjected to the lending rights should be compensated in case the publications were rented for commercial purposes or by public institutes. The right known as *Ausleihtantieme* can be exercised only through authors association. The financial compensation for the lending is used as the funds of the organization.

Britain is implementing Public Lending Right Act of 1979 in accordance with the research of a special committee to protect the royalty income of authors. The lending right is not part of copyrights in the British law, but a right to receive remuneration from the central fund. It is notable that the lending rights are valid from 50 years after the death of authors. The publications which have not been subjected to protection of lending rights for a period 10 years are taken out of the list by the office concerned.

The United States revised the copyright law in 1984 allowing for the lending rights for the first time. The legislation stipulates the terms of lending, compulsory permissions and royalty. Records may not be disposed of by the people who have rented them if the lending was made for commercial purposes. However, lending by libraries or other educational institutions for non-commercial purposes is allowed. Thus the United States applies the lending rights only to musical copyright holders.

Like in the United States, Japy revised its copyright law in 1984 to allow for lending rights. Except for movies, authors are entitled to lend the copies of their works to the general public. However, the regulation does not apply to magazines and books. It seems that such a measure is a tentative one because of a long tradition of free lending of magazines and books to others in Japanese society. Non-commercial lending is an exception to the rule in general like in the United States.

The lending rights are different in each country in terms of the scope of application West Germany applies the rights only to the copies of publications, Britain to books, and the United States to records. Japan excludes books and magazines. We can give a serious consideration to the notion of lending rights for the copies of publications.

I would like to introduce the case of West Germany about the levy system. Its copyright law revised in 1985 calls for payment of fees for the reproduction of copies which do not require author's permission. The law allows reproduction for private use, private academic research, private reference of the current news It also permits duplication of editorials on newspapers and magazines as well as a minor portion of publications and private use of the publications which have been out of print for two years. Nonetheless, the law further stipulates that the duplication of editorials and part of publications should be for non-commercial, educational purposes including classes and tests at regular and vocational schools.

Beyond the cases specified above, the deplication fee is charged. This levy system is divided into the equipment levy system and the operator levy system. The equipment levy system charges fees to the importers of copying machines in accordance with the copying capacity per minute whereas the operator levy system charges fees to the locations where the copying machines are installed including colleges, vocationsl training centers, research and development centers, public libraries and copy shops. The basic charge is 0.02 mark, about one cent per sheet of *A4* paper. The operators of copying machines are required by the law to report all the necessary details for calculation of the fees to the council of literary and artistic copyright control.

As a practical example, 600 marks are charged as the equipment fee for an imported copying machine with the capacity of more than 70 copies a minute. As the operation fee, 345 marks are charged a year for the copying machine with the capacity of 13 to 70 copies a minute which is installed in a copy shop near a college. 36 marks are charged a year for the machines which are installed in places other than copy shops and produce about 2 to 12 copies a minute.

In 1987, the above mentioned commission distributed about 17 million marks of the fees among authors, publishers and translators.

〔5〕 Conclusions

For a reasonable management of the copyright law and establishment of the copyright system, the problem of reproduction of publicats should be solved first. It is also linked to further cultural development, Users of publications should pay a reasonable price for the use. In this way, the creative efforts of authors and publishers are encouraged. Yet the real situation is that plenty of infringements are being committed due to loopholes in legislation concerned, among others.

I strongly believe that the time has come for us to accept the lending rights and levy system in order to tighten a systematic control over any infringement of the law.

As for the copy utilization system, Hugh J. Crossland suggested the following as a way to guarantee a reasonable compensation for authors while meeting the requirements of libraries in 1968:

1) A system should be rearranged to the effect that copies can be used prior to getting approvals.

2) An appropriate compensation should be guaranteed to authors for a decline in sales.

3) All the reproduction in a variety of libraries should be treated equally.

4) The copy utilization system should be operated smoothly.

5) The system should call for a mandatory pricipation of the authors and users.

In practicality, the collection of copy fee is ot so simple. The levy system was put into force in a few developed countries not long ago following the research over a long period of time.

Therefore, I would like to suggest the following two points as the ways of improving the situation concerned with protection of copyrights:

First, a fixed rate of fee should be charged to the local copying machine manufacturers like the West Germany's equipment levy system.

Secondly, meters should be installed in the copying machines of libraries and copy shops around colleges to count the reproduction quantity automatically and charge an utilization fee through a regular check conducted by a management firm.

The fees collected should be distributed reasonably to the Association of Korea Literary, artistic and academic copyrights of Korea Publishing Culture Association so that the money can be distributed and used fairly.

However, the first point will require a revision of tax laws due to its tax characteristics. The secon point will have some diffculty in its realization because of this large amount of installation and administration fees. But something must be done about the situation. Given the situation where the reproduction technology is rapidly developing, countermeasures should be taken soon.

As mentioned earlier, already 17 countries including the United States, Britain, West Germany, the Netherlands, Switzerland, Sweden, and Canada are applying the lending right and the levy system.

Now we cannot expect to provide a sufficient protection of copyrights with the traditional oriental ethical values.

I earnestly hope that the local legislation will be revised soon so that authors and publishers will no longer have to worry about an infringement on their rights.

11. 디지털시대의 국제저작권 동향

(1) 21세기는 디지털사회

정보와 지혜의 시대가 막 달려오고 있다. 디지털 정보화사회라고도 하는 오늘의 21세기 사회는 인간의 지식과 지혜가 새로운 고부가 가치를 지닌 종전과는 차원이 다른 하나의 재산으로서 권리를 주장하고 있다. 이 정보와 지식이 인간의 재산으로서 저작권이라는 이름으로 권리를 부여받게 된 것은 최근의 일이다.

저작권이 인류사회에 등장하게 된 것은 인쇄의 발명에 따른 것이었으며, 그후 인쇄술의 발달은 물론 새로운 매체가 등장하면서 복제 기술은 저작물의 대량 생산을 가능하게끔 했다. 여기에서 저작물을 창작한 저작자의 권리가 침해될 소지가 비롯되게 되어졌고, 따라서 이를 보호하여 저작자의 창작의욕을 북돋우기 위한 저작권법이 탄생하게 된 것이다.

인간의 정신적 활동의 소산인 학문이나 예술 등 지적인 창작물을 대상으로 하는 권리를 저작권이라 하며(전영표, 1997, p. 535), 이 권리를 보호하기 위한 법을 著作權法이라 한다. 저작권법은 인간의 정신적이고 지적인 문화 활동에 의해 창작된 저작물을 보호함으로써 문화의 향상 발전을 도모하는 문화보호법이다(황적인 · 정순희 · 최현호, 1988, p. 23).

문화가 비가시적이듯이 저작권이란 어떤 형태를 갖추지 않은 무형의 권리인 것이다. 그래서 저작권을 형체가 없는 무체재산/無體財産이라고도 말해지고 있다. 다른 모든 재산은 하나의 형태를 나타내고 있는 有形의, 소위 유체재산/有體財産인데, 그와는 반대적인 무형의 知的財産의 한 권리가 저작권인 것이다.

지난날 저작물의 주종은 인쇄매체를 통한 것이었으나 문명의 발달에 따른 인간의 지혜는 창작의 세계를 무한대로 확대해 나아가고 있다. 그것은 오늘의 정보사회가 빚어내고 있는 고차원의 지식상품, 즉 인간만이 만들 수가 있는 컴퓨터의 각종 소프트웨어의 개발에서 우리는 이를 확인하게 된다.

이제 저작권의 세계는 과거 주로 기록매체에만 의존했던 法體系로써는 오늘의 급변해 나가고 있는 정보지식을 관리, 보호하기에는 벅차게 되어졌다. 첨단과학이 가져다 준 오늘의 정보사회는 디지털에 의한 멀티미디어의 다양한 매체가 인간의 지적 산물을 쉽고 편리하게 이용하게끔 환경을 바꿔 놓고 있다.

자칫하면 오늘의 이 디지털 환경은 힘들여 창작한 저작자들의 지적재산을 송두리째 아무에게나 대가 없이 제공해 버리는 경우를 초래하리라는 것이 가상 아닌 현실로 이미 다가오고 있다. 이러한 현실에 대하여 전세계의 저작권 관련 단체와 저작권 연구자들은 새로운 멀티미디어 시대의 저작권법 제정을 서두르면서 어떻게 하면 저작권을 보호하면서 정보의 원활한 소통을 이룩할 수 있을까를 고심하고 있다.

이 연구는 지난날의 저작권의 보호원칙을 열거하고 날로 새로운 매체가 등장하고 있는 오늘의 디지털 환경에 대처해 나가려는 세계의 저작권 동향을 살피면서 새 저작권법의 개정 방향에 대하여서도 논구했다.

(2) 저작권법의 성립과 국제협약 가입

저작권 제도가 탄생한 것은 18세기 초의 일이다. 인쇄매체에 의한 어문저작물로부터 비롯된 저작권은 사진, 영화, 음반, 방송 등의 커뮤니케이션 매체의 발달과 더불어 그 법제도가 보완되어 왔다.

우리 나라에 이 제도가 들어온 것은 그리 오랜 일이 아니다. 구한말, 선진문물의 도입으로 인쇄가 민간에서 행해지기 시작하자, 1908년에 '韓國著作權令'(일본 메이지/明治41년/1908년, 勅令 제200호)에 의하여 일본 저작권법이 한국에 의용되었는바(전영표, 1998, pp.105-106), 이 때 비로소 우리의 저작권 제도가 탄생하게 되어졌다. 그 후에도 일제 식민기에는 일본 저작권법이 우리 나라에 그대로 시행되어 왔고, 1945년 광복 후에는 '美軍政令'(제21호)에 의하여, 1948년 대한민국 정부 수립 후에는 헌법의 경과규정에 의하여 일본 저작권법이 여전히 시행되어 오다가, 1957년에 이르러

서야 비로소 최초의 우리 나라 저작권법이 제정·공포되어졌다. 당시 한국의 저작권법은 일본 저작권법의 체제를 거의 그대로 옮겨놓은 것이나 다름없었다.

베른협약의 기본 원칙을 따르기도 한 이 개정 저작권법은 비교적 진보적인 내용을 담고 있기는 하였으나, 30년의 保護原則을 취한 점, 또는 음반, 실연 등의 인접물/隣接物을 저작물로 삼은 점, 그 밖에도 국제적 입법 추세의 주류와 부합하지 않은 면이 있었고, 권리 행사의 제한(자유 이용) 제도나 설정 공연권 제도 등에 있어서도 불합리하거나 실정에 맞지 않은 내용이 많았다(장인숙, 1989, pp.21-22).

아울러 우리 사회는 문화적인 저작권 활동이 미미했을 뿐만 아니라 또한 일반인들의 저작권에 대한 인식이 박약했던 탓으로 이 법은 실제 그 존재조차 잘 알려져 있지 않았던 것이다. 그러나 날로 발전해 나가고 있는 우리의 정치 · 사회 · 산업 · 문화의 환경은 지난날의 법으로는 달라져가는 다양한 인간의 지적 세계의 이해 관계를 수용하기에는 미흡한 것이었다.

특히 오늘의 국제화사회는 국내의 저작권만을 보호하고 제도화한 법률을 가진 국가는 국제적인 저작권 시장에서는 받아주지 않고 있다. 따라서 날로 다기·다양해지고 있는 국내 저작인들의 보호를 통한 창작의욕 고취는 물론, 1980년대 이후 높아져 왔던 국제화·개방화의 시대적 물결에 어울리는 새 저작권법의 개정이 불가피하게 되었다.

이와 같이 대내적 여망과 대외적 압력에 대응하기 위하여 1986년 말에는 저작권법의 전면 개정이 단행되었으며, 국제적 보호 수준에 균형되도록 체제와 내용을 보완한 새 법이나 다름없는 '개정 저작권법'을 탄생시켰던 것이다(장인숙, 1989, pp. 22-23).

1987년 7월 1일부터 효력을 발생시킨 새 개정 저작권법에 의해 그해 10월 미국 중심의 국제협약인 UCC(Universal Copyright Convention)에도 가입하여 외국의 저작물을 보호해 주기 시작했다. 그러나 이 협약은 불소급원칙을 규정하는 등 베른협약(The Berne for the Protection of Literary and Artistic Works)에 비해 많은 조항이 저작권의 국제적 보호에 미흡했을 뿐만 아니라 베른협약 미체결국에 대해서는 고려하지 않고 있었다. 따라서 그후 우리나라는 1995년 12월 6일 베른협약과 상충되는 저작권법 조항을 개정, 1996년 7월 1일부터 발효시켰고, 그 해 8월 WIPO(World Intellectual Property Organization)를 통해 베른 협약에 가입하게 되었다

(전영표, 1996a, p. 60-62).

당시 세계화·국제화의 추세는 우리 출판 잡지계라고 예외일 수는 없었다. 이미 우리나라는 WTO(World Trade Organization) 설립 협정의 회원국으로서 의무를 다하면서 1995년 1월부터 그 부속 문서인 TRIPs(Agreement on Trade-Related Aspects of Intellectual Property Rights)의 내용을 따라야 했으며, 1996년 1월에는 이 무역관련 지적재산권 협정(TRIPs)이 그대로 시행되게 되었다. 때문에 우리나라는 베른협약에 가입하지 않는다 해도 TRIPs에 의해 베른의 규정을 자동적으로 따라야 하므로 협약 가입을 늦출 필요가 없게끔 되어졌던 것이다(전영표, 1997, p.563).

이때 비로소 우리는 저작권의 세계적인 양대 협약의 체약국으로서 국제적인 체면을 갖추게 된 셈이다. 다만 우리들의 어려운 출판 현실을 감안한다면 베른협약만은 좀더 늦춰져야 했다는 아쉬움은 있지만, 국제 환경이 이를 허락지 않은 것 같다. 이제 우리들은 국제적인 어떠한 상황도 거부할 수 없는 세계 속에서 숨쉬고 있다는 것을 알아야만 할 것이다.

그러면 여기서 베른협약과 WTO/TRIPs의 보호 원칙과 권리 등 그 규정 내용을 알아보도록 한다.

(3) 국제저작권의 보호 원칙과 권리

1) 베른협약의 보호 원칙과 10대 권리

1886년에 성립되어진 베른협약은 프랑스·독일 중심의 저작자 권리체계(droit d'auteur system)와 영국 중심의 저작권 체계(copyrigt system)의 결합으로서 양체계의 균형을 위하여 개정시에는 항상 만장일치를 요하도록 규정하였으며, 창설국들이 식민지 종주국들로서, 이들 종주국의 선언만으로 그들 식민지에 조약이 적용되도록 했다(송영식·이상정, 1997, p. 325).

따라서 베른협약에 가입한 나라들은 하나의 동맹(union)을 형성하고 이들 동맹국간에 적용할 기본 원칙과 협약 동맹국들이 지켜야 할 최소한의 보호 기준을 정하고 있다.

그 첫째는 內國民待遇(national treatment)의 보장인 것이다(베른협약 제5

조 1항). 이는 저작물의 본국 이외의 동맹국은 그 나라의 법령이 그 국민에 대하여 현재 부여하고 있거나 장차 부여하게 되는 권리와 이 조약이 따로 부여하는 권리를 외국의 저작자에게도 인정하고 보호해 주는 것이다(한승헌, 1992, pp. 26-27).

두 번째로 이 베른협약은 相互主義(reciprocity) 원칙을 적용하고 있다(베른협약 제6조 1항). 이것은 양협약국간에 불공평한 보호의 조정 방안으로, 예로서 보호 기간의 경우, 자국의 보호 기간이 상대국보다 길 경우에는 상대국의 法規定만 따르면 된다는 것이다.

세 번째로 이 협약은 無方式主義(automatic protection)를 규정하고 있는데(베른협약 제5조 2항 전단), 이는 자동적인 보호 원칙으로서 저작권의 발생에 등록이나 납본 등의 요건을 갖추지 않아도 되며, 특히 UCC에서 ⓒ의 저작권 소유 표시와 같은 어떤 방식주의(formality)를 배제하고 있다. 즉 저작자의 권리 향유와 행사에는 어떠한 방식에 따를 것을 조건으로 하지 않는다는 것이다.

특히 과거 미국의 저작권법이 저작권 보호의 요건으로 모든 저작물에 Ⓒ나 Ⓟ 등을 부착토록 의무화하면서 이러한 저작권 표시를 하지 않은 저작물에 대하여서는 저작권이 없는 것으로 규정했었으나 베른협약 가입을 위한 1988년 10월의 개정법에서는 다만 저작권 표시는 '할 수도 있다(may be)'는 임의적 요건으로 고쳤다. 때문에 1989년 3월 1일 이후의 최초로 발행되는 미국의 저작물에 대하여서는 만일 저작권 표시 Ⓒ를 인쇄하지 않았어도 권리가 없는 것은 아니라 해석하고 있다. 따라서 미국의 현행 저작권법은 베른조약의 무방식주의를 허용하면서도 방식주의를 포기하지 않고 있다(U.S. Copyright Office, 1989).

네 번째로 베른협약은 국적주의 원칙에 발행지주의(principle of place of publication)를 내세우고 있다(베른협약 제3조 1항). 이는 공포되어진 저작물에 대해서는 처음 발행된 나라를 본국으로 하고 미공포된 저작물에 대해서는 저작자가 속해 있는 국가를 본국으로 하여 권리 보장을 한다는 것이다. 즉 미공포 저작물은 국적주의를, 공포저작물은 발행지주의를 적용, 보호하도록 하고 있다(WIPO, 1987).

다섯 번째는 법정지법원칙(法廷地法原則)을 들 수 있다(베른협약 제5조 2항 후단). 이 베른협약은 저작권의 보호 범위와 구제 방법을 이 협약의 규정 외에 보호가 요구되는 동맹국의 법령, 즉 법정지법에 따르도록 하는 원칙을 선언하고 있다(저작권심의조정위원회, 1992).

여섯 번째는 저작재산권의 보호 기간은 적어도 저작자의 생존 기간과 사망 후 50년 규정(life-plus-50 rule, 베른협약 제7조 1항)을 이행하도록 베른협약은 못박고 있다. 또 이 협약은 영화저작물과 가명저작물은 적법하게 공중에게 제공된 후 50년으로 하며, 사진과 응용저작물은 제작 후 25년 이상의 보호를 규정하고 있다(베른협약 제7조 4항).

일곱 번째는 소급보호의 원칙이다. 이 협약은 효력 발생시에 저작물의 본국에서 보호 기간의 만료로 공유화가 된 이외의 모든 저작물에 적용하며(베른협약 제18조 1항), 새로이 가입하는 경우에도 적용한다(동조 4항). 그러나 이 원칙의 적용에 있어서는 각국이 적용 방법을 정할 수 있게 하였으므로(동조 3항), 미국이 1988년 베른협약에 가입하면서 이를 원용하여 소급 보호를 하지 않았으나, 1995년 1월부터 GATT(The General Agreement of Tariff and Trade : 관세 및 무역에 관한 일반협정) 시행법에 의하여 완전한 소급 보호를 이행하고 있다(허희성, 1996).

베른협약은 이와 같은 원칙 외에 보호해야 할 저작물에 관한 다음의 10대 권리를 규정하고 있다(저작권심의조정위원회, 1992).

① 人格權(베른협약 제6조의 2), ② 복제권(동 제9조 제3항), ③ 번역권(동 제8조), ④ 공연권(동 제11조), ⑤ 낭독권(동 제11조의 3), ⑥ 번안권(동 제12조), ⑦ 영화화권(동 제14조), ⑧ 放送權(동 제11조의 3 제1항), ⑨ 록음권(동 제13조 제3항), ⑩ 추구권/追求權(동 제14조의 3 제1항). 이와 같은 이 협약의 인격권은 저작인격권(moral rights of the author/ droit moral; Urheberpersonlichkeitsrecht)을 말하는 것으로서 저작자의 재산적 권리와는 별개로 저작물의 창작자임을 주장할 권리와 저작물의 개작 또는 저작물에 대한 침해로 저작자의 명예를 손상시킬 우려가 있는 행위에 대해서는 이의를 제기할 권리를 갖는다. 다만 사후 인격권 보호 여부는 동맹국의 자유이며, 권리 침해의 경우 구제 방법은 동맹국 법령으로 정하도록 하고 있다.

이 인격권을 제외한 나머지 아홉 가지의 권리는 재산권(economic right)으로서 이 협약은 저작재산권(right of property of copyrights)을 ‘Group A·B·C’로 나눠 구분하고 있는데, 복제권, 번역권, 공연권, 낭독권, 번안권(2차적 저작물 작성권), 영화권은 ‘Group A’로서 동맹국이 제한 없이 무조건 인정해야 하는 권리이며, ‘Group B’인 방송권과 음악저작물의 녹음권은 권리 행사에 제한을 가할 수 있는 강제 허락이 가능한 권리인 것이다. 'Group C'인 추구권('Droit de suite' in Work of Art and Manuscripts)은 일명 추급권/追及權이라고도 하며, 그 인정 여부를 동맹국의 법령으로 정할 수 있도록 유보되어 있는 권리인 것이다(송영식 · 이상정, 1996, pp. 311-312). 이 추구권은 미술저작물의 원작품이나 작가 또는 작곡가의 원고에 대하여 저작자가 그 원작품이나 원고의 최후 판매 후 행하여지는 매매이익에서 일정 비율액 등을 분배받을 수 있는 권리이며, 이 권리는 양도할 수 없도록 규정하고 있다(베른협약 제14조의 3 제1항).

(4) TRIPs 협정의 기본원칙

1994년 우루과이 라운드(UR) 협상의 일괄 타결로 WTO의 설립을 위한 '마라케시(Marrakesh) 협정' 이 1994년 4월에 성립되어 1995년 7월부터 발효되었고, 우리나라도 이 협정에 1995년 12월 조약 제1265호로 가입하게 되었다. 이 협정은 6개의 부속 협정을 부가시켜 발효시켰는바, 그중 하나의 부속서(Annex 1C)가 TRIPs인 것이다. 이 TRIPs 협정은 '저작권 및 저작인접권' 절(Section 1: Copyright and Related Rights) 중 제9조의 '베른협약 관련'(Article 9: Relation to Berne Convention)에서 "체약국은 베른협약(1971)의 제1조에서 제21조와 부속서(Appendix)의 규정을 준수한다"고 못박고도 있다(김용일·박승기, 1994, p.759).

특히 TRIPs는 기존의 규범과는 달리 집행에 관한 문제나 분쟁 처리에 대해서도 규정하고 있는데, 기존 국제규범과 구별되는 이 협정의 중요 특색은 이들 집행 절차나 분쟁 해결 절차를 규정하고 있다는 점이다. 여기서 그 WTO/TRIPs의 기본 원칙을 알아본다(송영식·이상정, 1996, pp. 325-326).

① 회원국은 이 협정을 준수하며, 다른 회원국 국민에 대하여 이 협정에 규정된 대우를 한다.

② 이 협정상의 지적소유권의 보호 수준은 최저한의 것이다. 따라서 회원국은 이보다 높은 수준의 보호는 할 수 있으나 이보다 낮은 보호는 할 수 없다.

③ 實體規定, 執行節次規定, 紛爭解決節次規定과 관련해서 파리協約 제1

조에서 제12조까지 및 제19조를 준수한다.

④ 회원국은 타회원국 국민에 대하여 '내국민대우/內國民待遇', '최혜국대우/最惠國待遇'를 하여야 한다.

⑤ 회원국은 자기 나라의 법이나 규정을 제정, 개정함에 있어 이 협정의 규정과 일치하는 범위내에서 공중의 건강을 보호하고, 자기 나라의 사회경제적 및 기술적 발전에 매우 중요한 분야의 공공의 이익을 증진시키기 위하여 필요한 조치를 취할 수 있다.

⑥ 이 협정의 규정과 일치하는 범위내에서 권리자에 의한 지적소유권의 남용 또는 불합리한 무역제한이나 국가간 기술 이전에 부정적인 영향을 미치는 관행을 방지하기 위하여 적절한 조치를 취할 수 있다.

이러한 원칙하에서 지적소유권 보호규범을 강화하고 있는 이 TRIPs 협정은 기존의 지적소유권 조약의 위상이나 내용을 감안하여 세 가지의 접근방법을 취하고 있다.

첫째, 종래의 지적소유권 보호조약을 그대로 두고 이에 일정한 내용을 덧붙이는 방법으로 저작권, 특허, 상표, 의장이 이 방법을 택한다.

둘째, 기존의 국제규범을 참고하면서 새로운 국제규범을 만드는 방법으로 저작인접권, 지리적 표시, 반도체 집적회로 분야가 이에 속한다.

셋째, 기존의 국제규범이 존재하지 아니하므로 백지 상태에서 새로운 국제규범을 만드는 방법으로 미공개 정보 분야이다.

이 세 방법에 의해 TRIPs는 제9조에서 제40조까지 실체 규정을 마련하고 있다.

(5) 디지털시대의 저작권보호 방향

날로 치닫고 있는 정보화 사회의 매체 환경은 음성, 영상, 전자 등으로 그 양상이 다양화되고 있으며, 내일의 매체에 대하여는 우리의 상상이 미처 따라갈 수도 없을 만큼 급변해 가고 있다. 오늘의 첨단과학은 마이크로 칩과 컴퓨터, 광케이블 등의 개발에서 비롯되고 있는 통신의 '컴퓨터혁명'을 야기하고 있으며, TV 세트와 컴퓨터의 결합까지도 실현시키고 있다. 오늘의 이 정보사회는 종전의 것이 아닌 모두가 새로운 전자와 관련된 신기술(new technology)에 의해 이룩되어 나아가고 있다.

현대는 신기술에 의한 매체가 발달하면서 멀티미디어를 출현시키고 있다. 이 복합적인 새로운 미디어는 컴퓨터를 비롯한 통신, 방송, 영화, 음악, 출판, 케이블 등 7개 분야의 산업이 서로 관련지으면서 내일의 혁명적 산업으로까지 각광을 받기 시작했다. 앞으로는 디지털 기술에 의한 멀티미디어의 복합 산업이 미래의 주역 산업이 되리라는 것은 오늘의 현실이 잘 입증해 주고 있다(전영표, 1997, p. 571).

이제 종이 출판은 디지털에 의한 새로운 전자시대를 맞이하면서부터 쇠퇴의 나락으로 빠져드는 듯도 싶다. 그동안 인쇄를 통한 책에 의존해 왔던 우리의 지식 정보 환경이 20세기의 첨단 문명의 총아로 등장한 디지털에 의한 컴퓨터 매체에 자리를 내주어야만 하는 것인지 의아할 뿐이다(전영표, 1996b). 문자에 의한 인쇄매체를 주대상으로 삼았던 지난날의 저작권 제도는 획기적 변신이 시도되어야만 한다. 이 디지털 시대는 기존의 저작권 마인드로써는 저작물의 이용과 관리에 대한 문제점을 합법적으로 해결할 수가 없게끔 되어졌다.

오늘의 정보화사회는 인터넷으로 대변되듯이, 쌍방향성(interactiveness)을 특징으로 하고 있다. 디지털 매체는 이제까지의 출판처럼 '주어진' 것만을 전달하는 것이 아니라, 정보를 '주고 받을' 수가 있다(Information Infrastructure Task Force, 1995, p. 12). 아날로그 시대에는 일부 제작업자만이 정보를 전달할 수가 있었으나 이제는 누구든지 정보를 쉽게 접하고, 또한 이를 다른 사람에게 전달할 수 있게 되어졌다. 저작권법상 私的複製 또는 私的使用의 法理는 개개인의 이용 행위(복제, 공연, 방송 등) 대부분을 면책의 대상으로 하고 있다. 그러나 이러한 이용 행위를 면책시켜 준다면 저작권 보호의 취지는 퇴색하고 저작물의 유통과 산업활동이 심각한 영향을 받게 될 것이다(최경수, 1996, p. 44).

디지털 네크워크 환경이라 불리는 새로운 기술의 발전과 그 보편화는 저작물의 창작과 보급, 그리고 이의 이용 양태를 송두리째 바꾸어 놓았으며, 기존의 저작권법 제도가 자리잡고 있던 근거를 뿌리째 흔들어 놓고 있다. 여기서 저작권 환경과 관련하여 전통적 기술과 새로운 디지털 기술이 가지는 차이점을 다음 <표 1>로 요약해 본다(문화체육부, 1997, p. 11).

또한 디지털에 의한 정보저작물은 기존의 전통적 형식에 의한 정보저작물과는 확연히 다른 다음과 같은 특징을 지니기도 한다(Pamela Samuelson, 1990, pp. 323-340).

① 저작물의 복제가 용이하다.
② 저작물이 쉽게 다른 이용자(user)에게 전송되어지며, 여러 이용자들에게 제공되어진다.
③ 저작물의 변경 조작이 용이하다.
④ 저작물의 본질을 유지하면서 문자, 영상, 음악 등의 비트로 나열, 변환하여 하나의 매체에 기억시킬 수가 있다.
⑤ 저작물의 검색, 디코딩(decoding), 내비게이션(navigation)의 경우 컴퓨터 이용자가 쉽게 접근할 수가 있다.

<표 13> **기술 변화에 따른 저작물의 창작과 이용 환경의 변화**

구 분	전통적 기술	디지털 · 네트워크 기술
복제의 용이성 및 신속성	대량 복제를 포기하거나, 크게 제약할 정도로 노력과 시간이 많이 소요됨.	복제에 소요되는 노력과 시간은 더 이상 대량 복제를 방지하는 요인이 되지 못함.
복제의 질	복제를 거듭할수록 질이 급격하게 저하됨.	복제를 거듭해도 원본의 질을 유지할 수가 있음.
조작과 변경 가능성	조작이나 변경이 지극히 어렵고, 이로 인한 흔적이 남는 것이 일반적임.	조작이나 변경이 쉽고, 이로 인한 흔적이 거의 남지 않음.
저작물의 융합 가능성	저작물의 종류별로 존재의 양태와 수록될 수 있는 매체가 한정되어 있음.	문자, 음성, 음향 및 영상 등 존재의 양태가 다른 여러 저작물이 하나의 매체에 상호 연결되어 수록되고 이용될 수 있음.
공중에게 전달되는 속도	복제와 배포가 어려워 저작물이 일반인들에게 전파되는 속도에는 한계가 있음.	통신망을 통해 순식간에 전 세계에 송신될 수 있음.

※자료: 문화체육부(1997).《세계지적소유권기구 저작권조약 및 실연·음반조약해설》

⑥ 소프트웨어의 새로운 방법에 의한 저작물 작성이 쉽고, 또다른 방법의 검색이나 결합이 가능하다.

이와 같이 디지털의 기술은 누구나 손쉽게 조작 변경이 용이하므로 힘들여 창작한 저작물을 이용자들이 대량 복제, 유통시킬 소지가 많은 것이다. 따라서 별죄의식 없이 저작물 사용자들의 저작권 침해행위를 막기 위한 저작권 의식이 정착되어져야만 한다.

최근 디지털 기술의 등장으로 저작권법의 전면적인 개정의 소리가 우리나라뿐만이 아니라 전 세계적으로 높아지고 있다. 그러나 어느 나라든 디지털 기술의 전개에 대해 분명한 방향을 잡지 못하고 있으며, 이제까지 드러난 현상만을 가지고 저작권법을 맞춰나가는 작업조차 힘겨워하는 실정이다(저작권심의조정위원회, 1997).

지난날 미국의 저작권법은 이용자의 보호에서 저작자의 재산권 보호로 선회하여 오늘에 이르렀으나, 이제 저작권법은 다시 저작물 사용자(user)의 편의 내지 범법행위로부터의 보호로 그 골격을 짜야만 하지 않을까 판단되어진다. 그것은 뉴미디어의 등장으로 인한 멀티미디어 시스템이 빚어내고 있는 정보화사회의 진보를 위해서는 모든 저작물의 합법적 이용, 거래가 용이해야만 한다는 데서 더욱 그러하다.

세계 각국은 다가오고 있는 디지털 시대의 저작권 이용·거래를 원활히 하기 위한 제도 마련에 부심하고 있다. 최근 일본에서는 '저작권시장' 개념의 COPYMART(CM) System에 관한 연구가 활발히 이뤄지고 있다(Kitagawa, 1998). 이 연구의 CM System이란 저작권 등록자들(Registered Rightholders)과 이용자들(Customers) 사이에 형성되는 일종의 저작물 거래 시장으로서 저작권자가 사전에 이용 조건을 정한 저작권 데이터를 등록하고, 또한 저작물의 복사대금과 지불 조건 등을 마련해 놓고 있는 저작권 거래 시장인 것이다. 이 '카피마트'는 저작권 마켓(CRM: Copyright Market)과 복사 마켓(COM: Copy Market)의 저작권 정보와 저작물의 2개 데이터베이스 시장으로 이뤄지는데, 이용자는 먼저 CRM에 접속하여 저작권 정보를 검색, 열람하고 희망하는 저작물의 복사를 COM으로부터 입수할 수가 있다(<그림 1> 참조).

이것은 이미 미국이 1978년부터 발효되어진 개정 저작권법에 의해 운영하고 있는 저작권집중관리센터(CCC: Copyright Clearance Center)의 발전적 연구나 다름없는 시스템이라 하겠다(전영표, 1996c). 이 COPYMART의 특징은 ① 저작권 거래가 계약을 전제로 하게 되며, ② 권리자가 저작물 제공 조건을 제시할 수 있고, ③ 권리자와 이용자가 직접 거래를 할 수 있으며, ④ 저작물 이용료 지불이 권리자에게 바로 이뤄질 수 있다는 것이다.

앞으로 이러한 저작권 시장 개념이 일반화되어진다면 저작물의 이용자들은 아무 불편 없이 소기의 자료를 떳떳이 활용할 수 있으리라는 판단이다. 따라서 저작권자는 권리 침해에 대한 걱정이 크게 덜어지게 될 것이다.

<그림 11> Copymart 체계도

*Source: IPA Fourth International Copyright Symposium, Tokyo, 1998.

(6) 멀티미디어 디지털 시대의 대비

이미 한국의 저작권심의조정위원회는 급변하는 저작권 환경에 대처하기 위하여 '디지털 의제'와 '저작권법 현안 문제'를 가지고 1996년부터 1997년까지 2년에 걸친 연구 사업을 마무리하고 입법 방향까지 제시한 《멀티미디어 시대의 저작권 대책 최종보고서》(1997. 12)를 작성하기도 했다.

이제까지 우리의 저작권법은 그동안 몇 차례의 개정을 하였으나 세계저작권협약(UCC), 무역관련 지적재산권협약(TRIPs), 베른협약 등을 국내적으로 수용하기 위한 것이었으므로 이번에 마련된 저자권심의조정위원회의 연구보고서는 멀티미디어 시대를 맞이한 오늘의 디지털 환경에 어울리는 새 법 제정에 많은 참고가 되리라 기대가 크다.

이미 이 디지털 시대의 저작권 문제는 국제적으로도 우리보다 먼저 WIPO 사무국이 참가국들로부터 1995년 9월 회기와 1996년 2월 회기의 두 차례에 걸쳐 제안서를 받고 1996년 12월 2일 제네바에서 외교회의를 개최하였으나 시청각적 실연의 보호 여부로 미국과 유럽 연합간의 대립을 빚는 등 합의에 도달하지는 못하였다. 결국 조약안의 마련에는 이르지 못하였으나 일부 합의의사록과 결의안 또는 권고안을 채택하는 방법으로 참가국 모두의 이해를 반영하여 두 개의 조약을 탄생시켰던 것이다(문화체육부, 1997, pp. 6-8).

'세계지적소유권기구 저작권조약'(WCP: WIPO Copyright Treaty)과 '실연·음반 조약'(WPPT: WIPO Performance and Phonograms Treaty)이 그것이다. 이 두 개의 새 저작권 관련 조약은 정보·통신 기술의 발전과 융합이 문학·예술 저작물의 창작과 이용에 미치는 중대한 영향을 고려한 내일의 디지털 저작권 보호를 위한 새 규정이라고도 할 수 있다.

요즘 한국 저작권계에서도 이 WCT와 WPPT 조약을 국내적에서 수용하는 문제가 논의되고 있으며, 아울러 멀티미디어 시대의 저작권 환경 변화에 대비하여 디지털 송신에 대한 電送權과 利用提供權 부여 문제, 일시적 저장 문제, 복제 방지 시스템을 우회하는 장치를 막는 문제, 저작권 관리 정보 문제 등 국제적으로 제기되고 있는 이러한 문제들의 수용이 검토되고 있다(Baek, 1998).

1997년 6월 말 현재 한국의 멀티미디어 PC 보급대수는 약 5백40만대로 추정되고 있으며, 1997년 8월 말 현재 PC 통신 가입자수는 2백60만명에 이르고 있고, 인터넷 가입자도 개인 63만명, 기관 4천5백여 개로 인터넷 이용자수는 약 1백만명을 넘어선 것으로 추산되고 있다(Baek,1998).

이러한 디지털 기술의 발전에 따른 멀티미디어의 등장과 위성방송의 개국, 개인용 컴퓨터와 인터넷 등의 보급·확산은 종래 아날로그 방식의 이용 환경을 전제로 한 현행 저작권법으로써는 오늘의 디지털 환경을 수용하기에는 너무나 허점이 많다.

앞으로 국내는 물론 국제적으로도 손색없이 어떠한 저작권도 보호하면서 정보저작물의 신속한 유통을 방해하지 않는 합리적인 '정보저작권법'의 탄생을 기대해 본다.

"미래에는 모두 디지털화될 것이다"라는 빌 게이츠의 이야기는 이제 현실로 다가오고 있다. 내일의 디지털 시대의 저작권 문제는 COPYMART

와 같은 시장 개념에서 그 해결점을 구해야만 정보화사회가 촉진될 것이라고 판단된다.

참고 문헌

김용일·박승기(1994).《UR 최종협정해설》, 한국무역경제.

문화체육부(1997).《세계지적소유권기구 저작권 조약 및 실연·음반조약 해설》.

송영식·이상정(1996).《지적재산권법》, 세창출판사.

송영식·이상정(1987).《저작권법개설》, 화산문화.

오승종·이해완(2000).《저작권법》, 개정판, 박영사.

장인숙(1989).《저작권법원론》, 보진재출판사.

저작권심의조정위원회(1992).《베른협약 가입과 우리의 대책》, 저작권연구자료 10.

저작권심의조정위원회(1997).《멀티미디어 시대의 저작권대책 최종보고서》, 저작권연구자료 25.

전영표(1996a). <베른협약 가입과 국제 저작권 질서>, 《출판연구》, 제8호, 한국출판연구소.

전영표(1996b). <멀티미디어와 출판문화>,《출판잡지연구》, 제4권 제1호, 출판문화학회.

전영표(1996c). <분야별 법적 보호방안: 종합유선방송>, 《뉴미디어와 저작권》,언론연구원총서 21, 한국언론연구원.

전영표(1997).《출판문화와 잡지 저널리즘》, 대광문화사.

전영표(1998).《정보사회와 저작권:지식·정보의 국제유통과 지적재산》, 개정판, 법경출판사.

최경수(1996). <디지털 시대의 출판 저작권>, 《출판연구》, 제8호, 한국출판연구소.

한승헌(1992).《정보화시대의 저작권》, 나남.

허희성(1996). <베른협약의 발효와 저작권 관계>,《'96 저작권 강연회 주제집》, 저작권심의조정위원회.

황적인 · 정순희 · 최현호(1988).《저작권법》, 법문사.

Baek, Sok Ghee 백석기(1998). "Status and Prospect of Copyright in Korea," 4th IPA International Copyright Symposium, Tokyo.

Information Infrastructure Task Force(1995). *Intellectual Property and the National Information Infrastructure*, The Report of the Working Group on Intellectual Property Rights, September, 1995.

Kitagawa, Zentaro 北川善太郎(1998). "Copymart", Special Session: Trading by Electronic Copyright Management Systems, The Publisher in the Changing Markets, IPA Fourth International Copyright Symposium, Tokyo: Jan. 22-24.

Samuelson, Pamela(1990). "Digital Media and the Changing Face of Intellectual Property Law," *Rutgers Computer & Technology Journal*, Vol. 16, No. 2.

U. S. Copyright Office(1989). *The United States Joins the Berne Union*, Washington D.C.: U.S. Government Printing Office.

WIPO(1987). *The Berne Convention for the Protection of Literary and Artistic Works*, Paris Act of July 24, 1971 as amended on Oct. 2, 1979, Article 7(1), Geneva: World Intellectual Property Organization.

[부 록]

[부록 1] 개정저작권법/전문

[부록 2] 영국의 '공공도서대여권법'/P.L.R.운영 제도

[부록 3] 저작권법 개정 연혁

[부록 4] 저작권 관련 국제조약 체결 및 가입 현황

[부록 5] 저작권 신탁 단체 현황

[부록 6] 해외 저작권 보호 동향

[부록 1]

저 작 권 법

[제정 1957.1. 28./법률 제432호/법제처 자료][
[전부 개정 2006.,12.28.시행일/2007.6.29./법률 제8101호]]
[일부 개정 2013.12.30., 시행일 2014.7.1./법률 제12137호]]

제1장 총 칙

제1조(목적) 이 법은 저작자의 권리와 이에 인접하는 권리를 보호하고 저작물의 공정한 이용을 도모함으로써 문화 및 관련 산업의 향상발전에 이바지함을 목적으로 한다. <개정 2009.4.22.>

제2조(정의) 이 법에서 사용하는 용어의 뜻은 다음과 같다. <개정 2009.4.22., 2011.6.30., 2011.12.2.>

1. "저작물"은 인간의 사상 또는 감정을 표현한 창작물을 말한다..
2. "저작자"는 저작물을 창작한 자를 말한다..
3. "공연"은 저작물 또는 실연·음반·방송을 상연·연주·가창·구연·낭독·상영·재생 그 밖의 방법으로 공중에게 공개하는 것을 말하며, 동일인의 점유에 속하는 연결된 장소 안에서 이루어지는 송신(전송을 제외한다)을 포함한다..
4. "실연자"는 저작물을 연기·무용·연주·가창·구연·낭독 그 밖의 예능적 방법으로 표현하거나 저작물이 아닌 것을 이와 유사한 방법으로 표현하는 실연을 하는 자를 말하며, 실연을 지휘, 연출 또는 감독하는 자를 포함한다.
5. "음반"은 음(음성·음향을 말한다. 이하 같다)이 유형물에 고정된 것(음이 영상과 함께 고정된 것을 제외한다)을 말한다..
6. "음반제작자"는 음을 음반에 고정하는데 있어 전체적으로 기획하고 책임을 지는 자를 말한다..
7. "공중송신"은 저작물, 실연·음반·방송 또는 데이터베이스(이하 "저작물등"이라 한다)를 공중이 수신하거나 접근하게 할 목적으로 무선 또는 유선통신의 방법에 의하여 송신하거나 이용에 제공하는 것을 말한다.
8. "방송"은 공중송신 중 공중이 동시에 수신하게 할 목적으로 음·영상 또는 음과 영상 등을 송신하는 것을 말한다..

8의2. "암호화된 방송 신호"란 방송사업자나 방송사업자의 동의를 받은 자가 정당한 권한 없이 방송(유선 및 위성 통신의 방법에 의한 방송에 한한다)을 수신하는 것을 방지하거나 억제하기 위하여 전자적으로 암호화한 방송 신호를 말한다..

9. "방송사업자"는 방송을 업으로 하는 자를 말한다..
10. "전송(傳送)"은 공중송신 중 공중의 구성원이 개별적으로 선택한 시간과 장소에서 접근할 수 있도록 저작물등을 이용에 제공하는 것을 말하며, 그에 따라 이루어지는 송신을 포함한다..
11. "디지털음성송신"은 공중송신 중 공중으로 하여금 동시에 수신하게 할 목적으로 공중의 구성원의 요청에 의하여 개시되는 디지털 방식의 음의 송신을 말하며,

전송을 제외한다..
12. "디지털음성송신사업자"는 디지털음성송신을 업으로 하는 자를 말한다..
13. "영상저작물"은 연속적인 영상(음의 수반여부는 가리지 아니한다)이 수록된 창작물로서 그 영상을 기계 또는 전자장치에 의하여 재생하여 볼 수 있거나 보고 들을 수 있는 것을 말한다..
14. "영상제작자"는 영상저작물의 제작에 있어 그 전체를 기획하고 책임을 지는 자를 말한다..
15. "응용미술저작물"은 물품에 동일한 형상으로 복제될 수 있는 미술저작물로서 그 이용된 물품과 구분되어 독자성을 인정할 수 있는 것을 말하며, 디자인 등을 포함한다.
16. "컴퓨터프로그램저작물"은 특정한 결과를 얻기 위하여 컴퓨터 등 정보처리능력을 가진 장치(이하 "컴퓨터"라 한다) 내에서 직접 또는 간접으로 사용되는 일련의 지시·명령으로 표현된 창작물을 말한다.
17. "편집물"은 저작물이나 부호·문자·음·영상 그 밖의 형태의 자료(이하 "소재"라 한다)의 집합물을 말하며, 데이터베이스를 포함한다.
18. "편집저작물"은 편집물로서 그 소재의 선택·배열 또는 구성에 창작성이 있는 것을 말한다..
19. "데이터베이스"는 소재를 체계적으로 배열 또는 구성한 편집물로서 개별적으로 그 소재에 접근하거나 그 소재를 검색할 수 있도록 한 것을 말한다..
20. "데이터베이스제작자"는 데이터베이스의 제작 또는 그 소재의 갱신·검증 또는 보충(이하 "갱신등"이라 한다)에 인적 또는 물적으로 상당한 투자를 한 자를말한다..
21. "공동저작물"은 2인 이상이 공동으로 창작한 저작물로서 각자의 이바지한 부분을 분리하여 이용할 수 없는 것을 말한다..
22. "복제"는 인쇄·사진촬영·복사·녹음·녹화 그 밖의 방법으로 일시적 또는 영구적으로 유형물에 고정하거나 다시 제작하는 것을 말하며, 건축물의 경우에는 그 건축을 위한 모형 또는 설계도서에 따라 이를 시공하는 것을 포함한다..
23. "배포"는 저작물등의 원본 또는 그 복제물을 공중에게 대가를 받거나 받지 아니하고 양도 또는 대여하는 것을 말한다.
24. "발행"은 저작물 또는 음반을 공중의 수요를 충족시키기 위하여 복제·배포하는 것을 말한다..
25. "공표"는 저작물을 공연, 공중송신 또는 전시 그 밖의 방법으로 공중에게 공개하는 경우와 저작물을 발행하는 경우를 말한다..
26. "저작권신탁관리업"은 저작재산권자, 배타적발행권자, 출판권자, 저작인접권자 또는 데이터베이스제작자의 권리를 가진 자를 위하여 그 권리를 신탁받아 이를 지속적으로 관리하는 업을 말하며, 저작물등의 이용과 관련하여 포괄적으로 대리하는 경우를 포함한다..
27. "저작권대리중개업"은 저작재산권자, 배타적발행권자, 출판권자, 저작인접권자 또는 데이터베이스제작자의 권리를 가진 자를 위하여 그 권리의 이용에 관한 대리 또는 중개행위를 하는 업을 말한다..
28. "기술적 보호조치"란 다음 각 목의 어느 하나에 해당하는 조치를 말한다.

가. 저작권, 그 밖에 이 법에 따라 보호되는 권리의 행사와 관련하여 이 법에 따라 보호되는 저작물등에 대한 접근을 효과적으로 방지하거나 억제하기 위하여 그 권리자나 권리자의 동의를 받은 자가 적용하는 기술적 조치
나. 저작권, 그 밖에 이 법에 따라 보호되는 권리에 대한 침해 행위를 효과적으로 방지하거나 억제하기 위하여 그 권리자나 권리자의 동의를 받은 자가 적용하는 기술적 조치.
29. "권리관리정보"는 다음 각 목의 어느 하나에 해당하는 정보나 그 정보를 나타내는 숫자 또는 부호로서 각 정보가 저작권, 그 밖에 이 법에 따라 보호되는 권리에 의하여 보호되는 저작물등의 원본이나 그 복제물에 부착되거나 그 공연·실행 또는 공중송신에 수반되는 것을 말한다.
가. 저작물등을 식별하기 위한 정보
나. 저작권, 그 밖에 이 법에 따라 보호되는 권리를 가진 자를 식별하기 위한 정보
다. 저작물등의 이용 방법 및 조건에 관한 정보
30. "온라인서비스제공자"란 다음 각 목의 어느 하나에 해당하는 자를 말한다.
가. 이용자가 선택한 저작물등을 그 내용의 수정 없이 이용자가 지정한 지점 사이에서 정보통신망(「정보통신망 이용촉진 및 정보보호 등에 관한 법률」 제2조제1항 제1호의 정보통신망을 말한다. 이하 같다)을 통하여 전달하기 위하여 송신하거나 경로를 지정하거나 연결을 제공하는 자
나. 이용자들이 정보통신망에 접속하거나 정보통신망을 통하여 저작물등을 복제·전송할 수 있도록 서비스를 제공하거나 그를 위한 설비를 제공 또는 운영하는 자.
31. "업무상저작물"은 법인·단체 그 밖의 사용자(이하 "법인등"이라 한다)의 기획하에 법인등의 업무에 종사하는 자가 업무상 작성하는 저작물을 말한다..
32. "공중"은 불특정 다수인(특정 다수인을 포함한다)을 말한다.
33. "인증"은 저작물등의 이용허락 등을 위하여 정당한 권리자임을 증명하는 것을 말한다..
34. "프로그램코드역분석"은 독립적으로 창작된 컴퓨터프로그램저작물과 다른 컴퓨터프로그램과의 호환에 필요한 정보를 얻기 위하여 컴퓨터프로그램저작물코드를 복제 또는 변환하는 것을 말한다.
35. "라벨"이란 그 복제물이 정당한 권한에 따라 제작된 것임을 나타내기 위하여 저작물등의 유형적 복제물·포장 또는 문서에 부착·동봉 또는 첨부되거나 그러한 목적으로 고안된 표지를 말한다..
36. "영화상영관등"이란 영화상영관, 시사회장, 그 밖에 공중에게 영상저작물을 상영하는 장소로서 상영자에 의하여 입장이 통제되는 장소를 말한다.
제2조의2(저작권 보호에 관한 시책 수립 등) ① 문화체육관광부장관은 이 법의 목적을 달성하기 위하여 다음 각 호의 시책을 수립·시행할 수 있다.
1. 저작권의 보호 및 저작물의 공정한 이용 환경 조성을 위한 기본 정책에 관한 사항
2. 저작권 인식 확산을 위한 교육 및 홍보에 관한 사항
3. 저작물등의 권리관리정보 및 기술적보호조치의 정책에 관한 사항.
② 제1항에 따른 시책의 수립·시행에 필요한 사항은 대통령령으로 정한다..[본조 신설 2009.4.22.]

제3조(외국인의 저작물) ① 외국인의 저작물은 대한민국이 가입 또는 체결한 조약에 따라 보호된다.
② 대한민국 내에 상시 거주하는 외국인(무국적자 및 대한민국 내에 주된 사무소가 있는 외국법인을 포함한다)의 저작물과 맨 처음 대한민국 내에서 공표된 외국인의 저작물(외국에서 공표된 날로부터 30일 이내에 대한민국 내에서 공표된 저작물을 포함한다)은 이 법에 따라 보호된다.
③ 제1항 및 제2항에 따라 보호되는 외국인(대한민국 내에 상시 거주하는 외국인 및 무국적자는 제외한다. 이하 이 조에서 같다)의 저작물이라도 그 외국에서 대한민국 국민의 저작물을 보호하지 아니하는 경우에는 그에 상응하게 조약 및 이 법에 따른 보호를 제한할 수 있다. <개정 2011.6.30.>
④ 제1항 및 제2항에 따라 보호되는 외국인의 저작물이라도 그 외국에서 보호기간이 만료된 경우에는 이 법에 따른 보호기간을 인정하지 아니한다. <신설 2011.6.30.>

제2장 저작권

제1절 저작물

제4조(저작물의 예시 등) ① 이 법에서 말하는 저작물을 예시하면 다음과 같다.
1. 소설·시·논문·강연·연설·각본 그 밖의 어문저작물
2. 음악저작물
3. 연극 및 무용·무언극 그 밖의 연극저작물
4. 회화·서예·조각·판화·공예·응용미술저작물 그 밖의 미술저작물
5. 건축물·건축을 위한 모형 및 설계도서 그 밖의 건축저작물
6. 사진저작물(이와 유사한 방법으로 제작된 것을 포함한다)
7. 영상저작물
8. 지도·도표·설계도·약도·모형 그 밖의 도형저작물
9. 컴퓨터프로그램저작물

② 삭제 <2009.4.22.>

제5조(2차적저작물) ① 원저작물을 번역·편곡·변형·각색·영상제작 그 밖의 방법으로 작성한 창작물(이하 "2차적저작물"이라 한다)은 독자적인 저작물로서 보호된다.
② 2차적저작물의 보호는 그 원저작물의 저작자의 권리에 영향을 미치지 아니한다..

제6조(편집저작물) ① 편집저작물은 독자적인 저작물로서 보호된다..
② 편집저작물의 보호는 그 편집저작물의 구성부분이 되는 소재의 저작권 그 밖에 이 법에 따라 보호되는 권리에 영향을 미치지 아니한다.

제7조(보호받지 못하는 저작물) 다음 각 호의 어느 하나에 해당하는 것은 이 법에 의한 보호를 받지 못한다..
1. 헌법·법률·조약·명령·조례 및 규칙
2. 국가 또는 지방자치단체의 고시·공고·훈령 그 밖에 이와 유사한 것
3. 법원의 판결·결정·명령 및 심판이나 행정심판절차 그 밖에 이와 유사한 절차에 의한 의결·결정 등

4. 국가 또는 지방자치단체가 작성한 것으로서 제1호 내지 제3호에 규정된 것의 편집물 또는 번역물
5. 사실의 전달에 불과한 시사보도

제2절 저작자

제8조(저작자 등의 추정) ① 다음 각 호의 어느 하나에 해당하는 자는 저작자로서 그 저작물에 대한 저작권을 가지는 것으로 추정한다. <개정 2011.6.30.>
1. 저작물의 원본이나 그 복제물에 저작자로서의 실명 또는 이명(예명·아호·약칭 등을 말한다. 이하 같다)으로서 널리 알려진 것이 일반적인 방법으로 표시된 자.
2. 저작물을 공연 또는 공중송신하는 경우에 저작자로서의 실명 또는 저작자의 널리 알려진 이명으로서 표시된 자.
② 제1항 각 호의 어느 하나에 해당하는 저작자의 표시가 없는 저작물의 경우에는 발행자·공연자 또는 공표자로 표시된 자가 저작권을 가지는 것으로 추정한다. <개정 2009.4.22.>

제9조(업무상저작물의 저작자) 법인등의 명의로 공표되는 업무상저작물의 저작자는 계약 또는 근무규칙 등에 다른 정함이 없는 때에는 그 법인등이 된다. 다만, 컴퓨터프로그램저작물(이하 "프로그램"이라 한다)의 경우 공표될 것을 요하지 아니한다. <개정 2009.4.22.>

제10조(저작권) ① 저작자는 제11조 내지 제13조의 규정에 따른 권리(이하 "저작인격권"이라 한다)와 제16조 내지 제22조의 규정에 따른 권리(이하 "저작재산권"이라 한다)를 가진다.
② 저작권은 저작물을 창작한 때부터 발생하며 어떠한 절차나 형식의 이행을 필요로 하지 아니한다.

제3절 저작인격권

제11조(공표권) ① 저작자는 그의 저작물을 공표하거나 공표하지 아니할 것을 결정할 권리를 가진다.
② 저작자가 공표되지 아니한 저작물의 저작재산권을 제45조에 따른 양도, 제46조에 따른 이용허락, 제57조에 따른 배타적발행권의 설정 또는 제63조에 따른 출판권의 설정을 한 경우에는 그 상대방에게 저작물의 공표를 동의한 것으로 추정한다. <개정 2009.4.22., 2011.12.2.>
③ 저작자가 공표되지 아니한 미술저작물·건축저작물 또는 사진저작물(이하 "미술저작물등"이라 한다)의 원본을 양도한 경우에는 그 상대방에게 저작물의 원본의 전시방식에 의한 공표를 동의한 것으로 추정한다.
④ 원저작자의 동의를 얻어 작성된 2차적저작물 또는 편집저작물이 공표된 경우에는 그 원저작물도 공표된 것으로 본다.
⑤ 공표하지 아니한 저작물을 저작자가 제31조의 도서관등에 기증한 경우 별도의 의사를 표시하지 않는 한 기증한 때에 공표에 동의한 것으로 추정한다. <신설 2011.12.2.>

제12조(성명표시권) ① 저작자는 저작물의 원본이나 그 복제물에 또는 저작물의 공표 매체에 그의 실명 또는 이명을 표시할 권리를 가진다.
② 저작물을 이용하는 자는 그 저작자의 특별한 의사표시가 없는 때에는 저작자가 그의 실명 또는 이명을 표시한 바에 따라 이를 표시하여야 한다. 다만, 저작물의 성질이나 그 이용의 목적 및 형태 등에 비추어 부득이하다고 인정되는 경우에는 그러하지 아니하다.

제13조(동일성유지권) ① 저작자는 그의 저작물의 내용·형식 및 제호의 동일성을 유지할 권리를 가진다.
② 저작자는 다음 각 호의 어느 하나에 해당하는 변경에 대하여는 이의(異議)할 수 없다. 다만, 본질적인 내용의 변경은 그러하지 아니하다. <개정 2009.4.22.>
1. 제25조의 규정에 따라 저작물을 이용하는 경우에 학교교육 목적상 부득이하다고 인정되는 범위 안에서의 표현의 변경
2. 건축물의 증축·개축 그 밖의 변형
3. 특정한 컴퓨터 외에는 이용할 수 없는 프로그램을 다른 컴퓨터에 이용할 수 있도록 하기 위하여 필요한 범위에서의 변경
4. 프로그램을 특정한 컴퓨터에 보다 효과적으로 이용할 수 있도록 하기 위하여 필요한 범위에서의 변경
5. 그 밖에 저작물의 성질이나 그 이용의 목적 및 형태 등에 비추어 부득이하다고 인정되는 범위 안에서의 변경.

제14조(저작인격권의 일신전속성) ① 저작인격권은 저작자 일신에 전속한다.
② 저작자의 사망 후에 그의 저작물을 이용하는 자는 저작자가 생존하였더라면 그 저작인격권의 침해가 될 행위를 하여서는 아니 된다. 다만, 그 행위의 성질 및 정도에 비추어 사회통념상 그 저작자의 명예를 훼손하는 것이 아니라고 인정되는 경우에는 그러하지 아니하다..

제15조(공동저작물의 저작인격권) ① 공동저작물의 저작인격권은 저작자 전원의 합의에 의하지 아니하고는 이를 행사할 수 없다. 이 경우 각 저작자는 신의에 반하여 합의의 성립을 방해할 수 없다.
② 공동저작물의 저작자는 그들 중에서 저작인격권을 대표하여 행사할 수 있는 자를 정할 수 있다.
③ 제2항의 규정에 따라 권리를 대표하여 행사하는 자의 대표권에 가하여진 제한이 있을 때에 그 제한은 선의의 제3자에게 대항할 수 없다.

제4절 저작재산권

제1관 저작재산권의 종류

제16조(복제권) 저작자는 그의 저작물을 복제할 권리를 가진다..

제17조(공연권) 저작자는 그의 저작물을 공연할 권리를 가진다..

제18조(공중송신권) 저작자는 그의 저작물을 공중송신할 권리를 가진다..

제19조(전시권) 저작자는 미술저작물등의 원본이나 그 복제물을 전시할 권리를 가진다..

제20조(배포권) 저작자는 저작물의 원본이나 그 복제물을 배포할 권리를 가진

다. 다만, 저작물의 원본이나 그 복제물이 해당 저작재산권자의 허락을 받아 판매 등의 방법으로 거래에 제공된 경우에는 그러하지 아니하다. <개정 2009.4.22.>

제21조(대여권) 제20조 단서에도 불구하고 저작자는 판매용 음반이나 판매용 프로그램을 영리를 목적으로 대여할 권리를 가진다. <개정 2009.4.22.>

제22조(2차적저작물작성권) 저작자는 그의 저작물을 원저작물로 하는 2차적저작물을 작성하여 이용할 권리를 가진다.

제2관 저작재산권의 제한

제23조(재판절차 등에서의 복제) 재판절차를 위하여 필요한 경우이거나 입법·행정의 목적을 위한 내부자료로서 필요한 경우에는 그 한도 안에서 저작물을 복제할 수 있다. 다만, 그 저작물의 종류와 복제의 부수 및 형태 등에 비추어 당해 저작재산권자의 이익을 부당하게 침해하는 경우에는 그러하지 아니하다..

제24조(정치적 연설 등의 이용) 공개적으로 행한 정치적 연설 및 법정·국회 또는 지방의회에서 공개적으로 행한 진술은 어떠한 방법으로도 이용할 수 있다. 다만, 동일한 저작자의 연설이나 진술을 편집하여 이용하는 경우에는 그러하지 아니하다..

제24조의2(공공저작물의 자유이용) ① 국가 또는 지방자치단체가 업무상 작성하여 공표한 저작물이나 계약에 따라 저작재산권의 전부를 보유한 저작물은 허락 없이 이용할 수 있다. 다만, 저작물이 다음 각 호의 어느 하나에 해당하는 경우에는 그러하지 아니하다.

1. 국가안전보장에 관련되는 정보를 포함하는 경우
2. 개인의 사생활 또는 사업상 비밀에 해당하는 경우
3. 다른 법률에 따라 공개가 제한되는 정보를 포함하는 경우
4. 제112조에 따른 한국저작권위원회에 등록된 저작물로서 「국유재산법」에 따른 국유재산 또는 「공유재산 및 물품 관리법」에 따른 공유재산으로 관리되는 경우.

② 국가는 「공공기관의 운영에 관한 법률」 제4조에 따른 공공기관이 업무상 작성하여 공표한 저작물이나 계약에 따라 저작재산권의 전부를 보유한 저작물의 이용을 활성화하기 위하여 대통령령으로 정하는 바에 따라 공공저작물 이용활성화 시책을 수립·시행할 수 있다.

③ 국가 또는 지방자치단체는 제1항제4호의 공공저작물 중 자유로운 이용을 위하여 필요하다고 인정하는 경우 「국유재산법」 또는 「공유재산 및 물품 관리법」에도 불구하고 대통령령으로 정하는 바에 따라 사용하게 할 수 있다.[본조신설 2013.12.30.]

제25조(학교교육 목적 등에의 이용) ① 고등학교 및 이에 준하는 학교 이하의 학교의 교육 목적상 필요한 교과용도서에는 공표된 저작물을 게재할 수 있다.

② 특별법에 따라 설립되었거나 「유아교육법」, 「초·중등교육법」 또는 「고등교육법」에 따른 학교, 국가나 지방자치단체가 운영하는 교육기관 및 이들 교육기관의 수업을 지원하기 위하여 국가나 지방자치단체에 소속된 교육지원기관은 그 수업 또는 지원 목적상 필요하다고 인정되는 경우에는 공표된 저작물의 일부분을 복제·배포·공연·전시 또는 공중송신할 수 있다. 다만, 저작물의 성질이나 그 이용의 목적

및 형태 등에 비추어 저작물의 전부를 이용하는 것이 부득이한 경우에는 전부를 이용할 수 있다. <개정 2009.4.22., 2013.12.30.>

③ 제2항의 규정에 따른 교육기관에서 교육을 받는 자는 수업목적상 필요하다고 인정되는 경우에는 제2항의 범위 내에서 공표된 저작물을 복제하거나 전송할 수 있다.

④ 제1항 및 제2항에 따라 저작물을 이용하려는 자는 문화체육관광부장관이 정하여 고시하는 기준에 따른 보상금을 해당 저작재산권자에게 지급하여야 한다. 다만, 고등학교 및 이에 준하는 학교 이하의 학교에서 제2항에 따른 복제·배포·공연·방송 또는 전송을 하는 경우에는 보상금을 지급하지 아니한다. <개정 2008.2.29., 2009.4.22.>

⑤ 제4항의 규정에 따른 보상을 받을 권리는 다음 각 호의 요건을 갖춘 단체로서 문화체육관광부장관이 지정하는 단체를 통하여 행사되어야 한다. 문화체육관광부장관이 그 단체를 지정할 때에는 미리 그 단체의 동의를 얻어야 한다. <개정 2008.2.29.>

1. 대한민국 내에서 보상을 받을 권리를 가진 자(이하 "보상권리자"라 한다)로 구성된 단체.
2. 영리를 목적으로 하지 아니할 것
3. 보상금의 징수 및 분배 등의 업무를 수행하기에 충분한 능력이 있을 것

⑥ 제5항의 규정에 따른 단체는 그 구성원이 아니라도 보상권리자로부터 신청이 있을 때에는 그 자를 위하여 그 권리행사를 거부할 수 없다. 이 경우 그 단체는 자기의 명의로 그 권리에 관한 재판상 또는 재판 외의 행위를 할 권한을 가진다.

⑦ 문화체육관광부장관은 제5항의 규정에 따른 단체가 다음 각 호의 어느 하나에 해당하는 경우에는 그 지정을 취소할 수 있다. <개정 2008.2.29.>

1. 제5항의 규정에 따른 요건을 갖추지 못한 때
2. 보상관계 업무규정을 위배한 때
3. 보상관계 업무를 상당한 기간 휴지하여 보상권리자의 이익을 해할 우려가 있을 때.

⑧ 제5항의 규정에 따른 단체는 보상금 분배 공고를 한 날부터 3년이 경과한 미분배 보상금에 대하여 문화체육관광부장관의 승인을 얻어 공익목적을 위하여 사용할 수 있다. <개정 2008.2.29.>

⑨ 제5항·제7항 및 제8항의 규정에 따른 단체의 지정과 취소 및 업무규정, 보상금 분배 공고, 미분배 보상금의 공익목적 사용 승인 등에 관하여 필요한 사항은 대통령령으로 정한다.

⑩ 제2항의 규정에 따라 교육기관이 전송을 하는 경우에는 저작권 그 밖에 이 법에 의하여 보호되는 권리의 침해를 방지하기 위하여 복제방지조치 등 대통령령이 정하는 필요한 조치를 하여야 한다.

제26조(시사보도를 위한 이용) 방송·신문 그 밖의 방법에 의하여 시사보도를 하는 경우에 그 과정에서 보이거나 들리는 저작물은 보도를 위한 정당한 범위 안에서 복제·배포·공연 또는 공중송신할 수 있다.

제27조(시사적인 기사 및 논설의 복제 등) 정치·경제·사회·문화·종교에 관하여 「신문 등의 진흥에 관한 법률」 제2조의 규정에 따른 신문 및 인터넷신문 또는 「뉴스통신진흥에 관한 법률」 제2조의 규정에 따른 뉴스통신에 게재된 시사적인

기사나 논설은 다른 언론기관이 복제·배포 또는 방송할 수 있다. 다만, 이용을 금지하는 표시가 있는 경우에는 그러하지 아니하다. <개정 2009.7.31.>
제28조(공표된 저작물의 인용) 공표된 저작물은 보도·비평·교육·연구 등을 위하여는 정당한 범위 안에서 공정한 관행에 합치되게 이를 인용할 수 있다.
제29조(영리를 목적으로 하지 아니하는 공연 · 방송) ① 영리를 목적으로 하지 아니하고 청중이나 관중 또는 제3자로부터 어떤 명목으로든지 반대급부를 받지 아니하는 경우에는 공표된 저작물을 공연 또는 방송할 수 있다. 다만, 실연자에게 통상의 보수를 지급하는 경우에는 그러하지 아니하다.
② 청중이나 관중으로부터 당해 공연에 대한 반대급부를 받지 아니하는 경우에는 판매용 음반 또는 판매용 영상저작물을 재생하여 공중에게 공연할 수 있다. 다만, 대통령령이 정하는 경우에는 그러하지 아니하다.

제30조(사적이용을 위한 복제) 공표된 저작물을 영리를 목적으로 하지 아니하고 개인적으로 이용하거나 가정 및 이에 준하는 한정된 범위 안에서 이용하는 경우에는 그 이용자는 이를 복제할 수 있다. 다만, 공중의 사용에 제공하기 위하여 설치된 복사기기에 의한 복제는 그러하지 아니하다.

제31조(도서관등에서의 복제 등) ① 「도서관법」에 따른 도서관과 도서·문서·기록 그 밖의 자료(이하 "도서등"이라 한다)를 공중의 이용에 제공하는 시설 중 대통령령이 정하는 시설(당해시설의 장을 포함한다. 이하 "도서관등"이라 한다)은 다음 각 호의 어느 하나에 해당하는 경우에는 그 도서관등에 보관된 도서등(제1호의 경우에는 제3항의 규정에 따라 당해 도서관등이 복제·전송받은 도서등을 포함한다)을 사용하여 저작물을 복제할 수 있다. 다만, 제1호 및 제3호의 경우에는 디지털 형태로 복제할 수 없다.
1. 조사·연구를 목적으로 하는 이용자의 요구에 따라 공표된 도서등의 일부분의 복제물을 1인 1부에 한하여 제공하는 경우
2. 도서등의 자체보존을 위하여 필요한 경우
3. 다른 도서관등의 요구에 따라 절판 그 밖에 이에 준하는 사유로 구하기 어려운 도서등의 복제물을 보존용으로 제공하는 경우.
② 도서관등은 컴퓨터를 이용하여 이용자가 그 도서관등의 안에서 열람할 수 있도록 보관된 도서등을 복제하거나 전송할 수 있다. 이 경우 동시에 열람할 수 있는 이용자의 수는 그 도서관등에서 보관하고 있거나 저작권 그 밖에 이 법에 따라 보호되는 권리를 가진 자로부터 이용허락을 받은 그 도서등의 부수를 초과할 수 없다. <개정 2009.4.22.>
③ 도서관등은 컴퓨터를 이용하여 이용자가 다른 도서관등의 안에서 열람할 수 있도록 보관된 도서등을 복제하거나 전송할 수 있다. 다만, 그 전부 또는 일부가 판매용으로 발행된 도서등은 그 발행일로부터 5년이 경과하지 아니한 경우에는 그러하지 아니하다. <개정 2009.4.22.>
④ 도서관등은 제1항제2호의 규정에 따른 도서등의 복제 및 제2항과 제3항의 규정에 따른 도서등의 복제의 경우에 그 도서등이 디지털 형태로 판매되고 있는 때에는 그 도서등을 디지털 형태로 복제할 수 없다.
⑤ 도서관등은 제1항제1호의 규정에 따라 디지털 형태의 도서등을 복제하는 경우

및 제3항의 규정에 따라 도서등을 다른 도서관등의 안에서 열람할 수 있도록 복제하거나 전송하는 경우에는 문화체육관광부장관이 정하여 고시하는 기준에 의한 보상금을 당해저작재산권자에게 지급하여야 한다. 다만, 국가, 지방자치단체 또는 「고등교육법」 제2조의 규정에 따른 학교를 저작재산권자로 하는 도서등(그 전부 또는 일부가 판매용으로 발행된 도서등을 제외한다)의 경우에는 그러하지 아니하다. <개정 2008.2.29.>
⑥ 제25조 제5항 내지 제9항의 규정은 제5항의 보상금의 지급 등에 관하여 준용한다.
⑦ 제1항 내지 제3항의 규정에 따라 도서등을 디지털 형태로 복제하거나 전송하는 경우에 도서관등은 저작권 그 밖에 이 법에 따라 보호되는 권리의 침해를 방지하기 위하여 복제방지조치 등 대통령령이 정하는 필요한 조치를 하여야 한다.
⑧ 「도서관법」 제20조의2에 따라 국립중앙도서관이 온라인 자료의 보존을 위하여 수집하는 경우에는 해당 자료를 복제할 수 있다. <신설 2009.3.25.> 제32조(시험문제로서의 복제) 학교의 입학시험 그 밖에 학식 및 기능에 관한 시험 또는 검정을 위하여 필요한 경우에는 그 목적을 위하여 정당한 범위에서 공표된 저작물을 복제·배포할 수 있다. 다만, 영리를 목적으로 하는 경우에는 그러하지 아니하다. <개정 2009.4.22.>

제33조(시각장애인 등을 위한 복제 등) ① 공표된 저작물은 시각장애인 등을 위하여 점자로 복제·배포할 수 있다.
② 시각장애인 등의 복리증진을 목적으로 하는 시설 중 대통령령이 정하는 시설(당해 시설의 장을 포함한다)은 영리를 목적으로 하지 아니하고 시각장애인 등의 이용에 제공하기 위하여 공표된 어문저작물을 녹음하거나 대통령령으로 정하는 시각장애인 등을 위한 전용 기록방식으로 복제·배포 또는 전송할 수 있다..<개정 2009.3.25.>
③ 제1항 및 제2항의 규정에 따른 시각장애인 등의 범위는 대통령령으로 정한다.
제33조의2(청각장애인 등을 위한 복제 등) ① 누구든지 청각장애인 등을 위하여 공표된 저작물을 수화로 변환할 수 있고, 이러한 수화를 복제·배포·공연 또는 공중송신할 수 있다.
② 청각장애인 등의 복리증진을 목적으로 하는 시설 중 대통령령으로 정하는 시설(해당 시설의 장을 포함한다)은 영리를 목적으로 하지 아니하고 청각장애인 등의 이용에 제공하기 위하여 필요한 범위에서 공표된 저작물등에 포함된 음성 및 음향 등을 자막 등 청각장애인이 인지할 수 있는 방식으로 변환할 수 있고, 이러한 자막 등을 청각장애인 등이 이용할 수 있도록 복제·배포·공연 또는 공중송신할 수 있다.
③ 제1항 및 제2항에 따른 청각장애인 등의 범위는 대통령령으로 정한다.
[본조신설 2013.7.16.]

제34조(방송사업자의 일시적 녹음·녹화) ① 저작물을 방송할 권한을 가지는 방송사업자는 자신의 방송을 위하여 자체의 수단으로 저작물을 일시적으로 녹음하거나 녹화할 수 있다.
② 제1항의 규정에 따라 만들어진 녹음물 또는 녹화물은 녹음일 또는 녹화일로부터 1년을 초과하여 보존할 수 없다. 다만, 그 녹음물 또는 녹화물이 기록의 자료로서

대통령령이 정하는 장소에 보존되는 경우에는 그러하지 아니하다.
제35조(미술저작물등의 전시 또는 복제) ① 미술저작물등의 원본의 소유자나 그의 동의를 얻은 자는 그 저작물을 원본에 의하여 전시할 수 있다. 다만, 가로·공원·건축물의 외벽 그 밖에 공중에게 개방된 장소에 항시 전시하는 경우에는 그러하지 아니하다.
② 제1항 단서의 규정에 따른 개방된 장소에 항시 전시되어 있는 미술저작물등은 어떠한 방법으로든지 이를 복제하여 이용할 수 있다. 다만, 다음 각 호의 어느 하나에 해당하는 경우에는 그러하지 아니하다.
1. 건축물을 건축물로 복제하는 경우
2. 조각 또는 회화를 조각 또는 회화로 복제하는 경우
3. 제1항 단서의 규정에 따른 개방된 장소 등에 항시 전시하기 위하여 복제하는 경우
4. 판매의 목적으로 복제하는 경우
③ 제1항의 규정에 따라 전시를 하는 자 또는 미술저작물등의 원본을 판매하고자 하는 자는 그 저작물의 해설이나 소개를 목적으로 하는 목록 형태의 책자에 이를 복제하여 배포할 수 있다.
④ 위탁에 의한 초상화 또는 이와 유사한 사진저작물의 경우에는 위탁자의 동의가 없는 때에는 이를 이용할 수 없다.
제35조의2(저작물 이용과정에서의 일시적 복제) 컴퓨터에서 저작물을 이용하는 경우에는 원활하고 효율적인 정보처리를 위하여 필요하다고 인정되는 범위 안에서 그 저작물을 그 컴퓨터에 일시적으로 복제할 수 있다. 다만, 그 저작물의 이용이 저작권을 침해하는 경우에는 그러하지 아니하다.. [본조신설 2011.12.2.]
제35조의3(저작물의 공정한 이용) ① 제23조부터 제35조의2까지, 제101조의3부터 제101조의5까지의 경우 외에 저작물의 통상적인 이용 방법과 충돌하지 아니하고 저작자의 정당한 이익을 부당하게 해치지 아니하는 경우에는 보도·비평·교육·연구 등을 위하여 저작물을 이용할 수 있다.
② 저작물 이용 행위가 제1항에 해당하는지를 판단할 때에는 다음 각 호의 사항등을 고려하여야 한다.
1. 영리성 또는 비영리성 등 이용의 목적 및 성격
2. 저작물의 종류 및 용도
3. 이용된 부분이 저작물 전체에서 차지하는 비중과 그 중요성
4. 저작물의 이용이 그 저작물의 현재 시장 또는 가치나 잠재적인 시장 또는 가치에 미치는 영향 [본조 신설 2011.12.2.]
제36조(번역 등에 의한 이용) ① 제24조의2, 제25조, 제29조, 제30조 또는 제35조의3에 따라 저작물을 이용하는 경우에는 그 저작물을 번역·편곡 또는 개작하여 이용할 수 있다. <개정 2011.12.2., 2013.12.30.>
② 제23조·제24조·제26조·제27조·제28조·제32조·제33조 또는 제33조의2에 따라 저작물을 이용하는 경우에는 그 저작물을 번역하여 이용할 수 있다. <개정 2011.12.2., 2013.7.16.>
제37조(출처의 명시) ① 이 관에 따라 저작물을 이용하는 자는 그 출처를 명시하여야 한다. 다만, 제26조, 제29조부터 제32조까지, 제34조 및 제35조의2의 경우에는

그러하지 아니하다. <개정 2011.12.2.>
② 출처의 명시는 저작물의 이용 상황에 따라 합리적이라고 인정되는 방법으로 하여야 하며, 저작자의 실명 또는 이명이 표시된 저작물인 경우에는 그 실명 또는 이명을 명시하여야 한다.

제37조의2(적용 제외) 프로그램에 대하여는 제23조·제25조·제30조 및 제32조를 적용하지 아니한다.[본조신설 2009.4.22.]

제38조(저작인격권과의 관계) 이 관 각 조의 규정은 저작인격권에 영향을 미치는 것으로 해석되어서는 아니 된다.

제3관 저작재산권의 보호 기간

제39조(보호기간의 원칙) ① 저작재산권은 이 관에 특별한 규정이 있는 경우를 제외하고는 저작자가 생존하는 동안과 사망한 후 70년간 존속한다. <개정 2011.6.30.>
② 공동저작물의 저작재산권은 맨 마지막으로 사망한 저작자가 사망한 후 70년간 존속한다. <개정 2011.6.30.>

제40조(무명 또는 이명 저작물의 보호기간) ① 무명 또는 널리 알려지지 아니한 이명이 표시된 저작물의 저작재산권은 공표된 때부터 70년간 존속한다. 다만, 이 기간 내에 저작자가 사망한지 70년이 지났다고 인정할만한 정당한 사유가 발생한 경우에는 그 저작재산권은 저작자가 사망한 후 70년이 지났다고 인정되는 때에 소멸한 것으로 본다. <개정 2011.6.30.>
② 다음 각 호의 어느 하나에 해당하는 경우에는 제1항의 규정은 이를 적용하지 아니한다.
1. 제1항의 기간 이내에 저작자의 실명 또는 널리 알려진 이명이 밝혀진 경우
2. 제1항의 기간 이내에 제53조제1항의 규정에 따른 저작자의 실명등록이 있는경우

제41조(업무상저작물의 보호기간) 업무상저작물의 저작재산권은 공표한 때부터 70년간 존속한다. 다만, 창작한 때부터 50년 이내에 공표되지 아니한 경우에는 창작한 때부터 70년간 존속한다. <개정 2011.6.30.>

제42조(영상저작물의 보호기간) 영상저작물의 저작재산권은 제39조 및 제40조에도 불구하고 공표한 때부터 70년간 존속한다. 다만, 창작한 때부터 50년 이내에 공표되지 아니한 경우에는 창작한 때부터 70년간 존속한다. <개정 2011.6.30.>

[제목개정 2011.6.30.]

제43조(계속적간행물 등의 공표시기) ① 제40조제1항 또는 제41조에 따른 공표시기는 책·호 또는 회 등으로 공표하는 저작물의 경우에는 매책·매호 또는 매회 등의 공표 시로 하고, 일부분씩 순차적으로 공표하여 완성하는 저작물의 경우에는 최종부분의 공표 시로 한다. <개정 2011.6.30.>
② 일부분씩 순차적으로 공표하여 전부를 완성하는 저작물의 계속되어야 할 부분이 최근의 공표시기부터 3년이 경과되어도 공표되지 아니하는 경우에는 이미 공표된 맨 뒤의 부분을 제1항의 규정에 따른 최종부분으로 본다.

제44조(보호기간의 기산) 이 관에 규정된 저작재산권의 보호기간을 계산하는 경우에는 저작자가 사망하거나 저작물을 창작 또는 공표한 다음 해부터 기산한다.

제4관 저작재산권의 양도 · 행사 · 소멸

제45조(저작재산권의 양도) ① 저작재산권은 전부 또는 일부를 양도할 수 있다.
② 저작재산권의 전부를 양도하는 경우에 특약이 없는 때에는 제22조에 따른 2차적저작물을 작성하여 이용할 권리는 포함되지 아니한 것으로 추정한다. 다만, 프로그램의 경우 특약이 없는 한 2차적저작물작성권도 함께 양도된 것으로 추정한다. <개정 2009.4.22.>

제46조(저작물의 이용허락) ① 저작재산권자는 다른 사람에게 그 저작물의 이용을 허락할 수 있다.
② 제1항의 규정에 따라 허락을 받은 자는 허락받은 이용 방법 및 조건의 범위 안에서 그 저작물을 이용할 수 있다.
③ 제1항의 규정에 따른 허락에 의하여 저작물을 이용할 수 있는 권리는 저작재산권자의 동의 없이 제3자에게 이를 양도할 수 없다.

제47조(저작재산권을 목적으로 하는 질권의 행사 등) ① 저작재산권을 목적으로 하는 질권은 그 저작재산권의 양도 또는 그 저작물의 이용에 따라 저작재산권자가 받을 금전 그 밖의 물건(제57조에 따른 배타적발행권 및 제63조에 따른 출판권 설정의 대가를 포함한다)에 대하여도 행사할 수 있다. 다만, 이들의 지급 또는 인도 전에 이를 압류하여야 한다. <개정 2009.4.22., 2011.12.2.>
② 질권의 목적으로 된 저작재산권은 설정행위에 특약이 없는 한 저작재산권자가 이를 행사한다. <신설 2009.4.22.>[제목 개정 2009.4.22.]

제48조(공동저작물의 저작재산권의 행사) ① 공동저작물의 저작재산권은 그 저작재산권자 전원의 합의에 의하지 아니하고는 이를 행사할 수 없으며, 다른 저작재산권자의 동의가 없으면 그 지분을 양도하거나 질권의 목적으로 할 수 없다. 이 경우 각 저작재산권자는 신의에 반하여 합의의 성립을 방해하거나 동의를 거부할 수 없다.
② 공동저작물의 이용에 따른 이익은 공동저작자 간에 특약이 없는 때에는 그 저작물의 창작에 이바지한 정도에 따라 각자에게 배분된다. 이 경우 각자의 이바지한 정도가 명확하지 아니한 때에는 균등한 것으로 추정한다.
③ 공동저작물의 저작재산권자는 그 공동저작물에 대한 자신의 지분을 포기할 수 있으며, 포기하거나 상속인 없이 사망한 경우에 그 지분은 다른 저작재산권자에게 그 지분의 비율에 따라 배분된다.
④ 제15조제2항 및 제3항의 규정은 공동저작물의 저작재산권의 행사에 관하여 준용한다.

제49조(저작재산권의 소멸) 저작재산권이 다음 각 호의 어느 하나에 해당하는 경우에는 소멸한다.
1. 저작재산권자가 상속인 없이 사망한 경우에 그 권리가 「민법」 그 밖의 법률의 규정에 따라 국가에 귀속되는 경우
2. 저작재산권자인 법인 또는 단체가 해산되어 그 권리가 「민법」 그 밖의 법률의 규정에 따라 국가에 귀속되는 경우

제5절 저작물 이용의 법정 허락

제50조(저작재산권자 불명인 저작물의 이용) ① 누구든지 대통령령이 정하는 기준에 해당하는 상당한 노력을 기울였어도 공표된 저작물(외국인의 저작물을 제외한다)의 저작재산권자나 그의 거소를 알 수 없어 그 저작물의 이용허락을 받을 수 없는 경우에는 대통령령이 정하는 바에 따라 문화체육관광부장관의 승인을 얻은 후 문화체육관광부장관이 정하는 기준에 의한 보상금을 공탁하고 이를 이용할 수 있다. <개정 2008.2.29.>

② 제1항의 규정에 따라 저작물을 이용하는 자는 그 뜻과 승인연월일을 표시하여야 한다.

③ 제1항의 규정에 따라 법정허락된 저작물이 다시 법정허락의 대상이 되는 때에는 제1항의 규정에 따른 대통령령이 정하는 기준에 해당하는 상당한 노력의 절차를 생략할 수 있다. 다만, 그 저작물에 대한 법정허락의 승인 이전에 저작재산권자가 대통령령이 정하는 절차에 따라 이의를 제기하는 때에는 그러하지 아니하다.

④ 문화체육관광부장관은 대통령령이 정하는 바에 따라 법정허락 내용을 정보통신망에 게시하여야 한다. <개정 2008.2.29.>

제51조(공표된 저작물의 방송) 공표된 저작물을 공익상 필요에 의하여 방송하고자 하는 방송사업자가 그 저작재산권자와 협의하였으나 협의가 성립되지 아니하는 경우에는 대통령령이 정하는 바에 따라 문화체육관광부장관의 승인을 얻은 후 문화체육관광부장관이 정하는 기준에 의한 보상금을 당해 저작재산권자에게 지급하거나 공탁하고 이를 방송할 수 있다. <개정 2008.2.29.>

제52조(판매용 음반의 제작) 판매용 음반이 우리나라에서 처음으로 판매되어 3년이 경과한 경우 그 음반에 녹음된 저작물을 녹음하여 다른 판매용 음반을 제작하고자 하는 자가 그 저작재산권자와 협의하였으나 협의가 성립되지 아니하는 때에는 대통령령이 정하는 바에 따라 문화체육관광부장관의 승인을 얻은 후 문화체육관광부장관이 정하는 기준에 의한 보상금을 당해저작재산권자에게 지급하거나 공탁하고 다른 판매용 음반을 제작할 수 있다. <개정 2008.2.29.>

제6절 등록 및 인증

제53조(저작권의 등록) ① 저작자는 다음 각 호의 사항을 등록할 수 있다.

1. 저작자의 실명·이명(공표 당시에 이명을 사용한 경우에 한한다)·국적·주소 또는 거소
2. 저작물의 제호·종류·창작연월일
3. 공표의 여부 및 맨 처음 공표된 국가·공표연월일
4. 그 밖에 대통령령으로 정하는 사항

② 저작자가 사망한 경우 저작자의 특별한 의사표시가 없는 때에는 그의 유언으로 지정한 자 또는 상속인이 제1항 각 호의 규정에 따른 등록을 할 수 있다.

③ 제1항 및 제2항에 따라 저작자로 실명이 등록된 자는 그 등록저작물의 저작자로, 창작연월일 또는 맨 처음의 공표연월일이 등록된 저작물은 등록된 연월일에 창작 또는 맨 처음 공표된 것으로 추정한다. 다만, 저작물을 창작한 때부터 1년이 경과한 후에 창작연월일을 등록한 경우에는 등록된 연월일에 창작된 것으로 추정하지

아니한다. <개정 2009.4.22.>

제54조(권리변동 등의 등록 • 효력) 다음 각 호의 사항은 이를 등록할 수 있으며, 등록하지 아니하면 제3자에게 대항할 수 없다. <개정 2011.12.2.>

1. 저작재산권의 양도(상속 그 밖의 일반승계의 경우를 제외한다) 또는 처분제한
2. 제57조에 따른 배타적발행권 또는 제63조에 따른 출판권의 설정·이전·변경·소멸 또는 처분제한
3. 저작재산권, 제57조에 따른 배타적발행권 및 제63조에 따른 출판권을 목적으로 하는 질권의 설정·이전·변경·소멸 또는 처분제한

제55조(등록의 절차 등) ① 제53조 및 제54조에 따른 등록은 문화체육관광부장관이 저작권등록부(프로그램의 경우에는 프로그램등록부를 말한다. 이하 이 조에서 같다)에 기재하여 행한다. <개정 2008.2.29., 2009.4.22.>

② 문화체육관광부장관은 다음 각 호의 어느 하나에 해당하는 경우에는 신청을 반려할 수 있다. 다만, 신청의 흠결이 보정될 수 있는 경우에 신청인이 당일 이를 보정하였을 때에는 그러하지 아니하다. <개정 2008.2.29.>

1. 등록 신청한 사항이 등록할 것이 아닌 때
2. 등록 신청이 문화체육관광부령으로 정한 서식에 적합하지 아니하거나 그 밖의 필요한 자료 또는 서류를 첨부하지 아니한 때

③ 문화체육관광부장관은 제1항의 규정에 따라 저작권등록부에 기재한 등록에 대하여 등록공보를 발행하거나 정보통신망에 게시하여야 하며, 신청한 자가 있는 경우에는 저작권등록부를 열람하게 하거나 그 사본을 교부하여야한다.<개정 2008.2.29.>

④ 제1항 내지 제3항의 규정에 따른 등록, 등록신청의 반려, 등록공보의 발행 또는 게시, 저작권등록부의 열람 및 사본의 교부 등에 관하여 필요한 사항은 대통령령으로 정한다.

제55조의 2(비밀유지의무) 제53조부터 제55조까지의 규정에 따른 등록 업무를 수행하는 자 및 그 직에 있었던 자는 직무상 알게 된 비밀을 다른 사람에게 누설하여서는 아니 된다. [본조 신설 2009.4.22.]

제56조(권리자 등의 인증) ① 문화체육관광부장관은 저작물등의 거래의 안전과 신뢰보호를 위하여 인증기관을 지정할 수 있다. <개정 2008.2.29.>

② 제1항에 따른 인증기관의 지정과 지정취소 및 인증절차 등에 관하여 필요한 사항은 대통령령으로 정한다. <개정 2009.4.22.>

③ 제1항의 규정에 따른 인증기관은 인증과 관련한 수수료를 받을 수 있으며 그 금액은 문화체육관광부장관이 정한다. <개정 2008.2.29.>

제7절 배타적발행권 <개정 2011.12.2.>

제57조(배타적발행권의 설정) ① 저작물을 발행하거나 복제·전송(이하 "발행등"이라 한다)할 권리를 가진 자는 그 저작물을 발행등에 이용하고자 하는 자에 대하여 배타적 권리(이하 "배타적발행권"이라 하며, 제63조에 따른 출판권은 제외한다. 이하 같다)를 설정할 수 있다. <개정 2011.12.2.>

② 저작재산권자는 그 저작물에 대하여 발행등의 방법 및 조건이 중첩되지 않는 범위 내에서 새로운 배타적발행권을 설정할 수 있다. <신설 2011.12.2.>

③ 제1항에 따라 배타적발행권을 설정받은 자(이하 "배타적발행권자"라 한다)는 그 설정행위에서 정하는 바에 따라 그 배타적발행권의 목적인 저작물을 발행등의 방법으로 이용할 권리를 가진다. <개정 2011.12.2.>
④ 저작재산권자는 그 저작물의 복제권·배포권·전송권을 목적으로 하는 질권이 설정되어 있는 경우에는 그 질권자의 허락이 있어야 배타적발행권을 설정할 수 있다. <개정 2011.12.2.>[제목개정 2011.12.2.]

제58조(배타적발행권자의 의무) ① 배타적발행권자는 그 설정행위에 특약이 없는 때에는 배타적발행권의 목적인 저작물을 복제하기 위하여 필요한 원고 또는 이에 상당하는 물건을 받은 날부터 9월 이내에 이를 발행등의 방법으로 이용하여야 한다. <개정 2011.12.2.>
② 배타적발행권자는 그 설정행위에 특약이 없는 때에는 관행에 따라 그 저작물을 계속하여 발행등의 방법으로 이용하여야 한다. <개정 2011.12.2.>
③ 배타적발행권자는 특약이 없는 때에는 각 복제물에 대통령령이 정하는 바에 따라 저작재산권자의 표지를 하여야 한다. <개정 2011.12.2.>[제목개정 2011.12.2.]

제58조의2(저작물의 수정증감) ① 배타적발행권자가 배타적발행권의 목적인 저작물을 발행등의 방법으로 다시 이용하는 경우에 저작자는 정당한 범위 안에서 그 저작물의 내용을 수정하거나 증감할 수 있다. <개정 2011.12.2.>
② 배타적발행권자는 배타적발행권의 목적인 저작물을 발행등의 방법으로 다시 이용하고자 하는 경우에 특약이 없는 때에는 그때마다 미리 저작자에게 그 사실을 알려야 한다. <개정 2011.12.2.>
[제59조에서 이동 <2011.12.2.>]

제59조(배타적발행권의 존속기간 등) ① 배타적발행권은 그 설정행위에 특약이 없는 때에는 맨 처음 발행등을 한 날로부터 3년간 존속한다. 다만, 저작물의 영상화를 위하여 배타적 발행권을 설정하는 경우에는 5년으로 한다. <개정 2011.12.2.>
② 저작재산권자는 배타적발행권 존속기간 중 그 배타적발행권의 목적인 저작물의 저작자가 사망한 때에는 제1항에도 불구하고 저작자를 위하여 저작물을 전집 그 밖의 편집물에 수록하거나 전집 그 밖의 편집물의 일부인 저작물을 분리하여 이를 따로 발행등의 방법으로 이용할 수 있다. <개정 2011.12.2.>
[제60조에서 이동, 종전 제59조는 제58조의 2로 이동 <2011.12.2.>]
[제목개정 2011.12.2.]

제60조(배타적발행권의 소멸통고) ① 저작재산권자는 배타적발행권자가 제58조제1항 또는 제2항을 위반한 경우에는 6월 이상의 기간을 정하여 그 이행을 최고하고 그 기간 내에 이행하지 아니하는 때에는 배타적발행권의 소멸을 통고할 수 있다. <개정 2011.12.2.>
② 저작재산권자는 배타적발행권자가 그 저작물을 발행등의 방법으로 이용하는 것이 불가능하거나 이용할 의사가 없음이 명백한 경우에는 제1항에도 불구하고 즉시 배타적발행권의 소멸을 통고할 수 있다. <개정 2011.12.2.>
③ 제1항 또는 제2항에 따라 배타적발행권의 소멸을 통고한 경우에는 배타적발행권자가 통고를 받은 때에 배타적발행권이 소멸한 것으로 본다. <개정 2011.12.2.>

④ 제3항의 경우에 저작재산권자는 배타적발행권자에 대하여 언제든지 원상회복을 청구하거나 발행등을 중지함으로 인한 손해의 배상을 청구할 수 있다. <개정 2011.12.2.>
[제61조에서 이동, 종전 제60조는 제59조로 이동 <2011.12.2.>]
[제목개정 2011.12.2.]

제61조(배타적발행권 소멸 후의 복제물의 배포) 배타적발행권이 그 존속기간의 만료 그 밖의 사유로 소멸된 경우에는 그 배타적발행권을 가지고 있던 자는 다음 각 호의 어느 하나에 해당하는 경우를 제외하고는 그 배타적발행권의 존속기간 중 만들어진 복제물을 배포할 수 없다. <개정 2011.12.2.>
1. 배타적발행권 설정행위에 특약이 있는 경우
2. 배타적발행권의 존속기간 중 저작재산권자에게 그 저작물의 발행에 따른 대가를 지급하고 그 대가에 상응하는 부수의 복제물을 배포하는 경우
[제62조에서 이동 , 종전 제61조는 제60조로 이동 <2011.12.2.>]
[제목개정 2011.12.2.]

제62조(배타적발행권의 양도・제한 등) ① 배타적발행권자는 저작재산권자의 동의 없이 배타적발행권을 양도하거나 또는 질권의 목적으로 할 수 없다.
② 배타적발행권의 목적으로 되어 있는 저작물의 복제 등에 관하여는 제23조, 제24조, 제25조제1항부터 제3항까지, 제26조부터 제28조까지, 제30조부터 제33조까지, 제35조제2항 및 제3항, 제35조의2, 제35조의3, 제36조 및 제37조를 준용한다.
[전문개정 2011.12.2.]
[제63조에서 이동, 종전 제62조는 제61조로 이동 <2011.12.2.>]

제7절의 2 출판에 관한 특례 <신설 2011.12.2.>

제63조(출판권의 설정) ① 저작물을 복제·배포할 권리를 가진 자(이하 "복제권자"라 한다)는 그 저작물을 인쇄 그 밖에 이와 유사한 방법으로 문서 또는 도화로 발행하고자 하는 자에 대하여 이를 출판할 권리(이하 "출판권"이라 한다)를 설정할 수 있다.
② 제1항에 따라 출판권을 설정받은 자(이하 "출판권자"라 한다)는 그 설정행위에서 정하는 바에 따라 그 출판권의 목적인 저작물을 원작 그대로 출판할 권리를 가진다.
③ 복제권자는 그 저작물의 복제권을 목적으로 하는 질권이 설정되어 있는 경우에는 그 질권자의 허락이 있어야 출판권을 설정할 수 있다.
[본조신설 2011.12.2.]
[종전 제63조는 제62조로 이동 <2011.12.2.>]

제63조의2(준용) 제58조부터 제62조까지는 출판권에 관하여 준용한다. 이 경우 "배타적발행권"은 "출판권"으로, "저작재산권자"는 "복제권자"로 본다.
[본조신설 2011.12.2.]

제3장 저작인접권

제1절 통 칙

第64조(보호받는 실연 • 음반 • 방송) ① 다음 각 호 각 목의 어느 하나에 해당하는 실연·음반 및 방송은 이 법에 의한 보호를 받는다. <개정 2011.12.2.>
1. 실 연
가. 대한민국 국민(대한민국 법률에 따라 설립된 법인 및 대한민국 내에 주된 사무소가 있는 외국법인을 포함한다. 이하 같다)이 행하는 실연
나. 대한민국이 가입 또는 체결한 조약에 따라 보호되는 실연
다. 제2호 각 목의 음반에 고정된 실연
라. 제3호 각 목의 방송에 의하여 송신되는 실연(송신 전에 녹음 또는 녹화되어 있는 실연을 제외한다)
2. 음 반
가. 대한민국 국민을 음반제작자로 하는 음반
나. 음이 맨 처음 대한민국 내에서 고정된 음반
다. 대한민국이 가입 또는 체결한 조약에 따라 보호되는 음반으로서 체약국 내에서 최초로 고정된 음반
라. 대한민국이 가입 또는 체결한 조약에 따라 보호되는 음반으로서 체약국의 국민(당해 체약국의 법률에 따라 설립된 법인 및 당해 체약국 내에 주된 사무소가 있는 법인을 포함한다)을 음반제작자로 하는 음반
3. 방 송
가. 대한민국 국민인 방송사업자의 방송
나. 대한민국 내에 있는 방송설비로부터 행하여지는 방송
다. 대한민국이 가입 또는 체결한 조약에 따라 보호되는 방송으로서 체약국의 국민인 방송사업자가 당해 체약국 내에 있는 방송설비로부터 행하는 방송
② 제1항에 따라 보호되는 외국인의 실연·음반 및 방송이라도 그 외국에서 보호기간이 만료된 경우에는 이 법에 따른 보호기간을 인정하지 아니한다. <신설 2011.12.2.>

第64조의2(실연자 등의 추정) 이 법에 따라 보호되는 실연·음반·방송과 관련하여 실연자, 음반제작자 또는 방송사업자로서의 실명 또는 널리 알려진 이명이 일반적인 방법으로 표시된 자는 실연자, 음반제작자 또는 방송사업자로서 그 실연·음반·방송에 대하여 각각 실연자의 권리, 음반제작자의 권리 또는 방송사업자의 권리를 가지는 것으로 추정한다.[본조신설 2011.6.30.]

第65조(저작권과의 관계) 이 장 각 조의 규정은 저작권에 영향을 미치는 것으로 해석되어서는 아니 된다.

제2절 실연자의 권리

第66조(성명표시권) ① 실연자는 그의 실연 또는 실연의 복제물에 그의 실명 또는 이명을 표시할 권리를 가진다.
② 실연을 이용하는 자는 그 실연자의 특별한 의사표시가 없는 때에는 실연자가 그의 실명 또는 이명을 표시한 바에 따라 이를 표시하여야 한다. 다만, 실연의 성질이나 그 이용의 목적 및 형태 등에 비추어 부득이하다고 인정되는 경우에는 그러하지 아니하다.

제67조(동일성유지권) 실연자는 그의 실연의 내용과 형식의 동일성을 유지할 권리를 가진다. 다만, 실연의 성질이나 그 이용의 목적 및 형태 등에 비추어 부득이하다고 인정되는 경우에는 그러하지 아니한다.

제68조(실연자의 인격권의 일신전속성) 제66조 및 제67조에 규정된 권리(이하 "실연자의 인격권"이라 한다)는 실연자 일신에 전속한다.

제69조(복제권) 실연자는 그의 실연을 복제할 권리를 가진다.

제70조(배포권) 실연자는 그의 실연의 복제물을 배포할 권리를 가진다. 다만, 실연의 복제물이 실연자의 허락을 받아 판매 등의 방법으로 거래에 제공된 경우에는 그러하지 아니하다.

제71조(대여권) 실연자는 제70조의 단서의 규정에 불구하고 그의 실연이 녹음된 판매용 음반을 영리를 목적으로 대여할 권리를 가진다.

제72조(공연권) 실연자는 그의 고정되지 아니한 실연을 공연할 권리를 가진다. 다만, 그 실연이 방송되는 실연인 경우에는 그러하지 아니하다.

제73조(방송권) 실연자는 그의 실연을 방송할 권리를 가진다. 다만, 실연자의 허락을 받아 녹음된 실연에 대하여는 그러하지 아니하다.

제74조(전송권) 실연자는 그의 실연을 전송할 권리를 가진다.

제75조(방송사업자의 실연자에 대한 보상) ① 방송사업자가 실연이 녹음된 판매용 음반을 사용하여 방송하는 경우에는 상당한 보상금을 그 실연자에게 지급하여야 한다. 다만, 실연자가 외국인인 경우에 그 외국에서 대한민국 국민인 실연자에게 이 항의 규정에 따른 보상금을 인정하지 아니하는 때에는 그러하지 아니하다.
② 제25조제5항 내지 제9항의 규정은 제1항의 규정에 따른 보상금의 지급 등에 관하여 준용한다.
③ 제2항의 규정에 따른 단체가 보상권리자를 위하여 청구할 수 있는 보상금의 금액은 매년 그 단체와 방송사업자가 협의하여 정한다.
④ 제3항에 따른 협의가 성립되지 아니하는 경우에 그 단체 또는 방송사업자는 대통령령으로 정하는 바에 따라 제112조에 따른 한국저작권위원회에 조정을 신청할 수 있다. <개정 2009.4.22.>

제76조(디지털음성송신사업자의 실연자에 대한 보상) ① 디지털음성송신사업자가 실연이 녹음된 음반을 사용하여 송신하는 경우에는 상당한 보상금을 그 실연자에게 지급하여야 한다.
② 제25조제5항 내지 제9항의 규정은 제1항의 규정에 따른 보상금의 지급 등에 관하여 준용한다.
③ 제2항의 규정에 따른 단체가 보상권리자를 위하여 청구할 수 있는 보상금의 금액은 매년 그 단체와 디지털음성송신사업자가 대통령령이 정하는 기간 내에 협의하여 정한다.
④ 제3항의 규정에 따른 협의가 성립되지 아니한 경우에는 문화체육관광부장관이 정하여 고시하는 금액을 지급한다. <개정 2008.2.29.>

제76조의2(판매용 음반을 사용하여 공연하는 자의 실연자에 대한 보상) ① 실연이 녹음된 판매용 음반을 사용하여 공연을 하는 자는 상당한 보상금을 해당 실연자에게 지급하여야 한다. 다만, 실연자가 외국인인 경우에 그 외국에서 대한민국 국

민인 실연자에게 이 항의 규정에 따른 보상금을 인정하지 아니하는 때에는 그러하지 아니하다.
② 제25조제5항부터 제9항까지 및 제76조제3항·제4항은 제1항에 따른 보상금의 지급 및 금액 등에 관하여 준용한다.[본조신설 2009.3.25.]

제77조(공동실연자) ① 2인 이상이 공동으로 합창·합주 또는 연극등을 실연하는 경우에 이 절에 규정된 실연자의 권리(실연자의 인격권은 제외한다)는 공동으로 실연하는 자가 선출하는 대표자가 이를 행사한다. 다만, 대표자의 선출이 없는 경우에는 지휘자 또는 연출자 등이 이를 행사한다.
② 제1항의 규정에 따라 실연자의 권리를 행사하는 경우에 독창 또는 독주가 함께 실연된 때에는 독창자 또는 독주자의 동의를 얻어야 한다.
③ 제15조의 규정은 공동실연자의 인격권 행사에 관하여 준용한다.

제3절 음반제작자의 권리

제78조(복제권) 음반제작자는 그의 음반을 복제할 권리를 가진다.

제79조(배포권) 음반제작자는 그의 음반을 배포할 권리를 가진다. 다만, 음반의 복제물이 음반제작자의 허락을 받아 판매 등의 방법으로 거래에 제공된 경우에는 그러하지 아니하다.

제80조(대여권) 음반제작자는 제79조의 단서의 규정에 불구하고 판매용 음반을 영리를 목적으로 대여할 권리를 가진다.

제81조(전송권) 음반제작자는 그의 음반을 전송할 권리를 가진다.

제82조(방송사업자의 음반제작자에 대한 보상) ① 방송사업자가 판매용 음반을 사용하여 방송하는 경우에는 상당한 보상금을 그 음반제작자에게 지급하여야 한다. 다만, 음반제작자가 외국인인 경우에 그 외국에서 대한민국 국민인 음반제작자에게 이 항의 규정에 따른 보상금을 인정하지 아니하는 때에는 그러하지 아니하다.
② 제25조제5항 내지 제9항 및 제75조제3항·제4항의 규정은 제1항의 규정에 따른 보상금의 지급 및 금액 등에 관하여 준용한다.

제83조(디지털음성송신사업자의 음반제작자에 대한 보상) ① 디지털음성송신사업자가 음반을 사용하여 송신하는 경우에는 상당한 보상금을 그 음반제작자에게 지급하여야 한다.
② 제25조제5항 내지 제9항 및 제76조제3항·제4항의 규정은 제1항의 규정에 따른 보상금의 지급 및 금액 등에 관하여 준용한다.

제83조의 2(판매용 음반을 사용히여 공연하는 자의 음반제작자에 대한 보상) ① 판매용 음반을 사용하여 공연을 하는 자는 상당한 보상금을 해당 음반제작자에게 지급하여야 한다. 다만, 음반제작자가 외국인인 경우에 그 외국에서 대한민국 국민인 음반제작자에게 이 항의 규정에 따른 보상금을 인정하지 아니하는 때에는 그러하지 아니하다.
② 제25조제5항부터 제9항까지 및 제76조제3항·제4항은 제1항에 따른 보상금의 지급 및 금액 등에 관하여 준용한다. [본조신설 2009.3.25.]

제4절 방송사업자의 권리

제84조(복제권) 방송사업자는 그의 방송을 복제할 권리를 가진다.

제85조(동시중계방송권) 방송사업자는 그의 방송을 동시중계방송할 권리를 가진다.

제85조의 2(공연권) 방송사업자는 공중의 접근이 가능한 장소에서 방송의 시청과 관련하여 입장료를 받는 경우에 그 방송을 공연할 권리를 가진다.
[본조신설 2011.6.30.]

제5절 저작인접권의 보호기간

제86조(보호기간) ① 저작인접권은 다음 각 호의 어느 하나에 해당하는 때부터 발생하며, 어떠한 절차나 형식의 이행을 필요로 하지 아니한다. <개정 2011.12.2.>
1. 실연의 경우에는 그 실연을 한 때
2. 음반의 경우에는 그 음을 맨 처음 음반에 고정한 때
3. 방송의 경우에는 그 방송을 한 때

② 저작인접권(실연자의 인격권은 제외한다. 이하 같다)은 다음 각 호의 어느 하나에 해당하는 때의 다음 해부터 기산하여 70년(방송의 경우에는 50년)간 존속한다. <개정 2011.12.2.>
1. 실연의 경우에는 그 실연을 한 때. 다만, 실연을 한 때부터 50년 이내에 실연이 고정된 음반이 발행된 경우에는 음반을 발행한 때
2. 음반의 경우에는 그 음반을 발행한 때. 다만, 음을 음반에 맨 처음 고정한 때의 다음 해부터 기산하여 50년이 경과한 때까지 음반을 발행하지 아니한 경우에는 음을 음반에 맨 처음 고정한 때
3. 방송의 경우에는 그 방송을 한 때

제6절 저작인접권의 제한 · 양도 · 행사 등

제87조(저작인접권의 제한) ① 저작인접권의 목적이 된 실연·음반 또는 방송의 이용에 관하여는 제23조, 제24조, 제25조제1항부터 제3항까지, 제26조부터 제32조까지, 제33조제2항, 제34조, 제35조의2, 제35조의3, 제36조 및 제37조를 준용한다. <개정 2011.12.2.>

② 디지털음성송신사업자는 제76조제1항 및 제83조제1항에 따라 실연이 녹음된 음반을 사용하여 송신하는 경우에는 자체의 수단으로 실연이 녹음된 음반을 일시적으로 복제할 수 있다. 이 경우 복제물의 보존기간에 관하여는 제34조제2항을 준용한다. <신설 2009.4.22.>

제88조(저작인접권의 양도 · 행사 등) 저작인접권의 양도에 관하여는 제45조제1항을, 실연·음반 또는 방송의 이용허락에 관하여는 제46조를, 저작인접권을 목적으로 하는 질권의 행사에 관하여는 제47조를, 저작인접권의 소멸에 관하여는 제49조를, 실연·음반 또는 방송의 배타적발행권의 설정 등에 관하여는 제57조부터 제62조까지의 규정을 각각 준용한다.[전문개정 2011.12.2.]

제89조(실연 • 음반 및 방송이용의 법정허락) 제50조 내지 제52조의 규정은 실연·음반 및 방송의 이용에 관하여 준용한다.

제90조(저작인접권의 등록) 제53조부터 제55조까지 및 제55조의2의 규정은 저작인접권 또는 저작인접권의 배타적발행권의 등록에 관하여 준용한다. 이 경우 제55조 중 "저작권등록부"는 "저작인접권등록부"로 본다..<개정 2009.4.22., 2011.12.2.>

제4장 데이터베이스제작자의 보호

제91조(보호받는 데이터베이스) ① 다음 각 호의 어느 하나에 해당하는 자의 데이터베이스는 이 법에 따른 보호를 받는다.
1. 대한민국 국민
2. 데이터베이스의 보호와 관련하여 대한민국이 가입 또는 체결한 조약에 따라 보호되는 외국인
② 제1항의 규정에 따라 보호되는 외국인의 데이터베이스라도 그 외국에서 대한민국 국민의 데이터베이스를 보호하지 아니하는 경우에는 그에 상응하게 조약 및 이 법에 따른 보호를 제한할 수 있다.

제92조(적용 제외) 다음 각 호의 어느 하나에 해당하는 데이터베이스에 대하여는 이 장의 규정을 적용하지 아니한다.
1. 데이터베이스의 제작·갱신등 또는 운영에 이용되는 컴퓨터프로그램
2. 무선 또는 유선통신을 기술적으로 가능하게 하기 위하여 제작되거나 갱신등이 되는 데이터베이스

제93조(데이터베이스제작자의 권리) ① 데이터베이스제작자는 그의 데이터베이스의 전부 또는 상당한 부분을 복제·배포·방송 또는 전송(이하 이 조에서 "복제등"이라 한다)할 권리를 가진다.
② 데이터베이스의 개별 소재는 제1항의 규정에 따른 당해 데이터베이스의 상당한 부분으로 간주되지 아니한다. 다만, 데이터베이스의 개별 소재 또는 그 상당한 부분에 이르지 못하는 부분의 복제등이라 하더라도 반복적이거나 특정한 목적을 위하여 체계적으로 함으로써 당해 데이터베이스의 통상적인 이용과 충돌하거나 데이터베이스제작자의 이익을 부당하게 해치는 경우에는 당해 데이터베이스의 상당한 부분의 복제등으로 본다.
③ 이 장에 따른 보호는 데이터베이스의 구성부분이 되는 소재의 저작권 그 밖에 이 법에 따라 보호되는 권리에 영향을 미치지 아니한다.
④ 이 장에 따른 보호는 데이터베이스의 구성부분이 되는 소재 그 자체에는 미치지 아니한다.

제94조(데이터베이스제작자의 권리제한) ① 데이터베이스제작자의 권리의 목적이 되는 데이터베이스의 이용에 관하여는 제23조, 제28조부터 제34조까지, 제35조의2, 제35조의3, 제36조 및 제37조를 준용한다. <개정 2011.12.2.>
② 다음 각 호의 어느 하나에 해당하는 경우에는 누구든지 데이터베이스의 전부 또는 그 상당한 부분을 복제·배포·방송 또는 전송할 수 있다. 다만, 당해 데이터베이스의 통상적인 이용과 저촉되는 경우에는 그러하지 아니하다.

1. 교육·학술 또는 연구를 위하여 이용하는 경우. 다만, 영리를 목적으로 하는 경우에는 그러하지 아니하다.
2. 시사보도를 위하여 이용하는 경우
제95조(보호기간) ① 데이터베이스제작자의 권리는 데이터베이스의 제작을 완료한 때부터 발생하며, 그 다음 해부터 기산하여 5년간 존속한다.
② 데이터베이스의 갱신등을 위하여 인적 또는 물적으로 상당한 투자가 이루어진 경우에 당해 부분에 대한 데이터베이스제작자의 권리는 그 갱신등을 한 때부터 발생하며, 그 다음 해부터 기산하여 5년간 존속한다.

제96조(데이터베이스제작자의 권리의 양도•행사 등) 데이터베이스의 거래제공에 관하여는 제20조 단서를, 데이터베이스제작자의 권리의 양도에 관하여는 제45조 제1항을, 데이터베이스의 이용허락에 관하여는 제46조를, 데이터베이스제작자의 권리를 목적으로 하는 질권의 행사에 관하여는 제47조를, 공동데이터베이스의 데이터베이스제작자의 권리행사에 관하여는 제48조를, 데이터베이스제작자의 권리의 소멸에 관하여는 제49조를, 데이터베이스의 배타적발행권의 설정 등에 관하여는 제57조부터 제62조까지의 규정을 각각 준용한다.
[전문개정 2011.12.2.])

제97조(데이터베이스 이용의 법정허락) 제50조 및 제51조의 규정은 데이터베이스의 이용에 관하여 준용한다.

제98조(데이터베이스제작자의 권리의 등록) 제53조부터 제55조까지 및 제55조의2의 규정은 데이터베이스제작자의 권리 및 데이터베이스제작자의 권리의 배타적발행권의 등록에 관하여 준용한다. 이 경우 제55조 중 "저작권등록부"는 "데이터베이스제작자권리등록부"로 본다. <개정 2009.4.22., 2011.12.2.>

제5장 영상저작물에 관한 특례

제99조(저작물의 영상화) ① 저작재산권자가 저작물의 영상화를 다른 사람에게 허락한 경우에 특약이 없는 때에는 다음 각 호의 권리를 포함하여 허락한 것으로 추정한다.
1. 영상저작물을 제작하기 위하여 저작물을 각색하는 것
2. 공개상영을 목적으로 한 영상저작물을 공개상영하는 것
3. 방송을 목적으로 한 영상저작물을 방송하는 것
4. 전송을 목적으로 한 영상저작물을 전송하는 것
5. 영상저작물을 그 본래의 목적으로 복제·배포하는 것
6. 영상저작물의 번역물을 그 영상저작물과 같은 방법으로 이용하는 것
② 저작재산권자는 그 저작물의 영상화를 허락한 경우에 특약이 없는 때에는 허락한 날부터 5년이 경과한 때에 그 저작물을 다른 영상저작물로 영상화하는 것을 허락할 수 있다.

제100조(영상저작물에 대한 권리) ① 영상제작자와 영상저작물의 제작에 협력할 것을 약정한 자가 그 영상저작물에 대하여 저작권을 취득한 경우 특약이 없는 한 그 영상저작물의 이용을 위하여 필요한 권리는 영상제작자가 이를 양도 받은 것으로 추정한다.

② 영상저작물의 제작에 사용되는 소설·각본·미술저작물 또는 음악저작물 등의 저작재산권은 제1항의 규정으로 인하여 영향을 받지 아니한다.
③ 영상제작자와 영상저작물의 제작에 협력할 것을 약정한 실연자의 그 영상저작물의 이용에 관한 제69조의 규정에 따른 복제권, 제70조의 규정에 따른 배포권, 제73조의 규정에 따른 방송권 및 제74조의 규정에 따른 전송권은 특약이 없는 한 영상제작자가 이를 양도 받은 것으로 추정한다.

제101조(영상제작자의 권리) ① 영상제작물의 제작에 협력할 것을 약정한 자로부터 영상제작자가 양도 받는 영상저작물의 이용을 위하여 필요한 권리는 영상저작물을 복제·배포·공개상영·방송·전송 그 밖의 방법으로 이용할 권리로 하며, 이를 양도하거나 질권의 목적으로 할 수 있다.
② 실연자로부터 영상제작자가 양도 받는 권리는 그 영상저작물을 복제·배포·방송 또는 전송할 권리로 하며, 이를 양도하거나 질권의 목적으로 할 수 있다.

제5장의 2 프로그램에 관한 특례 <신설 2009.4.22.>

제101조의2(보호의 대상) 프로그램을 작성하기 위하여 사용하는 다음 각 호의 사항에는 이 법을 적용하지 아니한다.
1. 프로그램 언어: 프로그램을 표현하는 수단으로서 문자·기호 및 그 체계
2. 규약: 특정한 프로그램에서 프로그램 언어의 용법에 관한 특별한 약속
3. 해법: 프로그램에서 지시·명령의 조합방법[본조 신설 2009.4.22.]

제101조의3(프로그램의 저작재산권의 제한) ① 다음 각 호의 어느 하나에 해당하는 경우에는 그 목적상 필요한 범위에서 공표된 프로그램을 복제 또는 배포할 수 있다. 다만, 프로그램의 종류·용도, 프로그램에서 복제된 부분이 차지하는 비중 및 복제의 부수 등에 비추어 프로그램의 저작재산권자의 이익을 부당하게 해치는 경우에는 그러하지 아니하다.
1. 재판 또는 수사를 위하여 복제하는 경우
2. 「유아교육법」, 「초·중등교육법」, 「고등교육법」에 따른 학교 및 다른 법률에 따라 설립된 교육기관(상급학교 입학을 위한 학력이 인정되거나 학위를 수여하는 교육기관에 한한다)에서 교육을 담당하는 자가 수업과정에 제공할 목적으로 복제 또는 배포하는 경우
3. 「초·중등교육법」에 따른 학교 및 이에 준하는 학교의 교육목적을 위한 교과용도서에 게재하기 위하여 복제하는 경우
4. 가정과 같은 한정된 장소에서 개인적인 목적(영리를 목적으로 하는 경우를 제외한다)으로 복제하는 경우
5. 「초·중등교육법」, 「고등교육법」에 따른 학교 및 이에 준하는 학교의 입학시험이나 그 밖의 학식 및 기능에 관한 시험 또는 검정을 목적(영리를 목적으로 하는 경우를 제외한다)으로 복제 또는 배포하는 경우
6. 프로그램의 기초를 이루는 아이디어 및 원리를 확인하기 위하여 프로그램의 기능을 조사·연구·시험할 목적으로 복제하는 경우(정당한 권한에 의하여 프로그램을 이용하는 자가 해당 프로그램을 이용 중인 때에 한한다)

② 컴퓨터의 유지·보수를 위하여 그 컴퓨터를 이용하는 과정에서 프로그램(정당하게 취득한 경우에 한한다)을 일시적으로 복제할 수 있다. <신설 2011.12.2.>
③ 제1항제3호에 따라 프로그램을 교과용 도서에 게재하려는 자는 문화체육관광부장관이 정하여 고시하는 기준에 따른 보상금을 해당 저작재산권자에게 지급하여야 한다. 보상금 지급에 대하여는 제25조제5항부터 제9항까지의 규정을 준용한다. <개정 2011.12.2.>[본조 신설 2009.4.22.]

제101조의 4(프로그램코드역분석) ① 정당한 권한에 의하여 프로그램을 이용하는 자 또는 그의 허락을 받은 자는 호환에 필요한 정보를 쉽게 얻을 수 없고 그 획득이 불가피한 경우에는 해당 프로그램의 호환에 필요한 부분에 한하여 프로그램의 저작재산권자의 허락을 받지 아니하고 프로그램코드역분석을 할 수 있다.
② 제1항에 따른 프로그램코드역분석을 통하여 얻은 정보는 다음 각 호의 어느 하나에 해당하는 경우에는 이를 이용할 수 없다.
1. 호환 목적 외의 다른 목적을 위하여 이용하거나 제3자에게 제공하는 경우
2. 프로그램코드역분석의 대상이 되는 프로그램과 표현이 실질적으로 유사한 프로그램을 개발·제작·판매하거나 그 밖에 프로그램의 저작권을 침해하는 행위에 이용하는 경우 [본조 신설 2009.4.22.]

제101조의 5(정당한 이용자에 의한 보존을 위한 복제 등) ① 프로그램의 복제물을 정당한 권한에 의하여 소지·이용하는 자는 그 복제물의 멸실·훼손 또는 변질 등에 대비하기 위하여 필요한 범위에서 해당 복제물을 복제할 수 있다.
② 프로그램의 복제물을 소지·이용하는 자는 해당 프로그램의 복제물을 소지·이용할 권리를 상실한 때에는 그 프로그램의 저작재산권자의 특별한 의사표시가 없는 한 제1항에 따라 복제한 것을 폐기하여야 한다. 다만, 프로그램의 복제물을 소지·이용할 권리가 해당 복제물이 멸실됨으로 인하여 상실된 경우에는 그러하지 아니하다. [본조 신설 2009.4.22.]

제101조의 6 삭제 <2011.12.2.>

제101조의7(프로그램의 임치) ① 프로그램의 저작재산권자와 프로그램의 이용허락을 받은 자는 대통령령으로 정하는 자(이하 이 조에서 "수치인"이라 한다)와 서로 합의하여 프로그램의 원시코드 및 기술정보 등을 수치인에게 임치할 수 있다.
② 프로그램의 이용허락을 받은 자는 제1항에 따른 합의에서 정한 사유가 발생한 때에 수치인에게 프로그램의 원시코드 및 기술정보 등의 제공을 요구할 수 있다.
[본조신설 2009.4.22.]

제6장 온라인서비스 제공자의 책임 제한

제102조(온라인서비스제공자의 책임 제한) ① 온라인서비스제공자는 다음 각 호의 행위와 관련하여 저작권, 그 밖에 이 법에 따라 보호되는 권리가 침해되더라도 그 호의 분류에 따라 각 목의 요건을 모두 갖춘 경우에는 그 침해에 대하여 책임을 지지 아니한다. <개정 2011.6.30., 2011.12.2.>
1. 내용의 수정 없이 저작물등을 송신하거나 경로를 지정하거나 연결을 제공하는 행위 또는 그 과정에서 저작물등을 그 송신을 위하여 합리적으로 필요한 기간 내에

서 자동적·중개적·일시적으로 저장하는 행위
가. 온라인서비스제공자가 저작물등의 송신을 시작하지 아니한 경우
나. 온라인서비스제공자가 저작물등이나 그 수신자를 선택하지 아니한 경우
다. 저작권, 그 밖에 이 법에 따라 보호되는 권리를 반복적으로 침해하는 자의 계정(온라인서비스제공자가 이용자를 식별·관리하기 위하여 사용하는 이용권한 계좌를 말한다. 이하 이 조, 제103조의2, 제133조의2 및 제133조의3에서 같다)을 해지하는 방침을 채택하고 이를 합리적으로 이행한 경우
라. 저작물등을 식별하고 보호하기 위한 기술조치로서 대통령령으로 정하는 조건을 충족하는 표준적인 기술조치를 권리자가 이용한 때에는 이를 수용하고 방해하지 아니한 경우
2. 서비스이용자의 요청에 따라 송신된 저작물등을 후속 이용자들이 효율적으로 접근하거나 수신할 수 있게 할 목적으로 그 저작물등을 자동적·중개적·일시적으로 저장하는 행위
가. 제1호 각 목의 요건을 모두 갖춘 경우
나. 온라인서비스제공자가 그 저작물등을 수정하지 아니한 경우
다. 제공되는 저작물등에 접근하기 위한 조건이 있는 경우에는 그 조건을 지킨 이용자에게만 임시저장된 저작물등의 접근을 허용한 경우
라. 저작물등을 복제·전송하는 자(이하 "복제·전송자"라 한다)가 명시한, 컴퓨터나 정보통신망에 대하여 그 업계에서 일반적으로 인정되는 데이터통신규약에 따른 저작물등의 현행화에 관한 규칙을 지킨 경우. 다만, 복제·전송자가 그러한 저장을 불합리하게 제한할 목적으로 현행화에 관한 규칙을 정한 경우에는 그러하지 아니한다.
마. 저작물등이 있는 본래의 사이트에서 그 저작물등의 이용에 관한 정보를 얻기 위하여 적용한, 그 업계에서 일반적으로 인정되는 기술의 사용을 방해하지 아니한 경우
바. 제103조 제1항에 따른 복제·전송의 중단요구를 받은 경우, 본래의 사이트에서 그 저작물등이 삭제되었거나 접근할 수 없게 된 경우, 또는 법원, 관계 중앙행정기관의 장이 그 저작물등을 삭제하거나 접근할 수 없게 하도록 명령을 내린 사실을 실제로 알게 된 경우에 그 저작물등을 즉시 삭제하거나 접근할 수 없게 한 경우
3. 복제·전송자의 요청에 따라 저작물등을 온라인서비스제공자의 컴퓨터에 저장하는 행위
가. 제1호 각 목의 요건을 모두 갖춘 경우
나. 온라인서비스제공자가 침해행위를 통제할 권한과 능력이 있을 때에는 그 침해행위로부터 직접적인 금전적 이익을 얻지 아니한 경우
다. 온라인서비스제공자가 침해를 실제로 알게 되거나 제103조제1항에 따른 복제·전송의 중단요구 등을 통하여 침해가 명백하다는 사실 또는 정황을 알게 된 때에 즉시 그 저작물등의 복제·전송을 중단시킨 경우
라. 제103조 제4항에 따라 복제·전송의 중단요구 등을 받을 자를 지정하여 공지한 경우
4. 정보검색도구를 통하여 이용자에게 정보통신망상 저작물등의 위치를 알 수 있게 하거나 연결하는 행위

가. 제1호가목의 요건을 갖춘 경우
나. 제3호나목부터 라목까지의 요건을 갖춘 경우
② 제1항에도 불구하고 온라인서비스제공자가 제1항에 따른 조치를 취하는 것이 기술적으로 불가능한 경우에는 다른 사람에 의한 저작물등의 복제·전송으로 인한 저작권, 그 밖에 이 법에 따라 보호되는 권리의 침해에 대하여 책임을 지지 아니한다. <개정 2011.6.30.>
③ 제1항에 따른 책임 제한과 관련하여 온라인서비스제공자는 자신의 서비스 안에서 침해행위가 일어나는지를 모니터링하거나 그 침해행위에 관하여 적극적으로 조사할 의무를 지지 아니한다. <신설 2011.6.30.>

제103조(복제 • 전송의 중단) ① 온라인서비스제공자(제102조제1항제1호의 경우는 제외한다. 이하 이 조에서 같다)의 서비스를 이용한 저작물등의 복제·전송에 따라 저작권, 그 밖에 이 법에 따라 보호되는 자신의 권리가 침해됨을 주장하는 자(이하 이 조에서 "권리주장자"라 한다)는 그 사실을 소명하여 온라인서비스제공자에게 그 저작물등의 복제·전송을 중단시킬 것을 요구할 수 있다. <개정 2011.6.30.>
② 온라인서비스제공자는 제1항에 따른 복제·전송의 중단요구를 받은 경우에는 즉시 그 저작물등의 복제·전송을 중단시키고 권리주장자에게 그 사실을 통보하여야 한다. 다만, 제102조제1항제3호 및 제4호의 온라인서비스제공자는 그 저작물등의 복제·전송자에게도 이를 통보하여야 한다. <개정 2011.6.30.>
③ 제2항에 따른 통보를 받은 복제·전송자가 자신의 복제·전송이 정당한 권리에 의한 것임을 소명하여 그 복제·전송의 재개를 요구하는 경우 온라인서비스제공자는 재개요구사실 및 재개예정일을 권리주장자에게 지체 없이 통보하고 그 예정일에 복제·전송을 재개시켜야 한다. 다만, 권리주장자가 복제·전송자의 침해행위에 대하여 소를 제기한 사실을 재개예정일 전에 온라인서비스제공자에게 통보한 경우에는 그러하지 아니하다. <개정 2011.12.2.>
④ 온라인서비스 제공자는 제1항 및 제3항의 규정에 따른 복제·전송의 중단 및 그 재개의 요구를 받을 자(이하 이 조에서 '수령인'이라 한다)를 지정하여 자신의 설비 또는 서비스를 이용하는 자들이 쉽게 알 수 있도록 공지하여야 한다.
⑤ 온라인서비스 제공자가 제4항에 따른 공지를 하고 제2항과 제3항에 따라 그 저작물등의 복제·전송을 중단시키거나 재개시킨 경우에는 다른 사람에 의한 저작권 그 밖에 이 법에 따라 보호되는 권리의 침해에 대한 온라인서비스제공자의 책임 및 복제·전송자에게 발생하는 손해에 대한 온라인서비스제공자의 책임을 면제한다. 다만, 이 항의 규정은 온라인서비스제공자가 다른 사람에 의한 저작물등의 복제·전송으로 인하여 그 저작권 그 밖에 이 법에 따라 보호되는 권리가 침해된다는 사실을 안 때부터 제1항에 따른 중단을 요구받기 전까지 발생한 책임에는 적용하지 아니한다. <개정 2011.6.30., 2011.12.2.>
⑥ 정당한 권리 없이 제1항 및 제3항의 규정에 따른 그 저작물등의 복제·전송의 중단이나 재개를 요구하는 자는 그로 인하여 발생하는 손해를 배상하여야 한다.
⑦ 제1항부터 제4항까지의 규정에 따른 소명, 중단, 통보, 복제·전송의 재개, 수령인의 지정 및 공지 등에 관하여 필요한 사항은 대통령령으로 정한다. 이 경우 문화체육관광부장관은 관계중앙행정기관의 장과 미리 협의하여야 한다. <개정

2008.2.29., 2011.6.30.>

제103조의 2(온라인서비스제공자에 대한 법원 명령의 범위) ① 법원은 제102조제1항제1호에 따른 요건을 충족한 온라인서비스제공자에게 제123조제3항에 따라 필요한 조치를 명하는 경우에는 다음 각 호의 조치만을 명할 수 있다.

1. 특정 계정의 해지
2. 특정 해외 인터넷 사이트에 대한 접근을 막기 위한 합리적 조치

② 법원은 제102조제1항제2호부터 제4호까지의 요건을 충족한 온라인서비스제공자에게 제123조제3항에 따라 필요한 조치를 명하는 경우에는 다음 각 호의 조치만을 명할 수 있다.

1. 불법복제물의 삭제
2. 불법복제물에 대한 접근을 막기 위한 조치
3. 특정 계정의 해지
4. 그 밖에 온라인서비스제공자에게 최소한의 부담이 되는 범위에서 법원이 필요하다고 판단하는 조치 [본조 신설 2011.12.2.]

제103조의 3(복제 • 전송자에 관한 정보 제공의 청구) ① 권리주장자가 민사상의 소제기 및 형사상의 고소를 위하여 해당 온라인서비스제공자에게 그 온라인서비스제공자가 가지고 있는 해당 복제·전송자의 성명과 주소 등 필요한 최소한의 정보 제공을 요청하였으나 온라인서비스제공자가 이를 거절한 경우 권리주장자는 문화체육관광부장관에게 해당 온라인서비스제공자에 대하여 그 정보의 제공을 명령하여 줄 것을 청구할 수 있다.

② 문화체육관광부장관은 제1항에 따른 청구가 있으면 제112조에 따른 한국저작권위원회의 심의를 거쳐 온라인서비스제공자에게 해당 복제·전송자의 정보를 제출하도록 명할 수 있다.

③ 온라인서비스 제공자는 제2항의 명령을 받은 날부터 7일 이내에 그 정보를 문화체육관광부장관에게 제출하여야 하며, 문화체육관광부장관은 그 정보를 제1항에 따른 청구를 한 자에게 지체 없이 제공하여야 한다.

④ 제3항에 따라 해당 복제·전송자의 정보를 제공받은 자는 해당 정보를 제1항의 청구 목적 외의 용도로 사용하여서는 아니 된다.

⑤ 그 밖에 복제·전송자에 관한 정보의 제공에 필요한 사항은 대통령령으로 정한다. [본조신설 2011.12.2.]

제104조(특수한 유형의 온라인 서비스제공자의 의무 등) ① 다른 사람들 상호간에 컴퓨터를 이용하여 저작물등을 전송하도록 하는 것을 주된 목적으로 하는 온라인서비스제공자(이하 "특수한 유형의 온라인서비스제공자"라 한다)는 권리자의 요청이 있는 경우 해당 저작물등의 불법적인 전송을 차단하는 기술적인 조치 등 필요한 조치를 하여야 한다. 이 경우 권리자의 요청 및 필요한 조치에 관한 사항은 대통령령으로 정한다. <개정 2009.4.22.>

② 문화체육관광부장관은 제1항의 규정에 따른 특수한 유형의 온라인서비스제공자의 범위를 정하여 고시할 수 있다. <개정 2008.2.29.>

제6장의2 기술적 보호조치의 무력화 금지 등

<신설 2011.6.30.>

제104조의 2(기술적 보호조치의 무력화 금지) ① 누구든지 정당한 권한 없이 고의 또는 과실로 제2조제28호가목의 기술적 보호조치를 제거·변경하거나 우회하는 등의 방법으로 무력화하여서는 아니 된다. 다만, 다음 각 호의 어느 하나에 해당하는 경우에는 그러하지 아니하다.

1. 암호 분야의 연구에 종사하는 자가 저작물등의 복제물을 정당하게 취득하여 저작물등에 적용된 암호 기술의 결함이나 취약점을 연구하기 위하여 필요한 범위에서 행하는 경우. 다만, 권리자로부터 연구에 필요한 이용을 허락받기 위하여 상당한 노력을 하였으나 허락을 받지 못한 경우에 한한다.
2. 미성년자에게 유해한 온라인상의 저작물등에 미성년자가 접근하는 것을 방지하기 위하여 기술·제품·서비스 또는 장치에 기술적 보호조치를 무력화하는 구성요소나 부품을 포함하는 경우. 다만, 제2항에 따라 금지되지 아니하는 경우에 한한다.
3. 개인의 온라인상의 행위를 파악할 수 있는 개인 식별 정보를 비공개적으로 수집·유포하는 기능을 확인하고, 이를 무력화하기 위하여 필요한 경우. 다만, 다른 사람들이 저작물등에 접근하는 것에 영향을 미치는 경우는 제외한다.
4. 국가의 법집행, 합법적인 정보수집 또는 안전보장 등을 위하여 필요한 경우
5. 제25조제2항에 따른 교육기관·교육지원기관, 제31조제1항에 따른 도서관(비영리인 경우로 한정한다) 또는 「공공기록물 관리에 관한 법률」에 따른 기록물관리기관이 저작물등의 구입 여부를 결정하기 위하여 필요한 경우. 다만, 기술적 보호조치를 무력화하지 아니하고는 접근할 수 없는 경우에 한한다.
6. 정당한 권한을 가지고 프로그램을 사용하는 자가 다른 프로그램과의 호환을 위하여 필요한 범위에서 프로그램코드역분석을 하는 경우
7. 정당한 권한을 가진 자가 오로지 컴퓨터 또는 정보통신망의 보안성을 검사·조사 또는 보정하기 위하여 필요한 경우
8. 기술적 보호조치의 무력화 금지에 의하여 특정 종류의 저작물등을 정당하게 이용하는 것이 불합리하게 영향을 받거나 받을 가능성이 있다고 인정되어 대통령령으로 정하는 절차에 따라 문화체육관광부장관이 정하여 고시하는 경우. 이 경우 그 예외의 효력은 3년으로 한다.

② 누구든지 정당한 권한 없이 다음과 같은 장치, 제품 또는 부품을 제조, 수입, 배포, 전송, 판매, 대여, 공중에 대한 청약, 판매나 대여를 위한 광고, 또는 유통을 목적으로 보관 또는 소지하거나, 서비스를 제공하여서는 아니 된다.

1. 기술적 보호조치의 무력화를 목적으로 홍보, 광고 또는 판촉되는 것
2. 기술적 보호조치를 무력화하는 것 외에는 제한적으로 상업적인 목적 또는 용도만 있는 것
3. 기술적 보호조치를 무력화하는 것을 가능하게 하거나 용이하게 하는 것을 주된 목적으로 고안, 제작, 개조되거나 기능하는 것

③ 제2항에도 불구하고 다음 각 호의 어느 하나에 해당하는 경우에는 그러하지 아니하다.

1. 제2조제28호가목의 기술적 보호조치와 관련하여 제1항제1호·제2호·제4호·제6호

및 제7호에 해당하는 경우
2. 제2조 제28호나목의 기술적 보호조치와 관련하여 제1항제4호 및 제6호에 해당하는 경우[본조 신설 2011.6.30.]

제104조의 3(권리관리정보의 제거 · 변경 등의 금지) ① 누구든지 정당한 권한 없이 저작권, 그 밖에 이 법에 따라 보호되는 권리의 침해를 유발 또는 은닉한다는 사실을 알거나 과실로 알지 못하고 다음 각 호의 어느 하나에 해당하는 행위를 하여서는 아니 된다. <개정 2011.12.2.>
1. 권리관리정보를 고의로 제거·변경하거나 거짓으로 부가하는 행위
2. 권리관리정보가 정당한 권한 없이 제거 또는 변경되었다는 사실을 알면서 그 권리관리정보를 배포하거나 배포할 목적으로 수입하는 행위
3. 권리관리정보가 정당한 권한 없이 제거·변경되거나 거짓으로 부가된 사실을 알면서 해당 저작물등의 원본이나 그 복제물을 배포·공연 또는 공중송신하거나 배포를 목적으로 수입하는 행위
② 제1항은 국가의 법집행, 합법적인 정보수집 또는 안전보장 등을 위하여 필요한 경우에는 적용하지 아니한다.
[본조신설 2011.6.30.]

제104조의 4(암호화된 방송 신호의 무력화 등의 금지) 누구든지 다음 각 호의 어느 하나에 해당하는 행위를 하여서는 아니 된다.
1. 암호화된 방송 신호를 방송사업자의 허락 없이 복호화(復號化)하는 데에 주로 사용될 것을 알거나 과실로 알지 못하고, 그러한 목적을 가진 장치·제품·주요부품 또는 프로그램 등 유·무형의 조치를 제조·조립·변경·수입·수출·판매·임대하거나 그 밖의 방법으로 전달하는 행위. 다만, 제104조의2제1항제1호·제2호 또는 제4호에 해당하는 경우에는 그러하지 아니하다.
2. 암호화된 방송 신호가 정당한 권한에 의하여 복호화된 경우 그 사실을 알고 그 신호를 방송사업자의 허락 없이 영리를 목적으로 다른 사람에게 공중송신하는 행위
3. 암호화된 방송 신호가 방송사업자의 허락없이 복호화된 것임을 알면서 그러한 신호를 수신하여 청취 또는 시청하거나 다른 사람에게 공중송신하는 행위
[본조신설 2011.12.2.]
[종전 제104조의 4는 제104조의 8로 이동 <2011.12.2.>]

제104조의 5(라벨 위조 등의 금지) 누구든지 정당한 권한 없이 다음 각 호의 어느 하나에 해당하는 행위를 하여서는 아니 된다.
1. 저작물등의 라벨을 불법복제물이나 그 문서 또는 포장에 부착·동봉 또는 첨부하기 위하여 위조하거나 그러한 사실을 일면서 배포 또는 배포할 목적으로 소지하는 행위
2. 저작물등의 권리자나 권리자의 동의를 받은 자로부터 허락을 받아 제작한 라벨을 그 허락 범위를 넘어 배포하거나 그러한 사실을 알면서 다시 배포 또는 다시 배포할 목적으로 소지하는 행위
3. 저작물등의 적법한 복제물과 함께 배포되는 문서 또는 포장을 불법복제물에 사용하기 위하여 위조하거나 그러한 사실을 알면서 위조된 문서 또는 포장을 배포하거나 배포할 목적으로 소지하는 행위

[본조신설 2011.12.2.]

제104조의 6(영상저작물 녹화 등의 금지) 누구든지 저작권으로 보호되는 영상저작물을 상영 중인 영화상영관등에서 저작재산권자의 허락 없이 녹화기기를 이용하여 녹화하거나 공중송신하여서는 아니 된다.

[본조신설 2011.12.2.]

제104조의 7(방송전 신호의 송신 금지) 누구든지 정당한 권한 없이 방송사업자에게로 송신되는 신호(공중이 직접 수신하도록 할 목적의 경우에는 제외한다)를 제3자에게 송신하여서는 아니된다.

[본조신설 2011.12.2.]

제104조의 8(침해의 정지 • 예방 청구 등) 저작권, 그 밖에 이 법에 따라 보호되는 권리를 가진 자는 제104조의2부터 제104조의4까지의 규정을 위반한 자에 대하여 침해의 정지·예방, 손해배상의 담보 또는 손해배상이나 이를 갈음하는 법정손해배상의 청구를 할 수 있으며, 고의 또는 과실 없이 제104조의2제1항의 행위를 한 자에 대하여는 침해의 정지·예방을 청구할 수 있다. 이 경우 제123조, 제125조, 제125조의2, 제126조 및 제129조를 준용한다. <개정 2011.12.2.>

[본조신설 2011.6.30.] [제104조의4에서 이동 <2011.12.2.>]

제7장 저작권위탁관리업

제105조(저작권위탁관리업의 허가 등) ① 저작권신탁관리업을 하고자 하는 자는 대통령령이 정하는 바에 따라 문화체육관광부장관의 허가를 받아야 하며, 저작권대리중개업을 하고자 하는 자는 대통령령이 정하는 바에 따라 문화체육관광부장관에게 신고하여야 한다. <개정 2008.2.29.>

② 제1항의 규정에 따라 저작권신탁관리업을 하고자 하는 자는 다음 각 호의 요건을 갖추어야 하며, 대통령령으로 정하는 바에 따라 저작권신탁관리업무규정을 작성하여 이를 저작권신탁관리허가신청서와 함께 문화체육관광부장관에게 제출하여야 한다. <개정 2008.2.29.>

1. 저작물등에 관한 권리자로 구성된 단체일 것
2. 영리를 목적으로 하지 아니할 것
3. 사용료의 징수 및 분배 등의 업무를 수행하기에 충분한 능력이 있을 것

③ 다음 각 호의 어느 하나에 해당하는 자는 제1항의 규정에 따른 저작권신탁관리업 또는 저작권대리중개업(이하 "저작권위탁관리업"이라 한다)의 허가를 받거나 신고를 할 수 없다.

1. 금치산자·한정치산자
2. 파산선고를 받고 복권되지 아니한 자
3. 이 법을 위반하여 벌금 이상의 형의 선고를 받고 그 집행이 종료되거나 집행을 받지 아니하기로 확정된 후 1년이 경과되지 아니한 자 또는 형의 집행유예의 선고를 받고 그 집행유예기간 중에 있는 자
4. 대한민국 내에 주소를 두지 아니한 자
5. 제1호 내지 제4호의 어느 하나에 해당하는 자가 대표자 또는 임원으로 되어 있는 법인 또는 단체

④ 제1항의 규정에 따라 저작권위탁관리업의 허가를 받거나 신고를 한 자(이하 "저작권위탁관리업자"라 한다)는 그 업무에 관하여 저작재산권자 그 밖의 관계자로부터 수수료를 받을 수 있다.
⑤ 제4항의 규정에 따른 수수료의 요율 또는 금액 및 저작권위탁관리업자가 이용자로부터 받는 사용료의 요율 또는 금액은 저작권위탁관리업자가 문화체육관광부장관의 승인을 얻어 이를 정한다. 다만, 저작권대리중개업의 신고를 한 자의 경우에는 그러하지 아니하다. <개정 2008.2.29.>
⑥ 문화체육관광부장관은 제5항에 따른 승인의 경우에 제112조에 따른 한국저작권위원회의 심의를 거쳐야 하며 필요한 경우에는 기간을 정하거나 신청된 내용을 수정하여 승인할 수 있다. <개정 2008.2.29., 2009.4.22.>
⑦ 문화체육관광부장관은 제5항의 규정에 따른 사용료의 요율 또는 금액에 관한 승인 신청이 있는 경우 및 승인을 한 경우에는 대통령령이 정하는 바에 따라 그 내용을 공고하여야 한다. <개정 2008.2.29.>
⑧ 문화체육관광부장관은 저작재산권자 그 밖의 관계자의 권익보호 또는 저작물등의 이용 편의를 도모하기 위하여 필요한 경우에는 제5항의 규정에 따른 승인 내용을 변경할 수 있다. <개정 2008.2.29.>

제106조(저작권신탁관리업자의 의무) ① 저작권신탁관리업자는 그가 관리하는 저작물등의 목록을 대통령령이 정하는 바에 따라 분기별로 도서 또는 전자적 형태로 작성하여 누구든지 적어도 영업시간 내에는 목록을 열람할 수 있도록 하여야 한다.
② 저작권신탁관리업자는 이용자가 서면으로 요청하는 경우에는 정당한 사유가 없는 한 관리하는 저작물등의 이용계약을 체결하기 위하여 필요한 정보로서 대통령령으로 정하는 정보를 상당한 기간 이내에 서면으로 제공하여야 한다.

제107조(서류열람의 청구) 저작권신탁관리업자는 그가 신탁관리하는 저작물등을 영리목적으로 이용하는 자에 대하여 당해 저작물등의 사용료 산정에 필요한 서류의 열람을 청구할 수 있다. 이 경우 이용자는 정당한 사유가 없는 한 이에 응하여야 한다.

제108조(감독) ① 문화체육관광부장관은 저작권위탁관리업자에게 저작권위탁관리업의 업무에 관하여 필요한 보고를 하게 할 수 있다. <개정 2008.2.29.>
② 문화체육관광부장관은 저작자의 권익보호와 저작물의 이용편의를 도모하기 위하여 저작권위탁관리업자의 업무에 대하여 필요한 명령을 할 수 있다. <개정 2008.2.29.>

제109조(허가의 취소 등) ① 문화체육관광부장관은 저작권위탁관리업자가 다음 각 호의 어느 하나에 해당하는 경우에는 6월 이내의 기간을 정하여 업무의 정지를 명할 수 있다. <개정 2008.2.29.>
1. 제105조제5항의 규정에 따라 승인된 수수료를 초과하여 받은 경우
2. 제105조 제5항의 규정에 따라 승인된 사용료 이외의 사용료를 받은 경우
3. 제108조 제1항의 규정에 따른 보고를 정당한 사유 없이 하지 아니하거나 허위로 한 경우
4. 제108조 제2항의 규정에 따른 명령을 받고 정당한 사유 없이 이를 이행하지 아니한 경우

② 문화체육관광부장관은 저작권위탁관리업자가 다음 각 호의 어느 하나에 해당하는 경우에는 저작권위탁관리업의 허가를 취소하거나 영업의 폐쇄명령을 할 수 있다. <개정 2008.2.29.>

1. 거짓 그 밖의 부정한 방법으로 허가를 받거나 신고를 한 경우
2. 제1항의 규정에 따른 업무의 정지명령을 받고 그 업무를 계속한 경우

제110조(청문) 문화체육관광부장관은 제109조제2항의 규정에 따라 저작권위탁관리업의 허가를 취소하거나 영업의 폐쇄를 명하고자 하는 경우에는 청문을 실시하여야 한다. <개정 2008.2.29.>

제111조(과징금 처분) ① 문화체육관광부장관은 저작권위탁관리업자가 제109조제1항 각 호의 어느 하나에 해당하여 업무의 정지처분을 하여야 할 때에는 그 업무정지처분에 갈음하여 5천만원 이하의 과징금을 부과·징수할 수 있다. <개정 2008.2.29.>

② 문화체육관광부장관은 제1항의 규정에 따라 과징금 부과처분을 받은 자가 과징금을 기한 이내에 납부하지 아니하는 때에는 국세체납처분의 예에 의하여 이를 징수한다. <개정 2008.2.29.>

③ 제1항 및 제2항의 규정에 따라 징수한 과징금은 징수주체가 건전한 저작물 이용 질서의 확립을 위하여 사용할 수 있다.

④ 제1항의 규정에 따라 과징금을 부과하는 위반행위의 종별·정도 등에 따른 과징금의 금액 및 제3항의 규정에 따른 과징금의 사용절차 등에 관하여 필요한 사항은 대통령령으로 정한다.

제8장 한국저작권위원회 <개정 2009.4.22.>

제112조(한국저작권위원회의 설립) ① 저작권과 그 밖에 이 법에 따라 보호되는 권리(이하 이 장에서 "저작권"이라 한다)에 관한 사항을 심의하고 저작권에 관한 분쟁(이하 "분쟁"이라 한다)을 알선·조정하며, 저작권의 보호 및 공정한 이용에 필요한 사업을 수행하기 위하여 한국저작권위원회(이하 "위원회"라 한다)를 둔다.

② 위원회는 법인으로 한다.

③ 위원회에 관하여 이 법에서 정하지 아니한 사항에 대하여는 「민법」의 재단법인에 관한 규정을 준용한다. 이 경우 위원회의 위원은 이사로 본다.

④ 위원회가 아닌 자는 한국저작권위원회의 명칭을 사용하지 못한다.

[전문개정 2009.4.22.]

제112조의2(위원회의 구성) ① 위원회는 위원장 1명, 부위원장 2명을 포함한 20명 이상 25명 이내의 위원으로 구성한다.

② 위원은 다음 각 호의 사람 중에서 문화체육관광부장관이 위촉하며, 위원장과 부위원장은 위원 중에서 호선한다. 이 경우 문화체육관광부장관은 이 법에 따라 보호되는 권리의 보유자와 그 이용자의 이해를 반영하는 위원의 수가 균형을 이루도록 하여야 하며, 분야별 권리자 단체 또는 이용자 단체 등에 위원의 추천을 요청할 수 있다.

1. 대학이나 공인된 연구기관에서 부교수 이상 또는 이에 상당하는 직위에 있거나 있었던 자로서 저작권 관련 분야를 전공한 자

2. 판사 또는 검사의 직에 있는 자 및 변호사의 자격이 있는 자
3. 4급 이상의 공무원 또는 이에 상당하는 공공기관의 직에 있거나 있었던 자로서 저작권 또는 문화산업 분야에 실무경험이 있는 자
4. 저작권 또는 문화산업 관련 단체의 임원의 직에 있거나 있었던 자
5. 그 밖에 저작권 또는 문화산업 관련 업무에 관한 학식과 경험이 풍부한 자
③ 위원의 임기는 3년으로 하되, 연임할 수 있다. 다만, 직위를 지정하여 위촉하는 위원의 임기는 해당 직위에 재임하는 기간으로 한다.
④ 위원에 결원이 생겼을 때에는 제2항에 따라 보궐위원을 위촉하여야 하며, 그 보궐위원의 임기는 전임자 임기의 나머지 기간으로 한다. 다만, 위원의 수가 20명 이상인 경우에는 보궐위원을 위촉하지 아니할 수 있다.
⑤ 위원회의 업무를 효율적으로 수행하기 위하여 분야별로 분과위원회를 둘 수 있다. 분과위원회가 위원회로부터 위임받은 사항에 관하여 의결한 때에는 위원회가 의결한 것으로 본다.
[본조신설 2009.4.22.]

제113조(업무) 위원회는 다음 각 호의 업무를 행한다. <개정 2008.2.29., 2009.4.22.>
1. 분쟁의 알선·조정
2. 제105조제6항의 규정에 따른 저작권위탁관리업자의 수수료 및 사용료의 요율 또는 금액에 관한 사항 및 문화체육관광부장관 또는 위원 3인 이상이 공동으로 부의하는 사항의 심의
3. 저작물등의 이용질서 확립 및 저작물의 공정한 이용 도모를 위한 사업
4. 저작권 보호를 위한 국제협력
5. 저작권 연구·교육 및 홍보
6. 저작권 정책의 수립 지원
7. 기술적보호조치 및 권리관리정보에 관한 정책 수립 지원
8. 저작권 정보 제공을 위한 정보관리 시스템 구축 및 운영
9. 저작권의 침해 등에 관한 감정
10. 제133조의3에 따른 온라인서비스제공자에 대한 시정권고 및 문화체육관광부장관에 대한 시정명령 요청
11. 법령에 따라 위원회의 업무로 정하거나 위탁하는 업무
12. 그 밖에 문화체육관광부장관이 위탁하는 업무

제113조의 2(알선) ① 분쟁에 관한 알선을 받으려는 자는 알선신청서를 위원회에 제출하여 알선을 신청할 수 있다.
② 위원회가 제1항에 따라 알선의 신청을 받은 때에는 위원장이 위원 중에서 알선위원을 지명하여 알선을 하게 하여야 한다.
③ 알선위원은 알선으로는 분쟁해결의 가능성이 없다고 인정되는 경우에 알선을 중단할 수 있다.
④ 알선 중인 분쟁에 대하여 이 법에 따른 조정의 신청이 있는 때에는 해당 알선은 중단된 것으로 본다.
⑤ 알선이 성립한 때에 알선위원은 알선서를 작성하여 관계 당사자와 함께 기명날

인하여야 한다.
⑥ 알선의 신청 및 절차에 관하여 필요한 사항은 대통령령으로 정한다.
[본조신설 2009.4.22.]

제114조(조정부) ① 위원회의 분쟁조정업무를 효율적으로 수행하기 위하여 위원회에 1인 또는 3인 이상의 위원으로 구성된 조정부를 두되, 그 중 1인은 변호사의 자격이 있는 자이어야 한다.
② 제1항의 규정에 따른 조정부의 구성 및 운영 등에 관하여 필요한 사항은 대통령령으로 정한다.

제114조의2(조정의 신청 등) ① 분쟁의 조정을 받으려는 자는 신청취지와 원인을 기재한 조정신청서를 위원회에 제출하여 그 분쟁의 조정을 신청할 수 있다.
② 제1항에 따른 분쟁의 조정은 제114조에 따른 조정부가 행한다.
[본조신설 2009.4.22.]

제115조(비공개) 조정절차는 비공개를 원칙으로 한다. 다만, 조정부장은 당사자의 동의를 얻어 적당하다고 인정하는 자에게 방청을 허가할 수 있다.

제116조(진술의 원용 제한) 조정절차에서 당사자 또는 이해관계인이 한 진술은 소송 또는 중재절차에서 원용하지 못한다.

제117조(조정의 성립) ① 조정은 당사자 간에 합의된 사항을 조서에 기재함으로써 성립된다.
② 제1항의 규정에 따른 조서는 재판상의 화해와 동일한 효력이 있다. 다만, 당사자가 임의로 처분할 수 없는 사항에 관한 것은 그러하지 아니하다.

제118조(조정비용 등) ① 조정비용은 신청인이 부담한다. 다만, 조정이 성립된 경우로서 특약이 없는 때에는 당사자 각자가 균등하게 부담한다.
② 조정의 신청 및 절차, 조정비용의 납부방법에 관하여 필요한 사항은 대통령령으로 정한다. <신설 2009.4.22.>
③ 제1항의 조정비용의 금액은 위원회가 정한다. <개정 2009.4.22.>
[제목개정 2009.4.22.]

제119조(감정) ① 위원회는 다음 각 호의 어느 하나에 해당하는 경우에는 감정을 실시할 수 있다. <개정 2009.4.22.>
1. 법원 또는 수사기관 등으로부터 재판 또는 수사를 위하여 저작권의 침해 등에 관한 감정을 요청받은 경우
2. 제114조의2에 따른 분쟁조정을 위하여 분쟁조정의 양 당사자로부터 프로그램 및 프로그램과 관련된 전자적 정보 등에 관한 감정을 요청받은 경우
② 제1항의 규정에 따른 감정절차 및 방법 등에 관하여 필요한 사항은 대통령령으로 정한다.
③ 위원회는 제1항의 규정에 따른 감정을 실시한 때에는 감정 수수료를 받을 수 있으며, 그 금액은 위원회가 정한다.

제120조(저작권정보센터) ① 제113조제7호 및 제8호의 업무를 효율적으로 수행하기 위하여 위원회 내에 저작권정보센터를 둔다. <개정 2009.4.22.>
② 저작권정보센터의 운영에 필요한 사항은 대통령령으로 정한다.<신설 2009.4.22.>

제121조 삭제 <2009.4.22.>

제122조(경비보조 등) ① 국가는 예산의 범위에서 위원회의 운영에 필요한 경

비를 출연하거나 보조할 수 있다. <개정 2009.4.22.>
② 개인·법인 또는 단체는 제113조제3호·제5호 및 제8호의 규정에 따른 업무 수행을 지원하기 위하여 위원회에 금전 그 밖의 재산을 기부할 수 있다.
③ 제2항의 규정에 따른 기부금은 별도의 계정으로 관리하여야 하며, 그 사용에 관하여는 문화체육관광부장관의 승인을 얻어야 한다. <개정 2008.2.29.>

제9장 권리의 침해에 대한 구제

제123조(침해의 정지 등 청구) ① 저작권 그 밖에 이 법에 따라 보호되는 권리(제25조·제31조·제75조·제76조·제76조의2·제82조·제83조 및 제83조의2의 규정에 따른 보상을 받을 권리를 제외한다. 이하 이 조에서 같다)를 가진 자는 그 권리를 침해하는 자에 대하여 침해의 정지를 청구할 수 있으며, 그 권리를 침해할 우려가 있는 자에 대하여 침해의 예방 또는 손해배상의 담보를 청구할 수 있다. <개정 2009.3.25.>
② 저작권 그 밖에 이 법에 따라 보호되는 권리를 가진 자는 제1항의 규정에 따른 청구를 하는 경우에 침해행위에 의하여 만들어진 물건의 폐기나 그 밖의 필요한 조치를 청구할 수 있다.
③ 제1항 및 제2항의 경우 또는 이 법에 따른 형사의 기소가 있는 때에는 법원은 원고 또는 고소인의 신청에 따라 담보를 제공하거나 제공하지 아니하게 하고, 임시로 침해행위의 정지 또는 침해행위로 말미암아 만들어진 물건의 압류 그 밖의 필요한 조치를 명할 수 있다.
④ 제3항의 경우에 저작권 그 밖에 이 법에 따라 보호되는 권리의 침해가 없다는 뜻의 판결이 확정된 때에는 신청자는 그 신청으로 인하여 발생한 손해를 배상하여야 한다.

제124조(침해로 보는 행위) ① 다음 각 호의 어느 하나에 해당하는 행위는 저작권 그 밖에 이 법에 따라 보호되는 권리의 침해로 본다. <개정 2009.4.22.>
1. 수입 시에 대한민국 내에서 만들어졌더라면 저작권 그 밖에 이 법에 따라 보호되는 권리의 침해로 될 물건을 대한민국 내에서 배포할 목적으로 수입하는 행위
2. 저작권 그 밖에 이 법에 따라 보호되는 권리를 침해하는 행위에 의하여 만들어진 물건(제1호의 수입물건을 포함한다)을 그 사실을 알고 배포할 목적으로 소지하는 행위
3. 프로그램의 저작권을 침해하여 만들어진 프로그램의 복제물(제1호에 따른 수입물건을 포함한다)을 그 사실을 알면서 취득한 자가 이를 업무상 이용하는 행위
② 저작자의 명예를 훼손하는 방법으로 저작물을 이용하는 행위는 저작인격권의 침해로 본다. <개정 2011.6.30.>
③ 삭제 <2011.6.30.>

제125조(손해배상의 청구) ① 저작재산권 그 밖에 이 법에 따라 보호되는 권리(저작인격권 및 실연자의 인격권을 제외한다)를 가진 자(이하 "저작재산권자등"이라 한다)가 고의 또는 과실로 권리를 침해한 자에 대하여 그 침해행위에 의하여 자기가 받은 손해의 배상을 청구하는 경우에 그 권리를 침해한 자가 그 침해행위에

의하여 이익을 받은 때에는 그 이익의 액을 저작재산권자등이 받은 손해의 액으로 추정한다.
② 저작재산권자등이 고의 또는 과실로 그 권리를 침해한 자에 대하여 그 침해행위에 의하여 자기가 받은 손해의 배상을 청구하는 경우에 그 권리의 행사로 통상 받을 수 있는 금액에 상당하는 액을 저작재산권자등이 받은 손해의 액으로 하여 그 손해배상을 청구할 수 있다.
③ 제2항의 규정에 불구하고 저작재산권자등이 받은 손해의 액이 제2항의 규정에 따른 금액을 초과하는 경우에는 그 초과액에 대하여도 손해배상을 청구할 수 있다.
④ 등록되어 있는 저작권, 배타적발행권(제88조 및 제96조에 따라 준용되는 경우를 포함한다), 출판권, 저작인접권 또는 데이터베이스제작자의 권리를 침해한 자는 그 침해행위에 과실이 있는 것으로 추정한다. <개정 2009.4.22., 2011.12.2.>

제125조의 2(법정손해배상의 청구) ① 저작재산권자등은 고의 또는 과실로 권리를 침해한 자에 대하여 사실심(事實審)의 변론이 종결되기 전에는 실제 손해액이나 제125조 또는 제126조에 따라 정하여지는 손해액을 갈음하여 침해된 각 저작물등마다 1천만원(영리를 목적으로 고의로 권리를 침해한 경우에는 5천만원) 이하의 범위에서 상당한 금액의 배상을 청구할 수 있다.
② 둘 이상의 저작물을 소재로 하는 편집저작물과 2차적저작물은 제1항을 적용하는 경우에는 하나의 저작물로 본다.
③ 저작재산권자등이 제1항에 따른 청구를 하기 위해서는 침해행위가 일어나기 전에 제53조부터 제55조까지의 규정(제90조 및 제98조에 따라 준용되는 경우를 포함한다)에 따라 그 저작물등이 등록되어 있어야 한다.
④ 법원은 제1항의 청구가 있는 경우에 변론의 취지와 증거조사의 결과를 고려하여 제1항의 범위에서 상당한 손해액을 인정할 수 있다.
[본조신설 2011.12.2.]

제126조(손해액의 인정) 법원은 손해가 발생한 사실은 인정되나 제125조의 규정에 따른 손해액을 산정하기 어려운 때에는 변론의 취지 및 증거조사의 결과를 참작하여 상당한 손해액을 인정할 수 있다

제127조(명예회복 등의 청구) 저작자 또는 실연자는 고의 또는 과실로 저작인격권 또는 실연자의 인격권을 침해한 자에 대하여 손해배상에 갈음하거나 손해배상과 함께 명예회복을 위하여 필요한 조치를 청구할 수 있다.

제128조(저작자의 사망 후 인격적 이익의 보호) 저작자가 사망한 후에 그 유족(사망한 저작자의 배우자·자·부모·손·조부모 또는 형제자매를 말한다)이나 유언집행자는 당해 저작물에 대하여 제14조제2항의 규정을 위반하거나 위반할 우려가 있는 자에 대하여는 제123조의 규정에 따른 청구를 할 수 있으며, 고의 또는 과실로 저작인격권을 침해하거나 제14조제2항의 규정을 위반한 자에 대하여는 제127조의 규정에 따른 명예회복 등의 청구를 할 수 있다.

제129조(공동저작물의 권리침해) 공동저작물의 각 저작자 또는 각 저작재산권자는 다른 저작자 또는 다른 저작재산권자의 동의 없이 제123조의 규정에 따른 청구를 할 수 있으며 그 저작재산권의 침해에 관하여 자신의 지분에 관한 제125조의 규정에 따른 손해배상의 청구를 할 수 있다.

제129조의2(정보의 제공) ① 법원은 저작권, 그 밖에 이 법에 따라 보호되는 권리의 침해에 관한 소송에서 당사자의 신청에 따라 증거를 수집하기 위하여 필요하다고 인정되는 경우에는 다른 당사자에 대하여 그가 보유하고 있거나 알고 있는 다음 각 호의 정보를 제공하도록 명할 수 있다.
1. 침해 행위나 불법복제물의 생산 및 유통에 관련된 자를 특정할 수 있는 정보
2. 불법복제물의 생산 및 유통 경로에 관한 정보
② 제1항에도 불구하고 다른 당사자는 다음 각 호의 어느 하나에 해당하는 경우에는 정보의 제공을 거부할 수 있다.
1. 다음 각 목의 어느 하나에 해당하는 자가 공소 제기되거나 유죄판결을 받을 우려가 있는 경우
가. 다른 당사자
나. 다른 당사자의 친족이거나 친족 관계가 있었던 자
다. 다른 당사자의 후견인
2. 영업비밀(「부정경쟁방지 및 영업비밀 보호에 관한 법률」 제2조제2호의 영업비밀을 말한다. 이하 같다) 또는 사생활을 보호하기 위한 경우이거나 그 밖에 정보의 제공을 거부할 수 있는 정당한 사유가 있는 경우
③ 다른 당사자가 정당한 이유 없이 정보제공 명령에 따르지 아니한 경우에는 법원은 정보에 관한 당사자의 주장을 진실한 것으로 인정할 수 있다.
④ 법원은 제2항제2호에 규정된 정당한 사유가 있는지를 판단하기 위하여 필요하다고 인정되는 경우에는 다른 당사자에게 정보를 제공하도록 요구할 수 있다. 이 경우 정당한 사유가 있는지를 판단하기 위하여 정보제공을 신청한 당사자 또는 그의 대리인의 의견을 특별히 들을 필요가 있는 경우 외에는 누구에게도 그 제공된 정보를 공개하여서는 아니 된다.
[본조신설 2011.12.2.]

제129조의 3(비밀유지명령) ① 법원은 저작권, 그 밖에 이 법에 따라 보호되는 권리(제25조, 제31조, 제75조, 제76조, 제76조의2, 제82조, 제83조, 제83조의2 및 제101조의3에 따른 보상을 받을 권리는 제외한다. 이하 이 조에서 같다)의 침해에 관한 소송에서 그 당사자가 보유한 영업비밀에 대하여 다음 각 호의 사유를 모두 소명한 경우에는 그 당사자의 신청에 따라 결정으로 다른 당사자, 당사자를 위하여 소송을 대리하는 자, 그 밖에 해당 소송으로 인하여 영업비밀을 알게 된 자에게 해당 영업비밀을 해당 소송의 계속적인 수행 외의 목적으로 사용하거나 해당 영업비밀에 관계된 이 항에 따른 명령을 받은 자 외의 자에게 공개하지 아니할 것을 명할 수 있다. 다만, 그 신청 시까지 다른 당사자, 당사자를 위하여 소송을 대리하는 자, 그 밖에 해당 소송으로 인하여 영업비밀을 알게 된 자가 제1호에 따른 준비서면의 열람 및 증거조사 외의 방법으로 해당 영업비밀을 이미 취득한 경우에는 그러하지 아니하다.
1. 이미 제출하였거나 제출하여야 할 준비서면 또는 이미 조사하였거나 조사하여야 할 증거(제129조의2제4항에 따라 제공된 정보를 포함한다)에 영업비밀이 포함되어 있다는 것
2. 제1호의 영업비밀이 해당 소송수행 외의 목적으로 사용되거나 공개되면 당사자

의 영업에 지장을 줄 우려가 있어 이를 방지하기 위하여 영업비밀의 사용 또는 공개를 제한할 필요가 있다는 것
② 제1항에 따른 명령(이하 "비밀유지명령"이라 한다)의 신청은 다음 각 호의 사항을 적은 서면으로 하여야 한다.
1. 비밀유지명령을 받을 자
2. 비밀유지명령의 대상이 될 영업비밀을 특정하기에 충분한 사실
3. 제1항 각 호의 사유에 해당하는 사실
③ 비밀유지명령이 결정된 경우에는 그 결정서를 비밀유지명령을 받은 자에게 송달하여야 한다.
④ 비밀유지명령은 제3항의 결정서가 비밀유지명령을 받은 자에게 송달된 때부터 효력이 발생한다.
⑤ 비밀유지명령의 신청을 기각하거나 각하한 재판에 대하여는 즉시 항고할수있다..
[본조신설 2011.12.2.]

제129조의 4(비밀유지명령의 취소) ① 비밀유지명령을 신청한 자나 비밀유지명령을 받은 자는 제129조의3제1항에서 규정한 요건을 갖추지 못하였거나 갖추지 못하게 된 경우 소송기록을 보관하고 있는 법원(소송기록을 보관하고 있는 법원이 없는 경우에는 비밀유지명령을 내린 법원을 말한다)에 취소를 신청할 수 있다.
② 비밀유지명령의 취소신청에 대한 재판이 있는 경우에는 그 결정서를 그 신청인과 상대방에게 송달하여야 한다.
③ 비밀유지명령의 취소신청에 대한 재판에 대하여는 즉시항고를 할 수 있다.
④ 비밀유지명령을 취소하는 재판은 확정되어야 그 효력이 발생한다.
⑤ 비밀유지명령을 취소하는 재판을 한 법원은 비밀유지명령의 취소신청을 한 자와 상대방 외에 해당 영업비밀에 관한 비밀유지명령을 받은 자가 있는 경우에는 그 자에게 즉시 비밀유지명령의 취소재판을 한 취지를 통지하여야 한다.
[본조신설 2011.12.2.]

제129조의 5(소송기록 열람 등 신청의 통지 등) ① 비밀유지명령이 내려진 소송(비밀유지명령이 모두 취소된 소송은 제외한다)에 관한 소송기록에 대하여 「민사소송법」 제163조제1항의 결정이 있었던 경우, 당사자가 같은 항에 규정하는 비밀 기재 부분의 열람 등을 해당 소송에서 비밀유지명령을 받지 아니한 자를 통하여 신청한 경우에는 법원서기관·법원사무관·법원주사 또는 법원주사보(이하 이 조에서 "법원사무관등"이라 한다)는 「민사소송법」 제163조제1항의 신청을 한 당사자(그 열람 등의 신청을 한 자는 제외한다)에게 그 열람 등의 신청 직후에 그 신청이 있었던 취지를 통지하여야 한다.
② 제1항의 경우 법원사무관등은 제1항의 신청이 있었던 날부터 2주일이 지날 때까지(그 신청 절차를 행한 자에 대한 비밀유지명령 신청이 그 기간 내에 행하여진 경우에 대하여는 그 신청에 대한 재판이 확정되는 시점까지를 말한다) 그 신청 절차를 행한 자에게 제1항의 비밀 기재 부분의 열람 등을 하게 하여서는 아니 된다.
③ 제2항은 제1항의 열람 등의 신청을 한 자에게 제1항의 비밀 기재 부분의 열람 등을 하게 하는 것에 대하여 「민사소송법」 제163조제1항의 신청을 한 당사자 모두의 동의가 있는 경우에는 적용하지 아니한다.

[본조신설 2011.12.2.]

제10장 보 칙

제130조(권한의 위임 및 위탁) 문화체육관광부장관은 대통령령으로 정하는 바에 따라 이 법에 따른 권한의 일부를 특별시장·광역시장·도지사·특별자치도지사에게 위임하거나 위원회 또는 저작권 관련 단체에 위탁할 수 있다. <개정 2008.2.29., 2009.4.22.>

제131조(벌칙 적용에서의 공무원 의제) 위원회의 위원 및 직원은 「형법」 제129조 내지 제132조의 규정을 적용하는 경우에는 이를 공무원으로 본다.

제132조(수수료) 이 법에 따라 다음 각 호의 어느 하나에 해당하는 사항의 신청 등을 하는 자는 문화체육관광부령으로 정하는 바에 따라 수수료를 납부하여야 한다. <개정 2008.2.29., 2009.4.22., 2011.12.2.>

1. 제50조 내지 제52조의 규정에 따른 법정허락 승인(제89조 및 제97조의 규정에 따라 준용되는 경우를 포함한다)을 신청하는 자
2. 제53조부터 제55조까지의 규정에 따른 등록(제90조 및 제98조에 따라 준용되는 경우를 포함한다)·등록 사항의 변경·등록부 열람 및 사본의 교부를 신청하는 자
3. 제105조의 규정에 따라 저작권위탁관리업의 허가를 신청하거나 신고하는 자

제133조(불법 복제물의 수거 • 폐기 및 삭제) ① 문화체육관광부장관, 특별시장·광역시장·도지사·특별자치도지사 또는 시장·군수·구청장(자치구의 구청장을 말한다)은 저작권 그 밖에 이 법에 따라 보호되는 권리를 침해하는 복제물(정보통신망을 통하여 전송되는 복제물은 제외한다) 또는 저작물등의 기술적 보호조치를 무력하게 하기 위하여 제작된 기기·장치·정보 및 프로그램을 발견한 때에는 대통령령으로 정한 절차 및 방법에 따라 관계공무원으로 하여금 이를 수거·폐기 또는 삭제하게 할 수 있다. <개정 2008.2.29., 2009.4.22.>

② 화체육관광부장관은 제1항의 규정에 따른 업무를 대통령령이 정한 단체에 위탁할 수 있다. 이 경우 이에 종사하는 자는 공무원으로 본다. <개정 2008.2.29.>

③ 화체육관광부장관은 제1항 및 제2항에 따라 관계 공무원 등이 수거·폐기 또는 삭제를 하는 경우 필요한 때에는 관련 단체에 협조를 요청할 수 있다. <개정 2008.2.29., 2009.4.22.>

④ 삭제 <2009.4.22.>

⑤ 화체육관광부장관은 제1항에 따른 업무를 위하여 필요한 기구를 설치·운영할 수 있다. <개정 2008.2.29., 2009.4.22.>

⑥ 1항부터 제3항까지의 규정이 다른 법률의 규정과 경합하는 경우에는 이 법을 우선하여 적용한다. <개정 2009.4.22.>

제133조의 2(정보통신망을 통한 불법복제물등의 삭제명령 등) ① 문화체육관광부장관은 정보통신망을 통하여 저작권이나 그 밖에 이 법에 따라 보호되는 권리를 침해하는 복제물 또는 정보, 기술적 보호조치를 무력하게 하는 프로그램 또는 정보(이하 "불법복제물등"이라 한다)가 전송되는 경우에 위원회의 심의를 거쳐 대통령령으로 정하는 바에 따라 온라인서비스제공자에게 다음 각 호의 조치를 할 것을 명할 수 있다.

1. 불법복제물 등의 복제·전송자에 대한 경고
2. 불법복제물등의 삭제 또는 전송 중단
② 문화체육관광부장관은 제1항제1호에 따른 경고를 3회 이상 받은 복제·전송자가 불법복제물등을 전송한 경우에는 위원회의 심의를 거쳐 대통령령으로 정하는 바에 따라 온라인서비스제공자에게 6개월 이내의 기간을 정하여 해당 복제·전송자의 계정(이메일 전용 계정은 제외하며, 해당 온라인서비스제공자가 부여한 다른 계정을 포함한다. 이하 같다)을 정지할 것을 명할 수 있다. <개정 2011.12.2.>
③ 제2항에 따른 명령을 받은 온라인서비스제공자는 해당 복제·전송자의 계정을 정지하기 7일 전에 대통령령으로 정하는 바에 따라 해당 계정이 정지된다는 사실을 해당 복제·전송자에게 통지하여야 한다.
④ 문화체육관광부장관은 온라인서비스제공자의 정보통신망에 개설된 게시판(「정보통신망 이용촉진 및 정보보호 등에 관한 법률」 제2조제1항제9호의 게시판 중 상업적 이익 또는 이용 편의를 제공하는 게시판을 말한다. 이하 같다) 중 제1항제2호에 따른 명령이 3회 이상 내려진 게시판으로서 해당 게시판의 형태, 게시되는 복제물의 양이나 성격 등에 비추어 해당 게시판이 저작권 등의 이용질서를 심각하게 훼손한다고 판단되는 경우에는 위원회의 심의를 거쳐 대통령령으로 정하는 바에 따라 온라인서비스제공자에게 6개월 이내의 기간을 정하여 해당 게시판 서비스의 전부 또는 일부의 정지를 명할 수 있다.
⑤ 제4항에 따른 명령을 받은 온라인서비스제공자는 해당 게시판의 서비스를 정지하기 10일 전부터 대통령령으로 정하는 바에 따라 해당 게시판의 서비스가 정지된다는 사실을 해당 온라인서비스제공자의 인터넷 홈페이지 및 해당 게시판에 게시하여야 한다.
⑥ 온라인서비스제공자는 제1항에 따른 명령을 받은 경우에는 명령을 받은 날부터 5일 이내에, 제2항에 따른 명령을 받은 경우에는 명령을 받은 날부터 10일 이내에, 제4항에 따른 명령을 받은 경우에는 명령을 받은 날부터 15일 이내에 그 조치결과를 대통령령으로 정하는 바에 따라 문화체육관광부장관에게 통보하여야 한다.
⑦ 문화체육관광부장관은 제1항, 제2항 및 제4항의 명령의 대상이 되는 온라인서비스제공자와 제2항에 따른 명령과 직접적인 이해관계가 있는 복제·전송자 및 제4항에 따른 게시판의 운영자에게 사전에 의견제출의 기회를 주어야 한다. 이 경우 「행정절차법」 제22조제4항부터 제6항까지 및 제27조를 의견제출에 관하여 준용한다.
⑧ 문화체육관광부장관은 제1항, 제2항 및 제4항에 따른 업무를 수행하기 위하여 필요한 기구를 설치·운영할 수 있다.
[본조신설 2009.4.22.]

제133조의3(시정권고 등) ① 위원회는 온라인서비스제공자의 정보통신망을 조사하여 불법복제물등이 전송된 사실을 발견한 경우에는 이를 심의하여 온라인서비스제공자에 대하여 다음 각 호에 해당하는 시정 조치를 권고할 수 있다.
1. 불법복제물등의 복제·전송자에 대한 경고
2. 불법복제물등의 삭제 또는 전송 중단
3. 반복적으로 불법복제물등을 전송한 복제·전송자의 계정 정지

② 온라인서비스제공자는 제1항제1호 및 제2호에 따른 권고를 받은 경우에는 권고를 받은 날부터 5일 이내에, 제1항제3호의 권고를 받은 경우에는 권고를 받은 날부터 10일 이내에 그 조치결과를 위원회에 통보하여야 한다.
③ 위원회는 온라인서비스제공자가 제1항에 따른 권고에 따르지 아니하는 경우에는 문화체육관광부장관에게 제133조의2제1항 및 제2항에 따른 명령을 하여 줄 것을 요청할 수 있다.
④ 제3항에 따라 문화체육관광부장관이 제133조의2제1항 및 제2항에 따른 명령을 하는 경우에는 위원회의 심의를 요하지 아니한다.
[본조신설 2009.4.22.]

제134조(건전한 저작물 이용 환경 조성 사업) ① 문화체육관광부장관은 저작권이 소멸된 저작물등에 대한 정보 제공 등 저작물의 공정한 이용을 도모하기 위하여 필요한 사업을 할 수 있다. <개정 2009.4.22.>
② 제1항에 따른 사업에 관하여 필요한 사항은 대통령령으로 정한다. <개정 2009.4.22.>
③ 삭제 <2009.4.22.>
[제목 개정 2009.4.22.]

제135조(저작재산권 등의 기증) ① 저작재산권자등은 자신의 권리를 문화체육관광부장관에게 기증할 수 있다. <개정 2008.2.29.>
② 화체육관광부장관은 저작재산권자등으로부터 기증된 저작물등의 권리를 공정하게 관리할 수 있는 단체를 지정할 수 있다. <개정 2008.2.29.>
③ 2항의 규정에 따라 지정된 단체는 영리를 목적으로 또는 당해저작재산권자등의 의사에 반하여 저작물등을 이용할 수 없다.
④ 1항과 제2항의 규정에 따른 기증 절차와 단체의 지정 등에 관하여 필요한 사항은 대통령령으로 정한다.

제11장 벌 칙

제136조(벌칙) ① 다음 각 호의 어느 하나에 해당하는 자는 5년 이하의 징역 또는 5천만원 이하의 벌금에 처하거나 이를 병과할 수 있다. <개정 2011.12.2.>
1. 저작재산권, 그 밖에 이 법에 따라 보호되는 재산적 권리(제93조에 따른 권리는 제외한다)를 복제, 공연, 공중송신, 전시, 배포, 대여, 2차적저작물 작성의 방법으로 침해한 자
2. 제129조의3제1항에 따른 법원의 명령을 정당한 이유 없이 위반한 자
② 음 각 호의 어느 하나에 해당하는 자는 3년 이하의 징역 또는 3천만원 이하의 벌금에 처하거나 이를 병과할 수 있다. <개정 2009.4.22., 2011.6.30., 2011.12.2.>
1. 저작인격권 또는 실연자의 인격권을 침해하여 저작자 또는 실연자의 명예를 훼손한 자
2. 제53조 및 제54조(제90조 및 제98조에 따라 준용되는 경우를 포함한다)에 따른 등록을 거짓으로 한 자
3. 제93조에 따라 보호되는 데이터베이스제작자의 권리를 복제·배포·방송 또는 전송의 방법으로 침해한 자

3의2. 제103조의3제4항을 위반한 자
3의3. 업으로 또는 영리를 목적으로 제104조의2제1항 또는 제2항을 위반한 자
3의4. 업으로 또는 영리를 목적으로 제104조의3제1항을 위반한 자. 다만, 과실로 저작권 또는 이 법에 따라 보호되는 권리 침해를 유발 또는 은닉한다는 사실을 알지 못한 자는 제외한다.
3의5. 제104조의4제1호 또는 제2호에 해당하는 행위를 한 자
3의6. 제104조의5를 위반한 자
3의7. 제104조의7을 위반한 자
4. 제124조제1항에 따른 침해행위로 보는 행위를 한 자
5. 삭제 <2011.6.30.>
6. 삭제 <2011.6.30.>
[제목개정 2011.12.2.]

제137조(벌칙) ① 다음 각 호의 어느 하나에 해당하는 자는 1년 이하의 징역 또는 1천만원 이하의 벌금에 처한다. <개정 2009.4.22., 2011.12.2.>
1. 저작자 아닌 자를 저작자로 하여 실명·이명을 표시하여 저작물을 공표한 자
2. 실연자 아닌 자를 실연자로 하여 실명·이명을 표시하여 실연을 공연 또는 공중송신하거나 복제물을 배포한 자
3. 제14조제2항을 위반한 자
3의2. 제104조의4제3호에 해당하는 행위를 한 자
3의3. 제104조의6을 위반한 자
4. 제105조제1항에 따른 허가를 받지 아니하고 저작권신탁관리업을 한 자
5. 제124조제2항에 따라 침해행위로 보는 행위를 한 자
6. 자신에게 정당한 권리가 없음을 알면서 고의로 제103조제1항 또는 제3항에 따른 복제·전송의 중단 또는 재개요구를 하여 온라인서비스제공자의 업무를 방해한 자
7. 제55조의2(제90조 및 제98조에 따라 준용되는 경우를 포함한다)를 위반한 자
② 제1항제3호의3의 미수범은 처벌한다. <신설 2011.12.2.>
[제목개정 2011.12.2.]

제138조(벌칙) 다음 각 호의 어느 하나에 해당하는 자는 500만원 이하의 벌금에 처한다.<개정 2011.12.2.>
1. 제35조제4항을 위반한 자
2. 제37조(제87조 및 제94조에 따라 준용되는 경우를 포함한다)를 위반하여 출처를 명시하지 아니한 자
3. 제58조제3항(제63조의2, 제88조 및 제96조에 따라 준용되는 경우를 포함한다)을 위반하여 저작재산권자의 표지를 하지 아니한 자
4. 제58조의2제2항(제63조의2, 제88조 및 제96조에 따라 준용되는 경우를 포함한다)을 위반하여 저작자에게 알리지 아니한 자
5. 제105조제1항에 따른 신고를 하지 아니하고 저작권대리중개업을 하거나, 제109조제2항에 따른 영업의 폐쇄명령을 받고 계속 그 영업을 한 자
[제목 개정 2011.12.2.]

제139조(몰수) 저작권, 그 밖에 이 법에 따라 보호되는 권리를 침해하여 만들어진 복제물과 그 복제물의 제작에 주로 사용된 도구나 재료 중 그 침해자·인쇄자·배포자 또는 공연자의 소유에 속하는 것은 몰수한다. <개정 2011.12.2.>
[전문 개정 2011.6.30.]

제140조(고소) 이 장의 죄에 대한 공소는 고소가 있어야 한다. 다만, 다음 각 호의 어느 하나에 해당하는 경우에는 그러하지 아니하다..<개정 2009.4.22., 2011.12.2.>
1. 영리를 목적으로 또는 상습적으로 제136조제1항제1호, 제136조제2항제3호 및 제4호(제124조제1항제3호의 경우에는 피해자의 명시적 의사에 반하여 처벌하지 못한다)에 해당하는 행위를 한 경우
2. 제136조제2항제2호 및 제3호의2부터 제3호의7까지, 제137조제1항제1호부터 제4호까지, 제6호 및 제7호와 제138조 제5호의 경우
3. 삭제 <2011.12.2.>

제141조(양벌규정) 법인의 대표자나 법인 또는 개인의 대리인·사용인 그 밖의 종업원이 그 법인 또는 개인의 업무에 관하여 이 장의 죄를 범한 때에는 행위자를 벌하는 외에 그 법인 또는 개인에 대하여도 각 해당조의 벌금형을 과한다. 다만, 법인 또는 개인이 그 위반행위를 방지하기 위하여 해당 업무에 관하여 상당한 주의와 감독을 게을리하지 아니한 경우에는 그러하지 아니하다. <개정 2009.4.22.>

제142조(과태료) ① 제104조제1항에 따른 필요한 조치를 하지 아니한 자에게는 3천만원 이하의 과태료를 부과한다. <개정 2009.4.22.>
② 다음 각 호의 어느 하나에 해당하는 자에게는 1천만원 이하의 과태료를 부과한다. <개정 2009.4.22., 2011.12.2.>
1. 제103조의 3제 2항에 따른 문화체육관광부장관의 명령을 이행하지 아니한 자
2. 제106조에 따른 의무를 이행하지 아니한 자
3. 제112조 제4항을 위반하여 한국저작권위원회의 명칭을 사용한 자
4. 제133조의2 제1항·제2항 및 제4항에 따른 문화체육관광부장관의 명령을 이행하지 아니한 자
5. 제133조의2제3항에 따른 통지, 같은 조 제5항에 따른 게시, 같은 조 제6항에 따른 통보를 하지 아니한 자
③ 제1항 및 제2항에 따른 과태료는 대통령령으로 정하는 바에 따라 문화체육관광부장관이 부과·징수한다. <개정 2009.4.22.>
④ 삭제 <2009.4.22.>
⑤ 삭제 <2009.4.22.>

부 칙 <법률 제8101호, 2006.12.28.>

제1조 (시행일) 이 법은 공포 후 6개월이 경과한 날부터 시행한다. 다만, 제133조제1항 및 제3항의 규정은 이 법을 공포한 날부터 시행한다.

제2조 (적용 범위에 관한 경과조치) ①이 법 시행 전에 종전의 규정에 따라 저작권의 전부 또는 일부가 소멸하였거나 보호를 받지 못한 저작물등에 대하여는 그 부분에 대하여 이 법을 적용하지 아니한다.

② 이 법 시행 전에 행한 저작물등의 이용은 종전의 규정에 따른다.
③ 종전의 부칙 규정은 이 법의 시행 후에도 계속하여 적용한다. 다만, 법률 제4717호 저작권법중개정법률 부칙 제3항에 따른 저작인접권의 보호기간에 관한 경과조치 규정은 제외한다. <개정 2011.12.2.>

제3조 (음반제작자에 대한 경과조치) 종전의 규정에 따른 음반제작자는 이 법에 따른 음반제작자로 본다.

제4조 (단체명의저작물의 저작자에 대한 경과조치) 이 법 시행 전에 종전의 제9조의 규정에 따라 작성된 저작물의 저작자에 관하여는 종전의 규정에 따른다.

제5조 (단체 지정에 관한 경과조치) 이 법 시행 전에 종전의 규정에 따라 보상금을 받을 수 있도록 지정한 단체는 이 법에 따라 지정한 단체로 본다.

제6조 (법정허락에 관한 경과조치) 이 법 시행당시 종전의 규정에 따른 법정허락은 이 법에 따른 법정허락으로 본다.

제7조 (등록에 관한 경과조치) 이 법 시행당시 종전의 규정에 따른 등록은 이 법에 따른 등록으로 본다. 다만, 종전의 제51조의 규정에 따라 이루어진 저작재산권자의 성명 등의 등록은 종전의 규정에 따른다.

제8조 (음반의 보호기간의 기산에 관한 경과조치) 이 법 시행 전에 고정되었으나 아직 발행되지 아니한 음반의 보호기간의 기산은 이 법에 따른다.

제9조 (미분배 보상금에 관한 경과조치) 이 법 제25조제8항(제31조제6항 · 제75조제2항 및 제82조제2항의 규정에 따라 준용되는 경우를 포함한다)의 규정은 이 법 시행 전에 종전의 제23조제3항 · 제28조제5항 · 제65조 및 제68조의 규정에 따라 수령한 보상금에 대하여도 적용한다. 이 경우 각 보상금별 분배 공고일은 보상금지급단체로부터 권리자가 당해 보상금을 처음으로 지급받을 수 있는 날의 연도 말일로 본다.

제10조 (실연자의 인격권에 관한 경과조치) 이 법 시행 전에 행한 실연에 관하여는 이 법 제66조 및 제67조의 규정을 적용하지 아니한다.

제11조 (저작권위탁관리업자에 대한 경과조치) 이 법 시행당시 종전의 규정에 따라 저작권위탁관리업의 허가를 받은 자는 저작권신탁관리업의 허가를 받은 자로, 저작권위탁관리업의 신고를 한 자는 저작권대리중개업의 신고를 한 자로 본다.

제12조 (저작권신탁관리업자의 수수료 및 사용료에 관한 경과조치) 종전의 규정에 따라 승인한 저작권신탁관리업자의 수수료 및 사용료의 요율 또는 금액은 이 법에 따라 승인한 것으로 본다.

제13조 (저작권위원회 등에 관한 경과조치) 종전의 규정에 따른 저작권심의조정위원회 및 그 심의조정위원은 이 법 제8장의 규정에 따른 저작권위원회 및 그 위원으로 본다.

제14조 (벌칙 적용에 관한 경과조치) 이 법 시행 전의 행위에 대한 벌칙의 적용에서는 종전의 규정에 따른다.

제15조 (다른 법률의 개정) ①지방세법 일부를 다음과 같이 개정한다.

제143조제2호 중 "「저작권법」 제52조 · 제60조제3항 · 제73조 및 제73조의9"를 "「저작권법」 제54조 · 제63조제3항 · 제90조 및 제98조"로 한다.
② 방송법 일부를 다음과 같이 개정한다.

제78조제3항 중 "저작권법 제69조"를 "「저작권법」 제85조"로 한다.

제16조 (다른 법령과의 관계) 이 법 시행당시 다른 법령에서 종전의 규정을 인용하고 있는 경우에는 이 법의 해당조항을 인용한 것으로 본다.

부 칙 <법률 제8852호, 2008.2.29.>

(정부조직법)

제1조(시행일) 이 법은 공포한 날부터 시행한다. ···<생략>···, 부칙 제6조에 따라 개정되는 법률 중 이 법의 시행 전에 공포되었으나 시행일이 도래하지 아니한 법률을 개정한 부분은 각각 해당 법률의 시행일부터 시행한다.

제2조부터 제5조까지 생략

제6조(다른 법률의 개정) ①부터 <267>까지 생략

<268> 저작권법 일부를 다음과 같이 개정한다.

제25조제4항 본문·제5항 각 호 외의 부분 전단·같은 항 각 호 외의 부분 후단·제7항 각 호 외의 부분·제8항, 제31조제5항 본문, 제50조제1항·제4항, 제51조, 제52조, 제55조제1항·제2항 각 호 외의 부분 본문·제3항, 제56조제1항·제3항, 제76조제4항, 제103조제7항 후단, 제104조제2항, 제105조제1항·제2항 각 호 외의 부분·제5항 본문·제6항부터 제8항까지, 제108조제1항·제2항, 제109조제1항 각 호 외의 부분·제2항 각 호 외의 부분, 제110조, 제111조제1항·제2항, 제112조제3항 각 호 외의 부분, 제113조제2호·제11호, 제122조제3항, 제130조, 제133조제1항부터 제5항까지, 제134조제1항·제2항, 제135조제1항·제2항 및 제142조제1항부터 제4항까지중 "문화관광부장관"을 각각 "문화체육관광부장관"으로 한다.

제55조제2항제2호 및 제132조 각 호 외의 부분 중 "문화관광부령"을 각각 "문화체육관광부령"으로 한다.

<269>부터 <760>까지 생략

제7조 생략

부 칙 <법률 제9529호, 2009.3.25.>

이 법은 공포 후 6개월이 경과한 날부터 시행한다.

부 칙 <법률 제9625호, 2009.4.22.>

제1조(시행일) 이 법은 공포 후 3개월이 경과한 날부터 시행한다.

제2조(「컴퓨터프로그램 보호법」의 폐지) 컴퓨터프로그램 보호법은 폐지한다.

제3조(위원회의 설립준비) ① 이 법에 따라 위원회를 설립하기 위하여 행하는 준비행위는 이 법 시행 전에 할 수 있다.

② 문화체육관광부장관은 위원회의 설립에 관한 사무를 관장하게 하기 위하여 설립위원회를 구성한다.

③ 설립위원회는 문화체육관광부장관이 위촉하는 5명 이내의 설립위원으로 구성하되, 설립위원회의 위원장은 종전의 「저작권법」 제112조에 따른 저작권위원회의 위원장이 된다.

④ 설립위원회는 이 법 시행 전까지 정관을 작성하여 문화체육관광부장관의 인가를 받아야 한다.
⑤ 설립위원회는 제4항에 따른 인가를 받은 때에는 위원회의 설립등기를 하여야 한다.
⑥ 위원회의 설립에 관하여 필요한 경비는 국가가 부담한다.
⑦ 설립위원회는 제5항에 따른 위원회의 설립등기를 한 후에 지체 없이 위원회의 위원장에게 사무를 인계하여야 하며, 사무인계가 끝난 때에는 설립위원은 해촉된 것으로 본다.

제4조(저작권위원회 및 컴퓨터프로그램보호위원회의 소관사무, 권리·의무 및 고용관계 등에 관한 경과조치) ① 이 법 시행 당시 종전의 「저작권법」 제112조부터 제122조까지 및 종전의 「컴퓨터프로그램 보호법」 제35조부터 제43조까지의 규정에 따른 저작권위원회와 컴퓨터프로그램보호위원회의 소관사무, 권리·의무와 재산 및 직원의 고용관계는 한국저작권위원회가 승계한다.
② 이 법 시행 당시 종전의 「저작권법」 제112조에 따른 저작권위원회의 위원장 및 위원은 한국저작권위원회의 위원장 및 위원으로 보고, 그 임기는 종전의 저작권위원회의 위원장 및 위원의 임기가 개시된 때부터 기산한다.

제5조(적용 범위에 관한 경과조치) ① 이 법 시행 전에 종전의 「저작권법」 및 「컴퓨터프로그램 보호법」에 따라 보호되는 권리의 전부 또는 일부가 소멸하였거나 보호를 받지 못한 저작물등에 대하여는 그 부분에 대하여 이 법을 적용하지 아니한다.
② 이 법 시행 전에 행한 프로그램의 이용은 종전의 「컴퓨터프로그램 보호법」에 따른다.

제6조(법정허락 등에 관한 경과조치) 이 법 시행 전에 종전의 「컴퓨터프로그램 보호법」에 따른 다음 각 호의 행위는 이 법에 따른 것으로 본다.
1. 법정허락
2. 프로그램저작권 위탁관리기관 지정
3. 프로그램의 임치 및 수치인의 지정
4. 프로그램의 등록
5. 프로그램저작권의 이전등록
6. 부정복제물의 수거조치
7. 부정복제물 등에 대한 시정명령 및 시정권고
8. 분쟁의 알선·조정
9. 프로그램의 감정

제7조(벌칙 적용에 관한 경과조치) 이 법 시행 전의 행위에 대한 종전의 「컴퓨터프로그램 보호법」에 따른 벌칙의 적용에 있어서는 종전의 「컴퓨터프로그램 보호법」에 따른다.

제8조(다른 법률의 개정) ① 지방세법 일부를 다음과 같이 개정한다.

제143조제2호 중 "「저작권법」 제54조·제63조제3항·제90조 및 제98조의 규정에 의한 등록중 상속외의 등록"을 "「저작권법」 제54조·제63조제3항·제90조 및 제98조에 따른 등록 중 상속 외의 등록(프로그램 등록은 제외한다)"으로 하

고, 같은 조 제2호의2 중 "「컴퓨터프로그램 보호법」 제26조의 규정에 의한 등록 중 상속외의 등록"을 "「저작권법」 제54조에 따른 프로그램 등록과 제101조의6제6항에 따른 등록 중 상속 외의 등록"으로 한다.

제150조의 3제2항 중 "「저작권법」 또는 「컴퓨터프로그램 보호법」 의 규정에 의한"을 "「저작권법」에 따른"으로 한다.

② 온라인 디지털콘텐츠산업 발전법 일부를 다음과 같이 개정한다.

제21조 중 "저작권법 또는 컴퓨터프로그램보호법의 보호를 받는 경우에는 저작권법 또는 컴퓨터프로그램보호법이"를 "「저작권법」의 보호를 받는 경우에는 「저작권법」이"로 한다.

③ 관세법 일부를 다음과 같이 개정한다.

제235조제1항 중 "「저작권법」에 따른 저작권과 저작인접권 또는 「컴퓨터프로그램 보호법」에 따른 프로그램저작권(이하 이 조에서 "저작권등"이라 한다)"을 "「저작권법」에 따른 저작권과 저작인접권(이하 이 조에서 "저작권등"이라 한다)"으로 하고, 같은 조 제2항 중 "「저작권법」 및 「컴퓨터프로그램 보호법」"을 "「저작권법」"으로 한다.

④ 사법경찰관리의 직무를 수행할 자와 그 직무범위에 관한 법률 일부를 다음과 같이 개정한다.

제5조제23호의2 및 제6조제20호의2를 각각 삭제한다.

⑤ 자본시장과 금융투자업에 관한 법률 일부를 다음과 같이 개정한다.

제7조제5항 중 "「저작권법」에 따른 저작권신탁관리업 및 「컴퓨터프로그램 보호법」에 따른 프로그램저작권 위탁관리업무"를 "「저작권법」에 따른 저작권신탁관리업"으로 한다.

제9조(다른 법령과의 관계) 이 법 시행 당시 다른 법령에서 종전의 「컴퓨터프로그램 보호법」 또는 그 규정을 인용하고 있는 경우에는 이 법 또는 이 법의 해당 규정을 인용한 것으로 본다.

부 칙 <법률 제9785호, 2009.7.31.>

(신문 등의 진흥에 관한 법률)

제1조(시행일) 이 법은 공포 후 6개월이 경과한 날부터 시행한다.

제2조부터 제7조까지 생략

제8조(다른 법률의 개정) ①부터 ⑧까지 생략

⑨ 저작권법 일부를 다음과 같이 개정한다.

제27조 중 "「신문 등의 자유와 기능보장에 관한 법률」"을 "「신문 등의 진흥에 관한 법률」"로 힌다.

⑩부터 ⑭까지 생략

제9조 생략

부 칙 <법률 제10807호, 2011.6.30.>

제1조(시행일) 이 법은 「대한민국과 유럽연합 및 그 회원국 간의 자유무역협정」이 발효하는 날부터 시행한다. 다만, 제39조부터 제42조까지의 개정규정은 「대한민국과 유럽연합 및 그 회원국 간의 자유무역협정」이 발효한 후 2년이 되

는 날부터 시행한다.

제2조(적용 범위에 관한 경과조치) 이 법 시행 전에 종전의 규정에 따라 저작권, 그 밖에 이 법에 따라 보호되는 권리의 전부 또는 일부가 소멸하였거나 보호를 받지 못한 저작물등에 대하여는 그 부분에 대하여 이 법을 적용하지 아니한다.

제3조(온라인서비스제공자의 책임 제한에 관한 경과조치) 이 법 시행 전에 발생한 저작권, 그 밖에 이 법에 따라 보호되는 권리 침해에 대한 온라인서비스제공자의 책임 제한에 관하여는 제102조 및 제103조의 개정규정에도 불구하고 종전의 규정에 따른다.

제4조(벌칙 적용에 관한 경과조치) 이 법 시행 전의 행위에 대한 벌칙의 적용은 종전의 규정에 따른다.

부 칙 <법률 제11110호, 2011.12.2.>

제1조(시행일) 이 법은 「대한민국과 미합중국 간의 자유무역협정 및 대한민국과 미합중국 간의 자유무역협정에 관한 서한교환」이 발효되는 날부터 시행한다. 다만, 제64조제2항 및 제86조의 개정규정은 2013년 8월 1일부터 시행한다.

제2조(적용례) 제103조의3, 제125조의2 및 제129조의2부터 제129조의5까지의 개정규정은 이 법 시행 후 최초로 권리침해가 발생하거나 의무위반이 발생한 것부터 적용한다.

제3조(적용 범위에 관한 경과조치) 이 법 시행 전에 종전의 규정에 따라 저작권, 그 밖에 이 법에 따라 보호되는 권리의 전부 또는 일부가 소멸하였거나 보호를 받지 못한 저작물등에 대하여는 그 부분에 대하여 이 법을 적용하지 아니한다.

제4조(저작인접권 보호기간의 특례) ① 제3조에도 불구하고 법률 제8101호 저작권법 전부개정법률 부칙 제2조제3항의 개정규정에 따라 1987년 7월 1일부터 1994년 6월 30일 사이에 발생한 저작인접권은 1994년 7월 1일 시행된 법률 제4717호 저작권법중개정법률(이하 이 조에서 "같은 법"이라 한다) 제70조의 개정규정에 따라 그 발생한 때의 다음 해부터 기산하여 50년간 존속한다.
② 같은 법 부칙 제3항에 따라 1987년 7월 1일부터 1994년 6월 30일 사이에 발생한 저작인접권 중 이 법 시행 전에 종전 법(법률 제4717호 저작권법중개정법률 시행 전의 저작권법을 말한다. 이하 이 조에서 같다)에 따른 보호기간 20년이 경과되어 소멸된 저작인접권은 이 법 시행일부터 회복되어 저작인접권자에게 귀속된다. 이 경우 그 저작인접권은 처음 발생한 때의 다음 해부터 기산하여 50년간 존속하는 것으로 하여 보호되었더라면 인정되었을 보호기간의 잔여기간 동안 존속한다.
③ 제2항에 따라 저작인접권이 회복된 실연 · 음반 · 방송을 이 법 시행 전에 이용한 행위는 이 법에서 정한 권리의 침해로 보지 아니한다.
④ 제2항에 따른 저작인접권이 종전 법에 따라 소멸된 후에 해당 실연 · 음반 · 방송을 이용하여 이 법 시행 전에 제작한 복제물은 이 법 시행 후 2년 동안 저작인접권자의 허락 없이 계속 배포할 수 있다.

제5조(온라인서비스제공자의 책임 제한 등에 관한 경과조치) 이 법 시행 전에 발생한 저작권, 그 밖에 이 법에 따라 보호되는 권리 침해에 대한 온라인서비스제공자의 책임제한에 관하여는 제102조 및 제103조의2의 개정규정에도 불구하고 종

전의 규정에 따른다.

제6조(프로그램배타적발행권에 관한 경과조치) 이 법 시행 전에 설정·등록된 프로그램배타적발행권에 관하여는 종전의 규정에 따른다.

제7조(벌칙 적용에 관한 경과조치) 이 법 시행 전의 행위에 대한 벌칙의 적용에 있어서는 종전의 규정에 따른다.

제8조(다른 법률의 개정) 지방세법 일부를 다음과 같이 개정한다.

제28조제1항제10호 각 목 외의 부분 중 "저작권, 출판권"을 "저작권, 배타적발행권(「저작권법」 제88조 및 제96조에 따라 준용되는 경우를 포함한다), 출판권"으로 하고, 같은 호 나목 중 "제54조, 제63조제3항, 제90조 및 제98조"를 "제54조(제90조 및 제98조에 따라 준용되는 경우를 포함한다)"로, "프로그램 등록은 제외한다"를 "프로그램, 배타적발행권, 출판권 등록은 제외한다"로 하며, 같은 호 다목 중 "제54조에 따른 프로그램 등록과 같은 법 제101조의6제6항에 따른"을 "제54조(제90조 및 제98조에 따라 준용되는 경우를 포함한다)에 따른 프로그램, 배타적발행권, 출판권"으로 한다.

부 칙 <법률 제11903호, 2013.7.16.>

이 법은 공포 후 3개월이 경과한 날부터 시행한다.

부 칙 <법률 제12137호, 2013.12.30.>

이 법은 공포 후 6개월이 경과한 날부터 시행한다.

제29조(영리를 목적으로 하지 아니하는 공연·방송) ①영리를 목적으로 하지 아니하고 또한 청중이나 관중 또는 제3자로부터 어떤 명목으로든지 반대급부를 받지 아니하는 경우에는 공표된 저작물을 공연 또는 방송할 수 있다. 다만, 실연자에게 통상의 보수를 지급하는 경우에는 그러하지 아니하다.

②청중이나 관중으로부터 당해 공연에 대한 반대급부를 받지 아니하는 경우에는 판매용 음반 또는 판매용 영상저작물을 재생하여 공중에게 공연할 수 있다. 다만, 대통령령이 정하는 경우에는 그러하지 아니하다.

제30조(사적이용을 위한 복제) 공표된 저작물을 영리를 목적으로 하지 아니하고 개인적으로 이용하거나 가정 및 이에 준하는 한정된 범위 안에서 이용하는 경우에는 그 이용자는 이를 복제할 수 있다. 다만, 공중의 사용에 제공하기 위하여 설치된 복사기기에 의한 복제는 그러하지 아니하다.

제31조(도서관등에서의 복제 등) ①「도서관 및 독서진흥법」에 의한 도서관과 도서·문서·기록 그 밖의 자료(이하 "도서등"이라 한다)를 공중의 이용에 제공하는 시설 중 대통령령이 정하는 시설(당해 시설의 장을 포함하며, 이하 "도서관등"이라 한다)은 다음 각호의 1에 해당하는 경우에는 그 도서관등에 보관된 도서등(제1호의 경우에는 제3항의 규정에 의하여 당해 도서관등이 복제·전송받은 도서등을 포함한다)을 사용하여 저작물을 복제할 수 있다. 다만, 제1호 및 제3호의 경우에는 디지털 형태로 복제할 수 없다.

1. 조사·연구를 목적으로 하는 이용자의 요구에 따라 공표된 도서등의 일부분의 복제물을 1인 1부에 한하여 제공하는 경우

2. 도서등의 자체보존을 위하여 필요한 경우
3. 다른 도서관 등의 요구에 따라 절판 그 밖에 이에 준하는 사유로 구하기 어려운 도서등의 복제물을 보존용으로 제공하는 경우
② 도서관 등은 컴퓨터등을 이용하여 이용자가 그 도서관등의 안에서 열람할 수 있도록 보관된 도서등을 복제하거나 전송할 수 있다. 이 경우 동시에 열람할 수 있는 이용자의 수는 그 도서관등에서 보관하고 있거나 저작권 그 밖에 이 법에 의하여 보호되는 권리를 가진 자로부터 이용허락을 받은 그 도서등의 부수를 초과할 수 없다.
③ 도서관등은 컴퓨터등을 이용하여 이용자가 다른 도서관등의 안에서 열람할 수 있도록 보관된 도서등을 복제하거나 전송할 수 있다. 다만, 그 전부 또는 일부가 판매용으로 발행된 도서등은 그 발행일로부터 5년이 경과하지 아니한 경우에는 그러하지 아니하다.
④ 도서관등은 제1항제2호의 규정에 의한 도서등의 복제 및 제2항과 제3항의 규정에 의한 도서등의 복제의 경우에 그 도서등이 디지털 형태로 판매되고 있는 때에는 그 도서등을 디지털 형태로 복제할 수 없다.
⑤ 도서관등은 제1항제1호의 규정에 의하여 디지털 형태의 도서등을 복제하는 경우 및 제3항의 규정에 의하여 도서등을 다른 도서관등의 안에서 열람할 수 있도록 복제하거나 전송하는 경우에는 문화관광부장관이 정하여 고시하는 기준에 의한 보상금을 당해 저작재산권자에게 지급하여야 한다. 다만, 국가, 지방자치단체 또는 고등교육법 제2조의 규정에 의한 학교를 저작재산권자로 하는 도서등(그 전부 또는 일부가 판매용으로 발행된 도서등을 제외한다)의 경우에는 그러하지 아니하다.
⑥ 제25조제5항 내지 제9항의 규정은 제5항의 보상금의 지급 등에 관하여 준용한다.
⑦ 제1항 내지 제3항의 규정에 의하여 도서등을 디지털 형태로 복제하거나 전송하는 경우에 도서관등은 저작권 그 밖에 이 법에 의하여 보호되는 권리의 침해를 방지하기 위하여 복제방지조치 등 대통령령이 정하는 필요한 조치를 하여야 한다.

제32조(시험문제로서의 복제) 학교의 입학시험 그 밖에 학식 및 기능에 관한 시험 또는 검정을 위하여 필요한 경우에는 그 목적을 위하여 정당한 범위 안에서 공표된 저작물을 복제할 수 있다. 다만, 영리를 목적으로 하는 경우에는 그러하지 아니하다.

제33조(시각장애인 등을 위한 복제 등) ①공표된 저작물은 시각장애인 등을 위하여 점자로 복제・배포할 수 있다.
② 시각장애인 등의 복리증진을 목적으로 하는 시설 중 대통령령이 정하는 시설(당해 시설의 장을 포함한다)은 영리를 목적으로 하지 아니하고 시각장애인 등의 이용에 제공하기 위하여 공표된 어문저작물을 녹음하거나 시각장애인 등 전용 기록방식으로 복제・배포 또는 전송할 수 있다.
③ 제1항 및 제2항의 규정에 의한 시각장애인 등의 범위는 대통령령으로 정한다.

제34조(방송사업자의 일시적 녹음・녹화) ①저작물을 방송할 권한을 가지는 방송사업자는 자신의 방송을 위하여 자체의 수단으로 저작물을 일시적으로 녹음하거나 녹화할 수 있다.

② 제1항의 규정에 의하여 만들어진 녹음물 또는 녹화물은 녹음일 또는 녹화일로부터 1년을 초과하여 보존할 수 없다. 다만, 그 녹음물 또는 녹화물이 기록의 자료로서 대통령령이 정하는 장소에 보존되는 경우에는 그러하지 아니하다.

제35조(미술저작물등의 전시 또는 복제) ①미술저작물등의 원본의 소유자나 그의 동의를 얻은 자는 그 저작물을 원본에 의하여 전시할 수 있다. 다만, 가로·공원·건축물의 외벽 그 밖에 공중에게 개방된 장소에 항시 전시하는 경우에는 그러하지 아니하다.
② 제1항 단서의 규정에 의한 개방된 장소에 항시 전시되어 있는 미술저작물등은 어떠한 방법으로든지 이를 복제하여 이용할 수 있다. 다만, 다음 각호의 1에 해당하는 경우에는 그러하지 아니하다.
1. 건축물을 건축물로 복제하는 경우
2. 조각 또는 회화를 조각 또는 회화로 복제하는 경우
3. 제1항 단서의 규정에 의한 개방된 장소 등에 항시 전시하기 위하여 복제하는 경우
4. 판매의 목적으로 복제하는 경우
③ 제1항의 규정에 의하여 전시를 하는 자 또는 미술저작물등의 원본을 판매하고자 하는 자는 그 저작물의 해설이나 소개를 목적으로 하는 목록 형태의 책자에 이를 복제하여 배포할 수 있다.
④ 위탁에 의한 초상화 또는 이와 유사한 사진저작물의 경우에는 위탁자의 동의가 없는 때에는 이를 이용할 수 없다

제36조(번역 등에 의한 이용) ①제25조·제29조 또는 제30조의 규정에 의하여 저작물을 이용하는 경우에는 그 저작물을 번역·편곡 또는 개작하여 이용할 수 있다.
② 제23조·제24조·제26조·제27조·제28조·제32조 또는 제33조의 규정에 의하여 저작물을 이용하는 경우에는 그 저작물을 번역하여 이용할 수 있다.

제37조(출처의 명시) ①이 관의 규정에 의하여 저작물을 이용하는 자는 그 출처를 명시하여야 한다. 다만, 제26조, 제29조 내지 제32조 및 제34조의 경우에는 그러하지 아니하다.
② 출처의 명시는 저작물의 이용 상황에 따라 합리적이라고 인정되는 방법으로 하여야 하며, 저작자의 실명 또는 이명이 표시된 저작물인 경우에는 그 실명 또는 이명을 명시하여야 한다.

제38조(저작인격권과의 관계) 이 관 각조의 규정은 저작인격권에 영향을 미치는 것으로 해석되어서는 아니된다.

제3관 저작재산권의 보호기간

제39조(보호기간의 원칙) ①저작재산권은 이 관에 특별한 규정이 있는 경우를 제외하고는 저작자의 생존하는 동안과 사망 후 50년간 존속한다. 다만, 저작자가 사망 후 40년이 경과하고 50년이 되기 전에 공표된 저작물의 저작재산권은 공표된 때부터 10년간 존속한다.
② 공동저작물의 저작재산권은 맨 마지막으로 사망한 저작자의 사망 후 50년간 존속한다.

제40조(무명 또는 이명 저작물의 보호기간) ①무명 또는 널리 알려지지 아니

한 이명이 표시된 저작물의 저작재산권은 공표된 때부터 50년간 존속한다. 다만, 이 기간 내에 저작자가 사망한지 50년이 경과하였다고 인정할만한 정당한 사유가 발생한 경우에는 그 저작재산권은 저작자 사망 후 50년이 경과하였다고 인정되는 때에 소멸한 것으로 본다.

② 다음 각호의 1에 해당하는 경우에는 제1항의 규정은 이를 적용하지 아니한다.

1. 제1항의 기간 내에 저작자의 실명 또는 널리 알려진 이명이 밝혀진 경우
2. 제1항의 기간 내에 제53조제1항의 규정에 의한 저작자의 실명등록이 있는 경우

제41조(업무상저작물의 보호기간) 업무상저작물의 저작재산권은 공표한 때부터 50년간 존속한다. 다만, 창작한 때부터 50년 이내에 공표되지 아니한 경우에는 창작한 때부터 50년간 존속한다.

제42조(영상저작물의 보호기간) 영상저작물의 저작재산권은 제39조와 제40조의 규정에 불구하고 공표한 때부터 50년간 존속한다. 다만, 창작한 때부터 50년 이내에 공표되지 아니한 경우에는 창작한 때부터 50년간 존속한다.

제43조(계속적간행물 등의 공표시기) ①제39조제1항 단서·제40조제1항 또는 제41조의 규정에 의한 공표시기는 책·호 또는 회 등으로 공표하는 저작물의 경우에는 매책·매호 또는 매회 등의 공표시로 하고, 일부분씩 순차적으로 공표하여 완성하는 저작물의 경우에는 최종부분의 공표시로 한다.

② 일부분씩 순차적으로 공표하여 전부를 완성하는 저작물의 계속되어야 할 부분이 최근의 공표시기부터 3년이 경과되어도 공표되지 아니하는 경우에는 이미 공표된 맨 뒤의 부분을 제1항의 규정에 의한 최종부분으로 본다.

제44조(보호기간의 기산) 이 관에 규정된 저작재산권의 보호기간을 계산하는 경우에는 저작자가 사망하거나 저작물을 창작 또는 공표한 다음 해부터 기산한다.

제4관 저작재산권의 양도·행사·소멸

제45조(저작재산권의 양도) ①저작재산권은 전부 또는 일부를 양도할 수 있다.

② 저작재산권의 전부를 양도하는 경우에 특약이 없는 때에는 제22조의 규정에 의한 2차적저작물을 작성하여 이용할 권리는 포함되지 아니한 것으로 추정한다.

제46조(저작물의 이용허락) ①저작재산권자는 다른 사람에게 그 저작물의 이용을 허락할 수 있다.

② 제1항의 규정에 의하여 허락을 받은 자는 허락받은 이용 방법 및 조건의 범위 안에서 그 저작물을 이용할 수 있다.

③ 제1항의 규정에 의한 허락에 의하여 저작물을 이용할 수 있는 권리는 저작재산권자의 동의없이 제3자에게 이를 양도할 수 없다.

제47조(저작재산권을 목적으로 하는 질권의 행사) 저작재산권을 목적으로 하는 질권은 그 저작재산권의 양도 또는 그 저작물의 이용에 따라 저작재산권자가 받을 금전 그 밖의 물건(출판권 설정의 대가를 포함한다)에 대하여도 행사할 수 있다. 다만, 이들의 지급 또는 인도 전에 이를 받을 권리를 압류하여야 한다.

제48조(공동저작물의 저작재산권의 행사) ①공동저작물의 저작재산권은 그 저작재산권자 전원의 합의에 의하지 아니하고는 이를 행사할 수 없으며, 다른 저작재산권자의 동의가 없으면 그 지분을 양도하거나 질권의 목적으로 할 수 없다. 이 경우 각저작재산권자는 신의에 반하여 합의의성립을 방해하거나 동의를 거부할수없다.

② 공동저작물의 이용에 따른 이익은 공동저작자간에 특약이 없는 때에는 그 저작물의 창작에 이바지한 정도에 따라 각자에게 배분된다. 이 경우 각자의 이바지한 정도가 명확하지 아니한 때에는 균등한 것으로 추정한다.
③ 공동저작물의 저작재산권자는 그 공동저작물에 대한 자신의 지분을 포기할 수 있으며, 포기하거나 상속인없이 사망한 경우에 그 지분은 다른 저작재산권자에게 그 지분의 비율에 따라 배분된다.
④ 제15조 제2항 및 제3항의 규정은 공동저작물의 저작재산권의 행사에 관하여 준용한다.

第49조(저작재산권의 소멸) 저작재산권이 다음 각호의 1에 해당하는 경우에는 소멸한다.
1. 저작재산권자가 상속인없이 사망한 경우에 그 권리가 민법 기타 법률의 규정에 의하여 국가에 귀속되는 경우
2. 저작재산권자인 법인 또는 단체가 해산되어 그 권리가 민법 기타 법률의 규정에 의하여 국가에 귀속되는 경우

제5절 저작물 이용의 법정 허락

第50조(저작재산권자 불명인 저작물의 이용) ①누구든지 대통령령이 정하는 기준에 해당하는 상당한 노력을 기울였어도 공표된 저작물(외국인의 저작물을 제외한다)의 저작재산권자나 그의 거소를 알 수 없어 그 저작물의 이용허락을 받을 수 없는 경우에는 대통령령이 정하는 바에 의하여 문화관광부장관의 승인을 얻은 후 문화관광부장관이 정하는 기준에 의한 보상금을 공탁하고 이를 이용할 수 있다.
② 제1항의 규정에 의하여 저작물을 이용하는 자는 그 뜻과 승인연월일을 표시하여야 한다.
③ 제1항의 규정에 따라 법정허락된 저작물이 다시 법정허락의 대상이 되는 때에는 제1항의 규정에 따른 대통령령이 정하는 기준에 해당하는 상당한 노력의 절차를 생략할 수 있다. 다만, 그 저작물에 대한 법정허락의 승인 이전에 저작재산권자가 대통령령이 정하는 절차에 따라 이의를 제기하는 때에는 그러하지 아니하다.
④ 문화관광부장관은 대통령령이 정하는 바에 따라 법정허락 내용을 정보통신망에 게시하여야 한다.

第51조(공표된 저작물의 방송) 공표된 저작물을 공익상 필요에 의하여 방송하고자 하는 방송사업자가 그 저작재산권자와 협의하였으나 협의가 성립되지 아니하는 경우에는 대통령령이 정하는 바에 의하여 문화관광부장관의 승인을 얻은 후 문화관광부장관이 정하는 기준에 의한 보상금을 당해 저작재산권자에게 지급하거나 공탁하고 이를 방송할 수 있다.

第52조(판매용 음반의 제작) 판매용 음반이 우리나라에서 처음으로 판매되어 3년이 경과한 경우 그 음반에 녹음된 저작물을 녹음하여 다른 판매용 음반을 제작하고자 하는 자가 그 저작재산권자와 협의하였으나 협의가 성립되지 아니하는 때에는 대통령령이 정하는 바에 의하여 문화관광부장관의 승인을 얻은 후 문화관광부장관이 정하는 기준에 의한 보상금을 당해 저작재산권자에게 지급하거나 공탁하고 다른 판매용 음반을 제작할 수 있다.

제6절 등록 및 인증

제53조(저작권의 등록) ①저작자는 다음 각호의 사항을 등록할 수 있다.

1. 저작자의 실명 · 이명(공표 당시에 이명을 사용한 경우에 한한다) · 국적 · 주소 또는 거소
2. 저작물의 제호 · 종류 · 창작연월일
3. 공표의 여부 및 맨 처음 공표된 국가 · 공표연월일
4. 기타 대통령령으로 정하는 사항

② 저작자가 사망한 경우 저작자의 특별한 의사표시가 없는 때에는 그의 유언으로 지정한 자 또는 상속인이 제1항 각호의 규정에 의한 등록을 할 수 있다.

③ 제1항 및 제2항의 규정에 의하여 저작자로 실명이 등록된 자는 그 등록저작물의 저작자로, 창작연월일 또는 맨 처음의 공표연월일이 등록된 저작물은 등록된 연월일에 창작 또는 맨 처음 공표된 것으로 추정한다.

제54조(권리변동 등의 등록 · 효력) 다음 각호의 사항은 이를 등록할 수 있으며, 등록하지 아니하면 제3자에게 대항할 수 없다.

1. 저작재산권의 양도(상속 기타 일반승계의 경우를 제외한다) 또는 처분제한
2. 저작재산권을 목적으로 하는 질권의 설정 · 이전 · 변경 · 소멸 또는 처분제한

제55조(등록의 절차 등) ①제53조 및 제54조의 규정에 의한 등록은 문화관광부장관이 저작권등록부에 기재하여 행한다.

②문화관광부장관은 다음 각호의 1에 해당하는 경우에는 신청을 반려할 수 있다. 다만, 신청의 흠결이 보정될 수 있는 경우에 신청인이 당일 이를 보정하였을 때에는 그러하지 아니하다.

1. 등록 신청한 사항이 등록할 것이 아닌 때
2. 등록 신청이 문화관광부령으로 정한 서식에 적합하지 아니하거나 기타 필요한 자료 또는 서류를 첨부하지 아니한 때

③ 문화관광부장관은 제1항의 규정에 의하여 저작권등록부에 기재한 등록에 대하여 등록공보를 발행하거나 정보통신망에 게시하여야 하며, 신청한 자가 있는 경우에는 저작권등록부를 열람하게 하거나 그 사본을 교부하여야 한다.

④ 제1항 내지 제3항의 규정에 의한 등록, 등록신청의 반려, 등록공보의 발행 또는 게시, 저작권등록부의 열람 및 사본의 교부 등에 관하여 필요한 사항은 대통령령으로 정한다.

제56조(권리자 등의 인증) ①문화관광부장관은 저작물등의 거래의 안전과 신뢰보호를 위하여 인증기관을 지정할 수 있다.

② 제1항의 규정에 의한 인증기관의 지정 및 인증절차 등에 관하여 필요한 사항은 대통령령으로 정한다.

③ 제1항의 규정에 따른 인증기관은 인증과 관련한 수수료를 받을 수 있으며 그 금액은 문화관광부장관이 정한다.

제7절 출판권

제57조(출판권의 설정) ①저작물을 복제 · 배포할 권리를 가진 자(이하 “복제권

자"라 한다)는 그 저작물을 인쇄 그 밖에 이와 유사한 방법으로 문서 또는 도화로 발행하고자 하는 자에 대하여 이를 출판할 권리(이하 "출판권"이라 한다)를 설정할 수 있다.
② 제1항의 규정에 의하여 출판권을 설정받은 자(이하 "출판권자"라 한다)는 그 설정행위에서 정하는 바에 따라 그 출판권의 목적인 저작물을 원작 그대로 출판할 권리를 가진다.
③ 복제권자는 그 저작물의 복제권을 목적으로 하는 질권이 설정되어 있는 경우에는 그 질권자의 허락이 있어야 출판권을 설정할 수 있다.

제58조(출판권자의 의무) ①출판권자는 그 설정행위에 특약이 없는 때에는 출판권의 목적인 저작물을 복제하기 위하여 필요한 원고 또는 이에 상당하는 물건을 받은 날로부터 9월 이내에 이를 출판하여야 한다.
② 출판권자는 그 설정행위에 특약이 없는 때에는 관행에 따라 그 저작물을 계속하여 출판하여야 한다.
③ 출판권자는 특약이 없는 때에는 각 출판물에 대통령령이 정하는 바에 의하여 복제권자의 표지를 하여야 한다.

제59조(저작물의 수정증감) ①출판권자가 출판권의 목적인 저작물을 다시 출판하는 경우에 저작자는 정당한 범위 안에서 그 저작물의 내용을 수정하거나 증감할 수 있다.
② 출판권자는 출판권의 목적인 저작물을 다시 출판하고자 하는 경우에 특약이 없는 때에는 그때마다 미리 저작자에게 그 사실을 알려야 한다.

제60조(출판권의 존속기간 등) ①출판권은 그 설정행위에 특약이 없는 때에는 맨 처음 출판한 날로부터 3년간 존속한다.
② 복제권자는 출판권 존속기간 중 그 출판권의 목적인 저작물의 저작자가 사망한 때에는 제1항의 규정에 불구하고 저작자를 위하여 저작물을 전집 그 밖의 편집물에 수록하거나 전집 그 밖의 편집물의 일부인 저작물을 분리하여 이를 따로 출판할 수 있다.

제61조(출판권의 소멸통고) ①복제권자는 출판권자가 제58조제1항 또는 제2항의 규정을 위반한 경우에는 6월 이상의 기간을 정하여 그 이행을 최고하고 그 기간 내에 이행하지 아니하는 때에는 출판권의 소멸을 통고할 수 있다.
② 복제권자는 출판권자가 출판이 불가능하거나 출판할 의사가 없음이 명백한 경우에는 제1항의 규정에 불구하고 즉시 출판권의 소멸을 통고할 수 있다.
③ 제1항 또는 제2항의 규정에 의하여 출판권의 소멸을 통고한 경우에는 출판권자가 통고를 받은 때에 출판권이 소멸한 것으로 본다.
④ 제3항의 경우에 복제권자는 출판권자에 대하여 언제든지 원상회복을 청구하거나 출판을 중지함으로 인한 손해의 배상을 청구할 수 있다.

제62조(출판권 소멸 후의 출판물의 배포) 출판권이 그 존속기간의 만료 또는 그 밖의 사유로 소멸된 경우에는 그 출판권을 가지고 있던 자는 다음 각호의 1에 해당하는 경우를 제외하고는 그 출판권의 존속기간 중 만들어진 출판물을 배포할 수 없다.
1. 출판권 설정행위에 특약이 있는 경우

2. 출판권의 존속기간 중 복제권자에게 그 저작물의 출판에 따른 대가를 지급하고 그 대가에 상응하는 부수의 출판물을 배포하는 경우

제63조(출판권의 양도・제한 등) ①출판권은 복제권자의 동의없이 이를 양도 또는 질권의 목적으로 할 수 없다.
② 제23조・제25조제1항 내지 제3항・제26조 내지 제28조・제30조 내지 제33조와 제35조제2항 및 제3항의 규정은 출판권의 목적으로 되어 있는 저작물의 복제에 관하여 준용한다.
③ 제53조 내지 제55조의 규정은 출판권의 등록(출판권설정등록을 포함한다)에 관하여 준용한다. 이 경우 제55조 중 "저작권등록부"는 "출판권등록부"로 본다.

제3장 저작인접권

제1절 통 칙

제64조(보호받는 실연・음반・방송) 다음 각호 각목의 1에 해당하는 실연・음반 및 방송은 이 법에 의한 보호를 받는다.
1. 실 연
가. 대한민국 국민(대한민국 법률에 의하여 설립된 법인 및 대한민국 내에 주된 사무소가 있는 외국법인을 포함한다. 이하 같다)이 행하는 실연
나. 대한민국이 가입 또는 체결한 조약에 따라 보호되는 실연
다. 제2호 각목의 음반에 고정된 실연
라. 제3호 각목의 방송에 의하여 송신되는 실연(송신 전에 녹음 또는 녹화되어 있는 실연을 제외한다)
2. 음 반
가. 대한민국 국민을 음반제작자로 하는 음반
나. 음이 맨 처음 대한민국 내에서 고정된 음반
다. 대한민국이 가입 또는 체결한 조약에 따라 보호되는 음반으로서 체약국 내에서 최초로 고정된 음반
라. 대한민국이 가입 또는 체결한 조약에 따라 보호되는 음반으로서 체약국의 국민(당해 체약국의 법률에 의하여 설립된 법인 및 당해 체약국 내에 주된 사무소가 있는 법인을 포함한다)을 음반제작자로 하는 음반
3. 방 송
가. 대한민국 국민인 방송사업자의 방송
나. 대한민국 내에 있는 방송설비로부터 행하여지는 방송
다. 대한민국이 가입 또는 체결한 조약에 따라 보호되는 방송으로서 체약국의 국민인 방송사업자가 당해 체약국 내에 있는 방송설비로부터 행하는 방송

제65조(저작권과의 관계) 이 장 각조의 규정은 저작권에 영향을 미치는 것으로 해석되어서는 아니된다.

제2절 실연자의 권리

제66조(성명표시권) ①실연자는 그의 실연 또는 실연의 복제물에 그의 실명

또는 이명을 표시할 권리를 가진다.
② 실연을 이용하는 자는 그 실연자의 특별한 의사표시가 없는 때에는 실연자가 그의 실명 또는 이명을 표시한 바에 따라 이를 표시하여야 한다. 다만, 실연의 성질이나 그 이용의 목적 및 형태 등에 비추어 부득이하다고 인정되는 경우에는 그러하지 아니하다.

제67조(동일성유지권) 실연자는 그의 실연의 내용과 형식의 동일성을 유지할 권리를 가진다. 다만, 실연의 성질이나 그 이용의 목적 및 형태 등에 비추어 부득이하다고 인정되는 경우에는 그러하지 아니한다.

제68조(실연자의 인격권의 일신전속성) 제66조 및 제67조에 규정된 권리(이하 "실연자의 인격권"이라 한다)는 실연자 일신에 전속한다.

제69조(복제권) 실연자는 그의 실연을 복제할 권리를 가진다.

제70조(배포권) 실연자는 그의 실연의 복제물을 배포할 권리를 가진다. 다만, 실연의 복제물이 실연자의 허락을 받아 판매 등의 방법으로 거래에 제공된 경우에는 그러하지 아니하다.

제71조(대여권) 실연자는 제70조의 단서의 규정에 불구하고 그의 실연이 녹음된 판매용 음반을 영리를 목적으로 대여할 권리를 가진다.

제72조(공연권) 실연자는 그의 고정되지 아니한 실연을 공연할 권리를 가진다. 다만, 그 실연이 방송되는 실연인 경우에는 그러하지 아니하다.

제73조(방송권) 실연자는 그의 실연을 방송할 권리를 가진다. 다만, 실연자의 허락을 받아 녹음된 실연에 대하여는 그러하지 아니하다.

제74조(전송권) 실연자는 그의 실연을 전송할 권리를 가진다.

제75조(방송사업자의 실연자에 대한 보상) ①방송사업자가 실연이 녹음된 판매용 음반을 사용하여 방송하는 경우에는 상당한 보상금을 그 실연자에게 지급하여야 한다. 다만, 실연자가 외국인인 경우에 그 외국에서 대한민국 국민인 실연자에게 이 항의 규정에 의한 보상금을 인정하지 아니하는 때에는 그러하지 아니하다.
② 제25조제5항 내지 제9항의 규정은 제1항의 규정에 의한 보상금의 지급 등에 관하여 준용한다.
③ 제2항의 규정에 의한 단체가 보상권리자를 위하여 청구할 수 있는 보상금의 금액은 매년 그 단체와 방송사업자가 협의하여 정한다.
④ 제3항의 규정에 의한 협의가 성립되지 아니하는 경우에 그 단체 또는 방송사업자는 대통령령이 정하는 바에 의하여 저작권위원회에 조정을 신청할 수 있다.

제76조(디지털음성송신사업자의 실연자에 대한 보상) ①디지털음성송신사업자가 실연이 녹음된 음반을 사용하여 송신하는 경우에는 상당한 보상금을 그 실연자에게 지급하여야 한다.
② 제25조제5항 내지 제9항의 규정은 제1항의 규정에 의한 보상금의 지급 등에 관하여 준용한다.
③ 제2항의 규정에 의한 단체가 보상권리자를 위하여 청구할 수 있는 보상금의 금액은 매년 그 단체와 디지털음성송신사업자가 대통령령이 정하는 기간 내에 협의하여 정한다.
④ 제3항의 규정에 의한 협의가 성립되지 아니한 경우에는 문화관광부장관이 정하

여 고시하는 금액을 지급한다.

제77조(공동실연자) ①2인 이상이 공동으로 합창·합주 또는 연극등을 실연하는 경우에 이 절에 규정된 실연자의 권리(실연자의 인격권은 제외한다)는 공동으로 실연하는 자가 선출하는 대표자가 이를 행사한다. 다만, 대표자의 선출이 없는 경우에는 지휘자 또는 연출자 등이 이를 행사한다.

② 제1항의 규정에 의하여 실연자의 권리를 행사하는 경우에 독창 또는 독주가 함께 실연된 때에는 독창자 또는 독주자의 동의를 얻어야 한다.

③ 제15조의 규정은 공동실연자의 인격권 행사에 관하여 준용한다.

제3절 음반제작자의 권리

제78조(복제권) 음반제작자는 그의 음반을 복제할 권리를 가진다.

제79조(배포권) 음반제작자는 그의 음반을 배포할 권리를 가진다. 다만, 음반의 복제물이 음반제작자의 허락을 받아 판매 등의 방법으로 거래에 제공된 경우에는 그러하지 아니하다.

제80조(대여권) 음반제작자는 제79조의 단서의 규정에 불구하고 판매용 음반을 영리를 목적으로 대여할 권리를 가진다.

제81조(전송권) 음반제작자는 그의 음반을 전송할 권리를 가진다.

제82조(방송사업자의 음반제작자에 대한 보상) ①방송사업자가 판매용 음반을 사용하여 방송하는 경우에는 상당한 보상금을 그 음반제작자에게 지급하여야 한다. 다만, 음반제작자가 외국인인 경우에 그 외국에서 대한민국 국민인 음반제작자에게 이 항의 규정에 의한 보상금을 인정하지 아니하는 때에는 그러하지 아니하다.

② 제25조제5항 내지 제9항 및 제75조제3항과 제4항의 규정은 제1항의 규정에 의한 보상금의 지급 및 금액 등에 관하여 준용한다.

제83조(디지털음성송신사업자의 음반제작자에 대한 보상) ①디지털음성송신사업자가 음반을 사용하여 송신하는 경우에는 상당한 보상금을 그 음반제작자에게 지급하여야 한다.

② 제25조제5항 내지 제9항 및 제76조제3항과 제4항의 규정은 제1항의 규정에 의한 보상금의 지급 및 금액 등에 관하여 준용한다.

제4절 방송사업자의 권리

제84조(복제권) 방송사업자는 그의 방송을 복제할 권리를 가진다.

제85조(동시중계방송권) 방송사업자는 그의 방송을 동시중계방송할 권리를 가진다.

제5절 저작인접권의 보호기간

제86조(보호기간) ①저작인접권(실연자의 인격권을 제외한다. 이하 같다)은 다음 각호의 1에 해당하는 때부터 발생한다.

1. 실연의 경우에는 그 실연을 한 때
2. 음반의 경우에는 그 음을 맨 처음 음반에 고정한 때

3. 방송의 경우에는 그 방송을 한 때
② 저작인접권은 다음 각호의 1에 해당하는 때의 다음 해부터 기산하여 50년간 존속한다.
1. 실연의 경우에는 그 실연을 한 때
2. 음반의 경우에는 그 음반을 발행한 때. 다만, 음을 음반에 맨 처음 고정한 때의 다음해부터 기산하여 50년이 경과한 때까지 음반을 발행하지 아니한 경우에는 음을 음반에 맨 처음 고정한 때
3. 방송의 경우에는 그 방송을 한 때

제6절 저작인접권의 제한 · 양도 · 행사 등

제87조(저작인접권의 제한) 제23조 · 제24조 · 제25조 제1항 내지 제3항 · 제26조 내지 제32조 · 제33조제2항 · 제34조 · 제36조 및 제37조의 규정은 저작인접권의 목적이 된 실연 · 음반 또는 방송의 이용에 관하여 준용한다.

제88조(저작인접권의 양도 · 행사 등) 제45조제1항의 규정은 저작인접권의 양도에, 제46조의 규정은 실연 · 음반 또는 방송의 이용허락에, 제47조의 규정은 저작인접권을 목적으로 하는 질권의 행사에, 제49조의 규정은 저작인접권의 소멸에 관하여 각각 준용한다.

제89조(실연 · 음반 및 방송이용의 법정허락) 제50조 내지 제52조의 규정은 실연 · 음반 및 방송의 이용에 관하여 준용한다.

제90조(저작인접권의 등록) 제53조 내지 제55조의 규정은 저작인접권의 등록에 관하여 준용한다. 이 경우 제55조 중 "저작권등록부"는 "저작인접권등록부"로 본다.

제4장 데이터베이스제작자의 보호

제91조(보호받는 데이터베이스) ①다음 각호의 1에 해당하는 자의 데이터베이스는 이 법에 의한 보호를 받는다.
1. 대한민국 국민
2. 데이터베이스의 보호와 관련하여 대한민국이 가입 또는 체결한 조약에 따라 보호되는 외국인
② 제1항의 규정에 의하여 보호되는 외국인의 데이터베이스라도 그 외국에서 대한민국 국민의 데이터베이스를 보호하지 아니하는 경우에는 그에 상응하게 조약 및 이 법에 의한 보호를 제한할 수 있다.

제92조(적용 제외) 다음 각호의 1에 해당하는 데이터베이스에 대하여는 이 장의 규정을 적용하지 아니한다.
1. 데이터베이스의 제작 · 갱신등 또는 운영에 이용되는 컴퓨터프로그램
2. 무선 또는 유선통신을 기술적으로 가능하게 하기 위하여 제작되거나 갱신등이 되는 데이터베이스

제93조(데이터베이스제작자의 권리) ①데이터베이스제작자는 그의 데이터베이스의 전부 또는 상당한 부분을 복제 · 배포 · 방송 또는 전송(이하 이 조에서 "복제등"이라 한다)할 권리를 가진다.

② 데이터베이스의 개별 소재는 제1항의 규정에 의한 당해 데이터베이스의 상당한 부분으로 간주되지 아니한다. 다만, 데이터베이스의 개별 소재 또는 그 상당한 부분에 이르지 못하는 부분의 복제등이라 하더라도 반복적이거나 특정한 목적을 위하여 체계적으로 함으로써 당해 데이터베이스의 통상적인 이용과 충돌하거나 데이터베이스제작자의 이익을 부당하게 해치는 경우에는 당해 데이터베이스의 상당한 부분의 복제등으로 본다.
③ 이 장에 의한 보호는 데이터베이스의 구성부분이 되는 소재의 저작권 그 밖에 이 법에 의하여 보호되는 권리에 영향을 미치지 아니한다.
④ 이 장에 의한 보호는 데이터베이스의 구성부분이 되는 소재 그 자체에는 미치지 아니한다.

제94조(데이터베이스제작자의 권리제한) ①제23조・제28조 내지 제34조・제36조 및 제37조의 규정은 데이터베이스제작자의 권리의 목적이 되는 데이터베이스의 이용에 관하여 준용한다.
② 다음 각호의 1에 해당하는 경우에는 누구든지 데이터베이스의 전부 또는 그 상당한 부분을 복제・배포・방송 또는 전송할 수 있다. 다만, 당해 데이터베이스의 통상적인 이용과 저촉되는 경우에는 그러하지 아니하다.
1. 교육・학술 또는 연구를 위하여 이용하는 경우. 다만, 영리를 목적으로 하는 경우에는 그러하지 아니하다.
2. 시사보도를 위하여 이용하는 경우

제95조(보호기간) ①데이터베이스제작자의 권리는 데이터베이스의 제작을 완료한 때부터 발생하며, 그 다음 해부터 기산하여 5년간 존속한다.
② 데이터베이스의 갱신등을 위하여 인적 또는 물적으로 상당한 투자가 이루어진 경우에 당해 부분에 대한 데이터베이스제작자의 권리는 그 갱신등을 한 때부터 발생하며, 그 다음 해부터 기산하여 5년간 존속한다.

제96조(데이터베이스제작자의 권리의 양도・행사 등) 제20조 단서의 규정은 데이터베이스의 거래제공에, 제45조제1항의 규정은 데이터베이스제작자의 권리의 양도에, 제46조의 규정은 데이터베이스의 이용허락에, 제47조의 규정은 데이터베이스제작자의 권리를 목적으로 하는 질권의 행사에, 제48조의 규정은 공동데이터베이스의 데이터베이스제작자의 권리행사에, 제49조의 규정은 데이터베이스제작자의 권리의 소멸에 관하여 각각 준용한다.

제97조(데이터베이스 이용의 법정허락) 제50조 및 제51조의 규정은 데이터베이스의 이용에 관하여 준용한다.

제98조(데이터베이스제작자의 권리의 등록) 제53조 내지 제55조의 규정은 데이터베이스제작자의 권리의 등록에 관하여 준용한다. 이 경우 제55조 중 "저작권등록부"는 "데이터베이스제작자권리등록부"로 본다.

제5장 영상저작물에 관한 특례

제99조(저작물의 영상화) ①저작재산권자가 저작물의 영상화를 다른 사람에게 허락한 경우에 특약이 없는 때에는 다음 각호의 권리를 포함하여 허락한 것으로 추정한다.

1. 영상저작물을 제작하기 위하여 저작물을 각색하는 것
2. 공개상영을 목적으로 한 영상저작물을 공개상영하는 것
3. 방송을 목적으로 한 영상저작물을 방송하는 것
4. 전송을 목적으로 한 영상저작물을 전송하는 것
5. 영상저작물을 그 본래의 목적으로 복제·배포하는 것
6. 영상저작물의 번역물을 그 영상저작물과 같은 방법으로 이용하는 것

② 저작재산권자는 그 저작물의 영상화를 허락한 경우에 특약이 없는 때에는 허락한 날로부터 5년이 경과한 때에 그 저작물을 다른 영상저작물로 영상화하는 것을 허락할 수 있다.

제100조(영상저작물에 대한 권리) ①영상제작자와 영상저작물의 제작에 협력할 것을 약정한 자가 그 영상저작물에 대하여 저작권을 취득한 경우 특약이 없는 한 그 영상저작물의 이용을 위하여 필요한 권리는 영상제작자가 이를 양도받은 것으로 추정한다.

② 영상저작물의 제작에 사용되는 소설·각본·미술저작물 또는 음악저작물 등의 저작재산권은 제1항의 규정으로 인하여 영향을 받지 아니한다.

③ 영상제작자와 영상저작물의 제작에 협력할 것을 약정한 실연자의 그 영상저작물의 이용에 관한 제69조의 규정에 의한 복제권, 제70조의 규정에 의한 배포권, 제73조의 규정에 의한 방송권 및 제74조의 규정에 의한 전송권은 특약이 없는 한 영상제작자가 이를 양도받은 것으로 추정한다.

제101조(영상제작자의 권리) ①영상제작물의 제작에 협력할 것을 약정한 자로부터 영상제작자가 양도받는 영상저작물의 이용을 위하여 필요한 권리는 영상저작물을 복제·배포·공개상영·방송·전송 그 밖의 방법으로 이용할 권리로 하며, 이를 양도하거나 질권의 목적으로 할 수 있다.

② 실연자로부터 영상제작자가 양도받는 권리는 그 영상저작물을 복제·배포·방송 또는 전송할 권리로 하며, 이를 양도하거나 질권의 목적으로 할 수 있다.

제6장 온라인서비스제공자의 책임 제한

제102조(온라인서비스제공자의 책임 제한) ①온라인서비스제공자가 저작물등의 복제·전송과 관련된 서비스를 제공하는 것과 관련하여 다른 사람에 의한 저작물등의 복제·전송으로 인하여 그 저작권 그 밖에 이 법에 의하여 보호되는 권리가 침해된다는 사실을 알고 당해 복제·전송을 방지하거나 중단시킨 경우에는 다른 사람에 의한 저작권 그 밖에 이 법에 의하여 보호되는 권리의 침해에 관한 온라인서비스제공자의 책임을 감경 또는 면제할 수 있다.

② 온라인서비스제공자가 저작물등의 복제·전송과 관련된 서비스를 제공하는 것과 관련하여 다른 사람에 의한 저작물등의 복제·전송으로 인하여 그 저작권 그 밖에 이 법에 의하여 보호되는 권리가 침해된다는 사실을 알고 당해 복제·전송을 방지하거나 중단시키고자 하였으나 기술적으로 불가능한 경우에는 그 다른 사람에 의한 저작권 그 밖에 이 법에 의하여 보호되는 권리의 침해에 관한 온라인서비스제공자의 책임은 면제된다.

제103조(복제 · 전송의 중단) ①온라인서비스제공자의 서비스를 이용한 저작물등의 복제 · 전송에 의하여 저작권 그 밖에 이 법에 의하여 보호되는 자신의 권리가 침해됨을 주장하는 자(이하 이 조에서 "권리주장자"라 한다)는 그 사실을 소명하여 온라인서비스제공자에게 그 저작물등의 복제 · 전송을 중단시킬 것을 요구할 수 있다.
② 온라인서비스제공자는 제1항의 규정에 의한 복제 · 전송의 중단요구가 있는 경우에는 즉시 그 저작물등의 복제 · 전송을 중단시키고 당해 저작물등을 복제 · 전송하는 자(이하 "복제 · 전송자"라 한다) 및 권리주장자에게 그 사실을 통보하여야 한다.
③ 제2항의 규정에 의한 통보를 받은 복제 · 전송자가 자신의 복제 · 전송이 정당한 권리에 의한 것임을 소명하여 그 복제 · 전송의 재개를 요구하는 경우 온라인서비스제공자는 재개요구사실 및 재개예정일을 권리주장자에게 지체없이 통보하고 그 예정일에 복제 · 전송을 재개시켜야 한다.
④ 온라인서비스제공자는 제1항 및 제3항의 규정에 의한 복제 · 전송의 중단 및 그 재개의 요구를 받을 자(이하 이 조에서 "수령인"이라 한다)를 지정하여 자신의 설비 또는 서비스를 이용하는 자들이 쉽게 알 수 있도록 공지하여야 한다.
⑤ 온라인서비스제공자가 제4항의 규정에 의한 공지를 하고, 제2항 및 제3항의 규정에 의하여 그 저작물등의 복제 · 전송을 중단시키거나 재개시킨 경우에는 다른 사람에 의한 저작권 그 밖에 이 법에 의하여 보호되는 권리의 침해에 대한 온라인서비스제공자의 책임 및 복제 · 전송자에게 발생하는 손해에 대한 온라인서비스제공자의 책임을 감경 또는 면제할 수 있다. 다만, 이 항의 규정은 온라인서비스제공자가 다른 사람에 의한 저작물등의 복제 · 전송으로 인하여 그 저작권 그 밖에 이 법에 의하여 보호되는 권리가 침해된다는 사실을 안 때부터 제1항의 규정에 의한 중단을 요구받기 전까지 발생한 책임에는 적용하지 아니한다.
⑥ 정당한 권리없이 제1항 및 제3항의 규정에 의한 그 저작물등의 복제 · 전송의 중단이나 재개를 요구하는 자는 그로 인하여 발생하는 손해를 배상하여야 한다.
⑦ 제1항 내지 제4항의 규정에 의한 소명, 중단, 통보, 복제 · 전송의 재개, 수령인의 지정 및 공지 등에 관하여 필요한 사항은 대통령령으로 정한다. 이 경우 문화관광부장관은 관계중앙행정기관의 장과 미리 협의하여야 한다.제104조(특수한 유형의 온라인 서비스제공자의 의무 등) ①다른 사람들 상호간에 컴퓨터 등을 이용하여 저작물등을 전송하도록 하는 것을 주된 목적으로 하는 온라인서비스제공자(이하 "특수한 유형의 온라인서비스제공자"라 한다)는 권리자의 요청이 있는 경우 당해 저작물등의 불법적인 전송을 차단하는 기술적인 조치 등 필요한 조치를 하여야 한다. 이 경우 권리자의 요청 및 필요한 조치에 관한 사항은 대통령령으로 정한다.
② 문화관광부장관은 제1항의 규정에 의한 특수한 유형의 온라인서비스제공자의 범위를 정하여 고시할 수 있다.

제7장 저작권위탁관리업

제105조(저작권위탁관리업의 허가 등) ① 저작권신탁관리업을 하고자 하는 자는 대통령령이 정하는 바에 의하여 문화관광부장관의 허가를 받아야 하며, 저작권대리중개업을 하고자 하는 자는 대통령령이 정하는 바에 의하여 문화관광부장관에게 신고하여야 한다.

② 제1항의 규정에 의하여 저작권신탁관리업을 하고자 하는 자는 다음 각호의 요건을 갖추어야 하며, 대통령령으로 정하는 바에 의하여 저작권신탁관리업무규정을 작성하여 이를 저작권신탁관리허가신청서와 함께 문화관광부장관에게 제출하여야 한다.

1. 저작물등에 관한 권리자로 구성된 단체일 것
2. 영리를 목적으로 하지 아니할 것
3. 사용료의 징수 및 분배 등의 업무를 수행하기에 충분한 능력이 있을 것

③ 다음 각호의 1에 해당하는 자는 제1항의 규정에 의한 저작권신탁관리업 또는 저작권대리중개업(이하 "저작권위탁관리업"이라 한다)의 허가를 받거나 신고를 할 수 없다.

1. 금치산자 · 한정치산자
2. 파산선고를 받고 복권되지 아니한 자
3. 이 법에 위반하여 벌금이상의 형의 선고를 받고 그 집행이 종료되거나 집행을 받지 아니하기로 확정된 후 1년이 경과되지 아니한 자 또는 형의 집행유예의 선고를 받고 그 집행유예기간 중에 있는 자
4. 대한민국 내에 주소를 두지 아니한 자
5. 제1호 내지 제4호의 1에 해당하는 자가 대표자 또는 임원으로 되어 있는 법인 또는 단체

④ 제1항의 규정에 의하여 저작권위탁관리업의 허가를 받거나 신고를 한 자(이하 "저작권위탁관리업자"라 한다)는 그 업무에 관하여 저작재산권자 그 밖의 관계자로부터 수수료를 받을 수 있다.

⑤ 제4항의 규정에 의한 수수료의 요율 또는 금액 및 저작권위탁관리업자가 이용자로부터 받는 사용료의 요율 또는 금액은 저작권위탁관리업자가 문화관광부장관의 승인을 얻어 이를 정한다. 다만, 저작권대리중개업의 신고를 한 자의 경우에는 그러하지 아니하다.

⑥ 문화관광부장관은 제5항의 규정에 의한 승인의 경우에 저작권위원회의심의를 거쳐야하며 필요한 경우에는 기간을 정하거나 신청된 내용을 수정하여 승인할수있다..

⑦ 문화관광부장관은 제5항의 규정에 의한 사용료의 요율 또는 금액에 관한 승인신청이 있는 경우 및 승인을 한 경우에는 대통령령이 정하는 바에 따라 그 내용을 공고하여야 한다.

⑧ 문화관광부장관은 저작재산권자 그 밖의 관계자의 권익보호 또는 저작물등의 이용 편의를 도모하기 위하여 필요한 경우에는 제5항의 규정에 의한 승인 내용을 변경할 수 있다.

제106조(저작권신탁관리업자의 의무) ①저작권신탁관리업자는 그가 관리하는 저작물등의 목록을 대통령령이 정하는 바에 따라 분기별로 도서 또는 전자적 형태로 작성하여 누구든지 적어도 영업시간내에는 목록을 열람할 수있도록 하여야 한다. ②저작권신탁관리업자는 이용자가 서면으로 요청하는 경우에는 정당한 사유가 없는 한 관리하는 저작물 등의 이용계약을 체결하기 위하여 필요한 정보로서 대통령령으로 정하는 정보를 상당한 기간 내에 서면으로 제공하여야 한다.

제107조(서류열람의 청구) 저작권신탁관리업자는 그가 신탁관리하는 저작물등

을 영리목적으로 이용하는 자에 대하여 당해 저작물등의 사용료 산정에 필요한 서류의 열람을 청구할 수 있다. 이 경우 이용자는 정당한 이유가 없는 한 이에 응하여야 한다.

제108조(감독) ①문화관광부장관은 저작권위탁관리업자에게 저작권위탁관리업의 업무에 관하여 필요한 보고를 하게 할 수 있다.

② 문화관광부장관은 저작자의 권익보호와 저작물의 이용편의를 도모하기 위하여 저작권위탁관리업자의 업무에 대하여 필요한 명령을 할 수 있다.

제109조(허가의 취소 등) ①문화관광부장관은 저작권위탁관리업자가 다음 각호의 1에 해당하는 경우에는 6월 이내의 기간을 정하여 업무의 정지를 명할수있다.

1. 제105조제5항의 규정에 의하여 승인된 수수료를 초과하여 받은 경우
2. 제105조제5항의 규정에 의하여 승인된 사용료 이외의 사용료를 받은 경우
3. 제108조제1항의 규정에 의한 보고를 정당한 사유없이 하지 아니하거나 허위로 한 경우
4. 제108조제2항의 규정에 의한 명령을 받고 정당한 사유없이 이를 이행하지 아니한 경우

② 문화관광부장관은 저작권위탁관리업자가 다음 각호의 1에 해당하는 경우에는 저작권위탁관리업의 허가를 취소하거나 영업의 폐쇄명령을 할 수 있다.

1. 허위 기타 부정한 방법으로 허가를 받거나 신고를 한 경우
2. 제1항의 규정에 의한 업무의 정지명령을 받고 그 업무를 계속한 경우

제110조(청문) 문화관광부장관은 제109조제2항의 규정에 의하여 저작권위탁관리업의 허가를 취소하거나 영업의 폐쇄를 명하고자 하는 경우에는 청문을 실시하여야 한다.

제111조(과징금 처분) ①문화관광부장관은 저작권위탁관리업자가 제109조제1항 각호의 1에 해당하여 업무의 정지처분을 하여야 할 때에는 그 업무정지처분에 갈음하여 5천만원 이하의 과징금을 부과·징수할 수 있다.

②문화관광부장관은 제1항의 규정에 의하여 과징금 부과처분을 받은 자가 과징금을 기한 내에 납부하지 아니하는 때에는 국세체납처분의 예에 의하여 이를 징수한다.

③제1항 및 제2항의 규정에 의하여 징수한 과징금은 징수주체가 건전한 저작물 이용 질서의 확립을 위하여 사용할 수 있다.

④제1항의 규정에 의하여 과징금을 부과하는 위반행위의 종별·정도 등에 따른 과징금의 금액 및 제3항의 규정에 의한 과징금의 사용절차 등에 관하여 필요한 사항은 대통령령으로 정한다.

제8장 저작권위원회

제112조(저작권위원회의 설치 및 구성) ①저작물등의 건전한 이용질서를 확립하고 저작권 그 밖에 이 법에 의하여 보호되는 권리(이하 이 장에서 "저작권"이라 한다)에 관한 사항을 심의하며 저작권에 관한 분쟁(이하 "분쟁"이라 한다)을 조정하기 위하여 저작권위원회(이하 "위원회"라 한다)를 둔다.

② 위원회는 위원장 1인, 부위원장 2인을 포함한 15인 이상 20인 이하의 위원으로 구성한다.

③ 위원은 다음 각호의 자 중에서 문화관광부장관이 위촉하며, 위원장과 부위원장은 위원중에서 호선한다.
1. 대학이나 공인된 연구기관에서 부교수 이상 또는 이에 상당하는 직위에 있거나 있었던 자로서 저작권 관련 분야를 전공한 자
2. 판사 또는 검사의 직에 있는 자 및 변호사의 자격이 있는 자
3. 4급이상의 공무원 또는 이에 상당하는 공공기관의 직에 있거나 있었던 자로서 저작권 또는 문화산업 분야에 실무경험이 있는 자
4. 저작권 또는 문화산업 관련 단체의 임원의 직에 있거나 있었던 자
5. 그 밖에 저작권과 관련된 업무에 관한 학식과 경험이 풍부한 자
④ 위원의 임기는 3년으로 하되, 연임할 수 있다.
⑤ 위원에 결원이 생겼을 때에는 제3항의 규정에 의하여 그 보궐위원을 위촉하여야 하며, 그 보궐위원의 임기는 전임자의 잔임 기간으로 한다. 다만, 위원의 수가 15인 이상인 경우에는 보궐위원을 위촉하지 아니할 수 있다.

제113조(업무) 위원회는 다음 각호의 업무를 행한다.
1. 분쟁의 조정
2. 제105조제6항의 규정에 의한 저작권위탁관리업자의 수수료 및 사용료의 요율 또는 금액에 관한 사항 및 문화관광부장관 또는 위원 3인 이상이 공동으로 부의하는 사항의 심의
3. 저작물등의 이용질서 확립 및 저작물의 공정한 이용 도모를 위한 사업
4. 저작권 보호를 위한 국제협력
5. 저작권 연구·교육 및 홍보
6. 저작권 정책의 수립 지원
7. 기술적보호조치 및 권리관리정보에 관한 정책 수립 지원
8. 저작권 정보 제공을 위한 정보관리 시스템 구축 및 운영
9. 저작권등의 침해 등에 관한 감정
10. 법령이 위원회의 권한으로 정한 업무
11. 기타 문화관광부장관이 위탁하는 업무

제114조(조정부) ①위원회의 분쟁조정업무를 효율적으로 수행하기 위하여 위원회에 1인 또는 3인 이상의 위원으로 구성된 조정부를 두되, 그 중 1인은 변호사의 자격이 있는 자이어야 한다.
② 제1항의 규정에 의한 조정부의 구성 및 운영 등에 관하여 필요한 사항은 대통령령으로 정한다.

제115조(비공개) 조정절차는 비공개를 원칙으로 한다. 다만, 조정부상은 당사자의 동의를 얻어 석당하다고 인정하는 자에게 방청을 허가할 수 있다.

제116조(진술의 원용 제한) 조정절차에서 당사자 또는 이해관계인이 한 진술은 소송 또는 중재절차에서 원용하지 못한다.

제117조(조정의 성립) ①조정은 당사자간에 합의된 사항을 조서에 기재함으로써 성립된다.
② 제1항의 규정에 의한 조서는 재판상의 화해와 동일한 효력이 있다. 다만, 당사자가 임의로 처분할 수 없는 사항에 관한 것은 그러하지 아니하다.

제118조(조정비용) ①조정비용은 신청인이 부담한다. 다만, 조정이 성립된 경우로서 특약이 없는 때에는 당사자 각자가 균등하게 부담한다.
② 제1항의 조정비용의 금액은 위원회가 정한다.

제119조(감정) ①위원회는 법원 또는 수사기관 등으로부터 재판 또는 수사를 위하여 저작권등의 침해 등에 관한 감정을 요청받은 때에 이를 실시할 수 있다.
② 제1항의 규정에 의한 감정절차 및 방법 등에 관하여 필요한 사항은 대통령령으로 정한다.
③ 위원회는 제1항의 규정에 의한 감정을 실시한 때에는 감정 수수료를 받을 수 있으며, 그 금액은 위원회가 정한다.

제120조(저작권정보센터) 제113조 제7호 및 제8호의 업무를 효율적으로 수행하기 위하여 위원회 내에 저작권정보센터를 둔다.

제121조(위원회 조직 등) 위원회의 조직과 운영, 조정신청 및 절차, 조정비용의 납부방법, 저작권정보센터의 조직과 운영 기타 위원회에 관하여 필요한 사항은 대통령령으로 정한다.

제122조(경비보조 등) ①국가는 예산의 범위 안에서 위원회의 운영에 필요한 경비를 보조할 수 있다.
② 개인·법인 또는 단체는 저작권법 제113조제3호·제5호 및 제8호의 규정에 의한 업무 수행을 지원하기 위하여 위원회에 금전 기타 재산을 기부할 수 있다.
③ 제2항의 규정에 의한 기부금은 별도의 계정으로 관리하여야 하며, 그 사용에 관하여는 문화관광부장관의 승인을 얻어야 한다.

제9장 권리의 침해에 대한 구제

제123조(침해의 정지 등 청구) ①저작권 그 밖에 이 법에 의하여 보호되는 권리(제25조, 제31조, 제75조, 제76조, 제82조 및 제83조의 규정에 의한 보상을 받을 권리를 제외한다. 이하 이 조에서 같다)를 가진 자는 그 권리를 침해하는 자에 대하여 침해의 정지를 청구할 수 있으며, 그 권리를 침해할 우려가 있는 자에 대하여 침해의 예방 또는 손해배상의 담보를 청구할 수 있다.
② 저작권 그 밖에 이 법에 의하여 보호되는 권리를 가진 자는 제1항의 규정에 의한 청구를 하는 경우에 침해행위에 의하여 만들어진 물건의 폐기나 그 밖의 필요한 조치를 청구할 수 있다.
③ 제1항 및 제2항의 경우 또는 이 법에 의한 형사의 기소가 있는 때에는 법원은 원고 또는 고소인의 신청에 따라 담보를 제공하거나 제공하지 않게 하고, 임시로 침해행위의 정지 또는 침해행위로 말미암아 만들어진 물건의 압류 기타 필요한 조치를 명할 수 있다.
④ 제3항의 경우에 저작권 그 밖에 이 법에 의하여 보호되는 권리의 침해가 없다는 뜻의 판결이 확정된 때에는 신청자는 그 신청으로 인하여 발생한 손해를 배상하여야 한다.

제124조(침해로 보는 행위) ①다음 각호의 1에 해당하는 행위는 저작권 그 밖에 이 법에 의하여 보호되는 권리의 침해로 본다.
1. 수입 시에 대한민국 내에서 만들어졌더라면 저작권 그 밖에 이 법에 의하여 보

호되는 권리의 침해로 될 물건을 대한민국 내에서 배포할 목적으로 수입하는 행위
2. 저작권 그 밖에 이 법에 의하여 보호되는 권리를 침해하는 행위에 의하여 만들어진 물건(제1호의 수입물건을 포함한다)을 그 사실을 알고 배포할 목적으로 소지하는 행위
② 정당한 권리없이 저작권 그 밖에 이 법에 의하여 보호되는 권리의 기술적 보호조치를 제거·변경·우회하는 등 무력화하는 것을 주된 목적으로 하는 기술·서비스·제품·장치 또는 그 주요부품을 제공·제조·수입·양도·대여 또는 전송하는 행위는 저작권 그 밖에 이 법에 의하여 보호되는 권리의 침해로 본다.
③ 저작권 그 밖에 이 법에 의하여 보호되는 권리의 침해를 유발 또는 은닉한다는 사실을 알거나 과실로 알지 못하고 정당한 권리없이 하는 행위로서 다음 각호의 1에 해당하는 경우에는 저작권 그 밖에 이 법에 의하여 보호되는 권리의 침해로 본다. 다만, 기술적으로 불가피하거나 저작물등의 성질이나 그 이용의 목적 및 형태에 비추어 부득이하다고 인정되는 경우에는 그러하지 아니하다.
1. 전자적 형태의 권리관리정보를 고의로 제거·변경 또는 허위 부가하는 행위
2. 전자적 형태의 권리관리정보가 제거·변경되거나 또는 허위로 부가된 사실을 알고 당해 저작물등의 원본이나 그 복제물을 배포·공연 또는 공중송신하거나 배포의 목적으로 수입하는 행위
④ 저작자의 명예를 훼손하는 방법으로 그 저작물을 이용하는 행위는 저작인격권의 침해로 본다.

제125조(손해배상의 청구) ①저작재산권 그 밖에 이 법에 의하여 보호되는 권리(저작인격권 및 실연자의 인격권을 제외한다)를 가진 자(이하 "저작재산권자등"이라 한다)가 고의 또는 과실에 의하여 권리를 침해한 자에 대하여 그 침해행위에 의하여 자기가 받은 손해의 배상을 청구하는 경우에 그 권리를 침해한 자가 그 침해행위에 의하여 이익을 받은 때에는 그 이익의 액을 저작재산권자등이 받은 손해의 액으로 추정한다.
② 저작재산권자 등이 고의 또는 과실에 의하여 그 권리를 침해한 자에 대하여 그 침해에 의하여 자기가 받은 손해의 배상을 청구하는 경우에 그 권리의 행사로 통상 받을 수 있는 금액에 상당하는 액을 저작재산권자등이 받은 손해의 액으로 하여 그 손해배상을 청구할 수 있다.
③ 제2항의 규정에 불구하고 저작재산권자등이 받은 손해의 액이 제2항의 규정에 의한 금액을 초과하는 경우에는 그 초과액에 대하여도 손해배상을 청구할 수 있다.
④ 등록되어 있는 저작권·출판권·저작인접권 또는 데이터베이스제작자의 권리를 침해한 자는 그 침해행위에 과실이 있는 것으로 추정한다.

제126조(손해액의 인정) 법원은 손해가 발생한 사실은 인정되나 제125조의 규정에 의한 손해액을 산정하기 어려운 때에는 변론의 취지 및 증거조사의 결과를 참작하여 상당한 손해액을 인정할 수 있다.

제127조(명예회복 등의 청구) 저작자 또는 실연자는 고의 또는 과실로 저작인격권 또는 실연자의 인격권을 침해한 자에 대하여 손해배상에 갈음하거나 손해배상과 함께 명예회복을 위하여 필요한 조치를 청구할 수 있다.

제128조(저작자의 사망 후 인격적 이익의 보호) 저작자가 사망한 후에 그 유

족(사망한 저작자의 배우자 · 자 · 부모 · 손 · 조부모 또는 형제자매를 말한다)이나 유언집행자는 당해 저작물에 대하여 제14조제2항의 규정에 위반하거나 위반할 우려가 있는 자에 대하여는 제123조의 규정에 의한 청구를 할 수 있으며, 고의 또는 과실로 저작인격권을 침해하거나 제14조제2항의 규정에 위반한 자에 대하여는 제127조의 규정에 의한 명예회복 등의 청구를 할 수 있다.

제129조(공동저작물의 권리침해) 공동저작물의 각 저작자 또는 각 저작재산권자는 다른 저작자 또는 다른 저작재산권자의 동의없이 제123조의 규정에 의한 청구를 할 수 있으며 그 저작재산권의 침해에 관하여 자신의 지분에 관한 제125조의 규정에 의한 손해배상의 청구를 할 수 있다.

제10장 보 칙

제130조(권한의 위임 및 위탁) 문화관광부장관은 대통령령이 정하는 바에 의하여 이 법에 의한 권한의 일부를 시 · 도지사에게 위임하거나 저작권위원회 또는 저작권 관련 단체에 위탁할 수 있다.

제131조(벌칙적용의 경우 공무원 의제) 위원회의 위원 및 직원은 형법 제129조 내지 제132조의 규정을 적용하는 경우에는 이를 공무원으로 본다.

제132조(수수료) 이 법의 규정에 따라 다음 각호의 1에 해당하는 사항의 신청 등을 하는 자는 문화관광부령이 정하는 바에 의하여 수수료를 납부하여야 한다.

1. 제50조 내지 제52조의 규정에 의한 법정 허락 승인(제89조 및 제97조의 규정에 의하여 준용되는 경우를 포함한다)을 신청하는 자
2. 제53조 내지 제55조의 규정에 의한 등록(제63조제3항 · 제90조 및 제98조의 규정에 의하여 준용되는 경우를 포함한다) · 등록 사항의 변경 · 등록부 열람 및 사본의 교부를 신청하는 자
3. 제105조의 규정에 의하여 저작권위탁관리업의 허가를 신청하거나 신고하는 자

제133조(불법 복제물의 수거·폐기 및 삭제) ①문화관광부장관, 시·도지사 또는 시장·군수·구청장은 저작권 그 밖에 이 법에 따라 보호되는 권리를 침해하는 복제물(정보통신망을 통하여 전송되는 복제물은 제외한다) 또는 저작물등의 기술적 보호조치를 무력하게 하기 위하여 제작된 기기 · 장치 및 프로그램을 발견한 때에는 대통령령이 정한 절차 및 방법에 따라 관계 공무원으로 하여금 이를 수거하여 폐기하게 할 수 있다.

② 문화관광부장관은 제1항의 규정에 따른 업무를 대통령령이 정한 단체에 위탁할 수 있다. 이 경우 이에 종사하는 자는 공무원으로 본다.

③ 문화관광부장관은 제1항 및 제2항의 규정에 따라 관계 공무원 등이 수거·폐기를 하는 경우 필요한 때에는 관련 단체에 협조를 요청할 수 있다.

④ 문화관광부장관은 정보통신망을 통하여 저작권 그 밖에 이 법에 의하여 보호되는 권리를 침해하는 복제물의 전송 등으로 인하여 저작권등의 이용질서를 심각하게 훼손한다고 판단되는 경우 제112조의 규정에 의한 저작권위원회의 심의를 거쳐 대통령령이 정하는 바에 따라 복제 · 전송자 또는 온라인서비스제공자에게 이를 삭제 또는 중단하도록 명할 수 있다.

⑤ 문화관광부장관은 제1항 및 제4항의 규정에 따른 업무를 위하여 필요한 기구를

설치·운영할 수 있다.
⑥ 제1항 내지 제4항의 규정이 다른 법률 규정과 경합하는 경우에는 이 법을 우선하여 적용한다.

제134조(건전한 저작물 이용 환경 조성 등) ①문화관광부장관은 저작권이 소멸된 저작물등에 대한 정보 제공 등 저작물의 공정한 이용을 도모하기 위하여 필요한 사업을 할 수 있다.
② 문화관광부장관은 저작물등의 권리관리정보 및 기술적 보호조치에 관한 정책을 수립 · 시행할 수 있다.
③ 제1항의 규정에 의한 사업 및 제2항의 규정에 의한 정책의 수립 · 시행 등에 관하여 필요한 사항은 대통령령으로 정한다.

제135조(저작재산권 등의 기증) ①저작재산권자등은 자신의 권리를 문화관광부장관에게 기증할 수 있다.
② 문화관광부장관은 저작재산권자등으로부터 기증된 저작물등의 권리를 공정하게 관리할 수 있는 단체를 지정할 수 있다.
③ 제2항의 규정에 의하여 지정된 단체는 영리를 목적으로 또는 당해 저작재산권자등의 의사에 반하여 저작물등을 이용할 수 없다.
④제1항과 제2항의 규정에 의한 기증 절차와 단체의 지정 등에 관하여 필요한 사항은 대통령령으로 정한다.

제11장 벌 칙

제136조(권리의 침해죄) ①저작재산권 그 밖에 이 법에 의하여 보호되는 재산적 권리(제93조의 규정에 의한 권리를 제외한다)를 복제 · 공연 · 공중송신 · 전시 · 배포 · 대여 · 2차적저작물 작성의 방법으로 침해한 자는 5년 이하의 징역 또는 5천만원 이하의 벌금에 처하거나 이를 병과할 수 있다.
② 다음 각호의 1에 해당하는 자는 3년 이하의 징역 또는 3천만원 이하의 벌금에 처하거나 이를 병과할 수 있다.
1. 저작인격권 또는 실연자의 인격권을 침해하여 저작자 또는 실연자의 명예를 훼손한 자
2. 제53조 및 제54조(제63조제3항, 제90조 및 제98조의 규정에 의하여 준용되는 경우를 포함한다)의 규정에 의한 등록을 허위로 한 자
3. 제93조의 규정에 의하여 보호되는 데이터베이스제작자의 권리를 복제 · 배포 · 방송 또는 전송의 방법으로 침해한 자
4. 제124조제1항의 규정에 의한 침해행위로 보는 행위를 한 자
5. 업으로 또는 영리를 목적으로 제124조제2항의 규정에 의하여 침해행위로 보는 행위를 한 자
6. 업으로 또는 영리를 목적으로 제124조제3항의 규정에 의하여 침해행위로 보는 행위를 한 자. 다만, 과실로 저작권 또는 이 법에 의하여 보호되는 권리 침해를 유발 또는 은닉한다는 사실을 알지 못한 자를 제외한다.

제137조(부정발행등의 죄) 다음 각호의 1에 해당하는 자는 1년 이하의 징역 또는 1천만원 이하의 벌금에 처한다.

1. 저작자 아닌 자를 저작자로 하여 실명·이명을 표시하여 저작물을 공표한 자
2. 실연자 아닌 자를 실연자로 하여 실명·이명을 표시하여 실연을 공연 또는 공중송신하거나 복제물을 배포한 자
3. 제14조제2항의 규정에 위반한 자
4. 제105조제1항의 규정에 의한 허가를 받지 아니하고 저작권신탁관리업을 한 자
5. 제124조제4항의 규정에 의하여 침해행위로 보는 행위를 한 자
6. 자신에게 정당한 권리가 없음을 알면서 고의로 제103조제1항 또는 제3항의 규정에 의한 복제·전송의 중단 또는 재개요구를 하여 온라인서비스제공자의 업무를 방해한 자

제138조(출처명시위반의 죄 등) 다음 각호의 1에 해당하는 자는 500만원 이하의 벌금에 처한다.

1. 제35조제4항의 규정에 위반한 자
2. 제37조(제87조 및 제94조의 규정에 의하여 준용되는 경우를 포함한다)의 규정에 위반하여 출처를 명시하지 아니한 자
3. 제58조제3항의 규정에 위반하여 복제권자의 표지를 하지 아니한 자
4. 제59조제2항의 규정에 위반한 자
5. 제105조제1항의 규정에 의한 신고를 하지 아니하고 저작권대리중개업을 하거나, 제109조제2항의 규정에 의한 영업의 폐쇄명령을 받고 계속 그 영업을 한 자

제139조(몰수) 저작권 그 밖에 이 법에 의하여 보호되는 권리를 침해하여 만들어진 복제물로서 그 침해자·인쇄자·배포자 또는 공연자의 소유에 속하는 것은 이를 몰수한다.

제140조(고소) 이 장의 죄에 대한 공소는 고소가 있어야 한다. 다만, 다음 각호의 어느 하나에 해당하는 경우에는 그러하지 아니하다.

1. 영리를 위하여 상습적으로 제136조제1항 및 제136조제2항제3호에 해당하는 행위를 한 경우
2. 제136조 제2항 제2호·제5호 및 제6호, 제137조제1호 내지 제4호 및 제6호와 제138조제5호의 경우
3. 영리를 목적으로 제136조제2항제4호의 행위를 한 경우

제141조(양벌규정) 법인의 대표자나 법인 또는 개인의 대리인·사용인 기타의 종업원이 그 법인 또는 개인의 업무에 관하여 이 장의 죄를 범한 때에는 행위자를 벌하는 외에 그 법인 또는 개인에 대하여도 각 해당 조의 벌금형을 과한다.

제142조(과태료) ①제104조의 규정에 따른 필요한 조치를 하지 아니하는 자는 3천만원 이하의 과태료에 처하며, 제106조의 규정에 따른 의무를 이행하지 아니하거나 제133조제4항의 규정에 따른 문화관광부장관의 명령을 이행하지 아니하는 자는 1천만원 이하의 과태료에 처한다.

② 제1항의 규정에 의한 과태료는 대통령령이 정하는 바에 의하여 문화관광부장관이 부과·징수한다.

③ 제2항의 규정에 의한 과태료의 처분에 불복이 있는 자는 그 처분의 고지를 받은 날부터 30일 이내에 문화관광부장관에게 이의를 제기할 수 있다.

④ 제2항의 규정에 의한 과태료의 처분을 받은 자가 제3항의 규정에 의한 이의를

제기한 때에는 문화관광부장관은 지체없이 관할법원에 그 사실을 통보하여야 하며, 그 통보를 받은 법원은 비송사건절차법에 의한 과태료의 재판을 한다.
⑤ 제3항의 규정에 의한 기간 내에 이의를 제기하지 아니하고 과태료를 납부하지 아니한 때에는 국세체납처분의 예에 의하여 이를 징수한다.

부 칙

제1조(시행일) 이 법은 공포 후 6개월이 경과한 날부터 시행한다. 다만, 제133조제1항 및 제3항의 규정은 이 법을 공포한 날부터 시행한다.

제2조(적용범위에 관한 경과조치) ①이 법 시행 전에 종전의 규정에 의하여 저작권의 전부 또는 일부가 소멸하였거나 보호를 받지 못한 저작물등에 대하여는 그 부분에 대하여 이 법을 적용하지 아니한다.
② 이 법 시행 전에 행한 저작물 등의 이용은 종전의 규정에 의한다.
③ 종전의 부칙 규정은 이 법의 시행 후에도 계속하여 적용한다.

제3조(음반제작자에 관한 경과조치) 종전의 규정에 의한 음반제작자는 이 법에 의한 음반제작자로 본다.

제4조(단체명의저작물의 저작자에 관한 경과조치) 이 법 시행 전에 종전의 제9조의 규정에 의하여 작성된 저작물의 저작자에 관하여는 종전의 규정에 의한다.

제5조(단체 지정에 관한 경과조치) 이 법 시행 전에 종전의 규정에 의하여 보상금을 받을 수 있도록 지정한 단체는 이 법에 의하여 지정한 단체로 본다.

제6조(법정허락에 관한 경과조치) 이 법 시행 당시 종전의 규정에 의한 법정허락은 이 법에 의한 법정허락으로 본다.

제7조(등록에 관한 경과조치) 이 법 시행 당시 종전의 규정에 의한 등록은 이 법에 의한 등록으로 본다. 다만, 종전의 제51조의 규정에 의하여 이루어진 저작재산권자의 성명 등의 등록은 종전의 규정에 의한다.

제8조(음반의 보호기간의 기산에 관한 경과조치) 이 법 시행 전에 고정되었으나 아직 발행되지 아니한 음반의 보호기간의 기산은 이 법에 의한다.

제9조(미분배 보상금에 관한 경과조치) 이 법 제25조제8항(제31조제6항 · 제75조제2항 및 제82조제2항의 규정에 따라 준용되는 경우를 포함한다)은 이 법 시행 전에 종전의 제23조제3항 · 제28조제5항 · 제65조 및 제68조의 규정에 의하여 수령한 보상금에 대하여도 적용한다. 이 경우 각 보상금별 분배 공고일은 보상금지급단체로부터 권리자가 당해 보상금을 처음으로 지급받을 수 있는 날의 연도 말일로 본다.

제10조(실연자의 인격권에 관한 경과조치) 이 법 시행 전에 행한 실연에 관하여는 이 법 제66조 및 제67조의 규정을 적용하지 아니한다.

제11조(저작권위탁관리업자에 관한 경과조치) 이 법 시행 당시 종전의 규정에 의하여 저작권위탁관리업의 허가를 받은 자는 저작권신탁관리업의 허가를 받은 자로, 저작권위탁관리업의 신고를 한 자는 저작권대리중개업의 신고를 한 자로 본다.

제12조(저작권신탁관리업자의 수수료 및 사용료에 관한 경과조치) 종전의 규정에 의하여 승인한 저작권신탁관리업자의 수수료 및 사용료의 요율 또는 금액은 이 법에 의하여 승인한 것으로 본다.

제13조(저작권위원회 등에 관한 경과조치) 종전의 규정에 의한 저작권심의조정

위원회 및 그 심의조정위원은 이 법 제8장의 규정에 의한 저작권위원회 및 그 위원으로 본다.

제14조(벌칙 적용에 대한 경과조치) 이 법 시행 전의 행위에 대한 벌칙의 적용에 있어서는 종전의 규정에 의한다.

제15조(다른 법률의 개정) ①지방세법 중 다음과 같이 개정한다. 제143조제2호 중 "저작권법 제52조, 제60조제3항, 제73조 및 제73조의9"를 "저작권법 제54조, 제63조제3항, 제90조 및 제98조"로 한다.

② 방송법 중 다음과 같이 개정한다. 제78조제3항 중 "著作權法 第69條"를 "저작권법 제85조"로 한다.

제16조(다른 법령과의 관계) 이 법 시행 당시 다른 법령에서 종전의 규정을 인용하고 있는 경우에는 이 법의 해당 조항을 인용한 것으로 본다.

[부록 2]

영국의 '공공도서대여권법'/P.L.R. 운영 제도

Public Lending Right Act,1979

유럽의 '公共圖書貸與權法'의 어제와 오늘

□.… 일찍이 1942년 유럽의 덴마크의 도서관법에서서 처음 시행된 '公共圖書貸與權(이하 公貸權)은 이어서 1947년에는 노르웨이,1955년에는 스웨덴, 1961년에는 스웨덴, 1961년은 핀란드, 1967년은 아이슬란드로 이어졌고, 독일은 1972년, 그리고 영국은 1979년에 공공도서대여권법(P.L.R.)을 제정하고 도서관에서의 도서 대출에 관하여 저작인들에게 상당한 보상을 법적으로 해 주고 있는 제도인 것이다. 영국이 이 제도 시행을 위한 법제도 마련을 위해 1949년부터 서둘렀지만 그로부터 30년 후인 1979년에 이르러 공대법이 입법되어 중앙기금을 통한 철저한 저작물의 표본조사로 검증된 저작인 22,000명을 지정하여 연간 정부가 상당한 예산을 배정하고 있어 저작인 각자에서 매년 공정하게 저작료를 배분하고 있다는 것이다. 그러나 아시아는 아직도 이러한 유럽의 공공도서대여권 보상제도를 도입하지 않고 있으며, 일본이 2002년 저작권법을 개정하면서 제38조 5항에 도서관이 도서를 구입할 때 '대여권 사용료를 추가하여 지불한다'는 규정을 두고 있으나 저작권자들과 도서관 측 쌍방의 구체적인 보상금에 대한 합의를 볼 수 없어 시행이 미뤄지고 있디.(자료/전영표 외 공역, <현대 일본잡지·출판 산업의 발전문화사>, 시간의 물레, 2015.). 여기에 영국의 '도서공공대여권법' 전문을 영문 그대로 소개한다...□.(https://www.pl.uk.com)

Public Lending Right Act,1979
Arrangement of Section

1. Establishment of public lending right/ 공공도서대여권의 설치

(1) In accordance with a scheme to be prepared and brought into force by the Secretary of State, there shall be conferred on authors a right, known as "public lending right", to receive from time to time out of a Central Fund payments in respect of such of their books as are lent out to the public by local library authorities in the United Kingdom.

(2) The classes, descriptions and categories of books in respect of which public lending right subsists, and the scales of payments to be made from the Central Fund in respect of it, shall be determined by or in accordance with the scheme; and in preparing the scheme the Secretary of State shall consult with representatives of authors and library authorities and of others who appear to be likely to be affected by it.

(3) The Secretary of State shall appoint an officer to be known as the Registrar of Public Lending Right; and the Schedule to this Act has effect with respect to the Registrar.

(4) The Registrar shall be charged with the duty of establishing and

aintaining in accordance with the scheme a register showing the books in respect of which public lending right subsists and the persons entitled to the right in respect of any registered book.

(5) The Registrar shall, in the case of any registered book determine in accordance with the scheme the sums (if any) due by way of public lending right; and any sum so determined to be due shall be recoverable from the Registrar as a debt due to the person for the time being entitled to that right in respect of the book.

(6) Subject to any provision made by the scheme, the duration of public lending right in respect of a book shall be from the date of the book's first publication (or, if later, the beginning of the year in which application is made for it to be registered) until 50 years have elapsed since the end of the year in which the author died.

(7) Provision shall be made by the scheme for the right－

(a) to be established by registration;

(b) to be transmissible by assignment or assignation, by testamentary disposition or by operation of law, as personal or moveable property;

(c) to be claimed by or on behalf of the person for the time being entitled;

(d) to be renounced (either in whole or in part, and either temporarily or for all time) on notice being given to the Registrar to that effect.

2. The Central Fund/ 중앙기금의 설치

(1) The Central Fund shall be constituted by the Secretary of State and placed under the control and management of the Registrar.

(2) There shall be paid into the Fund from time to time such sums, out of money provided by Parliament, as the Secretary of State with Treasury approval determines to be required for the purpose of satisfying the liabilities of the Fund; but in respect of the liabilities of

any one financial year of the Fund the total of those sums shall not exceed £2 million less the total of any sums paid in that year, out of money so provided, under paragraph 2 of the Schedule to this Act (pay, pension, etc. of Registrar).

(3) With the consent of the Treasury, the Secretary of State may from time to time by order in a statutory instrument increase the limit on the sums to be paid under subsection (2) above in respect of financial years beginning after that in which the order is made; but no such order shall be made unless a draft of it has been laid before the House of Commons and approved by a resolution of that House.

(4) There shall be paid out of the Central Fund—

(a) such sums as may in accordance with the scheme be due from time to time in respect of public lending right; and

(b) the administrative expenses of the Registrar and any other expenses and outgoings mentioned in this Act which are expressed to be payable from the Fund.

(5) Money received by the Registrar in respect of property disposed of, or otherwise in the course of his functions, or under this Act, shall be paid into the Central Fund, except in such cases as the Secretary of State otherwise directs with the approval of the Treasury; and in any such case the money shall be paid into the Consolidated Fund.

(6) The Registrar shall keep proper accounts and other records and shall prepare in respect of each financial year of the Fund statements of account in such form as the Secretary of State may direct with Treasury approval; and those statements shall, on or before 31st August next following the end of that year, be transmitted to the Comptroller and Auditor General, who shall examine and certify the statements and lay copies thereof, together with his report thereon, before each House of Parliament.

3. The Scheme and It's Administration
공공도서대여권법 체제와 관리

(1) As soon as may be after this Act comes into force, the Secretary of State shall prepare the draft of a scheme for its purposes and lay a copy of the draft before each House of Parliament.

(2) If the draft scheme is approved by a resolution of each House, the Secretary of State shall bring the scheme into force (in the form of the draft) by means of an order in a statutory instrument, to be laid before Parliament after if is made; and the order may provide for different provisions of the scheme to come into force on different dates.

(3) The scheme shall be so framed as to make entitlement to public lending right dependent on, and its extent ascertainable by reference to, the number of occasions on which books are lent out from particular libraries, to be specified by the scheme or identified in accordance with provision made by it.

(4) For this purpose, "library"—

(a) means any one of a local library authority's collections of books held by them for the purpose of being borrowed by the public; and

(b) includes any such collection which is taken about from place to place.

(5) The scheme may provide for requiring local library authorities—

(a) to give information as and when, and in the form in which, the Registrar may call for it or the Secretary of State may direct, as to loans made by them to the public of books in respect of which public lending right subsists, or of other books; and

(b) to arrange for books to be numbered, or otherwise marked or coded, with a view to facilitating the maintenance of the register and the ascertainment and administration of public lending right.

(6) The Registrar shall, by means of payments out of the Central Fund, reimburse to local library authorities any expenditure incurred by

them in giving effect to the scheme, the amount of that expenditure being ascertained in accordance with such calculations as the scheme may prescribe.

(7) Subject to the provisions of this Act (and in particular to the foregoing provisions of this section), the scheme may be varied from time to time by the Secretary of State, after such consultation as is mentioned in section 1(2) above, and the variation brought into force by an order in a statutory instrument, subject to annulment in pursuance of a resolution of either House of Parliament; and the variation may comprise such incidental and transitional provisions as the Secretary of State thinks appropriate for the purposes of continuing the scheme as varied.

(8) The Secretary of State shall in each year prepare and lay before each House of Parliament a report on the working of the scheme.

4. The Register/등록제

(1) The register shall be kept in such form, and contain such particulars of books and their authors, as may be prescribed.

(2) No application for an entry in the register is to be entertained in the case of any book unless it falls within a class, description or category of books prescribed as one in respect of which public lending right subsists.

(3) The scheme shall provide for the register to be conclusive both as to whether public lending right subsists in respect of a particular book and also as to the persons (if any) who are for the time being entitled to the right.

(4) Provision shall be included in the scheme for entries in the register to be made and amended, on application made in the prescribed manner and supported by prescribed particulars (verified as prescribed) so as to indicate, in the case of any book who (if any one) is for the

time being entitled to public lending right in respect of it.

(5) The Registrar may direct the removal from the register of every entry relating to a book in whose case no sum has become due by way of public lending right for a period of at least 10 years, but without prejudice to a subsequent application for the entries to be restored to the register.

(6) The Registrar may require the payment of fees, according to prescribed scales and rates, for supplying copies of entries in the register; and a copy of an entry, certified under the hand of the Registrar or an officer of his with authority in that behalf (which authority it shall be unnecessary to prove) shall in all legal proceedings be admissible in evidence as of equal validity with the original.

(7) It shall be an offence for any person, in connection with the entry of any matter whatsoever in the register, to make any statement which he knows to be false in a material particular or recklessly to make any statement which is false in a material particular; and a person who commits an offence under this section shall be liable on summary conviction to a fine of not more than level 5 on the standard scale

(8) Where an offence under subsection (7) above which has been committed by a body corporate is proved to have been committed with the consent or connivance of, or to be attributable to any neglect on the part of, a director, manager, secretary or other similar officer of the body corporate, or any person who was purporting to act in any such capacity, he (as well as the body corporate) shall be guilty of that offence and be liable to be proceeded against accordingly.

Where the affairs of a body corporate are managed by its members, this subsection applies in relation to the acts and defaults of a member in connection with his functions of management as if he were a director of the body corporate.

5. Citation, etc./인용 등

(1) This Act may be cited as the Public Lending Right Act 1979.

(2) In this Act any reference to "the scheme" is to the scheme prepared and brought into force by the Secretary of State in accordance with sections 1 and 3 of this Act (including the scheme as varied from time to time under section 3(7); and

-"local library authority" means—

(a) a library authority under the Public Libraries and Museums Act 1964,

(b) a statutory library authority within the Public Libraries (Scotland) Act 1955, and

(c) an Education and Library Board within the Education and Libraries (Northern Ireland) Order 1972;

"prescribed" means prescribed by the scheme;

"the register" means the register required by section 1(4) to be established and maintained by the Registrar; and

"the Registrar" means the Registrar of Public Lending Right.

(3) This Act comes into force on a day to be appointed by an order made by the the Secretary of State in a statutory instrument to be laid before Parliament after it has been made.

(4) This Act extends to Northern Ireland.

[부록 3] 저작권법 개정 연혁

구분	주요내용	제·개정일	시행일
제정	신규 제정	1957.1.28	1957.1.28
제1차	세계저작권협약 등 국제조약 가입을 위해 국제적으로 인정되고 있는 제도를 도입	1986.12.31	1987.7.1
제2차	정부조직법이 개정됨에 따라 관련 조문 정비	1989.12.30	1990.1.3
제3차	정부조직법이 개정됨에 따라 관련 조문 정비	1990.12.27	1990.12.27
제4차	도서관진흥법 제정에 따른 관련 법명 정비	1991.3.8	1991.4.9
제5차	정부조직법이 개정됨에 따라 관련 조문 정비	1993.3.6	1993.3.6
제6차	저작인접권 보호기간 연장, 벌칙 상향 조정	1994.1.7	1994.7.1
제7차	도서관 및 독서진흥법 개정에 따른 관련 법명 정비	1994.3.24	1994.7.25
제8차	WTO TRIPs 내용 반영 및 베른협약 가입 등을 위해 저작권 보호를 국제적 수준에 맞게 정비	1995.12.6	1996.7.1
제9차	저작권위탁관리업 허가 취소 등의 경우 청문제도 오비	1997.12.13	1998.1.1
제10차	저작자에게 전송권 부여, 도서관 면책 범위 확대, 벌칙 상향 조정 등	2000.1.12	2000.7.1
제11차	DB제작자 보호, 온라인서비스제공자의 책임 범위 명확화 등	2003.5.27	2003.7.1
제12차	실연자 및 음반제작자에게 전송권 부여	2004.10.16	2005.1.17
제13차	도서관법이 개정됨에 따라 관련 법명 정비	2006.10.4	2007.4.5
제14차	• 궁중송신 및 디지털음성송신 개념 도입 • 저작권위원회로 명칭 변경 및 위원회 역할 강화 • 불법복제물의 수거·폐기 및 삭제·중단 명령 도입 등	2006.12.28	2007.6.29
제15차	정부조직법이 개정됨에 따라 관련 조문 정비	2008.2.29	2008.2.29

구분	주요내용	제·개정일	시행일
제16차	• 국립중앙도서관이 보존을 위해 온라인 자료 수집시 면책 • 시각장애인 등 전용 기록방식 범위 명확화 • 실연자 및 음반제작자에게 공연보상청구권 부여 등	2009.3.25	2009.9.26
제17차	• 저작권법과 컴퓨터프로그램보호법 통합 • 한국저작권위원회 설립 및 위원회 역할 강화 • 온라인상 불법복제 방지대책 강화 등	2009.4.22	2009.7.23
제18차	신문 등의 진흥에 관한 법률 개정에 따른 관련 법명 정비	2009.7.31	2010.2.1
제19차	한-EU FTA 한·미 FTA이행 저작권법 개정,저작권권 보호 기간 연장/70년,,	2011.6.30.	2013.7.1.
제20차	기술보호 조치 무력화 금지	2010.10.28.	2011.12.2.

※자료/ 문제부(2011). <2010저작권백서>,한국저작권위원회.

[부록 4] 저작권 관련 국제조약 체결 및 가입 현황

조약	주요 내용	체결연도	가입일
WIPO 설립협약 (The Convention Establishing the World Intellectual Property Organization)	• WIPO 설립을 규정 • WIPO 가입시 서명	1967	1979.3.1
세계저작권협약 (The Universal Copyright Convention)	• 저작권 보호에 관한 방식주의와 무방식주의 조율(©마크 적용) • 대부분 국가가 무방식주의 지향, 영향력 없음	1952	1987.10.1
음반협약 (The Convention for the Protection of Producers of Phonograms against Unauthorized Duplication of their Phonograms)	• 음반의 무단 복제·배포 금지 규정 • 단일 내용을 규정, 영향력 없음	1971	1987.7.1
무역관련 지식재산권 협정 (The Agreement on Trade-Related Aspects of Intellectual Property Rights; TRIPS)	• 베른협약 및 로마협약의 실체규정 원용 • 저작권 및 저작인접권의 종합적 규정 • 국가간 분쟁 발생시 분쟁해결기구에 회부 가능 • WTO 일반원칙인 내국민대우(National Treatment, NT) 및 최혜국대우(Most-Favored-Nation Treating, MFN)원칙 적용	1995	1995.1.1
베른협약 (The Berne Convention for the Protection of Literary and Artistic Works)	• 저작권 관련 기본협약 • 저작권의 보호 규정 • 보호기간 50년	1886	1996.5.21
WIPO 저작권조약 (WIPO copyright Treaty; WCT)	• 인터넷 시대의 저작권 보호 • 베른협약을 디지털 시대에 맞게 업데이트한 성격의 조약 • 보호기간 50년	1996	2004.3.24

조약	주요 내용	체결연도	가입일
로마협약 (International Convention for the Protection of Performers, Producers of Phonograms and Broadcasting Organizations)	• 저작인접권 관련 기본협약 • 저작인접권의 보호 규정 • 보호기간 20년	1961	2008.12.18
WIPO 실연·음반조약 (The Wipo Performances and Phonograms Treaty; WPPT)	• 인터넷 시대의 실연, 음반 보호 • 로마협약 내용 중 실연 및 음반 관련 규정을 디지털 시대에 맞게 업데이트한 성격의 조약 • 보호기간 50년	1996	2008.12.18
위성으로 송신되는 프로그램 전달 신호의 배포에 관한 협약 (Brussels Convention Relating to the Distribution of Programme-Carrying Signals Transmitte d by Satellite)	• 위성으로 송신되는 프로그램 전달 신호가 불법적으로 배포되는 것을 방지하기 위한 충분한 조치 의무 규정 • 짧은 발췌나 인용의 경우 등은 예외	1974	2011.12.19
시청각 실연에 관한 베이징 조약 (Beijing Treaty on Audiovisual Performances)	• 시청각 실연자에게 저작인격권 부여 • 고정된 실연에 대해 복제권 및 배포권 등 부여 • 보호기간 50년으로 연장	2012.6.24	-
시각장애인 저작물 접근권 개선을 이한 마라케시 조약 ,(Marrakesh Treaty to Faciliate Access to Published Works for Persons Who are Blind, Visually Impaire, or Otherwise Print Disabled)	• 승인된 기관이 저작물의 접근 가능한 대체자료를 시각장애인에게 제공하기 위해 국내법상 복제권, 배포권, 이용제공권 등의 권리를 제한할 의무 • 승인된 기관이 합법적으로 제작된 접근 가능한 대체자료를 타국의 승인된 기관이나 수혜자에게 배포할 수 있는 권리 • 베른협약·TRIPs, WCT상 제한과 예외에 관한 3단계 테스트 준수 의무	2013.6.28	-

※ 자료 : <저작권백서, 2013>, 문화체육관광부, 2014.

[부록 5] 저작권 신탁 단체 현황

(2014현재)

구분	기관명	주소	홈페이지 주소	전화번호 (대표)	팩스
신탁 단체	한국음악저작권협회	서울시 강서구 공항대로 332 한국음악저작권협회(KOMCA)회관(157-824)	http://www.komca.or.kr	02-2660-0400	02-2660-0401
	한국음반산업협회	서울시 마포구 월드커북로 58길 10. The PAN 7층	http://www.kapp.or.kr	02-3270-5900	02-711-9735
	한국음악실연자연합회	서울시 강서구 공항대로 659 도레미빌딩 7층(157-862)	http://www.fkmp.kr	02-745-8286	02-766-1034
	함께하는음악저작인협회	서울시 마포구 잔다리로 88, 2(서교동, 이팩빌딩)	http://www.koscap.or.kr	02-333-8766	02-333-8767
	한국방송작가협회	서울시 영등포구 국회대로 750 금산빌딩 401호(150-874)	http://www.ktrwa.or.kr	02-782-1696	02-783-3711
	한국문예학술저작권협회	서울시 강남구 논현로 79길 72 올림피아센터 1020호(135-080)	http://www.copyrightkorea.or.kr	02-508-0440	02-539-3993
	한국시나리오작가협회	서울시 중구 서애로 27 캐피탈빌딩 2020호(100-273)	http://www.scenario.or.kr	02-2275-0566	02-2278-7202
	한국복제전송저작권협회	서울시 강서구 화곡로 179 중앙빌딩 8층(157-010)	http://www.krtra.or.kr	02-2608-2800	02-2608-2031
	한국영화제작가협회	서울시 중구 수표로 28 보아스빌딩 503호(100-272)	http://www.kfpa.net	02-2267-9983	02-2267-9986
	한국영화배급협회	서울시 중구 다산로 20길 23 미진빌딩 2층(100-450)	http://www.kmva.or.kr	02-3452-1001	02-3452-1005
	한국방송시연자협회	서울시 영등포구 63로 36 리버타워 604호(150-971)	http://www.kbpa.kr	02-784-7802	02-784-7805
신탁 단체	한국언론진흥재단	서울시 중구 세종대로 124 프레스센터 12층(100-750)	http://www.kpf.or.kr http://www.newskorea.or.kr	02-2001-7114	02-2001-7720
	한국문화정보센터	서울시 마포구 월드컵북로 400, 601호(121-904)	http://www.kcisa.kr	02-3153-2836	02-3153-2859

구분	기관명	주소	홈페이지 주소	전화번호 (대표)	팩스
유관 협회	한국음악출판사협회	서울시 강남구 압구정로 79길 41(135-955)	http://www.koreampa.org http://www.koreampa.or.kr	02-3483-2371	02-3438-2386
	크리에이티브 커먼즈코리아	서울시 은평구 통일로 684 제1동 1층(122-824)	http://www.cckorea.org	070-7618-0321	-

※ 자료 : 문화체육관광부(2014). <2013저작권백서>, 한국저작권위원회,

해외 저작권 보호 동향/ 제97호/ 2015. 7. 30.

*www.cleancopyright.or.kr에서

[유럽] 유럽사법재판소, 온라인 저작권 침해 소송의 관할권 확인 해석

오스트리아 사진작가 Hejduk는 동의 없이 자신의 사진을 게시한 독일 웹사이트 EnergieAgentur를 대상으로 오스트리아 법원에 저작권 침해 소송을 제기함. Energ-ieAgentur 측은 오스트리아가 아닌 독일의 웹사이트에 사진이 업로드 되었으므로 오스트리아 법원은 관할권이 없다고 주장함. 이에 유럽사법재판소는 온라인상의 저작권 침해에 대한 관할권을 확인하였음

[유럽] 英 법원, 정당한 보상 없는 사적 이용을 위한 복제 규정은 적법하지 않다고 결정

2015년 6월 19일 영국 고등법원(High Court)은 영국 저작권법에 정당한 보상 없이 사적이용을 위해 저작물을 자유롭게 복제하도록 하는 예외 규정을 마련한 정부 정책에 반대하여 법률 심사를 신청한 음악 저작권 단체의 주장을 지지하는 결정을 내림. 법원은 정당한 보상 없이 사적 이용을 위한 복제를 허용하는 규정은 불공평하고 적법하지 않다고 판결함.

[유럽] 유럽의 온라인 저작권 침해에 대한 인터넷 서비스 제공자의 책임

EuroISPA는 유럽 인터넷 서비스 제공자 연합(ISPAs)의 범유럽연합으로 세계에서 가장 큰 인터넷서비스제공자 연합임. 호주, 벨기에, 체코, 핀란드, 프랑스, 독일, 아일랜드, 이탈리아, 노르웨이, 루마니아, 영국의 ISP를 포함한 EU와 EFTA 국가들의 2,300개 이상의 ISP(회원사)들을 기초로 한 모든 규모의 ISP의 입장을 반영함. 연합은 유럽연합의 정책과 입법 문제에서 유럽 ISP 산업을 대변하기 위해 1997년에 설립되었으며, 국가적 ISP 연합 사이에서 모범 사례의 교환을 촉진함. 본 원고는 ISP의 저작권 침해의 책임에 대한 이해를 돕고자 ISP 측의 입장을 밝힌 원고임

[일본] 일본, 불법 복제 학습 CD 판매업자 체포

홋카이도/北海島 경찰은 2015년 6월 30일 영어회화 학습 교재 '스피드학습(ラーニング)' CD를 불법 복제하여 인터넷으로 판매한 오사카 후/大阪府에 거주하는 남성 2명 저작권법 위반으로 체포.

[일본] 일본, 위성방송협회, 불법 업로드 저작물에 대한 침해 대책 시행

일본 위성방송협회는 스카파 JSAT와 협력하여 2015년 7월 1일부터 인터넷상에 불법으로 업로드 된 동영상 콘텐츠에 대한 저작권 침해 대책을 본격적으로 시행한다고 밝힘. 정보 통신 기술의 발전으로 인터넷상에 불법 업로드 되는 동영상 콘텐츠의 수가 폭발적으로 증가되고 있는 가운데 유료 방송사업자를 비롯한 저작권자들의 이익을 보호하기 위함임.

[중국] 중국문자저작권협회, 한국복제전송저작권협회와 전략적 제휴 체결

중국문자저작권협회(中國文字著作權協會)와 한국복제전송저작권협회는 저작권 협력 양해각서(MOU)를 체결함. 동 제휴에 따라 중국의 서적과 신문, 잡지들이 한국 교육시스템과 도서관 분야에서 인쇄되어 복제되거나 디지털 방식으로 복제되는 경우 권리자는 저작권료를 받을 수 있음. 향후 양국은 저작권 무역을 통하여 저작권 대리협력을 진행하며 한·중문화교류 추진할 예정임. 이에 대하여 관련 전문가들은 한·중 양국이 저작권 분야에서 협력을 도모한 매우 획기적인 사건임.

[기타] 개발도상국 방송사업자, WIPO 상설위원회에 방송 신호의 국제적 보호 요청

WIPO의 '저작권 및 저작인접권 상설위원회(SCCR)'의 프랜시스 거리(Francis Gurry) 사무총장은 디지털 환경에 맞는 방송 기구의 보호를 논의해야 한다고 밝히고, 상정된 조약의 목적은 방송신호의 불법수신 행위를 제한하기 위한 것이라고 설명함. 이와 관련하여 개발도상국 방송 산업 종사자들은 개발도상국에 만연한 방송 콘텐츠 불법복제 심각성과 전문화된 방송기술의 필요성 및 방송 환경의 글로벌한 변화에 적합한 방송신호의 국제적 보호가 필요하다는 견해를 피력함.

*www.cleancopyright.or.kr